Créer sa boîte

pour
les nuls

Créer sa boîte

pour les nuls

Laurence de Percin

FIRST Editions

Créer sa boîte pour les Nuls

ISBN : 978-2-7540-7633-3
Dépôt légal : août 2015

Mise en page : Catherine Kédémos
Dessins humoristiques : Marc Chalvin
Couverture : Catherine Kédémos

Imprimé en Espagne

Éditions First, un département d'Édi8
12, avenue d'Italie
75013 Paris – France
Tél. : 01 44 16 09 00
Fax : 01 44 16 09 01
E-mail : firstinfo@efirst.com
Site internet : www.efirst.com

À propos de l'auteur

Laurence de Percin est journaliste. Spécialisée dans les sujets de droit pratique (entreprise, assurance, travail, protection sociale, retraite, fiscalité, consommation, etc.), elle est l'auteur de nombreux ouvrages, et notamment de plusieurs guides sur la création d'entreprise, dont *Choisir un statut de société* (De Vecchi, 2003), *Créer son entreprise* (De Vecchi, 2006) et *Partir travailler et vivre à l'étranger* (Vuibert, 2006).

Dans la collection « Pour les Nuls », Laurence de Percin est également l'auteur de *Préparer sa retraite pour les Nuls* (First Éditions, 2009), de *L'Assurance pour les Nuls* (First Éditions, 2010) et de *L'Héritage pour les Nuls* (First Éditions, 2013).

Sommaire

CHAPITRE 11 : Le régime fiscal de l'entreprise et de l'entrepreneur 355

CHAPITRE 12 : La sécurité sociale de l'entrepreneur et de sa famille 399

Introduction

Se mettre à son compte, entreprendre en solo, créer sa boîte, beaucoup en rêvent... mais se découragent vite devant l'ampleur de la tâche qui s'annonce. Et c'est vrai qu'elle n'est pas mince : il faut d'abord humer l'air du temps et scruter le marché pour trouver « la » bonne idée. Puis il faut la valider, faire une étude de marché, monter un dossier financier, se confronter aux questions fiscales, sociales, administratives.

Dans le même temps, il faut aussi réfléchir à son installation, trouver des locaux, acheter ou louer du matériel, peut-être recruter des salariés. Le tout en démarchant ses premiers clients et en négociant avec ses premiers fournisseurs, pour engager le démarrage de l'activité...

Bref, un tourbillon à la fois excitant et aventureux, motivant et angoissant, risqué, parfois décourageant, mais ô combien enrichissant, même si les débuts sont parfois chaotiques.

Les raisons qui poussent à devenir entrepreneur sont très diverses :

- Aimer prendre des risques ;
- Avoir le goût de l'indépendance et de l'autonomie ;
- Avoir depuis longtemps une idée porteuse ;
- Avoir envie de se lancer dans le commerce ;
- Avoir un savoir-faire artisanal à mettre en valeur ;
- Vouloir exercer sa profession libérale en tant qu'indépendant ;
- Hériter ou reprendre une activité qui est déjà dans la famille ;
- Rencontrer un entrepreneur qui cède son entreprise ;
- Ou avoir tout simplement la volonté forte de se mettre à son compte pour ne pas – ou plus – dépendre d'un employeur, d'un directeur des ressources humaines ou d'un chef de service.

Quelles que soient vos raisons, celles-ci ne suffisent pas, vous vous en doutez ! Pour réussir, vous devez savoir que, en plus d'une motivation solide, vous aurez à faire preuve de quelques qualités indispensables, que vous allez devoir développer et mettre au service de votre projet. En premier lieu, faites travailler vos méninges !

Votre idée d'entreprise, pour être valable, doit être viable sur le marché et à la portée de vos compétences et de vos moyens. Il ne faudra pas hésiter à faire preuve de prudence et d'ouverture en sollicitant l'avis et les conseils d'experts, aussi bien institutionnels que particuliers (autres chefs d'entreprise, acteurs de votre secteur d'activité, proches, etc.). Et mettre toutes les chances de votre côté en respectant avec méthode et application toutes les procédures, légales ou simplement organisationnelles : ce sont des recettes qui ont fait leurs preuves. Ainsi parviendrez-vous à convaincre pour récolter les fonds nécessaires et amener vos futurs partenaires et clients à travailler avec vous. Or, pour cela, rien de plus efficace que d'être convaincu soi-même de son succès, grâce à l'assurance d'avoir fait tout ce qu'il faut pour réussir !

À propos de ce livre

Créer sa boîte pour les Nuls examine une à une toutes les étapes de la création d'entreprise : tous les types de projets y sont abordés, de l'auto-entreprise ou la petite entreprise individuelle installée chez soi à la start-up promise à une croissance à deux chiffres dès ses premières années d'activité, en passant par la PME du bâtiment ou la PMI innovante appelée à s'installer dans un pôle de compétitivité. L'objectif est d'examiner, point après point et dans les moindres détails, tous les aspects de la réalisation d'un projet d'entreprise, quel qu'il soit, depuis son premier germe jusqu'à ses premières années d'activité. Afin de vous aider à faire les bons choix dès le départ et ainsi de vous épargner de trop longues hésitations ou errements administratifs, souvent néfastes au commencement d'une activité.

Vous trouverez au fil de ces pages, conformément à ce que doit être l'évolution d'un projet de création d'entreprise, des conseils pour élaborer votre idée de départ et les moyens de la mettre en œuvre. Ce livre vous aidera notamment, grâce à l'étude de cas pratiques, à déterminer les tendances porteuses, à affiner votre projet en fonction de vos propres capacités et des possibilités qui vous sont offertes par la législation et les réseaux d'aide à la création d'entreprise.

Vous y trouverez un panorama de tous les statuts qui sont en vigueur en France, y compris les plus récents (et même les possibilités de développement à l'international), assortis de leur régime fiscal et de la protection sociale qu'ils proposent (ou imposent) à l'entrepreneur et à sa famille. Les solutions sont nombreuses et les distinctions primordiales pour la réussite de votre entreprise : pour cette raison, nous décrirons patiemment chacune d'entre elles. Loin de tout jargon, nous évaluerons ensemble les avantages et les contraintes de chacun des statuts, dans un langage clair et accessible à tous. Nous ferons également le point sur les aides et les subventions publiques et privées sur lesquelles vous pourrez compter selon les secteurs d'activité.

Vous trouverez enfin un carnet d'adresses, indispensables non seulement pour approfondir certaines questions, mais aussi pour s'orienter dans les méandres des administrations, des organismes et des réseaux de soutien aux entrepreneurs. En bref, ce livre constitue un guide complet des différentes étapes de la création ou de la reprise d'une entreprise pour aborder sans complexe la réalisation de votre projet.

Les conventions utilisées dans ce livre

Chaque fois que nous indiquons une adresse web, nous la mettons dans une `police spéciale` pour que vous puissiez l'identifier comme telle. Et des adresses internet, vous en trouverez beaucoup dans ce livre !

Comment ce livre est organisé

Créer sa boîte pour les Nuls s'articule en seize chapitres répartis en six parties thématiques, auxquels s'ajoutent des annexes pratiques en fin de volume. Il s'ouvre sur un tableau chiffré complet de ce que représentent la création et les créateurs d'entreprise en France aujourd'hui, secteur par secteur. S'ensuit un cheminement plus logique que véritablement chronologique des étapes à franchir souvent de front, depuis la recherche et la validation d'une idée d'entreprise à créer ou à reprendre, jusqu'aux prévisions concernant les premiers mois d'activité.

Première partie : Lancez-vous !

Au dernier recensement, l'Insee dénombrait un peu plus de 2,5 millions de travailleurs non salariés : patrons de l'industrie, de la construction ou des transports, chefs d'une d'entreprise de service, commerçants, artisans, professions libérales, exploitants agricoles. Qui sont-ils ? Des hommes ? Des femmes ? Que faisaient-ils auparavant ? Quelle est leur formation ? Et vous, comment allez-vous vous positionner dans cet ensemble ? Quelles perspectives offre le secteur où vous envisagez de vous lancer ? Vous trouverez toutes les réponses à ces questions dans le tout premier chapitre de ce livre.

Puis viennent deux chapitres que l'on pourrait qualifier d'« introspectifs ». Leur objectif est de vous faire mesurer votre propre challenge, d'évaluer vos chances, mais aussi de recenser très sérieusement toutes les contraintes qui pourraient retarder le lancement de votre projet : les contraintes personnelles, professionnelles, familiales, financières. Non pas pour vous décourager, mais plutôt pour vous faire d'ores et déjà réfléchir à la manière de les dépasser. Car les ignorer ne les résoudra pas : alors, autant les envisager précisément pour pouvoir les affronter lorsqu'elles se présenteront.

Dans cette première partie, vous trouverez également des informations précises sur la manière de monter un projet à plusieurs : entre amis, entre associés ou avec son conjoint. Vous verrez tous les aspects positifs de ce type d'entreprise, mais aussi les questions que cela pose, notamment celle de la répartition des parts sociales, de la gérance et des autres responsabilités.

Deuxième partie : Façonnez un bon projet

Comme son nom l'indique, cette partie est spécialement dédiée à tous ceux qui cherchent une bonne idée pour créer une entreprise et également à tous ceux qui pensent avoir trouvé une « super idée » d'activité, qu'ils veulent valider. C'est aussi la partie de l'étude de marché : comment la faire ? Où trouver les meilleures informations ? Qui peut vous aider ? Combien ça coûte ? Mais aussi : où vous installer ? À quelle date démarrer réellement ? Enfin, vous pourrez également commencer à établir vos premières évaluations financières : le plan de financement initial, le compte de résultat prévisionnel, le seuil de rentabilité, le bilan de départ, le plan de financement à trois ans et les prévisions de trésorerie.

Troisième partie : Financez votre projet

Voilà un sujet, vous le savez, tout à fait crucial. En la matière, les premières questions qui se posent concernent non seulement le financement de votre lancement, mais aussi le temps que vous allez mettre pour gagner une certaine autonomie financière. Vous trouverez dans cette partie des pistes concrètes et précises, qui vous permettront de dresser votre « plan de bataille » avant d'aller affronter vos futurs investisseurs.

Pensez également qu'il faudra réfléchir aux moyens avec lesquels vous allez vivre durant toute la phase de création de votre activité indépendante. Le chapitre 9 est entièrement consacré à cette question : les possibilités de transition avant d'adopter définitivement le statut d'entrepreneur et d'arriver à en vivre.

Quatrième partie : Statut juridique et fiscal : faites le bon choix

Nous l'avons dit en commençant, certains seront intéressés dès le départ par cette partie du livre, celle du choix du statut d'entreprise ou de société, qui conditionne ensuite le régime fiscal de l'entrepreneur et celui de l'entreprise : impôt sur le revenu ou impôt sur les sociétés.

Parfois, le statut juridique s'impose : une activité exercée seul chez soi depuis un simple ordinateur sera plutôt une auto-entreprise ou une entreprise individuelle. À étudier toutefois, le statut d'entreprise individuelle à responsabilité limitée, qui peut être une option intéressante (vous trouverez toutes les explications à ce sujet au chapitre 10). Une activité artisanale ou un commerce sera plutôt une SARL. L'installation d'un cabinet libéral pourra être une société d'exercice libéral ou une société civile de moyens. Cependant, l'activité elle-même ne suffit pas toujours à orienter la décision d'un statut d'entreprise ou de société. Car il faut aussi songer à l'avenir de l'activité et à son développement, y compris à une croissance rapide (beaucoup de start-up ont connu cela). Or, le statut ne doit pas freiner cet élan éventuel. C'est pourquoi la décision doit être pesée avec beaucoup de rigueur et de réflexion.

Autre paramètre à prendre en compte : la protection sociale, non seulement de l'entrepreneur mais aussi de sa famille s'il en a une. Certains statuts, par exemple, permettent de bénéficier de la protection (optimale) des salariés, d'autres, comme l'entreprise individuelle, ne le permettent pas. Vous trouverez ainsi dans cette quatrième partie tous les éléments qui vous permettront de comprendre ces différents enjeux, et quelques conseils pour faire les bons choix...

Cinquième partie : Démarrez et développez votre activité

Certains guides commencent par le chapitre des formalités administratives. C'est délibérément que celui-ci n'aborde ce sujet qu'après tous les autres. En effet, ce n'est qu'une fois que l'ensemble des études, des questions financières et des choix juridiques et fiscaux sont réglés que l'entrepreneur sait à quel guichet adresser sa demande d'immatriculation. Sachant qu'il peut aussi, désormais, accomplir toutes ses démarches de création d'entreprise en ligne. Néanmoins, il faut encore auparavant choisir un nom ou une dénomination commerciale et vérifier qu'ils ne sont pas déjà utilisés par une autre entreprise : le chapitre 13 vous expliquera comment faire.

Puis votre activité démarre enfin. Il faut donc commencer à penser à l'avenir : embaucher des collaborateurs, prévoir votre développement, trouver de nouveaux partenaires, peut-être vous ouvrir à l'international. Vous trouverez au chapitre 14 toutes les informations qui vous permettront de réfléchir à ces questions et à quelques autres. Et peut-être à prendre vos premières décisions de chef d'entreprise.

Sixième partie : La partie des Dix

Tous les livres « Pour les Nuls » se terminent par la traditionnelle partie des Dix : chapitres courts, résumant dix idées et quelques conseils pratiques. Vous pouvez vous y reporter si, au cours de votre lecture, vous avez besoin d'une ou plusieurs réponses à certaines interrogations ponctuelles. Vous pouvez aussi vous en servir comme un rappel des pièges dans lesquels ne pas tomber.

Septième partie : Annexes

Deux annexes regroupent, en fin de volume, des éléments pratiques qui vous aideront à approfondir certaines questions et à effectuer certaines démarches avant, pendant et après le démarrage de votre activité. Vous trouverez d'abord un carnet d'adresses contenant les coordonnées des principaux organismes que vous devrez ou pourrez contacter pour monter votre projet, puis une série de modèles de lettres et autres documents vous est proposée pour les démarches les plus courantes durant la phase de création et même d'activité de l'entreprise.

Les icônes utilisées dans cet ouvrage

Des icônes placées dans la marge vous permettront, tout au long de ce livre, de repérer d'un coup d'œil le type d'informations proposées selon les passages, les encadrés, les tableaux... Elles peuvent ainsi guider votre lecture selon vos questionnements et vos besoins.

Malgré une bonne préparation et toutes les précautions que l'on peut prendre, la création d'entreprise constitue une prise de risques. Il existe de nombreux pièges dans lesquels il vaut mieux ne pas tomber, à moins de compromettre la bonne marche du projet. Ce symbole signale un problème délicat, une confusion possible, une question importante à régler rapidement.

Rien ne vaut un exemple concret pour bien comprendre les enjeux d'un choix ou le fonctionnement de certains types d'entreprise. Guettez cette icône, elle indique des cas expliqués en détail, éclairant certaines pratiques.

Vous souhaitez approfondir tel ou tel aspect de la création d'entreprise? Obtenir des informations complémentaires sur un point précis? Cette icône signale une expérience intéressante, une précision méconnue ou un chiffre surprenant.

Vous trouverez sous cette icône les points essentiels, démarches à effectuer sans faute ou textes de loi à connaître, tous ces éléments à garder en tête lors de la création ou de la reprise de votre entreprise.

Certaines informations ne sont pas toujours immédiatement visibles ou bien précisées dans les documents officiels ou les consignes pour bien gérer son entreprise. Elles font pourtant parfois gagner un temps précieux et facilitent certaines démarches. Cette icône pointe les éléments à retenir et les bons conseils venus du terrain.

Cette icône vous indique les toutes dernières nouveautés en matière de législation et les plus récents changements de la création d'entreprises.

Et maintenant, par où commencer ?

Chaque chapitre peut être lu indépendamment des autres, de manière à répondre à n'importe quelle interrogation et à n'importe quelle logique entrepreneuriale particulière.

Certains créateurs d'entreprise commenceront par exemple par se poser la question du statut le mieux adapté à leur projet : ceux-là commenceront par le chapitre 10. D'autres n'envisageront ce sujet qu'après avoir mené une étude de marché complète : ils liront en premier lieu le chapitre 5. D'autres encore s'interrogeront tout de suite sur les démarches administratives : ils ont rendez-vous au chapitre 13. Quant à ceux qui commenceront par s'associer avec d'autres entrepreneurs, la seconde partie du chapitre 3 les intéressera particulièrement. Enfin, il y aura des entrepreneurs qui n'auront pas d'*a priori* : ils pourront donc suivre simplement la table des matières telle qu'elle leur est proposée ici.

Le seul objectif de cet ouvrage est de vous permettre de faire le tour de cet ensemble assez impressionnant de choix décisifs en toute connaissance de cause, pour aboutir à la réussite la plus complète de votre entreprise. Car, futurs entrepreneurs, c'est tout le mal que l'on vous souhaite !

1 Lancez-vous !

DANS CETTE PARTIE . . .

Après quelques années de maturation, vous avez décidé de vous lancer dans une formidable aventure : la création d'entreprise. Bravo ! Avant de tout expliquer de A à Z, nous commencerons par dresser le tableau chiffré de ce que représentent aujourd'hui la création et les créateurs d'entreprise en France. Vous saurez ainsi plus précisément dans quel monde vous entrez : un secteur dynamique, en mutation perpétuelle, occupé par 62 % d'hommes et 38 % de femmes seulement. Nous passerons aussi en revue chaque secteur : primaire, secondaire et tertiaire, et vous verrez que ce dernier est globalement celui qui offre le plus grand potentiel en termes de création d'entreprise.

Dans un deuxième temps, nous mettrons en évidence l'ampleur de la tâche qui vous attend si vous décidez de créer votre activité : les risques à envisager, l'aide dont vous aurez besoin, et surtout l'énorme énergie dont vous allez devoir faire preuve. Mais nous verrons aussi quelles satisfactions vous attendent en retour : l'audace récompensée par une indépendance absolue, la liberté de faire vos choix sans hiérarchie à informer, sans comptes à rendre.

Bienvenue dans le monde des entrepreneurs !

Chapitre 1

La création d'entreprise en France : tour d'horizon

DANS CE CHAPITRE :

» **La France et ses entrepreneurs**

» **Les secteurs d'activité à la loupe**

Non, les Français n'ont pas tous envie de s'expatrier ou de devenir fonctionnaires ! Certes, les candidats au départ ou aux concours publics sont nombreux, mais les candidats à la création d'entreprise le sont aussi. Et de plus en plus chaque année.

Vous qui ouvrez ce livre, sachez que vous n'êtes pas le dernier spécimen d'entrepreneur, loin s'en faut. Voyez plutôt...

La France des (auto)entrepreneurs

La création d'entreprise a beaucoup progressé en France depuis quinze ans : de 200 000 nouvelles activités en 2000, le chiffre a dépassé les 300 000 par an en 2007 et les 500 000 par an à partir de 2009, l'année de la création du statut d'auto-entrepreneur, rebaptisé micro-entrepreneur en 2015. L'engouement pour ce statut a été tel qu'en 2010, les créations d'entreprises ont même dépassé les 600 000, dont plus de la moitié sous le statut d'auto-entrepreneur : pas moins de 358 600 actifs sont devenus auto-entrepreneurs cette année-là !

Et malgré la dernière crise économique et financière commencée en 2008, même si l'enregistrement de nouvelles activités a un peu ralenti son rythme, au 31 décembre 2015, il y avait quand même 525 100 nouvelles entreprises de plus en France.

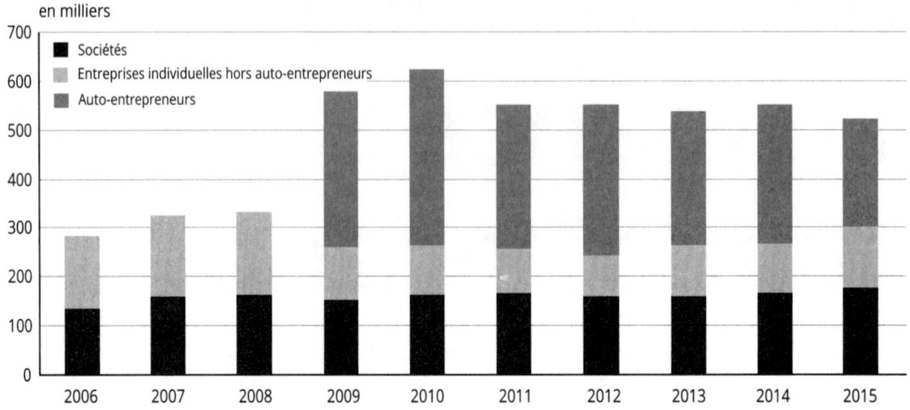

FIGURE 1-1 : Nombre de créations de société, d'entreprises individuelles et d'auto-entreprises par année.

Lecture : en 2015, le nombre de créations de sociétés s'élève à 172 000.
Champ : ensemble des activités marchandes non agricoles.
Source : ***Insee, Répertoire des entreprises et des établissements (Sirene).***

Et nul doute que ces très bons chiffres vont encore progresser. Surtout après la toute nouvelle édition de ce livre !

Les nouvelles catégories d'entreprises

Depuis 2009, les entreprises ne sont plus classées selon leur forme juridique mais à partir de critères économiques : nombre de salariés, immobilisations, valeur ajoutée, total de bilan, dépenses de recherche-développement, chiffre d'affaires à l'export, etc. Cela évite de comptabiliser comme « entreprises » certaines grandes sociétés par exemple purement financières, qui n'ont ni salarié, ni immobilisation. Et, dans le même temps, cela permet d'assurer un meilleur suivi de la situation et des besoins des « vraies » entreprises.

Ces nouveaux critères de classification conduisent à définir aujourd'hui quatre catégories d'entreprises en France :

- **Les micro-entreprises (moins de 10 salariés)** : tous secteurs confondus, elles sont 3 millions et représentent 95 % des entreprises françaises recensées dans le secteur marchand non agricole ; ce sont de très petites unités du commerce, des services et de l'artisanat ; 58 % d'entre elles n'ont aucun salarié, 17 % n'en ont qu'un seul, 25 % en ont deux ;

- **Les PME, petites et moyennes entreprises (de 10 à 250 salariés)** : elles sont 137 534 en France, employant en moyenne une trentaine de salariés, elles assurent 25 % de l'emploi salarié ; 60 % d'entre elles emploient moins de vingt salariés, 10 % atteignent ou dépassent cinquante salariés ; les activités qu'elles exercent sont très diversifiées, beaucoup plus que dans les autres catégories d'entreprises ;
- **Les ETI, entreprises de taille intermédiaire (de 251 à 5000 salariés)** : il y en a près de 5 000, employant 650 salariés en moyenne, dont 40 % dans l'industrie ; elles assurent 20 % de l'emploi salarié en France, 55 % d'entre elles emploient entre 250 et 700 salariés ; 20 % en emploient moins de 250 ;
- **Les grandes entreprises (plus de 5000 salariés)** : au nombre de 243, dont 60 % sont françaises et 30 % relèvent de l'industrie manufacturière (fabrication automobile, matériel de transport), elles sont les seules à véritablement réunir tous les critères d'organisation en groupe, recherche-développement (R&D), déploiement international, exportations, etc. ; elles emploient en tout 4 millions de salariés, soit 25 % des emplois salariés ; cinquante d'entre elles dépassent les 20 000 salariés, parmi lesquelles vingt entreprises en emploient plus de 50 000.

Tableau 1-1 Les catégories d'entreprises en 2011

	Grande entreprise	ETI	PME (hors micro)	Micro-entreprises	Ensemble
Nombre d'entreprises	243	4 959	137 354	3 001 329	3 144 065
Effectif salarié au 31/12 *(en milliers)*	4 493	3 363	4 153	2 925	14 934
Effectif salarié équivalent temps plein *(en milliers)*	4 081	3 048	3 654	2 539	13 322
Nombre d'unités légales en France	30 653	47 863	210 320	3 014 756	3 303 592

Champ : France, entreprises y compris auto-entrepreneurs, y compris secteur financier
Sources : Insee, Esane, Lifi.

L'impact de la crise économique et financière

La crise financière de l'automne 2008 est très vite devenue économique. Elle a en effet provoqué une énorme onde de choc dans tous les secteurs de l'économie, notamment dans les industries occidentales.

Elle a aussi mis à genoux plusieurs États, en particulier européens.

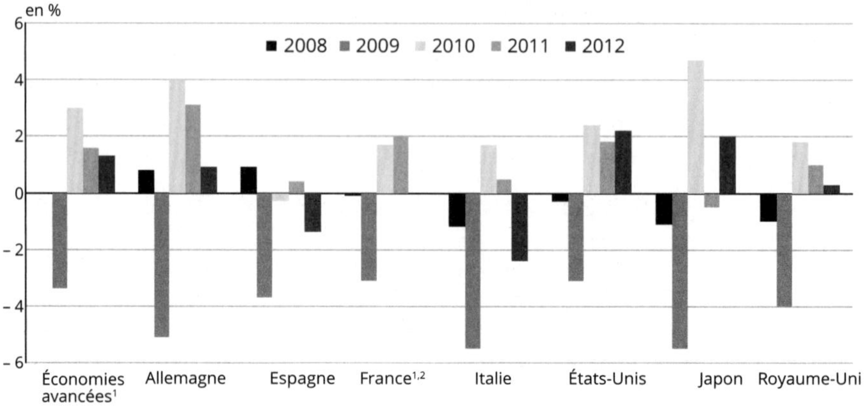

1. En 2008 pour l'ensemble des économies avancées comme en 2012 pour la France, le taux de croissance du PIB est nul.

2. Données non corrigées des jours ouvrables.

Sources : Insee, FMI, instituts statistiques nationaux.

FIGURE 1-2 : PIB mondial dans la crise économique.

Malgré tout, en France, la création d'entreprise a bien résisté, même si la tendance s'est orientée à la baisse, ce qui n'était pas arrivé depuis 1993. Ainsi, plus de 1,6 million de nouvelles activités ont encore vu le jour en France en 2010 et 2015.

C'est le nombre d'auto-entrepreneurs, rebaptisés micro-entrepreneurs en 2015, qui a fortement baissé ces derniers mois. Avec 223 400 inscriptions en 2015 sous ce régime, après 283 400 en 2014, leur proportion recule de 21 %, après avoir déjà reculé de 11 % en 2013 et à peine augmenté de 3 % en 2014.

Hors auto-entrepreneurs, le nombre de créations d'entreprise a tout de même fléchi de 5 % entre 2014 et 2015.

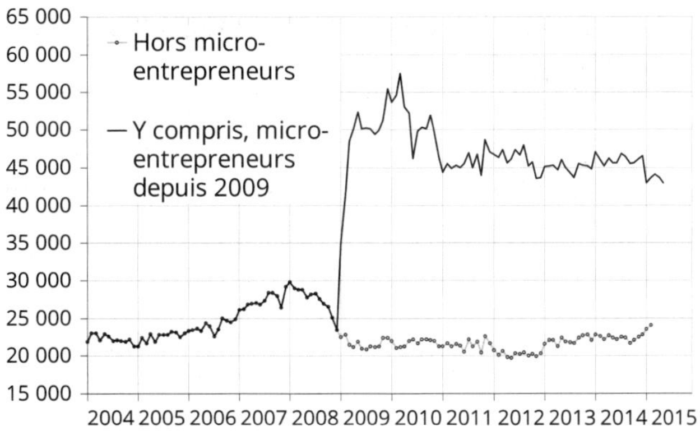

Sources : Insee, Sirene.

FIGURE 1-3 : Évolution des création d'entreprises en France depuis 2014.

Selon l'Insee, la baisse des immatriculations d'auto-entreprises dans la plupart des secteurs est à l'origine du recul global des créations d'entreprises. Exception faite du transport, où l'activité a bondi de 46 % en 2015 (et déjà + 35 % en 2014), notamment grâce aux VTC, les véhicules de tourisme avec chauffeur, qui ont compté 10 200 créations d'activités en 2015, après 6 900 en 2014 et 3 700 en 2013. Cet essor est également porté par le succès des activités de poste et de courrier, incluant la livraison à domicile : 3 900 créations d'entreprises en 2015, après 900 en 2014 et 500 en moyenne chaque année depuis 2009.

Dans le secteur de la santé humaine et de l'action sociale, les créations d'activité continuent également d'augmenter chaque année : + 9 % en 2015 après + 6 % en 2014 et + 9 % en 2013. Ainsi, en 5 ans, la part de ce secteur dans l'ensemble des créations d'entreprises a pratiquement doublé, passant de 4 % en 2010 à près de 8 % en 2015.

Hors auto-entrepreneurs, les entreprises individuelles ont été créées dans l'hébergement-restauration (+ 30 %), les activités de services administratifs et de soutien (+ 34 %) et l'information-communication (+ 35 %) ainsi que dans l'industrie (+ 25 %). Dans ces secteurs, le statut d'entreprise individuelle semble désormais être préféré à celui d'auto-entrepreneur (pour creuser cette question, rendez-vous au chapitre 10).

Tableau 1-2 **Évolution du nombre de créations d'entreprises par secteur d'activité en 2014 et 2015**

Secteur d'activité*	Effectif 2015 (en milliers)		Évolution 2014/2015 (en %)	
	Ensemble	Entreprises hors auto-entrepreneurs	Ensemble	Entreprises hors auto-entrepreneurs
Industrie	24,1	14,9	- 15,2	- 15,6
Construction	63,8	42,6	- 16,6	- 3,1
Commerce ; réparation d'automobiles et de motocycles	97,8	67,6	- 9,3	- 33,2
Transports et entreposage	21,6	11,2	+ 45,8	+ 43,3
Hébergement et restauration	28,4	22,7	- 4,1	+ 11,6
Information et communication	25,6	11,2	- 3,5	+ 9,4
Activités financières et d'assurance	15,4	13,4	+ 9,4	+ 11,6
Activités immobilières	17,1	13,9	+ 7,2	+ 10,2
Activités de services administratifs et de soutien	32,6	17,9	- 6,2	+ 15,6
Activités spécialisées scientifiques et techniques	82,7	35,4	+ 0,1	+ 4 ,6
Enseignement	26,4	5,3	- 7,5	- 7,2
Santé humaine et action sociale	39,8	26,6	+ 9,3	+ 10,2
Arts, spectacles et activités récréatives	18,6	5,3	+ 4,1	+ 23,4
Autres services aux ménages	31,1	13,5	- 15,5	+ 3,5
Ensemble	525,1	301,7	- 4,7	+ 12,9

**Champ : ensemble des activités marchandes non agricoles.*
Source : Insee Première n°1583, janvier 2016.

Autre tendance relevée par l'Insee au cours de l'année 2015 : tous types d'entreprises confondus, les créations d'entreprises ont diminué dans la plupart des régions métropolitaines et dans le DOM, après avoir légèrement augmenté en 2014. Seule l'Île-de-France et la Martinique se distinguent par un nombre toujours important de créations d'activité.

Il y a dernier bémol à apporter à la propension des actifs français à créer leur boîte envers et contre tout. Un bémol qui souligne peut-être la transformation de fond qu'est en train de vivre le paysage économique en particulier en France : la part des créations d'entreprise sans aucun salarié reste très majoritaire, encore accentuée par l'explosion des auto-entrepreneurs. Ainsi, en 2015, la proportion de nouvelles activités sans aucun salarié s'élève à 95 %, auto-entrepreneurs comprise, et à 92 % si on ne les comptabilise pas.

Tableau 1-3 **Créations d'entreprises en 2015 selon le nombre de salariés et l'activité**

Secteur d'activité*	Créations avec salarié (en %) parmi l'ensemble des créations	Créations avec salarié (en %) parmi les créations hors auto-entreprises	Nombre moyen de salariés (si au moins un salarié)
Industrie	6,4	10,3	3,8
Construction	8,4	12,5	2,6
Commerce, transports, hébergement et restauration	6,9	10	2,6
Information et communication	2,3	5,1	1,8
Activités financières et d'assurance	3	3,4	2,6
Activités immobilières	1,7	2,1	1,8
Soutien aux entreprises	2,6	5,5	2,4
Enseignement, santé humaine et action sociale	1,8	3,7	2,4
Autres services aux ménages	4,4	9,9	2
Ensemble	4,6	8	2,5

**Champ : ensemble des activités marchandes non agricoles.*
Source : Insee Première n°1583, janvier 2016.

La crise semble donc continuer à pousser certains chômeurs ou salariés fragilisés à tenter la création d'entreprise. La crise de 1993 avait d'ailleurs provoqué la même tendance : après trois années de recul, en 1994, la création d'entreprise avait bondi de 7,6 % en 1994, pour atteindre les 300 000 nouvelles activités.

Face à ce constat, un rien mitigé, il s'agit maintenant d'observer la vitalité de ces milliers de nouvelles entreprises, et surtout leur capacité à se développer.

Les entrepreneurs en France : portrait-robot

Au dernier recensement, l'Insee dénombrait un peu plus de 2,5 millions de travailleurs non salariés (source : Insee Références 2015), à quoi il faut ajouter 450 000 exploitants agricoles.

Parmi tous ces travailleurs indépendants :

- 21 % exercent dans le commerce et l'artisanat,
- 21 % sont au service des entreprises,
- 20 % sont au service des particuliers (hors santé),
- 17 % exercent dans la santé, le plus souvent en tant que profession libérale,
- 14 % exercent dans la construction, en tant qu'entrepreneurs individuels,
- 5 % sont dans l'industrie, hors artisanat commercial
- 300 000 occupent, en plus, un emploi salarié.

Voici ce que l'on peut dire d'eux...

Ils représentent 11 % de la population active française

Après avoir diminué entre 2002 et 2009, la part de l'emploi non salarié recommence à augmenter légèrement depuis 2010, excepté dans l'agriculture.

L'Insee souligne que, depuis dix ans, la part des professions libérales parmi les entreprises individuelles a augmenté, passant de 29 % à 37 % (33 % hors auto-entrepreneurs). *A contrario*, la part des commerçants dans les créations d'entreprises individuelles s'est réduite, passant de 32 % à 27 % (14 % hors auto-entrepreneurs).

Tableau 1-4 **Répartition des actifs salariés et non salariés entre 2011 et 2013 (en milliers)**

Secteur d'activité	2012	2012	2013
Emploi salarié total	23 850,6	23 781,4	23 821,1
Emploi non salarié total	2 579,0	2 675,8	2 685,9
Dont tertiaire marchand	1 289,7	1 352,0	1 353,0
Tertiaire non marchand*	418,5	441,2	458,8

Secteur d'activité	2012	2012	2013
Industrie	134,5	137,8	137,9
Construction	305,1	318,9	315,9
Agriculture	431,2	426,0	420,2

** Tertiaire non marchand : éducation, santé, action sociale*
Champ : France métropolitaine au lieu de travail, données brutes.
Sources : Insee, Estimations d'emploi localisées.

40 % de femmes créent leur auto-entreprise

Un tiers seulement des travailleurs indépendants aujourd'hui sont des femmes, alors que les femmes représentent près de la moitié de la population active en France. Ainsi, en 2014 et 2015, les femmes représentaient 40 % des créateurs d'auto-entreprise (source : Insee Première n° 1563, juillet 2015). La proportion était de 33 % en 2003. Parmi elles, environ 30 % choisissent le statut d' auto-entrepreneur et 28 % ont créé une entreprise « traditionnelle ». Hors auto-entreprise, la part des femmes dans la création d'activité individulle s'élève à 44 %.

Les femmes entreprennent davantage que les hommes dans les activités tertiaires : enseignement, santé humaine, action sociale, (72 % de l'ensemble des créations d'entreprises en 2015) et dans les autres services aux ménages (64 %). En revanche, elles créent toujours aussi peu d'entreprises dans le secteur de la construction, où 97 % des créateurs d'entreprise sont des hommes, idem dans le transport (93 % d'hommes) et l'entreposage (78 % d'hommes).

Une féminisation est toutefois remarquée dans l'industrie, où la proportion de femmes dans les créations d'entreprises s'élève aujourd'hui à 48 %, contre 30 % en 2004. Selon l'Insee, cette tendance s'est accélérée depuis l'arrivée du statut d'auto-entrepreneur : il y eu autant de créations d'activité sous ce statut par des hommes que par des femmes dans l'industrie. Elles se lancent beaucoup dans la fabrication de bijoux fantaisie (91 % des « auto-entrepreneures » de l'industrie) et de lingerie fine (88 %).

À l'inverse, dans le secteur du numérique et des nouvelles technologies, il y a pénurie de femmes. L'association GirlzInWeb déplore qu'il n'y en ait que 27 % présentes aujourd'hui dans les start-up de ce secteur. Parmi les développeurs d'applications, elles ne sont que 5 %, et 15 % parmi les créateurs de start-up du numérique. Et ce chiffre ne risque pas de s'améliorer : sur les trente-six admis dans l'incubateur parisien Le Camping, il n'y a que... deux filles ! Et elles ne sont que 10 % à l'Ecole 42 de Xavier Niel.

Selon les résultats du baromètre 2014 d'une autre association, Girls in Tech, l'activité numérique où les femmes sont finalement les plus présentes est le logiciel (30 % des actifs de ce secteur). Quant aux levées de fonds émises par des femmes, elles ne représentent que 13 % des levées de fonds françaises en 2014. Leurs secteurs d'investissement privilégiés sont le e-commerce (22 %) ou les marketplaces (33 %), une activité émergente et très porteuse (vous la trouverez au chapitre 4).

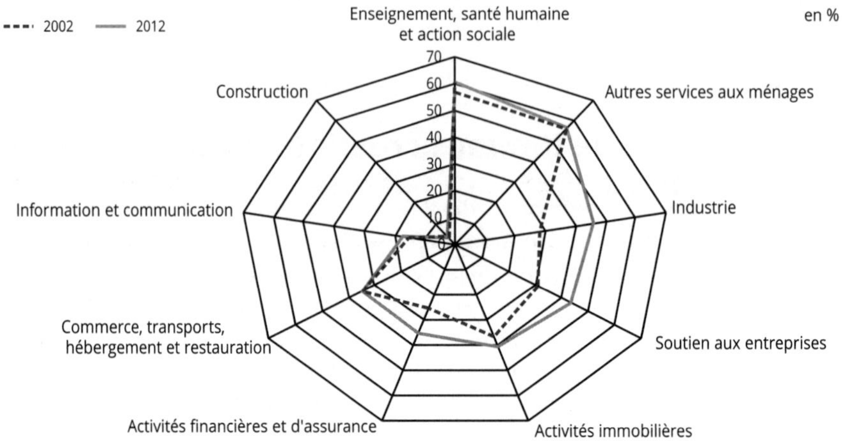

FIGURE 1-4 : La part des femmes dans la création d'entreprise individuelle entre 2002 et 2012 *(en milliers).*

Lecture : dans le secteur de l'enseignement, de la santé humaine et de l'action sociale, la part des femmes dans les créations d'entreprises individuelles s'élève à 60,5 % en 2012 après 56,8 % en 2002.

Champ : ensemble des activités marchandes non agricoles.

Sources : Insee, Répertoire des entreprises et des établissements (Sirene).

Selon une étude publiée par l'Agence pour la création d'entreprise (APCE) en avril 2014, 60 % des « auto-entrepreneures » pratiquent leur activité à titre principal, tandis que les autres (40 %) la pratiquent en complément d'une activité salariée ou de leur retraite.

En termes d'installation géographique, les créatrices sont les plus nombreuses à Paris, sur tout le littoral atlantique – de la Normandie aux Pyrénées – et dans les DOM.

Quant à leur projet d'entreprise, il est souvent d'envergure plutôt raisonnable : ainsi, en 2013, 41 % des « auto-entrepreneures » n'ont mobilisé aucun moyen financier pour s'installer à leur compte.

Tableau 1-5 **Moyens financiers mobilisés par les créatrices d'entreprise pour monter leur projet (en 2013)**

Moyens financiers	Auto-entrepreneures	Entreprises « traditionnelles »
Moins de 2000 €	79 %	25 %
2000 € à 3999 €	10 %	13 %
4000 € à 7999 €	6 %	13 %
8000 € et plus	5 %	49 %

Source : APCE, La création d'entreprise par les femmes, avril 2014.

Ils ou elles créent leur entreprise entre 30 et 40 ans

En France, les entrepreneurs créent le plus souvent leur entreprise lorsqu'ils ont une trentaine d'années. Il semble en effet que ce soit essentiellement entre 30 et 40 ans que les actifs cherchent à se mettre à leur compte. Au-delà de cet âge, ils ont tendance à conserver l'activité qu'ils ont adoptée auparavant, notamment salariée.

L'autre âge où l'on crée son entreprise en France semble être autour de 50 ans, notamment chez les hommes. Ils le font soit pour créer leur propre emploi après avoir perdu le précédent, soit pour prendre enfin leur indépendance.

À noter cependant qu'à cet âge, beaucoup d'entre eux n'en sont pas à leur première création d'entreprise, nous allons le voir.

Plus généralement, depuis l'instauration du régime des auto-entrepreneurs en 2009, celui-ci est préféré aux autres régimes d'entreprises individuelles par les créateurs des tranches d'âge extrêmes : moins de 30 ans et 60 ans ou plus.

Pour préciser encore l'âge des entrepreneurs en France aujourd'hui, prenons leur photo en 2014. Cette année-là, 30,3 % des entrepreneurs individuels et 29,2 % des auto-entrepreneurs avaient un âge compris entre 30 et 39 ans.

Tous statuts confondus, les créateurs d'entreprises ont en moyenne 38 ans, c'est-à-dire quasiment le même âge qu'en 2010, où la moyenne d'âge était de 38,2 ans.

C'est dans le secteur des activités immobilières que les créateurs d'entreprises sont les plus âgés : en moyenne 40 ans. Et c'est dans le secteur de l'information et la communication qu'ils sont les plus jeunes : en moyenne 33 ans en 2015. Dans ce secteur, les auto-entrepreneurs sont très majoritaires, et ils ont en moyenne quatre ans de moins que les autres créateurs d'entreprise.

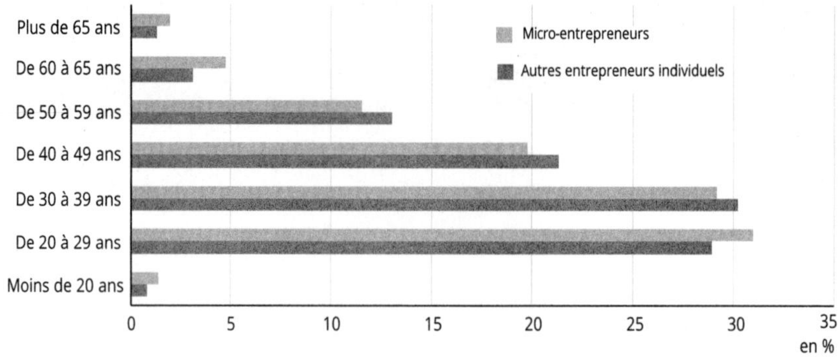

FIGURE 1-5 : Répartition des créateurs d'entreprises individuelles selon l'âge en 2015 *(en %).*

Lecture : en 2015, 31,7 % des micro-entrepreneurs ont un âge compris entre 20 et 29 ans ; cette proportion est de 28,8 % pour les autres entrepreneurs individuels.

Champ : ensemble des activités marchandes non agricoles.

Source : Insee répertoire des entreprises et des établissements (Sirene).

Parmi les tout jeunes créateurs d'entreprise en France en 2015, 150 étaient mineurs au moment de signer les formulaires de création de leur activité (un chiffre en baisse : ils étaient 192 en 2014). Les statuts d'entreprise ouverts aux entrepreneurs mineurs sont abordés au chapitre 10 de ce livre.

Leur formation initiale est plutôt hétérogène

Les femmes sont beaucoup moins nombreuses que leurs homologues masculins à créer leur entreprise. Mais celles qui décident de créer leur boîte ont un niveau de diplôme un peu plus élevé. De ce point de vue, les hommes semblent donc un peu plus audacieux, quel que soit leur niveau de formation initiale.

Tableau 1-6 **Hommes, femmes, deux profils d'entrepreneurs**

	Hommes	Femmes
Âge		
18 - 24 ans	26 %	18 %
25 - 34 ans	26 %	35 %
35 - 49 ans	37 %	32 %
50 – 59 ans	8 %	12 %
60 ans et plus	4 %	4 %

Niveau de diplôme		
Brevet/CAP/BEP	30 %	14 %
Bac/ Bac + 2	39 %	53 %
Bac + 2 et plus	31 %	33 %
Revenu annuel		
Moins de 12 000 €	12 %	14 %
12 000 à 23 999 €	35 %	27 %
24 000 à 41 999 €	28 %	36 %
42 000 € et plus	14 %	10 %

Source : sondage OpinionWay pour l'APCE et le Salon des entrepreneurs 2013.

La moitié des créateurs d'entreprise sont d'anciens salariés

Selon une enquête publiée par l'APCE à l'occasion d'un Salon des entrepreneurs, la moitié des créateurs d'entreprise sont d'anciens salariés. Et 14 % étaient déjà entrepreneurs avant de créer l'entreprise au sujet de laquelle ils étaient interrogés. Voici comment ils se répartissent :

- 50 % étaient salariés, dont 21 % cadres, 22 % employés, 6 % agents de maîtrise ou techniciens ;
- 17 % étaient au chômage depuis moins d'un an ;
- 14 % étaient déjà dirigeants d'une autre entreprise ;
- 11 % étaient au chômage depuis plus d'un an ;
- 8 % étaient sans activité.

Les indépendants sont majoritairement devenus chefs d'entreprise après une dizaine d'années d'activité salariée, en moyenne autour de l'âge de 35 ans. On remarque toutefois deux exceptions notables :

- Les médecins, qui s'installent plus souvent en cabinet dès la fin de leurs études ;
- Les agriculteurs, qui reprennent souvent l'exploitation familiale et deviennent indépendants autour de 30 ans, voire avant.

En 2011, 300 000 indépendants ont été à la fois salariés et indépendants la même année (source : *Insee Première*, n° 1481, janvier 2014). Soit parce qu'ils ont changé de statut en cours d'année – ils se sont installés à leur compte –, soit parce qu'ils ont cumulé les deux statuts. Cette pluriactivité est plus fréquente dans certains secteurs : une personne sur trois cumule les statuts dans les activités du spectacle, tandis que, dans la construction, moins d'un entrepreneur sur dix reste en même temps salarié.

Leurs motivations pour devenir entrepreneur sont surtout personnelles

Lorsque l'institut de sondage Think interroge sur leurs motivations ceux qui ont envie de se lancer dans la création d'entreprise, voici ce qu'ils répondent (source : sondage pour l'APCE et le Salon des entrepreneurs 2013) :

- Être indépendant (45 %) ;
- S'épanouir (39 %) ;
- Gagner plus d'argent (32 %) ;
- Changer d'horizon, faire autre chose (20 %) ;
- Se lancer un défi (20 %) ;
- Mettre en œuvre une idée nouvelle de produit ou de service (15 %) ;
- Ne plus être salarié (10 %) ;
- Participer à un projet d'équipe (5 %) ;
- Sans emploi, en profiter pour passer à la création d'entreprise (4 %) ;
- Créer son propre emploi après avoir perdu le sien (2 %) ;
- Ne sait pas (3 %).

À noter aussi qu'à la question « Dans combien de temps envisagez-vous de créer votre entreprise ? », 35 % des personnes interrogées répondent « dans les deux ans », et 37 % « dans plus de deux ans ».

Les entrepreneurs travaillent beaucoup

Le temps de travail des indépendants est de 45 à 50 heures en moyenne par semaine, pour ceux qui travaillent à temps complet. Selon la dernière enquête Force de travail d'Eurostat (l'institut de statistiques de l'Union européenne), les travailleurs indépendants français à temps complet ont travaillé en moyenne 2 372 heures en 2013, soit 43 % de plus que les salariés français à temps complet, qui ont travaillé en moyenne 1 661 heures.

Cet écart de durée de travail entre salariés et non salariés existe dans tous les pays de l'Union européenne, mais c'est en France qu'il est le plus important. En effet, les indépendants travaillent 27 % de plus que les salariés en Allemagne, 21 % de plus en Italie, et seulement 7 % plus au Royaume-Uni.

À noter toutefois que la durée globale de travail effectif de la population active suit la tendance générale : tous travailleurs confondus, elle baisse d'année en année. Ainsi, les travailleurs indépendants français ont travaillé en moyenne 2 691 heures en 1998, 2 664 heures en 2000, 2 565 heures en 2005, 2 453 heures en 2010.

Ils gagnent en moyenne 37 240 € par an

En 2012, le revenu d'activité moyen des indépendants était évalué par l'Insee à 37 240 € par an en moyenne. Un chiffre qui reflète mal la situation financière réelle des entrepreneurs, très disparate d'une activité à une autre. En outre, un travailleur indépendant sur dix (9,6 %) déclarait un revenu nul fin 2012, n'ayant pas dégagé de bénéfice (ou se rémunérant plus tard en dividendes).

Les indépendants « classiques » (hors auto-entrepreneurs, hors secteur agricole) ont retiré en moyenne un revenu de 3 110 € par mois. Un sur quatre déclarait un revenu mensuel de 450 €, et la moitié déclarait percevoir moins de 2 080 € par mois. En haut de l'échelle des rémunérations, un indépendant sur quatre perçoit 4 040 € mensuels et un sur dix 7 440 € par mois (source Insee Première n° 1562, juillet 2015).

Le secteur d'activité est bien le premier facteur de disparités entre les revenus des différents entrepreneurs :

- 14 400 € par an dans les activités du spectacle et les activités récréatives ;
- 17 470 € dans l'enseignement ;
- 18 840 € dans le commerce de détail (30 510 € par an dans le commerce de gros) ;
- 20 250 € dans l'hébergement et la restauration ;
- 21 500 € dans le transport (16 980 € annuels pour les artisans taxi) ;
- 26 780 € dans l'immobilier ;
- 27 050 € dans les métiers de bouche (boulangers, bouchers, charcutiers, etc.) ;

- 27 380 € dans le service et le soutien aux entreprises ;
- 27 590 € pour les patrons d'industrie et 27 760 € pour ceux de la construction ;
- 30 910 € dans l'information et la communication ;
- 62 000 € pour les professions scientifiques, techniques et juridiques ;
- 65 250 € dans la finance et l'assurance ;
- 66 660 € dans la santé humaine et l'action sociale (69 710 € par an pour les professions libérales de santé) ;
- 94 020 € pour les pharmaciens ;
- 113 640 € pour les juristes.

Fin 2012, le revenu annuel des indépendants, en euros constants, a baissé de 1,8 % (-3,3 % pour les auto-entrepreneurs) après trois années de hausse. Cependant, les revenus continuent à progresser fortement dans certains secteurs, notamment dans l'information et la communication (+ 7,5 %), les arts et les spectacles (+ 7,2 %), même s'ils demeurent en bas de l'échelle des revenus. La hausse se poursuit également dans les services administratifs et de soutien aux entreprises (sécurité, nettoyage, etc.), le conseil de gestion, le commerce hors magasin ou encore l'enseignement.

L'ancienneté de leur entreprise est aussi un facteur déterminant du revenu d'activité des entrepreneurs. Comparée à une entreprise créée dans l'année, celle qui a plus de cinq ans d'existence procure à son patron un revenu d'activité supérieur de… 153 % ! Entre un et cinq ans d'ancienneté, ce surcroît de gain potentiel est de 85 %.

Au-delà de 35 ans d'existence, l'effet « ancienneté » se réduit. Mais l'Insee souligne que la population concernée représente moins de 1 % de l'ensemble des travailleurs indépendants. Qui plus est, ces patrons sont relativement âgés : 66 ans en moyenne.

Les secteurs d'activité à la loupe

Petit rappel de la classe de 4e : l'activité économique d'un pays se divise traditionnellement en trois grands secteurs :

- **Le secteur primaire :** l'agriculture, qui représente environ 4 % des emplois équivalents temps-plein de l'économie française et 2 % du PIB ;

- **Le secteur secondaire :** l'industrie et la construction, qui représentent environ 21 % des emplois et 20 % du PIB ;
- **Le secteur tertiaire :** les services marchands (commerce, artisanat, professions libérales), soit environ 45 % des emplois en France, et les services non marchands (éducation, santé action sociale), soit 20 % des emplois, et 10 % pour les autres services non marchands (culture, justice, armée, police...).

Ça y est ? Ça vous revient ? Alors examinons maintenant les possibilités de création d'entreprise offertes par la conjoncture au sein de chacun d'eux.

Globalement, en France, hors agriculture, le nombre de travailleurs indépendants progresse d'environ 2 % par an. Avant la dernière crise, le secteur le plus dynamique était la construction : + 4,8 %, mais depuis, il est en repli (- 6,4 entre 2012 et 2013). Désormais, les secteurs dynamiques sont plutôt la finance et l'assurance (+ 8 % entre 2012 et 2013), l'enseignement, la santé et l'action sociale (6 %) (source : Insee).

Le secteur primaire français : le premier d'Europe

Le secteur primaire regroupe l'ensemble des activités d'exploitation des ressources naturelles : l'agriculture, l'exploitation des forêts, la pêche. Rappelons que l'exploitation des mines et des gisements est devenue une industrie. Elle est donc classée dans le secteur secondaire.

L'agriculture française assure aujourd'hui 18,6 % de la production de l'Union européenne (qui compte désormais vingt-huit pays). Cela fait de la France le premier pays agricole européen : à la fois premier producteur, premier exportateur et deuxième exportateur mondial de produits agricoles et agroalimentaires.

Il faut dire que l'agriculture française est aussi l'une des plus performantes. Intégrée aux circuits commerciaux nationaux et mondiaux, la filière agricole est désormais le maillon central d'une gigantesque chaîne agro-industrielle, qui comprend en amont les industries productrices de machines agricoles, d'engrais, d'aliments pour le bétail et en aval les industries agroalimentaires (IAA) assurant la transformation et la distribution des produits.

Tableau 1-7 **La production agricole dans l'Union européenne *(en 2010, à 27 pays)***

Pays	Part dans l'UE	en millions d'euros
France	18,6 %	65 798
Allemagne	12,7 %	45 044
Italie	12,5 %	44 349
Espagne	11 %	39 033
Pays-Bas	7 %	24 772
Royaume-Uni	6,6 %	23 372
Pologne	5,5 %	19 437
Roumanie	4,3 %	15 342
Grèce	2,9 %	10 245
Danemark	2,6 %	9 214
Belgique	2,2 %	7 757
Portugal	2 %	6 998
Hongrie	1,9 %	6 561
Autriche	1,8 %	6 463
Irlande	1,6 %	5 634
Suède	1,4 %	5 046
Finlande	1,1 %	3 984
Ensemble	**100%**	**354 558**

Sources : Agreste, GraphAgri 2013.

Selon Agreste, le service des statistiques du ministère de l'Agriculture, sur les 55 millions d'hectares du territoire français métropolitain, 27 millions d'hectares supportent des activités agricoles (chiffres 2013), soit près de 1,7 millions d'hectares de moins qu'en 1998. Cette superficie agricole se répartit de la matière suivante :

- 62 % de terres arables : cultures céréalières et fourragères ;
- 34 % de surfaces enherbées ;
- 4 % de vignes et de vergers.

À cela s'ajoutent plus de 15 millions d'hectares de forêts, soit près de 28 % du territoire. La forêt proprement dite en occupe 88 %, le reste étant constitué de peupleraies, de bosquets et de haies. Les sols boisés se sont accrus de 7 millions d'hectares depuis 1900, dont 1,4 au cours des dix-huit dernières années.

LA FORÊT : UN TIERS DU TERRITOIRE FRANÇAIS

La surface des forêts françaises a presque doublé depuis 1830. Les trois départements français les plus boisés sont les Landes : 65 % du département (malgré l'ouragan Klaus qui a dévasté plus de la moitié de la forêt en 2009) ; le Var : 63 % ; les Vosges : 53 %.

Du fait de l'éparpillement de la propriété, moins de la moitié de cette surface forestière est réellement exploitée en France. 15 % est la propriété de l'État (1,8 million d'hectares) et de 11 500 collectivités territoriales (2,9 millions d'hectares), gérés par l'Office national des forêts (ONF). Les 75 % restant représentent 3,5 millions de forêts privées de toutes les tailles :

- **47 % d'entre elles appartiennent à 5,13 millions de propriétaires, qui détiennent chacun plus de 25 hectares ; 33 500 d'entre eux détiennent plus de 25 hectares d'un seul tenant ;**
- **400 000 propriétaires détiennent des forêts de 25 à 4 hectares (un seuil en dessous duquel la rentabilité de la gestion devient aléatoire) ;**
- **240 000 autres détiennent de petites forêts de 4 à 1 hectare ;**
- **240 000 autres détiennent des petits bois de moins de 1 hectare.**

En France, la production annuelle de bois s'élève à près de 40 millions de mètres cube. Elle a pour vocation de fournir du bois d'œuvre, pour les charpentes ou les constructions, mais aussi du bois « d'industrie » (menuiserie, emballage et papier) et du bois de chauffage. La filière bois française occupe près de 450 000 personnes (indépendants et salariés). Elle est représentée par une interprofession nationale, France Bois Forêt (`www.franceboisforet.fr`) et un réseau de 22 interprofessions régionales ou départementales (`www.franceboisrégions.fr`). En 2014 elles se sont fixé pour objectif de positionner le bois français dans les différents marchés de la construction, notamment le logement collectif, les bâtiments tertiaires privés et publics, et la rénovation des logements anciens.

Rappelons que le bois est aussi une source d'énergie renouvelable et peu polluante, six fois moins chère que le fioul et le gaz naturel. Quant aux cendres issues de sa combustion, elles peuvent servir d'engrais naturel.

Seulement 2 % de la population active en France

Le secteur primaire français n'emploie plus aujourd'hui que 2 % de la population active, contre 10 % en 1975. Cette part, qui se stabilisait autour de 3,5 %, s'est encore fortement réduite depuis le début de la dernière crise.

En 1970, l'agriculture employait près de 2,7 millions de personnes, contre moins de 1 million aujourd'hui. Et la baisse se poursuit : en près de 20 ans, les effectifs de ces exploitations ont environ perdu la moitié de leurs actifs. Le nombre total d'exploitations agricoles, qui s'élevait à 1,6 million en 1970, à 664 000 en 2000, s'est fixé à 490 000 en 2010 en France métropolitaine (515 000 en comptant l'Outre-mer).

Depuis 2010, dans toute l'Union européenne, les exploitations ne sont plus recensées selon leur surface d'exploitation, mais selon leur « production brute standard » (PBS). Ce coefficient tient compte de leur taille économique et de leur spécialisation (appelée « orientation technico-économique » ou « Otex »). Il permet de définir leur potentiel de production et de les classer selon leur dimension économique.

Tableau 1-8 **Le nombre d'exploitations selon leur dimension économique*** ***(en milliers d'exploitations)***

Exploitations	1988	2000	2010
Petites	477	278	178
Moyennes	393	218	151
Grandes	147	169	162
France métropolitaine	1 017	664	490
France y compris DOM	1 067	699	515

** Selon la production brute standard (PBS).*
Source : Agreste.

Les activités exploitées sous la forme de société poursuivent leur progression. Elles représentent aujourd'hui environ 30 % des exploitations professionnelles (seulement 6 % en 1988). Néanmoins, les exploitations sous forme d'entreprise individuelle représentent encore deux tiers de l'ensemble, soit 340 000 exploitations en 2010.

Qui sont les entrepreneurs du secteur primaire ?

Aujourd'hui, environ 992 000 personnes occupent un emploi permanent à temps plein ou à temps partiel dans une exploitation agricole. En 2013, l'activité sur les exploitations agricoles équivalait au travail de 538 000 personnes occupées à plein temps pendant une année (baptisées aujourd'hui « unité de travail annuel », ou UTA). Tout comme le nombre d'exploitations, le nombre d'exploitants continue de décroître : en vingt ans, la perte est évaluée à - 52 %.

57 % de ces actifs permanents sont exploitants ou co-exploitants et travaillent dans les moyennes et les grandes exploitations. 13 % sont des salariés agricoles et 19 % des aides familiaux (un statut en baisse sensible sur les 10 dernières années au profit de celui de co-exploitant, notamment lorsqu'il s'agit du conjoint).

Globalement, les agriculteurs français vieillissent doucement, au même rythme que le reste de la population active française. Malgré les départs à la retraite, le nombre d'exploitants de 60 ans et plus a augmenté depuis 2000. Les derniers enfants du baby boom ! Car par ailleurs, trop peu de jeunes agriculteurs s'installent à leur place : la part des jeunes exploitants professionnels de moins de 40 ans n'est que de 23 % (contre 34 % en 2000). Une proportion équivalente à celle des plus de 60 ans.

La tranche d'âge majoritaire aujourd'hui reste donc celle des 40 à 60 ans (61 % des agriculteurs en 2010).

Autre constat : dans les plus petites exploitations, les agriculteurs sont un peu plus âgés que dans les moyennes et les grandes, en moyenne de trois ou quatre ans.

Quant aux agricultrices, elles représentent 27 % de la population des exploitants professionnels (contre 24 % en 2000). Elles sont particulièrement bien représentées dans la viticulture et l'élevage autre que bovin. Et comme, dans leur couple, elles sont souvent plus jeunes que leur mari, lorsque celui-ci prend sa retraite (ou meurt), elles sont nombreuses à reprendre les rennes de l'entreprise agricole, surtout si la surface exploitable est petite ou moyenne.

Tableau 1-9 **L'âge des exploitants et co-exploitants *(en milliers de personnes)***

ÂGE		2000	2010
Moins de 40 ans		162	98
	dont femmes	26	17
40 ans à 49 ans		151	139
	dont femmes	27	31
50 ans à 59 ans		136	144
	dont femmes	35	38
60 ans et plus		34	42
	dont femmes	16	17
Total France métropolitaine		483	423
	dont femmes	104	103

Champ : France métropolitaine dans les moyennes et grandes exploitations

Sources : Agreste, GraphAgri 2013.

Pour ce qui est de leurs revenus, ce n'est pas une surprise : en moyenne, ils sont parmi les plus faibles des revenus des travailleurs indépendants. Il faut dire que, jusqu'à la fin des années 1980, l'évolution du revenu agricole avait déjà été moins forte que celle du revenu de l'ensemble des ménages français. Heureusement, entre 1990 et 1998, la tendance s'est un peu inversée et l'évolution a été nettement plus favorable. Après 1998, le revenu agricole a recommencé à diminuer, alors que le revenu des ménages poursuivait sa progression.

Et aujourd'hui, après plusieurs belles années de hausses exceptionnelles (notamment en 2006 et 2007), le revenu agricole a de nouveau plongé : en moyenne, 35 500 € annuels par actif non salarié en 2012 : -18,6 % en 2013. En outre, la taille économique des exploitations contribue fortement aux résultats : quel que soit le choix de production, plus l'exploitation est grande, plus le résultat est élevé en moyenne. Ainsi :

- 20 % des exploitations produisent un revenu annuel brut inférieur à 10 000 € : maraîchage, horticulture, fruits et bovins à viande ;
- 24 % produisent un revenu annuel brut de 50 000 € : essentiellement les grandes cultures et l'élevage des herbivores.

L'agriculture biologique poursuit son développement

En 2012, l'Agence Bio recensait 8 957 entreprises agricoles productrices de produits certifiés « bio ». Autant d'exploitants agricoles qui ont définitivement opté pour ce mode de production animale et végétale sans produits chimiques. En moyenne, pour qu'une production soit certifiée biologique, 4/5e des parcelles de l'exploitation doivent elles-mêmes être certifiées bio.

Selon Agreste, en juin 2012, les régions dont la part de production biologique est la plus importante sont la Provence-Alpes-Côte d'Azur (7,1 %), la Corse (6,8 %) et le Languedoc-Roussillon (6,2 %).

Plus globalement en France, les surfaces bio occupent environ 3 % des surface agricoles utilisées (SAU), soit 740 000 hectares en 2012, dans des exploitations de 53 hectares en moyennes (les exploitations traditionnelles en font en moyenne 54).

Quant à leurs circuits de distribution, les exploitants bio choisissent la vente en circuit court notamment sur les marchés et en panier, type « AMAP ».

La pêche dans la tempête

Grâce à son outre-mer, la France est le deuxième pays au monde en termes d'espace maritime. C'est le quatrième producteur de pêche et d'aquaculture de l'Union européenne, après le Danemark, l'Espagne et le Royaume-Uni. La production française représente actuellement 310 000 tonnes débarquées en frais et 154 000 tonnes en congelé, pour une valeur de 940 millions d'euros.

Pourtant, la pêche française est en crise depuis longtemps. La flottille de pêche en métropole est passée de 11 600 bateaux en 1983 à 7 000 en 1993, soit une baisse de 40 % en seulement dix ans. Et la tendance s'est poursuivie : encore moins 25 % entre 2004 et 2014.

Autant dire que si vous souhaitez créer ou reprendre une entreprise dans ce secteur, il faudra vous accrocher...

Aujourd'hui, on ne compte plus que 4 600 bateaux de pêche en métropole, 7 000 avec ceux des collectivités d'Outre-Mer. La filière pêche ne représente plus que 22 000 emplois directs, dont 19 000 en métropole.

Le métier est accessible à partir de diplômes sanctionnant des formations liées à des conditions d'âge et à des durées minimales de navigation. Chaque diplôme permet d'accéder à un palier :

- **Certificat de capacité** : patron à la petite pêche et à la pêche côtière ;
- **Brevet de lieutenant de pêche** : lieutenant à la grande pêche ou second à la pêche au large ;
- **Brevet de patron de pêche** : patron à la pêche au large ou second à la grande pêche ;
- **Brevet de capitaine de pêche** : patron à la grande pêche ;
- **BEP maritime de conduite et d'exploitation des navires de pêche** : après douze mois de navigation effective et à l'âge de 20 ans, les diplômés obtiennent le brevet de lieutenant de pêche.

Comme pour la plupart des exploitants agricoles, patron de pêche est rarement un premier emploi. Selon la taille de son navire, il exerce une activité :

- Artisanale, sur des bateaux de moins de 12 mètres ou de 12 à 16 mètres ;
- Semi-industrielle, sur des bateaux de 16 à 33 mètres ;
- Industrielle, sur des bateaux de plus de 33 mètres.

L'activité de pêche se divise en quatre catégories :

- La grande pêche, qui se pratique sur de grands chalutiers de pêche ou des thoniers de 70 à 80 mètres : sur de tels bateaux, une campagne de pêche dure plus de vingt jours ;
- La pêche au large, qui est pratiquée par des chalutiers hauturiers de plus de 25 mètres et par des navires artisans hauturiers de 16 à 25 mètres : la durée de sortie en mer est supérieure à 96 heures ;
- La pêche côtière, qui se pratique sur des navires de moins de 16 mètres : la durée des sorties est supérieure à 24 heures mais inférieure à 96 heures ;
- La petite pêche, qui est pratiquée par des navires de pêche inférieurs à 16 mètres, et dont la durée de sortie est inférieure à 24 heures.

Seulement un quart de la consommation française de produits aquatiques provient de la pêche nationale.

C'est en Bretagne que la pêche maritime totalise la plus grande puissance totale des navires, puisqu'à elle seule, elle en détient le tiers. Les DOM en détiennent 30 %. La Méditerranée en détient 21 % et chacune des autres régions maritimes de la façade Manche-Atlantique détient 7 à 12 % (Nord-Pas-de-Calais, Picardie, Haute-Normandie, Basse-Normandie, Pays de la Loire, Poitou-Charentes, Aquitaine).

La moitié de la production des pêches maritimes est vendue dans les halles à marée. Les quatre criées les plus importantes en valeur sont : Boulogne-sur-Mer, Le Guilvinec, Lorient et Concarneau. Quant aux quatre premières espèces débarquées, ce sont, en volume : la sardine, la coquille Saint-Jacques, la baudroie et la seiche. En valeur, ce sont la sole, la baudroie, la langoustine et le bar.

Le secteur secondaire : la crise de plein fouet

Le secteur secondaire est un gigantesque ensemble d'activités industrielles, chargées de transformer des matières premières en produits plus ou moins élaborés. De l'aéronautique à l'industrie pharmaceutique, de la construction navale à la production d'énergie en passant par l'automobile, le bâtiment ou l'agroalimentaire, le secteur secondaire français est aujourd'hui très dépendant des fluctuations mondiales. Il a subi de plein fouet la dernière crise qui sévit dans le monde, et notamment en Europe depuis maintenant plusieurs années.

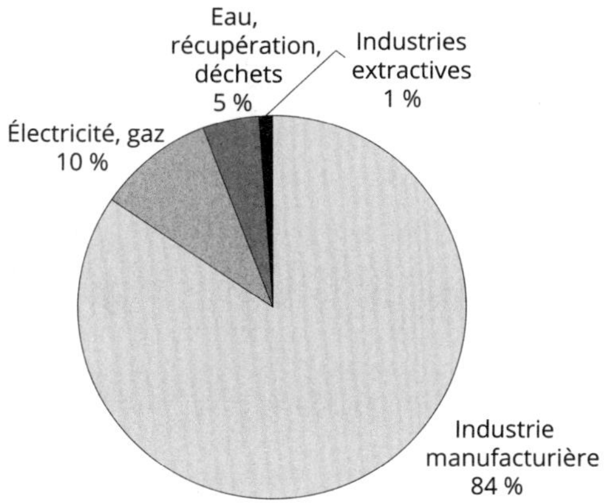

Champ : France.
Sources : Insee, Ésane.

FIGURE 1-6 : Principales activités industrielles selon la valeur ajoutée *(en 2011).*

Les manufactures coûte que coûte

Parmi les premières puissances manufacturières du monde, la France reste toutefois loin derrière les États-Unis, la Chine, l'Allemagne et le Japon. Néanmoins, avec 15 % de l'emploi industriel européen et 20 % de la valeur ajoutée produite par l'industrie communautaire, la France est encore la deuxième puissance industrielle européenne, derrière l'Allemagne.

En France, le secteur secondaire emploie environ 18 % de la population active (presque 40 % en 1975) et contribue pour environ 20 % au PIB (35,4 % en 1977).

Au début des années 1970, le secteur secondaire français connaissait son apogée : il employait quatre Français sur dix, il était donc le premier employeur et le premier pourvoyeur de richesses. À peine dix ans plus tard, l'économie se désindustrialisait : les industries traditionnelles, le textile, la sidérurgie, la métallurgie, les charbonnages, mais également l'automobile et l'électroménager, à fort besoin de main-d'œuvre, connaissaient une grave récession et des pertes massives d'emplois. Heureusement, l'émergence des nouvelles technologies a tant bien que mal remplacé les emplois perdus du secondaire par des emplois tertiaires, nous allons le voir.

Aujourd'hui, l'agroalimentaire est le premier secteur industriel en France en termes de chiffre d'affaires. Et la balance commerciale, une fois n'est pas coutume, est excédentaire. En seconde position se trouve l'industrie automobile, soutenue à bout de bras pendant la crise par la prime à la casse et le bonus malus écologique.

Parmi les autres secteurs industriels français très performants sur le plan national et international se trouvent l'armement, l'énergie (notamment nucléaire), les techniques de communication, l'équipement électrique, la très puissante industrie pharmaceutique, mais aussi l'industrie du luxe (parfums, bijoux, haute couture...), dont la qualité et la réputation contribuent au rayonnement français dans le monde entier.

Entre 2013 et 2014, signalons les secteurs industriels où la production a recommencé à augmenter (source : Insee, Enquête de conjoncture dans l'industrie, juin 2014) :

- + 6,4 % dans le textile, l'habillement, le cuir et la chaussure ;
- + 9,5 % dans l'eau et l'assainissement.

L'industrie agroalimentaire : le poids lourd

En 2010, l'industrie agroalimentaire française pesait 125,4 milliards d'euros. Bien sûr, comme tous les autres secteurs industriels, elle est soumise aux aléas de la conjoncture économique, mais le plus souvent dans une moindre mesure. Ainsi, entre 2008 et 2009, tandis que la production des autres industries manufacturières chutait de 11,3 %, celle de l'industrie agroalimentaire ne baissait que de 1,7 %. Entre 2009 et 2012, elle reprenait vigueur avant de se rétracter légèrement de nouveau.

Tableau 1-10 **Évolution de la production des industries alimentaires et de boisson jusqu'en 2013 *(hors tabac)***

Secteur d'activité	Production (en millions d'euros)		Évolution 2012-2013 (en %)		
	2012 (valeur)	**2013 (volume)**	**Indice valeur**	**Indice volume**	**Indice prix**
Transformation et conservation de viande et préparation de produits à base de viande	33 676	33 117	1,3	- 1,7	3,0
Transformation et conservation de poisson, crustacés et mollusques	2 720	2 633	- 1,4	- 3,2	1,9
Transformation et conservation de fruits et légumes	6 631	6 493	- 0,9	- 2,1	1,2
Fabrication d'huiles et graisses végétales et animales	5 532	5 493	- 0,9	- 0,7	- 0,2
Fabrication de produits laitiers	26 110	26 009	3,2	- 0,4	3,6

Secteur d'activité	Production (en millions d'euros)		Évolution 2012-2013 (en %)		
	2012 (valeur)	**2013 (volume)**	**Indice valeur**	**Indice volume**	**Indice prix**
Travail des grains - fabrication de produits amylacés	6 430	6 234	0,6	- 3,0	3,8
Fabrication de produits de boulangerie-pâtisserie et pâtes alimentaires	23 095	22 026	- 3,9	- 4,6	0,8
Fabrication d'autres produits alimentaires	22 610	21 955	- 2,0	- 2,9	0,9
Fabrication d'aliments pour animaux	11 531	11 420	2,8	- 1,0	3,8
Fabrication de boissons	18 725	18 021	1,2	- 3,8	5,1
Total	**158 184**	**154 446**	**0,3**	**- 2,4**	**2,7**

Champ : France.
Source : Insee, base 2010.

La consommation des ménages constitue le principal débouché des produits agroalimentaires français (54 %). Le reste se répartit entre les consommations dites « intermédiaires », fournissant principalement l'industrie agroalimentaire elle-même (32 %) et l'exportation, qui représente 14 % des débouchés et qui concerne surtout les boissons et les produits laitiers vendus hors de l'Union européenne.

L'industrie énergétique : le fleuron français

La France est le deuxième producteur mondial d'électricité nucléaire et le premier pays européen producteur d'énergie renouvelable. Elle couvre ainsi, à elle seule, près de la moitié de ses besoins énergétiques. L'électricité nucléaire représente 74,5 % de la production électrique totale d'EDF. 9,1 % sont assurés par des centrales thermiques fossiles (hors gaz) et 8,5 % par des centrales hydroélectriques.

À quoi s'ajoutent 5,8 % de production par cycle combiné gaz et cogénération (une méthode innovante qui produit moins de CO_2) et 2,1 % par les autres énergies renouvelables, notamment les éoliennes et la biomasse (source : rapport annuel EDF 2013).

Avec ses dix-neuf centrales nucléaires en exploitation pour un total de cinquante-huit réacteurs nucléaires, la France possède aujourd'hui le deuxième équipement nucléaire au monde derrière les États-Unis. Mais son entreprise phare, Areva, est bien le groupe numéro un mondial du secteur. Son réseau commercial couvre plus de quarante pays. Elle emploie 45 000 personnes.

Quant à la production d'énergies renouvelables, la France se classe en seconde position (avec 12 % de la production européenne), derrière l'Allemagne (30 %), suivie de la Suède, de l'Italie et de l'Espagne (chacune 10 %).

LE GROUPE TOTAL

C'est « le » groupe pétrolier et chimique français par excellence. Il est issu de la fusion, en 1999, entre le groupe Total, créé dans les années vingt, avec la société pétrolière belge Petrofina. L'ensemble a été baptisé Total Fina, avant de fusionner avec Elf-Aquitaine un an plus tard. C'est aujourd'hui le cinquième groupe pétrolier et gazier mondial, présent sur les cinq continents. Ses activités s'exercent dans plus de cent trente pays et couvrent toute la chaîne de l'industrie pétrolière : exploration, production de pétrole et de gaz, aval gazier, raffinage et distribution, trading et transport maritime.

Le groupe est également un acteur majeur de l'industrie chimique et se tourne vers l'avenir énergétique par son engagement dans le développement des énergies renouvelables (énergies éolienne et solaire photovoltaïque). Total Fina-Elf raffine 1,7 million de barils de pétrole par jour en 2013 et possède 65 % des parts de SunPower, l'un des leaders mondiaux de l'énergie photovoltaïque. À cette date, le groupe enregistrait un chiffre d'affaires de 189,5 milliards d'euros et comptait plus de 99 000 collaborateurs.

En revanche, la France, comme l'Europe dans son ensemble, est très dépendante des hydrocarbures et du gaz naturel, dont elle importe près de 95 % de sa consommation. Pour pallier cette dépendance, elle a instauré un programme de transition énergétique destiné à réduire le gaspillage (par exemple en rénovant les logements et en consommant les produits de proximité) et à développer la « croissance verte » via des prêts accordés par les collectivités locales.

Le bâtiment : connecté et à énergie positive

Depuis que la crise financière est devenue économique, le secteur du bâtiment et de la construction a beaucoup souffert. Le renouveau a commencé à poindre en 2012, mais selon les entrepreneurs du secteur interrogés par l'Insee début 2015, même si le climat conjoncturel s'est nettement amélioré, ils restent mitigés. Ils sont encore sceptiques sur une reprise de long terme. Les carnets de commande restent inférieurs à la normale, même si le taux d'utilisation de leur capacité de production est à peu près stable.

Pourtant, en matière de construction, les innovations depuis quinze ans sont spectaculaires et véritablement porteuses de renouvellement des métiers. Les mots d'ordre sont : respect de l'environnement, bien-être des habitants et, surtout, nouvelles technologies intégrées partout. Car les bâtiments d'aujourd'hui sont non seulement fabriqués au moyen de matériaux recyclés, mais aussi auto-suffisants en énergie et connectés.

HQE POUR LES NULS

La certification Haute qualité environnementale (HQE) a été créée en 1990 pour que les maîtres d'ouvrage puissent valoriser la qualité de leur construction en matière de respect de l'environnement. Elle atteste de la conformité à un référentiel de certifications et de la mise en place d'un système de management environnemental (SME). Le référentiel de qualité comprend sept cibles concernant le respect de l'environnement (éco-construction, éco-gestion), et sept autres pour le confort des occupants (acoustique, thermique, qualité de l'air et de l'eau).

Sur cette base, le maître d'ouvrage définit des niveaux de performance et s'engage à donner les moyens aux acteurs du projet pour les atteindre. Si le cahier des charges est respecté, le certificat est attribué par une autorité indépendante. Il confirme que l'ouvrage est sain et confortable, et que son impact sur l'environnement, évalué sur l'ensemble de son cycle de vie, est faible.

La certification HQE existe pour les bâtiments neufs comme pour les bâtiments existants, dans les domaines des bâtiments tertiaires, de la maison individuelle et du logement collectif.

Les nouvelles technologies : l'innovation paie

En France, on les appelle TIC, pour technologies de l'information et de la communication. Ce secteur regroupe l'ensemble des outils et des médias qui permettent la production, le traitement et la transmission de l'information sous toutes ses formes (textes, données, images et sons). Un secteur extrêmement dynamique, à cheval entre l'industrie et les services.

En effet, depuis trente ans, les nouvelles technologies ont pris de plus en plus de place dans l'économie, jusqu'à occuper la position centrale. Il faut dire que leur utilisation permet des croissances de productivité dans tous les autres secteurs d'activité et fait entrer l'innovation partout. Mais, surtout, les technologies de l'information et de la communication contribuent fortement à la croissance économique.

UBISOFT

Ubisoft est un éditeur et développeur de jeux vidéo français fondé en 1986 par cinq frères : Claude, Michel, Yves, Christian et Gérard Guillemot. Yves en est aujourd'hui le P-DG, les autres frères ayant chacun pris la tête des différentes sociétés créées ensemble. En 2013, avec un chiffre d'affaires de 1,256 milliards d'euros, Ubisoft s'est classé deuxième studio de production de jeux vidéos dans le monde, avec 29 studios installés dans 19 pays. La société emploie 9 200 personnes, dont 7 800 en production. Parmi ses best-sellers, on trouve « Rayman », « Prince of Persia », « Assassin's Creed ». En 2005, son studio de production de Montpellier a participé au film de Peter Jackson *King Kong*, qui a été suivi du jeu éponyme. En 2011, la société s'est à son tour lancée au cinéma en créant Ubisoft Motion Pictures, pour adapter elle-même ses jeux vidéos : « Les Lapins Crétins », « Tom Clancy's Splinter Cell » et « Ghost Recon » ou « Watch Dogs ».

Les TIC sont divisées en trois grandes filières, dont une partie des activités relève du tertiaire :

- **La filière informatique :** c'est la filière de la fabrication de machines de bureau, d'ordinateurs, de serveurs, de matériels de réseaux, du commerce de gros de matériels informatiques, de services de traitement de données, de conseil en systèmes informatiques et de réalisation de logiciels. À cela s'ajoutent les services immatériels que nous examinerons plus loin ;
- **La filière des télécommunications :** il s'agit des services des télécommunications, des équipements professionnels de transmission, des commutateurs, relais, terminaux destinés aux usagers, auxquels s'ajoute la connectique : câbles et fibres optiques ;
- **La filière électronique :** c'est la filière des composants électroniques, semi-conducteurs, circuits imprimés, équipements de l'électronique grand public, télévisions, magnétoscopes, radios, lecteurs de disques, auxquels sont associés les instruments de mesure : activités de haute technologie civile et militaire, instruments de navigation, compteurs, productique.

LA RECHERCHE-DÉVELOPPEMENT : LES PÔLES DE COMPÉTITIVITÉ

Les pôles de compétitivité sont une organisation territoriale mise place en France en 2006, qui vise à rassembler géographiquement les compétences publiques et privées dans un domaine précis. Il s'agit de rapprocher les activités de recherche et de développement (R&D) ou de formation, des lieux de production industrielle. L'ensemble des acteurs doit travailler en collaboration sur des projets innovants. Après une évaluation positive de la phase 2006-2008, l'État a réaffecté 1,5 milliard d'euros à la deuxième phase (2009-2012), ce qui a permis de labelliser 71 pôles de compétitivité, dont 7 mondiaux (11 autres ont une vocation mondiale). Ils concernent des domaines technologiques émergents : les nanotechnologies, les biotechnologies ou la microélectronique, mais aussi des industries plus matures : aéronautique transport, agroalimentaire. La troisième phase couvre la période 2013-2018.

Chaque pôle élabore désormais sa propre stratégie sur cinq ans : partenariats, montage des projets collaboratifs, mutualisations des actions. Onze d'entre eux doivent aussi créer des plateformes de coordination pour renforcer la compétitivité de la France dans l'« Industrie du Futur » (c'est le nom du plan de réindustrialisation lancé en 2013). Objectif : la recherche fondamentale doit nourrir la recherche appliquée pour donner naissance à des produits et des services commercialisables, industrialisables, sources d'emplois pour le futur.

Ces onze pôles représentant plus de trois mille entreprises innovantes sont : Aerospace Valley, ASTech, Axelera, Cap Digital, EMC2, I-Trans, Images & Réseaux, Mont-Blanc Industries, Moveo, Plastipolis et Systematic.

Site internet : `www.competitivite.gouv.fr`.

En France, les technologies de l'information et de la communication sont désormais intégrées à la quasi-totalité des entreprises. Elles ont permis un accroissement très important de la productivité et de l'innovation dans tous les secteurs de l'économie. Quant aux entreprises productrices de TIC, elles ont fortement contribué à la croissance économique française, y compris dans les périodes de crise.

Globalement, l'utilisation des TIC s'est fortement accrue entre 2000 et 2013. Selon une enquête publiée par l'Insee en 2014, 100 % des sociétés de plus de dix personnes sont équipées en TIC, ainsi que trois micro-entreprises sur quatre (rappelons que les micro-entreprises occupent moins de dix personnes).

Une micro-entreprise sur quatre dispose de son propre site Internet et on estime à 6 milliards d'euros le montant total des ventes web des micro-entreprises (en 2012). Le chiffre monte à 95 milliards d'euros pour les sociétés occupant plus de 10 personnes. Et pourtant, ces montants ne représentent respectivement que 1 % et 3 % de l'ensemble des ventes de ces entreprises. Il reste donc de la marge !

D'ailleurs, chaque secteur ne privilégie pas les mêmes technologies : le commerce électronique est plus répandu dans l'hôtellerie (pour les réservations), tandis que les matériels informatiques sont plus utilisés dans les secteurs de la sécurité ou du nettoyage. Par ailleurs, à l'intérieur de chaque secteur d'activité, les sociétés les moins utilisatrices ont eu tendance à rattraper les plus avancées.

Les revenus des entrepreneurs industriels

À mi-chemin entre les plus bas et les plus hauts revenus d'activité, les revenus des entrepreneurs industriels dépendent beaucoup de la taille et de la maturité de leur entreprise. En outre, leur confort financier progresse aussi avec leur âge.

Tableau 1-11 **Niveaux et évolution des revenus d'activité des entrepreneurs de l'industrie**

	Effectifs au 31 décembre		Revenu moyen		
	Niveau en 2011	Évolution 2010-2011	Niveau en 2011*	Évolution 2010-2011	Proportion de revenus nuls
Industrie	77 000	- 3,6 %	27 590 €	+ 2 %	10,2 %
Construction	267 000	- 1,4 %	27 760 €	+ 5,9 %	5,9 %

** en euros constants*

Source : Insee.

Le secteur tertiaire : la bouée de sauvetage de l'économie

Le secteur tertiaire occupe aujourd'hui 75 % des actifs français, salariés et non-salariés, et contribue au PIB à hauteur de près de 80 %. Il représente un secteur économique très vaste, qui couvre toutes les activités de service :

- Les services administratifs privés comme publics ;
- Le commerce : achat, vente, entretien, réparation ;
- Les transports ;
- La finance ;
- Le conseil ;
- L'assurance ;
- L'immobilier ;

- La communication ;
- L'informatique ;
- La recherche ;
- Le tourisme, les loisirs ;
- L'éducation, la formation ;
- La santé, l'action sociale ;
- Les services aux particuliers et aux entreprises.

On l'aura compris en lisant cette liste, c'est aujourd'hui sur le secteur tertiaire que repose l'essentiel de l'activité économique française. Même s'il est lui-même touché par la récession, il permet à la France de traverser les zones de turbulences sans aller à la faillite comme d'autres pays européens.

Tableau 1-12 **Répartition par grandes branches de la valeur ajoutée des services marchands**

	Hébergement et restauration	Information et communication	Activités immobilières	Activités scientifiques et techniques	Activités de services administratifs et de soutien	Arts, spectacles, autres activités de services
2013	7,5	13,1	35,7	20,5	15,2	8,0
2012	7,7	13,7	35,3	20,3	15,2	7,8
2011	7,7	14,0	35,1	20,5	15,1	7,6
2010	7,6	14,3	35,4	20,2	14,8	7,8
2009	7,3	14,5	36,1	19,8	14,5	7,8
2008	7,0	14,3	36,1	19,7	15,5	7,4
2007	7,2	14,4	35,9	19,4	15,5	7,5

Sources : Insee, comptes nationales base 2010.

Trois emplois sur quatre

Entre 1990 et 2014, le secteur tertiaire marchand a créé à lui seul plus de 3,5 millions d'emplois salariés comme non salariés. Et près de 60 % des emplois ont été créés dans les services aux entreprises, notamment grâce aux technologies de l'information et de la communication (les TIC, + 216 % en trente ans !) et au développement de l'externalisation des services traditionnels (comptabilité, sécurité, nettoyage...).

Aujourd'hui, quand l'industrie occupe 15 % des Français, la construction 6 % et l'agriculture 3 %, le tertiaire représente trois emplois sur quatre, soit 6,6 millions de personnes salariées et non-salariées en équivalent temps plein.

Ce sont les activités de commerce et la réparation d'automobiles et de motocycles qui concentrent les jeunes actifs. Ils sont aussi trois fois plus nombreux que les seniors dans l'hébergement et la restauration, les activités scientifiques et techniques, les services administratifs et de soutien.

À l'inverse, dans l'administration publique, l'enseignement, la santé et l'action sociale, on trouve 34 % des seniors, contre un peu moins de 20 % de jeunes salariés.

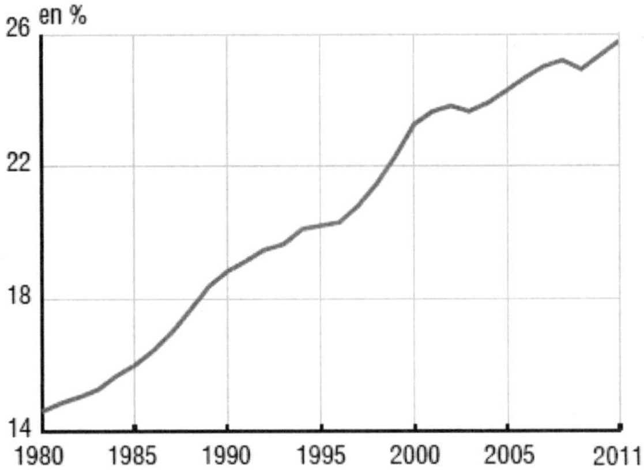

Note : emploi intérieur total, salariés et non-salariés, en nombre d'équivalents temps plein.
Sources : Insee, comptes nationaux, base 2005.

FIGURE 1-7 : Part des emplois des services marchands dans l'emploi total en France.

Le tertiaire : eldorado de la création d'entreprise

Le tertiaire est aussi aujourd'hui le secteur économique français le plus favorable à la création d'entreprise. Les possibilités y sont en effet illimitées, à la fois en termes :

- **D'activité :** commerce national ou international, artisanat, prestations de services aux particuliers comme aux entreprises et aux administrations ;
- **De taille d'entreprise :** du petit bureau chez soi avec un ordinateur et un accès au Web jusqu'à la start-up qui embauche vingt salariés par mois et doit changer de locaux chaque année pour avoir plus d'espace.

Selon l'Insee, les services marchands non financiers représentent environ 33 % de la valeur ajoutée de l'économie française. C'est dans ce secteur que la crise est la moins violente : la valeur ajoutée a même réussi à augmenter de 2,2 % en 2011 et de 0,6 % entre 2012 et 2013, avec un bonus pour les télécommunications, encore et toujours dynamiques heureusement. Quant à la culture, aux loisirs ou au commerce extérieur, ils progressent aussi ou se maintiennent très honorablement (source : Insee Première n° 1507, juillet 2014).

Le secteur tertiaire est le paradis de la création d'entreprise : plus de 110 000 nouvelles activités y sont créées chaque année en France. Parmi elles, 51 % se font sous le régime d'auto-entrepreneur, qui s'adapte bien aux projets d'installation en tant que travailleur indépendant.

Hors régime d'auto-entrepreneur, la création d'entreprise commerciale et artisanale subit tout de même la crise : – 11,4 % de créations d'activité en 2011 ; – 2,7 % en 2012.

Quant aux défaillances d'entreprises commerciales et artisanales, elles augmentent un peu (+ 2,4 % en 2014), plus que dans l'ensemble de l'économie française : + 0 ,8 % en 2014 (source : Alatares, janvier 2015).

Qui sont les entrepreneurs du secteur tertiaire ?

La France compte environ un million et demi de chefs d'entreprise du secteur tertiaire marchand, c'est-à-dire principalement du commerce et de l'artisanat commercial. Parmi eux :

- 761 000 sont artisans ;
- 696 000 sont commerçants dans le commerce de gros (source : *Insee Première*, n° 1317, octobre 2010).

En 2010, les femmes ont surtout créé des entreprises :

- De soutien aux entreprises : 25 % des nouvelles entreprises en 2010 ;
- De commerce, transports, hébergement et restauration 24 % ;
- D'autres services aux ménages : 22 %.

Tandis que les hommes ont plutôt créé une entreprise dans :

- Le commerce, les transports, l'hébergement et la restauration : 26 % ;
- La construction : 22 % ;

» Le soutien aux entreprises : 21 % (source : *Insee Première*, n° 1334, janvier 2011).

Selon l'Insee, près de 20 % des personnes qui travaillent en France dans le commerce de détail ou l'artisanat commercial, le font en tant que travailleurs indépendants. Une proportion nettement plus importante que dans l'ensemble des autres secteurs principalement marchands, où la part des travailleurs indépendants dépasse en général à peine les 10 %. Ainsi, parmi ces 400 000 travailleurs indépendants du commerce et de l'artisanat :

» 240 000 sont commerçants : 56 000 détaillants en habillement et articles de sport, 52 000 petits et moyens détaillants en alimentation spécialisée ;

» 90 000 sont artisans ;

» 50 000 exercent une profession libérale ou sont patron d'entreprise (source : *Insee Première* n°1358, juillet 2011).

Les entreprises du tertiaire ont des tailles et des statuts divers. La majorité est représentée par les petites entreprises individuelles et les auto-entreprises, sans ou avec un seul salarié. Les entreprises commerciales ont, quant à elles, plus souvent le statut de société à responsabilité limitée (SARL) et emploient entre trois et cinq salariés.

Soulignons qu'en 2013, 30 % des nouvelles entreprises ont été créées sous la forme de société. Parmi elles, 67 % sont des sociétés à responsabilité limitée (SARL), un statut en perte de vitesse depuis 5 ans : il représentait 81 % des nouvelles sociétés en 2008. 29 % sont des sociétés par actions simplifiées (SAS, ces statuts sont définis au chapitre 10). La proportion augmente d'année en année : 4 % en 2008, 10 % en 2009, 14 % en 2010, 19 % en 2012, réduisant d'autant la part deS SARL.

Cette évolution peut s'expliquer par le fait que, depuis le 1er janvier 2009, aucun niveau de capital minimum n'est plus exigé pour créer une société par action simplifiée. On peut ainsi créer une SAS avec un capital de 1 €, au lieu de 37 000 € auparavant (sur cette question, reportez-vous aux explications du chapitre 10). C'est peut-être pour cette raison que les créateurs d'entreprise ont plus massivement adopté ce statut ces dernières années. En outre, les créations sous cette forme juridique augmentent dans tous les secteurs d'activité.

Simultanément, les créations de SARL diminuent sans cesse. Parmi elles, le nombre de créations de SARL unipersonnelles (que l'on appelle aussi EURL, entreprise unipersonnelle à responsabilité limitée, voir chapitre 10) ne progresse plus : ce statut représentait 29 % des créations de société en 2012, et 24 % en 2013.

Pour les créateurs d'entreprise, ces formes de sociétés unipersonnelles apparaissent comme une alternative à l'auto-entreprise. Elles ont d'ailleurs un succès croissant depuis 2004. Excepté toutefois en 2009, où la mise en place du régime de l'auto-entrepreneur a entraîné un effet de substitution plus important.

Combien gagnent les entrepreneurs du tertiaire ?

Sur l'année 2011, hors agriculture et hors auto-entrepreneurs, les indépendants ont perçu en moyenne 37 200 € de leur activité non salariée, avec des disparités de revenu beaucoup plus marquées que pour les salariés. En bas de l'échelle des rémunérations, un indépendant sur dix déclare un revenu nul (s'il n'a pas dégagé de bénéfices ou se rémunère sous forme de dividendes). Un sur quatre a perçu un revenu annuel inférieur à 8 650 €, et la moitié des indépendants déclare moins de 21 600 € annuels. En haut de l'échelle des rémunérations, un indépendant sur quatre perçoit plus de 44 600 €. Et un sur dix dégage un revenu annuel dépassant 84 300 € (source : Insee).

Ce sont les activités artistiques et récréatives, la coiffure, les taxis et l'enseignement qui génèrent les plus faibles revenus annuels (entre 14 400 et 17 500 € en moyenne en 2011). Les revenus les plus élevés sont perçus par les professions juridiques (113 600 €) et le commerce pharmaceutique (94 000 €), suivis par les professions libérales de santé (69 700 €).

Entre 2010 et 2011, le revenu moyen des indépendants a augmenté de 1,6 % (en euros constants) et de 2,1 % pour les auto-entrepreneurs. Hors auto-entrepreneurs, les rémunérations ont fortement progressé dans les activités informatiques, les activités artistiques et récréatives et les professions juridiques. Mais elles ont été en net repli dans les métiers de bouche, l'hébergement et la restauration, le commerce, la réparation d'automobiles ou les taxis.

L'ancienneté et l'expérience en tant que travailleur indépendant a bien sûr une influence sur le montant des revenus : plus l'activité est ancienne, plus le revenu est élevé, surtout dans les services. Les jeunes entrepreneurs perçoivent des revenus plus faibles, notamment dans le commerce. En 2011, 29 % des indépendants installés dans l'année ont perçu un revenu nul.

Sur les 2,3 millions de personnes qui exercent une activité non salariée en France (hors agriculture), 300 000 d'entre elles occupent en parallèle un emploi salarié. La pluriactivité est par exemple très fréquente dans l'enseignement, la santé, les arts et spectacles et les activités récréatives (source : Insee). En 2011, le revenu global de ces pluriactifs s'est élevé à 62 300 €, dont 33 300 € perçus de l'activité indépendante.

Tableau 1-13 **Niveaux et évolution des revenus d'activité des indépendants *(en 2011)***

Secteur d'activité	Revenu moyen	Évolution par rapport à 2010
Commerce et artisanat commercial	27 480 €	+ 0,6 %
Services dont :	44 840 €	+ 2,1 %
Transport	21 500 €	- 1,3 %
Hébergement et restauration	20 250 €	- 2,3 %
Information et communication	30 910 €	+ 6,9 %
Activité financière et d'assurance	65 250 €	+ 1 %
Activités immobilières	26 780 €	+ 0,2 %
Activités scientifiques et techniques	62 000 €	+ 4,6 %
Dont professions juridiques	113 640 €	+ 5,6 %
Services administrations et de soutien aux entreprises	27 380 €	+ 3 %
Enseignement	17 470 €	+ 2,6 %
Santé humaine et action sociale	66 660 €	0
Dont profession libérales de santé	69 710 €	- 0,1 %
Arts spectacles, et activité récréatives	14 410 €	+ 6,1 %
Autres activités de service (dont coiffure et soins de beauté)	15 100 €	- 0,8 %

Champ : France, travailleurs non salariés au 31/12, hors agriculture.
Source : Insee Première n° 1481, janvier 2014.

Dernier focus sur les femmes non salariées : elles gagnent 10 000 € de moins que les hommes : 30 500 € contre 40 400 € pour les hommes (en 2011). Pourtant, elles exercent dans des secteurs souvent plus rémunérateurs, par exemple en tant que professions libérales de santé. L'Insee explique cet écart par un temps de travail moins important.

Mais le revenu des indépendantes progresse aussi plus rapidement que celui des hommes : après une forte hausse entre 2009 et 2010, il a encore augmenté de 2,2 % entre 2010 et 2011, contre + 1,5 % pour les hommes.

Les commerçants de proximité

On recense environ 600 000 commerces de proximité en France aujourd'hui, principalement dans les secteurs suivants :

- L'alimentation spécialisée : boulangeries-pâtisseries, boucheries-charcuteries, poissonneries, commerces de fruits et légumes, de boissons, de tabac et autres commerces de détail alimentaires ;
- Les cafés-tabacs ;
- Les librairies, marchands de journaux, papeteries ;
- La pharmacie ;
- L'habillement ;
- L'optique, la maroquinerie, l'horlogerie-bijouterie ;
- La coiffure et la parfumerie.

En 2013, 112 000 entreprises commerciales ont été créées en France, auto-entreprises et artisanat commercial compris. Depuis la mise en place du régime de l'auto-entrepreneur en 2009, les créations entreprises sous ce statut dans le commerce sont nombreuses. En 2013, elles ont représenté 20,6 % des créations d'entreprise tous les secteurs confondus.

Depuis 2011, leur nombre reste élevé mais tend à diminuer. En 2013, il a même reculé de 2,3 %, un rythme proche de celui constaté dans l'ensemble des autres secteurs principalement marchands (-2,1 %).

En terme d'activité économique proprement dite, les dernières années n'ont pas été un long fleuve tranquille pour les commerçants, loin s'en faut. Et malgré la progression très nette du commerce hors magasin, le « e-commerce », celui-ci se repliait lui aussi en 2013, notamment à cause du déclin de la vente par correspondance.

Tableau 1-14 **Évolution du commerce de détail entre 2010 et 2013**

Formes de vente	Évolution des ventes en volume (TTC) aux prix de l'année précédente (en %)				Valeur 2013 (en Mds d'euros)
	2010	**2011**	**2012**	**2013**	
Commerce à dominante alimentaire en magasin	0,6	1,5	- 1,4	- 1,5	240
Alimentation spécialisée et artisanat commercial (boulangeries, pâtisseries, charcuteries)	- 0,8	1,4	- 2,5	- 1,8	43
Petites surfaces d'alimentation générale et magasins de produits surgelés	6,4	- 2,2	- 1,4	- 0,9	15

Formes de vente	Évolution des ventes en volume (TTC) aux prix de l'année précédente (en %)				Valeur 2013 (en Mds d'euros)
	2010	**2011**	**2012**	**2013**	
Magasins non alimentaires spécialisés (y compris pharmacies)	3,5	1,7	0,3	0,2	212
Équipements de l'information et de la communication	0,5	11,5	1,9	7,5	9
Autres équipements du foyer	2,9	- 1,1	- 1,0	- 0,4	48
Biens culturels et de loisirs	1,4	1,6	- 1,6	- 3,2	24
Autres commerces de détail en magasin spécialisé, dont :	4,3	2,5	1,4	0,9	116
habillement, chaussures	4,0	1,4	0,2	- 0,1	35
autres équipements de la personne	5,7	3,2	2,5	- 1,7	19
pharmacies, articles médicaux et orthopédiques	4,1	3,6	2,2	3,8	41
Carburants	6,1	- 1,3	- 1,4	- 1,9	15
Commerce hors magasin*	- 2,0	0,6	0,1	- 0,3	28
Ensemble du commerce de détail et de l'artisanat commercial	1,7	1,6	- 0,5	- 0,7	489

** La vente hors magasin inclut la vente sur éventaires et marchés, la vente à distance sur catalogue et la vente en ligne.*

Sources : Insee, comptes du commerce, base 2010.

Les artisans

Les artisans sont des travailleurs indépendants qui exercent l'un des 250 métiers répertoriés par les chambres des métiers : boulanger, boucher, charcutier, plombier, électricien, maçon, menuisier, coiffeur, teinturier, horloger… Au 1er janvier 2013, ils étaient à la tête d'un peu plus d'un million d'entreprises, soit une entreprise sur trois en France, occupant légèrement plus de 3 millions d'actifs, pour 300 milliards d'euros de chiffres d'affaires.

En France, l'artisanat est le royaume des très petites entreprises, avec très peu de salariés (en moyenne 2,8). Pour 40,9 % des artisans, il s'agit d'une activité en compagnie de son conjoint. Soulignons que 23 % des artisans sont des femmes.

Quant à l'implantation des entreprises artisanales en France :

- 31 % des entreprises sont installées en communes rurales ;
- 41 % sont présentes dans les agglomérations de moins de 200 000 habitants ;
- 28 % seulement sont installées dans les communes de plus de 200 000 habitants.

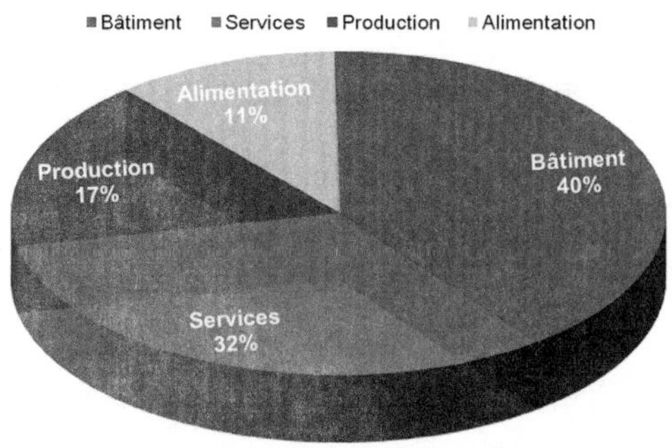

FIGURE 1-8 : Répartition sectorielle des entreprises artisanales

Source : chambres des métiers et de l'artisanat, janvier 2013.

Pour avoir droit à la qualité d'artisan, il faut justifier des diplômes professionnels correspondant, des titres homologués (artisan, maître artisan, artisan d'art, maître d'apprentissage, qui renvoient à des qualifications précises) ou d'une expérience professionnelle de plusieurs années sous le contrôle d'un artisan ou maître artisan. Et pour avoir le statut d'artisan, il faut aussi :

- Exercer une activité professionnelle de production, de transformation, de réparation ou de prestation de services relevant de l'artisanat : l'entreprise doit générer l'essentiel de son revenu de la vente de produits et de services issus de son propre travail ;
- Être économiquement indépendant : l'entreprise doit intervenir pour son propre compte et non pour celui d'une autre personne physique ou morale ;
- Être immatriculé au répertoire des métiers géré par les chambres de métiers.

« L'artisanat : la première entreprise de France », c'est le slogan de la Semaine de l'artisanat, qui se tient chaque année au mois de mars, pour développer ce secteur économique et valoriser l'image des artisans. Et c'est réussi ! Selon une enquête réalisée en 2009 pour le Fonds national de promotion et de communication de l'artisanat (FNPCA), 95 % des personnes interrogées affirment avoir une très bonne image de l'artisanat, 94 % pensent qu'être artisan est valorisant, 91 % considèrent que c'est une chance pour un jeune qui veut entreprendre (89 % chez les 15-24 ans) et 80 % le préconiseraient à leur enfant (source : 5e baromètre OpinionWay pour le FNPCA, octobre 2009). L'évolution de l'artisanat reste donc fortement positive : 78 % des Français interrogés considèrent qu'il a plutôt bien évolué ces dernières années. Ce sentiment est partagé par 77 % des jeunes et 75 % des artisans.

Plus généralement, les Français interrogés semblent associer de plus en plus un artisan à :

- » Un chef d'entreprise : 56 % des personnes interrogées ;
- » La liberté et la qualité de vie : 84 % des personnes interrogées, contre 76 % en 2007.

C'est d'ailleurs cette notion d'indépendance qui semble le plus motiver les jeunes : 46 % des jeunes interrogés affirment pouvoir se tourner vers un métier de l'artisanat.

Quant aux artisans eux-mêmes, parmi les points positifs de leur vie professionnelle, ils citent :

- » Les relations avec leurs clients : 96 % ;
- » L'intérêt de leur travail : 93 % ;
- » Leur rémunération : 41 %.

Et, quand on les interroge sur les menaces qu'ils perçoivent pour l'artisanat, ils placent en tête :

- » Le taux de la TVA et les charges sociales : 88 % ;
- » Le développement des ventes à distance et sur Internet : 68 %, + 12 points par rapport à 2007.

Depuis le 18 juin 2014, la loi dite « Pinel », relative à l'artisanat, au commerce et aux très petites entreprises, a supprimé la notion d' « artisan qualifié » introduite par une précédente loi de simplification (du 22 mars 2012). Désormais, la qualité d'« artisan » est de nouveau réservée aux personnes physiques et aux dirigeants de sociétés relevant du secteur des métiers:

- » Qui justifient d'un diplôme, d'un titre ou d'une expérience professionnelle dans leur métier ;
- » Et qui exercent effectivement le métier.

Un décret doit préciser les conditions d'application de cette mesure et, notamment, les modalités d'attribution du titre de maître artisan. Cette disposition doit entrer en vigueur au plus tard le 20 juin 2015.

Par ailleurs, en cas d'immatriculation au Répertoire des métiers, d'une entreprise dont l'exercice nécessite une qualification spécifique (boulanger, boucher, charcutier, plombier, etc.), la même loi prévoit que le chef d'entreprise fournisse un justificatif de ses qualifications professionnelles ou, le cas échéant, de celles d'un salarié embauché dans son entreprise. Si la qualification est détenue par le salarié, l'entreprise doit fournir les documents l'attestant dans un délai de trois mois suivant son immatriculation au Répertoire des métiers. À défaut, l'entreprise sera radiée.

L'entrée en vigueur de cette dernière mesure est subordonnée à la parution du décret qui doit notamment fixer la nature des pièces à fournir au CFE. À suivre, donc.

Autre mesure de la loi Pinel, le seuil des dix salariés pour rester ou non inscrit au Répertoire des métiers est supprimé. Ainsi, en cas de dépassement du seuil des dix salariés, toute entreprise artisanale peut rester immatriculée au Répertoire des métiers, sans limitation de durée. Et cela, que l'entrepreneur dispose ou non d'une qualification. Bien sûr, il a la faculté permanente d'obtenir une radiation.

Ce nouveau droit de suite est ouvert aux entreprises reprises ou transmises, sans limitation dans le temps ni qualification du repreneur.

Enfin, depuis le 18 juin 2014, les personnes exerçant une activité artisanale doivent indiquer sur leurs devis et leurs factures:

- L'assurance professionnelle qu'ils ont souscrite au titre de leur activité ;
- Les coordonnées de l'assureur et du garant ;
- La couverture géographique de leur contrat ou de leur garantie.

Un fichier des interdits de gérer mentionne l'ensemble des interdictions de diriger ou de gérer une entreprise. Il est tenu par le Conseil national des greffiers des tribunaux de commerce. Ces derniers bénéficient donc d'un accès permanent à ce fichier. Ont également accès à ce fichier sur simple demande : les magistrats, le personnel des services du ministère de la Justice et les représentants de l'administration, dans le cadre de leur mission de lutte contre les fraudes (administration fiscale, Urssaf, etc.). La Loi « Pinel » a élargi l'accès de ce fichier au personnel des Chambres de métiers et de l'artisanat, dans le cadre de leurs missions de tenue du répertoire des métiers.

LES CHAMBRES DE MÉTIERS ET DE L'ARTISANAT

Instituées en 1925 par la loi, les chambres de métiers et de l'artisanat sont des établissements publics administrés par des artisans élus au suffrage universel tous les cinq ans. Le réseau est constitué de cent quatre chambres départementales et vingt et une chambres régionales. Elles jouent le rôle d'organe représentatif des intérêts généraux de l'artisanat auprès des pouvoirs publics. Elles se coordonnent avec les autres chambres consulaires (chambres de commerce et d'industrie, chambres d'agriculture), notamment en matière de formalités de création des entreprises, nous le verrons dans les chapitres qui suivent. Elles travaillent également en relation étroite avec les organisations professionnelles de l'artisanat, comme le Fonds national de promotion et de communication de l'artisanat ou l'Union professionnelle artisanale (UPA). Sites internet : `www.artisanat.fr` et `www.artisanat.info`.

Les entreprises de service : un poids croissant de l'économie

Au sens de l'Insee, les services marchands se caractérisent par la mise à disposition d'une capacité technique ou intellectuelle. Cela couvre donc :

- L'hébergement et la restauration ;
- L'informatique et les services d'information et de communication ;
- La télécommunication ;
- Les activités immobilières ;
- Les activités spécialisées, scientifiques et techniques ;
- Les activités de services administratifs et de soutien : activités juridiques et comptables, gestion, architecture, ingénierie ;
- Les arts, spectacles et activités récréatives.

Cela exclut le commerce, les transports, les services bancaires et financiers et les services produits par les associations.

Les clients peuvent être des ménages ou des entreprises.

En 2013, la valeur ajoutée produite par les services marchands non financiers a atteint 647 milliards d'euros, soit 36 % de l'ensemble des branches de l'économie française (l'industrie-construction représente 19 %, le commerce-transports 16 %). Cette part progresse sans cesse depuis le milieu des années 1980, avec tout de même une baisse sensible au plus fort de la crise financière en 2008-2009.

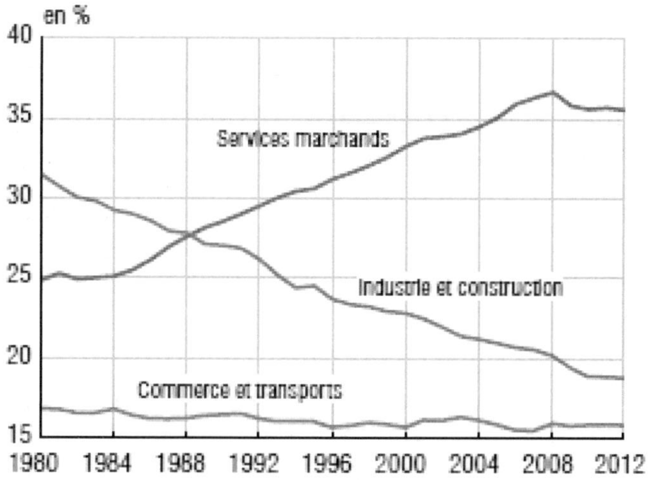

FIGURE 1-9 : Part des services marchands dans la valeur ajoutée de l'ensemble de l'économie.

Sources : Insee, comptes nationales, base 2005.

Il faut dire qu'au fil des années, l'amélioration du niveau de vie des ménages leur a permis de consommer une part toujours plus grande de services : de 23 % de leur consommation en 1980 à 30 % en 2012. De même, les entreprises achètent aussi de plus en plus de services : 31 % de leurs achats en 2012 contre 20 % en 1980. Elles externalisent les fonctions : nettoyage, sécurité, location de matériel ou de main-d'œuvre, et elles ont des nouveaux besoins : informatique, communication, recherche, publicité, contrôle de gestion, etc.

En 2013, la production des services marchands a augmenté de 0,8 % en volume, après une précédente augmentation de 1,1 % en 2012. Les services de télécommunications restent les plus dynamiques (+ 4,1 %), la baisse des prix ayant stimulé la consommation des ménages. Les autres activités d'information et de communication ont plus de difficulté : la production de l'édition, de l'audiovisuel et de la diffusion diminue de nouveau : - 1,6 %, après - 1,4 % en 2012. Celle des services informatiques et d'information ralentit plus encore, + 0,8 %, après une hausse de 5 % en 2012.

Au sein des services principalement orientés vers les entreprises, la production des activités spécialisées, scientifiques et techniques a continué à croître en 2013 (+ 1,8 %), après une augmentation de 1,3 % en 2012. Néanmoins, les activités de services administratifs et de soutien ont plutôt tendance à baisser (- 0,6 % en 2013 après une baisse de 1 % en 2012).

Parmi les services principalement orientés vers les ménages, la production dans l'hébergement et la restauration reste sur une tendance baissière (- 1,5 % en 2013 comme en 2012). Celle des arts, spectacles et activités récréatives marchandes diminuent peu : les ménages français continuent à aimer les sports et les loisirs culturels.

GROS PLAN SUR LE TOURISME DES ÉTRANGERS EN FRANCE

Les clientèles extra-européennes assurent 12 % des nuitées totales dans les hôtels. Les touristes en provenance du Proche et du Moyen-Orient sont en forte augmentation : + 17 % en 2014, soit plus de deux millions de nuitées. Après des progressions à deux chiffres en 2012 et 2013, la hausse de la clientèle en provenance des États-Unis, deuxième clientèle étrangère des hôtels français, a ralenti : + 1,6 %, soit un gain de 120 000 nuitées. Quant aux touristes en provenance du Japon, ils sont de moins en moins nombreux : - 7,6 %, soit une baisse de 190 000 nuitées.

La clientèle chinoise est devenue la première clientèle asiatique, même si en 2014, elle a un peu moins progressé que les années précédentes (+ 2,8 %), après avoir presque doublé en trois ans. (Source : *Insee Première* n° 1542).

Les professions libérales : un statut réglementé

L'article 29-1 de la loi n°2012-387 du 22 mars 2012 relative à la simplification du droit stipule : « *Les professions libérales groupent les personnes exerçant à titre habituel, de manière indépendante et sous leur responsabilité, une activité de nature généralement civile ayant pour objet d'assurer, dans l'intérêt du client ou du public, des prestations principalement intellectuelles, techniques ou de soins, mises en œuvre au moyen de qualifications professionnelles appropriées et dans le respect de principes éthiques ou d'une déontologie professionnelle, sans préjudice des dispositions législatives applicables aux autres formes de travail indépendant* ».

Savez-vous qu'avant cette loi, personne n'avait songé à établir une définition unique de ce qu'est vraiment une profession libérale ? C'est désormais chose faite. Un professionnel libéral est une personne qui :

- Exerce son activité de manière indépendante et sous sa seule responsabilité ;
- Assure des prestations principalement intellectuelles, techniques ou de soins ;
- S'appuie sur des qualifications professionnelles appropriées ;
- Agit dans l'intérêt de ses clients ;
- Respecte les principes éthiques ou une déontologie professionnelle.

Par ailleurs, on distingue deux catégories de professions libérales :

- Les professions libérales réglementées, définies par une Directive européenne (article 3 de la Directive 2005/36/CE du Parlement et du Conseil du 7 septembre 2005) : « *Activité ou ensemble d'activités professionnelles dont l'accès, l'exercice ou une des modalités d'exercice est subordonné directement ou indirectement, en vertu de dispositions législatives, réglementaires ou administratives, à la possession de qualifications professionnelles déterminées ; l'utilisation d'un titre professionnel, limitée par des dispositions législatives, réglementaires ou administratives aux détenteurs d'une qualification professionnelle donnée, constitue notamment une modalité d'exercice* ».
- Les professions libérales non réglementées : l'installation est libre et aucun diplôme ou niveau de diplôme n'est pré-requis.

Les professions juridiques et médicales sont organisées en ordres, donc placées sous l'autorité d'un conseil de l'ordre. Les professions paramédicales n'ont pas de conseil de l'ordre, sauf les infirmières, dont l'ordre a été créé en 2007. Mais même sans ordre, leur exercice est également réglementé.

Hors auto-entrepreneurs, les activités libérales représentent environ 765 000 entreprises en France aujourd'hui. Auto-entrepreneurs compris, le chiffre atteint presque le million et demi d'entreprises. C'est donc un secteur économique plutôt dynamique. Il doit sa vitalité principalement aux professions non réglementées, poussées par le développement des services à la personne : enseignement, expertise, conseil. Conjuguées à l'entrée en vigueur du régime de l'auto-entrepreneur, les créations d'entreprises pour ces activités ont été multipliées par trois depuis 2009.

Tableau 1-15 **Nombre d'entreprises libérales en 2011**

	Hors auto-entrepreneurs		Auto-entrepreneurs**
	Total*	Proportion	
Droit	54,9	7,2 %	0,7
Santé	388,9	50,8 %	14,2
Technique	321,8	42,0 %	122,0
Ensemble	765,6	100 %	137,0

**en milliers. **auto-entrepreneurs économiquement actifs.*
Sources : Insee, ESANE 2011.

Le secteur libéral est l'un des principaux secteurs en termes d'emplois non salariés : en 2011, on comptait 751 000 professionnels libéraux. Leurs particularités par rapport aux autres entrepreneurs sont les suivantes :

- » Ce sont des professionnels plus âgés et plus diplômés : un professionnel sur cinq a plus de soixante ans ;
- » Il y a beaucoup plus de femmes que dans les autres secteurs d'activité ;
- » Ils exercent plus souvent en entreprise individuelle (73 % toutes professions confondues) qu'en société : seulement 21 % ont choisi la SARL, 2 % la SAS, 2 % la société civile professionnelle, 2 % d'autres statuts.

Les professionnels libéraux sont plus présents en ville qu'en zone rurale : un quart d'entre eux exercent en Île-de-France. Et le rapport du nombre de professionnels libéraux à la population est trois fois plus élevé à Paris qu'au niveau national. Pour certaines professions, cette attractivité est encore plus marquée : la moitié des avocats exercent en Île-de-France, ainsi que 64 % des interprètes.

Outre le Bassin parisien, le Sud-Est de la France attire aussi fortement les professionnels libéraux : avec l'Île de France, elle en enregistre 48,5 %, alors que ces régions ne représentent que 37 % de la population hexagonale. À l'inverse, c'est dans la partie nord de la France que le nombre de professionnels libéraux est le plus faible.

Tableau 1-16 **Caractéristiques des principales professions libérales en France en 2012 *(suite)***

	Effectif	Proportion de femmes	Revenus moyens (en € en 2011)
DROIT	**67 509**	**48,1**	**104 486**
Avocat	54 087	52,7	70 419
Commissaire-priseur judiciaire	431	21,3	52 000
Expert près des tribunaux	311	15,1	37 400
Greffier des tribunaux de commerce	228	36,4	394 300
Huissier de justice	3 163	28,4	287 277
SANTÉ	**427 436**	**54,8**	**63 748**
Chirurgien dentiste	36 906	38,3	93 470
Infirmier	97 564	83,6	47 496

	Effectif	Proportion de femmes	Revenus moyens (en € en 2011)
Masseur-kinésithérapeute	61 571	44,2	43 727
Médecin	130 106	33,4	86 710
Orthophoniste	17 739	96,5	28 752
Orthoptiste	2 661	89,9	25 556
Pédicure-podologue	12 206	66,9	27 600
Pharmacien*	31 869	53,4	94 020
Psychologue	8 657	81,8	16 735
Sage-femme	4 460	98,4	26 636
Vétérinaire	10 361	32,3	73 826
TECHNIQUE	**270 812**	**26,1**	**38 057**
Agent général d'assurances	12 312	14,2	90 709
Agent privé de recherche	600	21,2	28 144
Architecte d'intérieur décorateur	2 497	45,3	34 801
Architecte réglementé	27 170	23,6	46 065
Dessinateur technique	2 307	15,4	30 446
Formateur	10 031	41,3	27 047
Géomètre expert	1 571	9,5	70 712
Intermédiaire de commerce	37 926	24,7	29 109
Maître d'œuvre	3 930	10,8	38 279
Professeur de musique	2 155	43,3	12 700
Traducteur interprète	5 021	69,0	27 275
ENSEMBLE	**765 757**	**44,1**	**58 529**

**d'officines seulement.*

Vous trouverez une liste exhaustive sur le site de la Chambre nationale des professions libérales (`www.cnpl.org`).

LES PROFESSIONS RÉGLEMENTÉES DU DROIT ET LA LOI « MACRON »

La loi dite « Macron » pour la croissance, l'activité et l'égalité des chances économiques, dont la discussion a commencé au Parlement au printemps 2015, contient un volet de réforme des professions réglementées, notamment du droit. Trois grandes mesures sont envisagées pour améliorer le fonctionnement du marché, accroître la concurrence et faire baisser les prix :

- **la fin des monopoles de certaines professions pour limiter les rentes de situations : les notaires, les taxis ;**
- **l'ouverture plus large de l'entrée dans la profession : l'entrée ;**
- **la modification des tarifs réglementés : plafonnement des tarifs des transactions immobilières.**

Chapitre 2

Un parcours du combattant

DANS CE CHAPITRE :

- » **Faire face à un changement de vie**
- » **Évaluer les risques personnels et professionnels**
- » **Se préparer au stress**
- » **Convaincre son entourage et compter sur son soutien**

Après ce portrait de la France et de ses entrepreneurs, vous avez maintenant en main les grands paramètres économiques qu'il va falloir prendre en compte dans la préparation de votre future activité. Voyons à présent un autre aspect plus spécifique de la création d'entreprise : celui qui vous concerne personnellement en tant que futur entrepreneur.

Mesurer les difficultés

Avant de vous jeter à corps perdu dans votre projet d'entreprise, l'étude de marché, le business plan, le statut juridique, il est important de commencer par prendre le temps de réfléchir à votre propre situation : ce que vous êtes, ce que vous voulez, ce qui vous semble accessible, ce qui ne l'est pas.

Un changement de vie radical

Devenir chef d'entreprise, c'est être responsable de tout et assumer cette responsabilité seul et à 100 %. C'est donc d'abord un état d'esprit. Êtes-vous sûr de l'avoir ? Car devenir indépendant, cela veut dire :

- Ne plus avoir ni patron, ni adjoint, ni collègue ;
- Ne plus toucher de salaire mensuel (au moins au début) ;
- Se retrouver dans une situation où règne l'imprévu et l'aléatoire ;
- S'occuper de tout soi-même : assumer toutes les démarches, signer tous les papiers ;
- Faire toutes les démarches seul, de la plus insignifiante à la plus fondamentale : trouver de l'argent, des locaux, des fournisseurs, des clients, mener toutes les négociations ;
- Financer soi-même sa couverture sociale et celle de sa famille si on en a une ;
- Engager son avenir financier, mais aussi personnel et professionnel.

Et, par conséquent, un certain nombre de qualités sont indispensables :

- L'autonomie et la confiance en soi ;
- Le sens des responsabilités ;
- L'énergie et l'enthousiasme ;
- Le courage d'affronter un monde souvent sans pitié ;
- La ténacité pour passer les obstacles ;
- Une forte personnalité, la capacité d'être le chef et de mener le jeu : par exemple, dans une négociation commerciale ou un entretien de recrutement, où, bien sûr, le recruteur, c'est vous ;
- La persuasion, l'aptitude à convaincre : les investisseurs, les clients... ;
- La capacité de travailler beaucoup, longtemps et seul ;
- Une bonne santé et de la résistance physique pour supporter un tel rythme ;
- L'excitation de faire toujours face à l'imprévu ;
- La faculté de prendre rapidement des décisions réfléchies ;
- La volonté d'aller au bout de votre projet ;

- L'ambition de réussir ;
- La faculté de rebondir en cas de difficulté ;
- L'aptitude à rester « zen » en toutes circonstances.

D'ailleurs, les futurs entrepreneurs sont eux-mêmes conscients qu'ils doivent faire preuve des qualités que l'on attend d'eux. La preuve ? Voici les réponses qu'ils font à la question de l'institut de sondage OpinionWay : « Selon vous, quelles sont les compétences et les qualités les plus indispensables à un chef d'entreprise ? » (trois réponses possibles, total supérieur à 100 %) :

- Savoir commander et diriger une équipe : 39 % ;
- Être organisé, n'être jamais débordé : 35 % ;
- Avoir de l'audace, oser des choses : 32 % ;
- Savoir gérer les ressources humaines : 30 % ;
- Être créatif, innovant : 28 % ;
- Travailler beaucoup : 25 % ;
- Être un expert dans son métier ou sa technologie : 21 % ;
- Savoir gérer, maîtriser les aspects financiers : 19 % ;
- Savoir gérer le travail administratif : 17 % ;
- Être autonome, savoir décider seul : 16 % ;
- Aimer prendre des risques : 12 % ;
- Faire beaucoup de démarches commerciales, chercher sans cesse des clients : 10 % ;
- Avoir un diplôme reconnu : 4 %.

(Source : « Les moins de 30 ans et la création d'entreprise », OpinionWay pour l'APCE et le Salon des entrepreneurs 2010.)

« Connais-toi toi-même »

« Connais-toi toi-même et tu connaîtras l'univers et les dieux. » La devise inscrite au fronton du temple de Delphes, reprise en partie par Socrate et transmise aux générations qui lui ont succédé, est encore valable de nos jours...

Et pour l'entrepreneur plus que pour quiconque.

Quelles sont vos motivations ?

Sachez-le, même avec un projet qui s'annonce prometteur, si vous-même n'êtes pas véritablement en osmose avec l'idée de devenir entrepreneur, il va vous manquer des atouts dès le départ. Il est donc très important de commencer par vous interroger sur ce que vous voulez vraiment pour vous par-dessus tout : vous engager dans la création d'entreprise correspond-il bien à ce que vous voulez ?

Commencez par vous asseoir seul, au calme, papier et crayon en main. Demandez-vous ce que vous ambitionnez vraiment pour votre avenir personnel, professionnel, familial. Ce n'est pas un exercice facile, mais prenez le temps de le faire sérieusement. Vous ne vous tiendrez pas forcément à tout ce que vous allez écrire là, mais ce sera une base de départ solide, qui permet souvent d'avoir les idées claires sur soi-même et sur ses objectifs. Donc d'augmenter sa ténacité. Et vous allez en avoir besoin pour convaincre vos futurs interlocuteurs (investisseurs, banquiers, décideurs, clients, concurrents…).

Pour vous aider dans cette démarche, voici une petite liste de questions (non exhaustive, vous pouvez en ajouter), auxquelles vous pouvez essayer de répondre :

- Que savez-vous faire professionnellement ?
- Qu'aimez-vous vraiment faire professionnellement ? (Attention, ce n'est pas forcément la même chose ; s'il y a un décalage, creuser un peu la question vaut sûrement la peine…) ;
- Votre future entreprise va-t-elle vous permettre de faire ce que vous aimez vraiment faire ?
- Quels besoins avez-vous socialement ? (Exemples : prendre votre indépendance, changer de vie, trouver un emploi, résoudre un problème personnel, atteindre une certaine position sociale, faire enfin aboutir un projet qui vous tient à cœur depuis longtemps…) Cette question est importante, car certains de ces besoins ne seront pas forcément assouvis *via* votre projet d'entreprise. Et il faut que vous en soyez conscient ;
- L'idée de prendre votre indépendance vous fait-elle peur ou, au contraire, est-elle un moteur ?
- Quelles qualités faut-il pour être entrepreneur ? Pensez-vous les avoir ? Que vous manque-t-il ? Comment pensez-vous combler ce manque ?
- Si votre projet d'activité est déjà défini, quelles qualités faut-il pour se lancer dans un projet comme le vôtre ? Si vous ne les avez pas toutes, que vous manque-t-il ? Comment pensez-vous combler ce manque ?

- Si vous vivez en couple, quels besoins avez-vous pour votre couple ? Si vous avez une famille, quels besoins avez-vous pour votre famille ? Dans chacun de ces domaines, quels besoins votre projet d'activité va-t-il combler ? Quels besoins ne va-t-il pas combler ?
- Avez-vous des valeurs fondamentales et souhaitez-vous les défendre ? Si oui, votre projet est-il en accord avec ces valeurs ou en désaccord ? S'il est plutôt en désaccord, pensez-vous être capable de poursuivre les deux en même temps ?
- Et, finalement, pourquoi ce projet de création d'entreprise ? Êtes-vous prêt à y croire envers et contre tout ?

Certaines raisons sont évidemment meilleures que d'autres. Par exemple :

- Prendre votre indépendance parce que c'est votre nature depuis toujours ;
- Profiter vous-même du savoir-faire que vous avez, dont les qualités ne sont pas reconnues, ou que vous ne pouvez pas laisser « exploser » tant que vous êtes subordonné à un employeur ;
- Réaliser un projet qui vous tient à cœur et que vous portez depuis longtemps ;
- Vous associer avec un ou plusieurs autres entrepreneurs avec qui vous partagez un bon projet.

Quant aux motivations comme « ça ou le chômage », si elles ne sont pas accompagnées d'un vrai projet, reposant sur une vraie préparation et portées par une vraie volonté de réussir, elles conduisent le plus souvent à l'échec dans les cinq premières années (cette question de la survie des jeunes entreprises est traitée au chapitre 3).

L'ensemble de vos réponses montre une bonne cohérence entre votre projet, ce que vous êtes et ce que vous voulez pour vous-même ? Alors, ça commence bien ! Vous savez à quel point vous êtes motivé pour faire aboutir votre projet d'entreprise. Ce qu'il faut à présent, c'est mesurer si vos compétences et votre expérience vont vous permettre de dominer cet ensemble.

Votre formation et votre expérience vont-elles suffire ?

Pour le savoir, commencez par faire un point très précis sur la formation généralement requise pour exercer le métier qui va être le vôtre dans les premières années du lancement de l'entreprise : une formation plutôt commerciale ? technique ? marketing ? managériale ? financière ? ou tout cela à la fois peut-être ? Ensuite, si vous avez choisi de tout noter par écrit, par exemple dans une autre colonne, développez toute votre formation en détail.

N'oubliez pas les cursus que vous avez peut-être suivis, mais dont vous n'avez pas passé ou obtenu le diplôme. Les notions acquises où que ce soit peuvent toujours servir lorsque l'on fait l'effort de se les remémorer. Ce sont autant de compétences à approfondir si besoin.

En comparant votre propre cursus avec la formation « idéale » pour lancer une entreprise comme celle que vous projetez de créer, vous allez vite savoir si vos compétences correspondent bien ou plutôt bien, ou s'il va falloir acquérir d'autres savoirs ou savoir-faire.

Cet exercice concernant votre formation peut être reproduit pour mesurer votre expérience. Par exemple :

- Est-elle longue ou courte ?
- Est-elle diversifiée ou plutôt spécialisée ?
- Est-elle continue ou discontinue ?
- Votre réseau de connaissances est-il étroit ou large ?
- À quoi pourra-t-il vous servir dans votre projet d'entreprise ?

À chaque réponse, essayez de lister les avantages et les inconvénients dans chaque type d'expérience que vous avez eu durant votre formation et votre carrière professionnelle.

Pour vos compétences comme pour votre expérience, essayez de rester honnête avec vous-même. Ne vous mentez pas et restez toujours le plus proche possible de votre réalité.

À présent que ce petit bilan professionnel est fait, essayez de cerner le type d'expérience dont devrait idéalement faire preuve un entrepreneur qui se lancerait dans un projet d'activité comme le vôtre. Pour y arriver, rien ne vous empêche de faire une petite enquête de terrain, de rencontrer des gens habitués à accompagner des entrepreneurs de votre secteur (au sein du greffe du tribunal de commerce, des chambres consulaires, des boutiques de gestion). Interrogez-les sur les parcours qu'ils ont constatés, les raisons d'une réussite, ou d'un échec. Vous saurez ainsi très précisément où poser votre propre curseur de compétences et d'expérience concernant l'activité dans laquelle vous allez vous lancer en tant que chef d'entreprise. Vous saurez précisément ce que vous pourrez faire reposer sur vos propres épaules et dans quelle mesure il vous faudra chercher des solutions pour acquérir ce qu'il vous manque.

Certains créateurs d'entreprise font le choix dès le départ de ne pas chercher à acquérir des compétences très spécifiques ou une expérience qu'ils n'ont pas. Ils configurent leur projet d'activité en intégrant d'emblée l'idée de s'adjoindre une ou plusieurs autres personnes : associés ou salariés (à définir précisément). Autre possibilité : externaliser une activité spécifique, peut-être au moins au démarrage, le temps de la maîtriser.

Soulignons pour finir que le taux de survie à cinq ans des entreprises créées ou reprises est nettement meilleur lorsque l'entrepreneur dispose déjà d'une certaine expérience du monde des entreprises et de leur management (nous le verrons plus précisément au chapitre 4).

Évaluer les risques

On le sait, se lancer dans la création ou la reprise d'entreprise est toujours une prise de risques. Somme toute, les risques externes à l'entrepreneur et à son projet sont connus : ils sont tous plus ou moins liés à la validation de l'idée et aux risques financiers. Mais ils ne sont pas les seuls. Il y a aussi les risques personnels. Or, tout à la validation de votre projet, vous n'allez pas forcément penser à les énumérer. Pourtant, il le faut et le plus en amont possible.

Les risques liés à votre vie personnelle

Vous avez répondu honnêtement à toutes les questions concernant vos qualités, votre motivation, votre formation, votre expérience. Sans vous mentir ? Alors, vous détenez à présent la liste des atouts qui sont les vôtres et qui vont servir votre projet. Mais vous voyez également se profiler quelques difficultés, liées à votre propre parcours professionnel. Il peut également y en avoir qui soient liées à votre environnement personnel.

Si vous voulez réussir, il va falloir les cerner elles aussi, et trouver comment les surmonter. Voici quelques exemples :

- Vous avez un emploi et vous allez créer votre entreprise en même temps : allez-vous avoir assez de temps pour tout faire ? Quelle solution envisagez-vous quand vous allez devoir vous absenter de votre poste de travail ? Comptez-vous en parler avec votre employeur ?
- Vous allez énormément travailler et vous serez polarisé sur votre projet : votre famille va-t-elle le supporter ?

- Votre nouvelle activité va vous obliger à vous installer loin de chez vous : allez-vous faire déménager votre famille, ou travailler loin d'elle, au risque de rentrer peu et de ne plus la suivre au quotidien ?
- Vous allez avoir besoin de maîtriser un savoir-faire que vous n'avez pas et qu'il va falloir acquérir très rapidement : quand ? comment ? à quel prix ?
- Vous allez travailler dans un milieu que vous connaissez mal ou que vous n'aimez pas, auquel il va falloir vous habituer : allez-vous être capable de faire cet effort ?
- Votre conjoint est fragile et va s'angoisser de vous voir monter votre projet. Vous ne pourrez pas compter sur lui pour vous soutenir et vous allez devoir développer une grosse énergie en rentrant le soir à la maison pour le convaincre que vous allez réussir : en êtes-vous capable ? Votre couple sera-t-il assez solide ?
- Pendant la phase de lancement de votre entreprise, vous allez devoir compter sur les ressources régulières de votre conjoint pour assurer la continuité de votre niveau de vie familiale : est-il d'accord pour prendre ce risque ? Sa rémunération va-t-elle suffire ? Qu'allez-vous devoir (et pouvoir) restreindre pour adapter votre vie familiale à cette nouvelle situation ? Pendant combien de temps ?

Ne négligez aucun problème, car passer outre ne les éliminera pas. Et ce n'est pas le démarrage de l'activité qui les résoudra, au contraire. Mieux vaut donc lister vos contraintes personnelles et commencer par chercher des solutions pour essayer de les surmonter.

AVEZ-VOUS LA BARAKA ?

Gagner des parts de marché, développer son chiffre d'affaires, faire des bénéfices sont des éléments très importants de la réussite… mais pas toujours suffisants. Même en validant son projet, même en peaufinant l'étude de marché, même en balisant parfaitement toutes les étapes de son lancement, créer une entreprise comporte toujours une part de chance. Un je-ne-sais-quoi qui peut faire toute la différence. Or, quel que soit le marché où l'activité va se positionner, sa réussite dépend souvent d'une conjonction de facteurs que l'on a, cette fois, beaucoup de mal à cerner : l'air du temps, une envie partagée par un grand nombre de personnes au même moment, le coup de chance, la « baraka »… Tous les créateurs d'entreprise comptent dessus !

Les risques financiers

Nul besoin d'être grand clerc pour comprendre que se lancer dans la création d'entreprise représente un gros risque financier, en premier lieu pour l'entrepreneur et sa famille, en second lieu pour les investisseurs et les créanciers.

Rassurez-vous : ces risques s'évaluent aujourd'hui très bien, vous allez le voir dans les chapitres suivants. En outre, de nombreuses aides existent pour soutenir le démarrage de l'activité. Par conséquent, si le travail préparatoire de toute la partie financière de votre projet est fait avec beaucoup de rigueur, vous devriez pouvoir vous préparer à la charge financière que cela représente.

Pour illustrer la difficulté à laquelle vous allez vous attaquer, voici ce qu'ont répondu un panel de futurs entrepreneurs à la question posée par l'Agence pour la création d'entreprise et Cer France à l'occasion du Salon des entrepreneurs de 2013.

Question : « Environ quels montants financiers (prêts bancaires et familiaux compris) envisagez-vous de trouver pour démarrer votre activité ? » :

- Ne savent pas : 49 % ;
- Donnent un montant : 51 %.

Parmi ceux qui donnent un montant :

- 25 % comptent emprunter entre 1 000 € et 5 000 € ;
- 21 % entre 5 001 € et 15 000 € ;
- 19 % entre 15 001 € et 40 000 € ;
- 17 % entre 40 001 € et 99 000 € ;
- 18 % entre 100 000 € et plus.

Soit un montant moyen d'emprunt de 42 000 € (source : Les Français et l'esprit d'entreprise, Institut Think pour l'APCE, CerFrance et le Salon des entrepreneurs 2013).

Si votre étude financière démontre que vous n'avez pas la capacité financière de faire face seul à votre projet, ne vous entêtez pas. Il y a d'autres solutions : chercher plus de financements (sociétés de capital-risque, business angels…), chercher des associés, redimensionner le projet… toutes ces questions sont étudiées en détail dans la deuxième partie de ce livre.

Franchir les obstacles

Voilà l'objectif prioritaire pour tout porteur d'un projet d'entreprise : franchir un par un tous les freins potentiels qu'il a identifiés. Un objectif à atteindre, dans la mesure du possible, avant tous les autres. D'autant que, dans le même temps, il faut aussi maintenir sa propre situation financière à flot, pour une durée souvent assez indéterminée.

D'ailleurs, dans l'ensemble, les jeunes entrepreneurs en sont conscients. Ainsi, à la question posée par OpinionWay à un panel de jeunes actifs de moins de 30 ans : « Pour devenir chef d'entreprise il faut... », voici les propositions avec lesquelles ils déclarent être d'accord :

- Savoir diriger une équipe : 95 % ;
- Avoir une idée originale, être créatif : 90 % ;
- Être prêt à accepter l'échec, ne pas en avoir peur : 89 % ;
- Faire beaucoup de démarches commerciales, chercher sans cesse des clients : 87 % ;
- Consacrer beaucoup de temps à la gestion financière et aux tâches administratives : 85 % ;
- Avoir beaucoup d'argent à investir dans le projet : 63 % ;
- Avoir un diplôme reconnu : 50 % ;
- Vouloir gagner beaucoup d'argent : 45 %.

(Source : « Les moins de 30 ans et la création d'entreprise », APCE, Salon des entrepreneurs 2010.)

Un passage à vide financier

De nombreux dispositifs existent pour aider financièrement une nouvelle entreprise à démarrer, nous le verrons en détail dans la troisième partie de ce livre. Mais, pour vos propres besoins financiers, ne vous faites pas d'illusion, vous n'allez pouvoir compter que sur vous-même. Ou presque.

Vous avez des économies personnelles

Si vous êtes étudiant, si vous exerciez déjà en tant qu'indépendant ou que vous êtes chômeur non indemnisé, la création d'une nouvelle entreprise se fera... sans filet. Sachez-le : pour vous personnellement, aucune aide financière n'est prévue. Alors, comment faire ?

Comme la fourmi de la fable, vous avez mis de l'argent de côté pour faire face à ce passage à vide financier qu'est la phase de création ou de reprise d'une entreprise. Dans ce cas, si vous n'êtes pas à la tête d'une immense fortune personnelle, un conseil : soyez très économe. Calculez exactement ce dont vous aurez besoin chaque mois, voire chaque semaine, compte tenu de votre situation familiale et financière : loyer, alimentation, vêtements, véhicule, remboursements d'emprunts, scolarité des enfants, vacances... Et, surtout, sortez le moins possible de ce cadre financier de départ, qui doit représenter le « degré zéro » de vos besoins personnels. Ce n'est donc pas le moment de faire des folies, qui risqueraient de mettre en danger votre projet lui-même. En effet, vous allez par ailleurs sûrement devoir emprunter des fonds pour démarrer votre activité.

Ne perdez jamais de vue que le sort de votre projet est irrémédiablement lié au vôtre, et réciproquement.

RENDEZ-VOUS À LA BANQUE

Prenez rendez-vous avec votre banquier et faites le point avec lui sur votre situation financière propre par rapport à votre projet professionnel. Exposez-le-lui, demandez-lui ce qu'il en pense. Cette entrevue aura plusieurs avantages : d'abord, il vous proposera peut-être des placements mieux adaptés à votre besoin du moment (plus rémunérateurs, plus souples...). Ensuite, connaissant votre situation, il vous autorisera peut-être une marge plus importante de découvert personnel sans frais, Enfin, vous allez pouvoir tâter le terrain quant à ses possibilités de prêts à votre future entreprise. Vous saurez ainsi s'il vaut mieux commencer par chercher des fonds en priorité ailleurs, ou si votre banque est toute disposée à vous aider aussi sur cette partie de votre projet.

Vous n'avez aucune économie personnelle

Vous partez vraiment de rien et vous n'avez pas été salarié auparavant, donc vous n'avez pas droit au chômage. Quatre solutions s'offrent à vous :

» **Contracter un emprunt à la banque.** Ce qui signifie : intégrer la charge de cet emprunt dans la préparation financière de votre projet, hypothéquer ce que vous avez déjà (la maison, les meubles, la voiture...), voire garantir l'emprunt au moyen de biens qui appartiendront à l'entreprise. À négocier bec et ongles avec votre banquier... ;

- **Faire une demande de RSA.** Si vos ressources sont extrêmement modestes, vous pouvez faire cette demande, puisque le revenu de solidarité active (RSA) est cumulable avec une création et un démarrage d'entreprise. Dans ce cas, commencez par prendre rendez-vous au centre d'action sociale de votre mairie. Le RSA est attribué en fonction de la situation financière globale d'une personne et de son conjoint si elle vit en couple. Si le conjoint gagne « trop », le RSA ne sera pas attribué (les conditions de ressources et les formulaires de demande sont consultables sur `www.caf.fr`, rubrique « Aides et services ») ;
- **Vivre grâce à votre conjoint ou compagnon.** Autrement dit, à deux (ou plus si vous avez des enfants) sur un seul revenu. Si c'est possible, c'est bien, car dans ce cas, vous n'aurez ni emprunt bancaire à rembourser, ni suivi social à « subir ». Mais cela implique tout de même de vivre dans une indéniable rigueur financière pendant un certain temps. Un temps qu'il faut d'ailleurs savoir évaluer pour éviter les mauvaises surprises. Là encore, connaître précisément un objectif accessible permet de tout mettre en œuvre pour l'atteindre ;
- **Le portage salarial.** C'est un statut hybride d'« indépendant-salarié » resté dans une certaine clandestinité juridique pendant une dizaine d'années. Il a été « régularisé », par l'article 8 de la loi de modernisation du marché du travail, du 25 juin 2008. Le principe du portage salarial est le suivant : l'indépendant signe un contrat de travail de salarié avec une société dite de portage. Il permet de démarrer l'activité immédiatement, donc de toucher une rémunération, tout en prenant le temps de créer la structure juridique adéquate (le détail de ce statut est développé au chapitre 9).

Beaucoup de stress

Formalités, business plan, banques, investisseurs, locaux, matériel... Vous le savez, la création d'entreprise ne s'annonce pas de tout repos. Or, il faut s'y préparer, car même si, d'année en année, des plans d'allègement sont mis en place, ce qui reste à faire, il faut le faire.

Les démarches...

Nous allons bien sûr revenir très précisément, dans les chapitres qui suivent, sur le détail des démarches à effectuer pour créer une entreprise. Même si les démarches purement administratives se sont beaucoup allégées ces dernières années, la liste reste encore longue. En voici un aperçu :

- Trouver un nom pour l'entreprise et s'assurer qu'il est libre ;
- Domicilier l'entreprise quelque part, sinon elle ne pourra pas être immatriculée ;
- Si vous l'hébergez chez vous et que vous êtes locataire, il faut obtenir l'autorisation du propriétaire ;
- Assurer l'entreprise pour les dommages, la responsabilité civile, les pertes d'exploitation, la protection juridique ;
- Vous assurer vous-même en tant que chef d'entreprise (assurance homme clé, accidents du travail, nous y reviendrons) ;
- Choisir le statut juridique de l'entreprise et, s'il s'agit d'une société, en rédiger les statuts (ce qui n'est pas une mince affaire, rendez-vous au chapitre 10), également publier un avis de constitution dans un journal d'annonces légales ;
- Remplir un dossier de demande d'immatriculation et y adjoindre tous les justificatifs demandés et l'envoyer au centre de formalités des entreprises (CFE) compétent : chambre de commerce pour le commerce, chambre des métiers pour les artisans, chambre d'agriculture pour les exploitants agricoles, Urssaf pour les professions libérales, voire directement au tribunal de commerce ; notez que les télétransmissions sont possibles, elles sont expliquées au chapitre 13 ;
- Acheter les livres réglementaires (livre d'inventaire, livre-journal, registre unique du personnel s'il y a des salariés) et les faire coter et parapher par le tribunal de commerce ou par la mairie ;
- Ouvrir un compte bancaire à usage professionnel ;
- Faire connaître l'entreprise à La Poste ;
- Si l'activité choisie est réglementée (notamment pour les professions libérales, relisez la fin du chapitre 1), il faut assurer son inscription auprès de son ordre ou faire sa demande de carte professionnelle ou de licence ;
- Même si l'entreprise n'a pas encore de salarié, l'adhésion à une caisse de retraite Arrco (l'organisme de retraite complémentaire des salariés cadres et non cadres) est obligatoire dans les trois mois qui suivent l'immatriculation de l'entreprise ;
- S'il y a des salariés, adhérer à un centre de médecine du travail.

Ouf ! Ne vous attendez pas à tout boucler en quelques semaines…

... sont un frein à la création d'entreprise

En janvier 2013, l'institut Think a interrogé 1 000 personnes, représentatives de la population française de 18 ans et plus, pour l'APCE et le Salon des entrepreneurs 2013. La question était : « Pour quelle raison n'envisagez-vous pas de créer votre entreprise ? ». Voici leurs réponses (plusieurs réponses possibles, total supérieur à 100 %) :

- Votre situation actuelle vous convient : 40 % (parmi eux : 47 % d'hommes, 64 % de retraités) ;
- Est trop risqué financièrement : 27 % ;
- Le contexte de crise n'est pas pas favorable à la création d'une entreprise : 20 % (parmi eux 29 % âgés de 25 à 49 ans, 30 % de catégories socio-professionnelles élevées) ;
- Cela ne vous intéresse pas, vous n'en avez pas envie : 18 %
- Cela demande beaucoup d'argent : 17 % ;
- C'est trop compliqué : 14 % ;
- Cela ne garantit pas de gagner suffisamment d'argent : 13 % ;
- Vous ne vous en sentez pas capable : 11 % ;
- Vous manquez d'informations et de connaissances : 8 % ;
- Cela demande beaucoup de travail : 8 % ;
- Vous avez autour de vous de mauvais exemples en tête : 8 %.

(Source : Les Français et l'esprit d'entreprise, Institut Think pour l'APCE, CerFrance, Salon des entrepreneurs 2013.)

Trouver des aides

Un créateur d'entreprise ne peut pas tout faire tout seul. Même s'il est célibataire, sans enfant et avec peu de famille, il ne peut pas, ne doit pas rester isolé. Il doit pouvoir s'appuyer sur un entourage : des amis, des collègues ou ex-collègues, des connaissances, des voisins.

De quel soutien avez-vous besoin ?

Cherchez bien dans votre entourage, vous allez trouver une épaule sur laquelle vous appuyer. Pour quoi faire ? Voici de très bonnes raisons. Reprenez les questionnaires du début de ce chapitre et les réponses que vous avez faites. À présent, soulignez les réponses qui démontrent une certaine fragilité. C'est par exemple sur ces questions qu'il va peut-être vous falloir du soutien. N'hésitez pas à creuser : vous allez peut-être voir se dessiner plus précisément qui va pouvoir vous aider à trouver les solutions qu'il vous faut.

Voyez aussi les obstacles que vous avez cernés et la manière dont vous comptez les franchir. Peut-être irez-vous plus vite avec de l'aide. Si oui, de quelle aide s'agit-il et sur qui pouvez-vous compter ? Analysons quelques exemples possibles.

Vous allez surtout avoir besoin d'un soutien moral pour arriver au bout de votre projet et pour y croire même quand vous n'y croirez plus. Vous pouvez compter sur :

- » Votre conjoint ;
- » Vos parents ;
- » Un ou plusieurs autres membres de votre famille ;
- » Votre ancien employeur ;
- » Un ancien collègue de travail ;
- » Un ancien professeur.

Vous allez vous noyer dans les démarches administratives. Vous pouvez compter sur :

- » Votre conjoint ou un autre membre de votre famille ;
- » Un associé ;
- » Un entrepreneur que vous connaissez ;
- » Un professionnel de la création d'entreprise que vous connaissez.

Vous allez surtout avoir besoin de soutien financier. Vous pouvez compter sur :

- » Votre banque ;
- » La famille et/ou les amis ;
- » Votre ancien employeur ;

» Les institutions locales (conseil régional, chambre consulaire...) ;
» Un club d'investisseurs.

Vous avez besoin d'un soutien au moment du démarrage réel de l'entreprise. Vous pouvez compter sur :

» Votre réseau de connaissances professionnel ;
» Un réseau d'entrepreneurs ;
» D'anciens collègues ;
» Votre conjoint ;
» La famille et/ou les amis.

Selon une enquête menée en 2010 par OpinionWay, pour l'APCE et le Salon des Entrepreneurs 2010, à la question : « Selon vous, quelles sont les compétences et les qualités les plus indispensables à un chef d'entreprise ? », les personnes interrogées ont ajouté, à chaque réponse, avoir besoin de l'aide d'un proche.

Une aide que la famille et l'entourage accordent d'ailleurs volontiers. Ainsi, dans un autre sondage mené l'année précédente par l'Ifop pour l'APCE auprès de chefs d'entreprises, 88 % de ces deniers affirmaient se sentir soutenus par leur famille et leur entourage.

Le tutorat

Tuteurs, parrains, mentors, les dénominations sont variées mais l'idée est toujours la même : un chef d'entreprise aguerri dans un secteur d'activité, rompu à toutes les difficultés, les pièges et les démêlés du démarrage d'une entreprise vient épauler un jeune entrepreneur avant, pendant et après la création ou la reprise de son entreprise.

Quel est son rôle ?

Son rôle est multiple et dépend un peu des besoins de l'entrepreneur qu'il prend sous son aile. C'est d'abord un homme d'influence au carnet d'adresses bien fourni, disposé à transmettre tous ses contacts au jeune entrepreneur. Installé depuis longtemps dans l'environnement économique dans lequel son « élève » va entrer, le tuteur peut aussi se faire technicien ou expert, dans tel ou tel domaine précis de l'activité en création. Si besoin, il peut aussi se porter caution vis-à-vis d'investisseurs, et même devenir un véritable partenaire commercial si sa propre activité s'y prête. L'entrepreneur parrain ouvre ainsi toutes grandes les portes de son propre réseau à un petit nouveau dans le métier.

À noter : le tuteur peut aussi être un retraité, cadre supérieur ou dirigeant d'entreprise, pour épauler bénévolement un entrepreneur plus jeune, lui faire part de son expérience, lui donner des conseils d'« ancien ».

Où le trouver ?

C'est un peu le problème, car il faut trouver quelqu'un qui soit non seulement disponible mais aussi disposé à passer du temps avec son « élève ». Si, dans votre entourage proche ou plus éloigné, vous ne voyez personne qui aurait la compétence et la disponibilité requises, la meilleure façon de trouver un tuteur est par exemple d'intégrer un réseau de soutien aux entrepreneurs, comme ceux proposés par la chambre de commerce (ces réseaux sont étudiés au chapitre 3).

Le contrat d'appui au projet d'entreprise (CAPE)

Le CAPE est un dispositif institutionnel créé en 2003, par lequel une personne morale – une entreprise ou une association – peut s'engager par contrat à accompagner un créateur ou un repreneur d'entreprise, salarié ou étudiant. Il s'agit, là encore, de l'aider, le conseiller, le soutenir pendant la phase préparatoire du montage de son activité.

Le CAPE n'est pas un contrat de travail. C'est un contrat écrit d'un an maximum, renouvelable deux fois par écrit. Il est réservé à toute personne physique porteuse d'un projet de création ou reprise d'entreprise, ainsi qu'au dirigeant associé unique d'une EURL. Les salariés à temps plein n'y ont pas droit.

Le CAPE permet à une société ou une association de fournir à un futur entrepreneur un programme de préparation à la création ou reprise d'entreprise et à la gestion d'une activité économique. Pendant la durée du contrat, l'entrepreneur définit son projet, étudie sa faisabilité et effectue les actes préparatoires à la création de son entreprise.

Autre avantage : le maintien de la protection sociale du porteur de projet. En effet, pendant toute l'exécution du contrat, la structure accompagnatrice verse des cotisations sociales à son régime de sécurité sociale, ce qui permet à l'entrepreneur de continuer à bénéficier de ces droits. Il relève ainsi du régime général de la Sécurité sociale ou d'une mutuelle étudiante. S'il est au chômage, il peut bénéficier du maintien de ses allocations pendant l'exécution du CAPE. Il peut même s'ouvrir de nouveaux droits à l'assurance chômage en cas de rémunération (ce sujet est évoqué au chapitre 9).

Puisqu'il est rattaché au statut de salarié ou d'étudiant, le titulaire d'un CAPE ne peut pas déclarer son activité sous le régime de l'auto-entrepreneur, au cours de l'exécution de son contrat. Par conséquent, il ne pourra bénéficier du régime micro-social que s'il décide de ne pas poursuivre le CAPE, une fois sa déclaration fiscale effectuée.

En revanche, si la nouvelle entreprise démarre au cours de l'exécution du CAPE, l'entrepreneur peut tout à fait continuer à bénéficier de son statut social de salarié ou d'étudiant jusqu'à l'expiration du contrat.

Le créateur d'entreprise peut même être rémunéré avant le début de son activité économique, à condition que le contrat précise les modalités de calcul et de versement de cette rémunération.

CONTENU DU CONTRAT CAPE

Le CAPE doit être écrit. Voici ce qu'il doit contenir :

- **Une définition du programme de préparation à la création ou à la reprise et à la gestion d'une entreprise ;**
- **Les engagements respectifs des deux parties, en distinguant ceux prévus jusqu'au début de l'activité et ceux applicables après le début de l'activité ;**
- **La nature, le montant et les conditions d'utilisation des moyens mis à la disposition du bénéficiaire par l'entreprise accompagnatrice, ainsi que leur évolution éventuelle au cours du contrat ;**
- **Les éventuelles modalités de calcul ou le montant forfaitaire de la rétribution de l'entreprise accompagnatrice ainsi que leur évolution éventuelle au cours du contrat ;**
- **La nature, le montant maximal et les conditions des engagements pris par le bénéficiaire à l'égard des tiers au cours du contrat ainsi que la partie qui en assume la charge financière ;**
- **Avant le début de l'activité, la rémunération éventuelle du bénéficiaire du contrat, ses modalités de calcul et de versement ;**
- **Après le début de l'activité, les modalités et la périodicité selon lesquelles l'entreprise accompagnatrice est informée des données comptables du bénéficiaire ;**
- **Les modalités de rupture anticipée ;**
- **Les conditions dans lesquelles le bénéficiaire du contrat s'acquitte auprès de l'entreprise accompagnatrice du règlement des sommes correspondant au montant des cotisations et contributions sociales versées par celle-ci pour son compte.**

Soulignons pour finir que, si le porteur de projet prend des engagements à l'égard de fournisseurs ou de premiers clients avant la création de son entreprise, c'est la société ou l'association qui prend la responsabilité de leur exécution. Tandis qu'après la création de l'entreprise, la société ou l'association et l'entrepreneur sont solidairement responsables des engagements pris au nom de la nouvelle entreprise.

Faire appel à un coach

Clarifier ses objectifs, mieux s'organiser, discerner ses priorités, préparer un programme solide et concret et s'y tenir, tout cela peut se faire aujourd'hui avec l'aide d'un coach. À la manière des entraîneurs sportifs embauchés pour préparer personnellement tel ou tel athlète de haut niveau, il existe désormais des professionnels du soutien aux créateurs d'entreprise. Et si vous y songiez ?

À quoi un coach sert-il, concrètement ? La création ou la reprise d'entreprise demande à la fois une préparation technique, mais aussi une préparation mentale, destinée à acquérir ou à développer les qualités d'entrepreneur que nous avons étudiées en détail au début de ce chapitre. Le coach d'entreprise peut intervenir favorablement dans cette préparation mentale. Son aide est moins axée sur le projet lui-même que sur le porteur de projet durant la phase délicate où il le prépare, mais aussi après le démarrage et les premières années de l'activité.

Le rôle du coach est d'abord d'être là, aux côtés de l'entrepreneur, pour écouter, questionner, amener à approfondir une question, la reformuler au besoin ou la recadrer. Ainsi, pas à pas, le porteur de projet clarifie ses propres motivations, distingue ses atouts, évalue ses chances. À chaque difficulté, le coach insiste aussi pour trouver des solutions, sans éluder les questions.

C'est donc une préparation psychologique à la création d'entreprise, parfois très bénéfique aux porteurs de projet qui ne peuvent pas ou ne veulent pas s'appuyer sur leur conjoint ou un membre de la famille.

Évidemment, cette aide a un coût. Hormis pour les sportifs de haut niveau, la profession de coach personnel ou de coach professionnel n'est pas réglementée en France. Cependant, elle se professionnalise et surtout s'autorégule en proposant aux coachs de se faire accréditer et d'adhérer à un code de déontologie. À noter aussi que la société française de coaching (SFCoach) vient de se rapprocher des deux autres grandes associations internationales : International Coach Federation (ICF) et European Mentoring and Coaching Council (EMCC). Ensemble, elles proposent un site Internet commun d'informations pour structurer le metier et le promouvoir : `www.coach-pro.org`.

Il reste que les tarifs se fixent de gré à gré entre le client et le coach.

Comme tout consommateur averti qui s'apprête à faire un achat important, avant tout engagement, mieux vaut toujours vous renseigner sur les services proposés, les compétences du coach et ses prix. N'hésitez pas à demander un devis pour pouvoir comparer les prestations.

En général, les tarifs sont progressifs : moins chers pour les particuliers, les jeunes ou les étudiants ; plus chers pour les professionnels ; encore plus cher pour les dirigeants d'entreprise, les artistes connus ou les sportifs professionnels.

Voici quelques exemples de tarifs relevés sur Internet :

- **Pour les particuliers et les étudiants**, l'entretien téléphonique informatif est gratuit. L'entretien préliminaire de coaching – une première séance d'environ une heure (prise de contact, définition des objectifs sans engagement) – est facturé entre 150 € et 300 € la séance d'une heure et demie ;
- **En coaching personnel ou professionnel**, le tarif de la séance dans le cadre d'un coaching ponctuel de une à trois séances longues ou d'un accompagnement suivi (en général de quelques semaines à quelques mois, selon le cycle de coaching envisagé), il faut compter entre 250 € et 700 € de l'heure ;
- **Pour les PME, les professions libérales et les indépendants** également, l'entretien téléphonique informatif est gratuit. Pour l'entretien préliminaire de coaching – première séance d'environ une heure (prise de contact, définition des objectifs sans engagement) –, le tarif est de 300 € à 500 € la séance. Pour les séances ponctuelles ou l'accompagnement suivi, sur devis, le tarif horaire est de 300 € de l'heure selon le contexte d'activité et le type d'accompagnement à mettre en œuvre ;
- **Pour le coaching de dirigeants et d'entreprise**, il faut compter, pour des séances ponctuelles ou un accompagnement suivi, sur devis, entre 250 et 800 € la séance, là aussi selon le contexte de responsabilités exercées et le type d'accompagnement à mettre en œuvre.

Plus globalement, pour une heure de coaching, les honoraires relevés par SF Coach pour son baromètre 2010, sont les suivants :

- Le prix plancher moyen est de 200 euros de l'heure, pour les coachs non accrédités ou non certifiés, avec une pratique de moins de trois ans ;
- Le prix plafond moyen est de 428 euros de l'heure, pour plus de 30 % des coachs consultés, avec accréditation, et pratique professionnelle avérée ;
- Entre 300 et 500 euros pour 56 % des coachs consultés ;

» Entre 4 000 euros (21 %) et 10 000 euros (25 %) pour une mission de coaching en entreprise, selon l'expérience du coach, son niveau d'accréditation et la durée de la mission.

Selon ce même baromètre, les coachs en activité aujourd'hui en France sont 64 % de femmes et 36 % d'hommes. 61 % ont entre 45 et 60 ans. Ils détiennent à 77 % un diplôme de troisième cycle ou un doctorat, souvent avec plusieurs champs d'études initiaux (51 %) : commerce (21 %), ingénieurs (13 %). 5 % seulement sont autodidactes sans diplômes. La moitié d'entre eux a un chiffre d'affaires supérieur à 70 000 euros par an. Mais le coaching ne représente que 50 % du chiffre d'affaires de 76 % d'entre eux. Enfin, les autres activités les plus exercées par les coachs interrogés pour cette enquête sont : la formation en management, le conseil et le bilan de compétences. Seuls 2 % des coachs n'exercent aucune autre activité.

SE FORMER TOUT AU LONG DE SA CARRIÈRE

À compter du 1er janvier 2015, le Droit individuel à la formation (DIF) est remplacé par le Compte personnel de formation (CPF), qui permet à tout salarié de se former, qu'il soit en poste ou au chômage. Ce nouveau compte s'ouvre dès l'entrée sur le marché du travail, c'est-à-dire à partir de 16 ans. Il permet de cumuler 24 heures de formation par an pour les salariés à temps plein, avec un plafond de 150 heures.

Après ouverture, le CPF est effectif tout au long de la vie active. Il peut donc être utilisé aussi durant les périodes de chômage. Une seule condition : la formation choisie doit être qualifiante et permettre d'acquérir un socle de connaissances et de compétences. Bien sûr, un projet de création d'entreprise en fait partie.

Chapitre 3

Une aventure formidable

DANS CE CHAPITRE :

- **Prendre son indépendance... et ses responsabilités**
- **Entreprendre à plusieurs**
- **Les étapes du succès**
- **Démarrer au bon moment**

Créer son entreprise, c'est voler de ses propres ailes professionnellement, être son propre patron, mais aussi assumer toutes les responsabilités. Y compris celles d'un échec... Qu'importe. Si vous en avez envie depuis longtemps et que vous vous sentez prêt, n'attendez plus, lancez-vous !

Vive la liberté !

« Et voilà, depuis le temps que ça me travaille, il fallait que je le fasse : j'ai donné ma démission, je me lance ! » Bienvenue dans le monde des travailleurs sans patron !

« La chance sourit aux audacieux »

Et si cet adage de Virgile avait été écrit... pour les entrepreneurs ? Une idée, une certaine audace, pas mal de travail, de la persévérance... et le coup de chance peut arriver.

Écouter son intuition

Vous avez une intuition, l'idée d'une affaire qui marcherait ? Écoutez-la ! C'est ça, l'esprit d'entreprise : être sûr de son idée, y croire, la visualiser si précisément qu'elle semble déjà concrète, et s'y atteler sans peur du risque, sans arrière-pensées d'échec.

Certes, il y en aura, des risques (il y en a toujours). Mais si vous sentez que votre idée est bonne et que vous avez confiance, vous avez certainement raison d'y croire. La plupart des réussites sont moins dues à un coup de bol qu'à cette intuition fondamentale que ça va marcher et qui force le destin.

Mais, pour cela, il va falloir travailler dur, peut-être nuit et jour. Vous le savez sûrement déjà, d'autres entrepreneurs vous ont prévenu. Si le courage ne vous manque pas, vous ne le regretterez pas.

Avoir le goût du risque

Nous l'avons souligné au chapitre précédent et encore il y a quelques lignes : se mettre à son compte, c'est accepter de prendre des risques, notamment financiers et professionnels. Mais, aux dires des entrepreneurs qui se sont lancés, cette part de risque est plutôt un élément déclencheur. L'adrénaline qu'elle engendre est parfois un excitant hors pair, qui donne l'énergie de se lancer dans l'aventure.

En outre, nous l'avons également déjà précisé (et nous le reverrons plus en détail dans les chapitres suivants), la bonne préparation de votre projet devrait limiter certains risques, notamment en matière de gestion et de comptabilité. Et si cette préparation minutieuse ne met pas à l'abri de tout, elle permettra au moins de connaître les écueils possibles, de les cerner et d'ériger des garde-fous.

Développer son capital chance

Le psychologue anglais Richard Wiseman dirige un laboratoire de recherche sur la chance. Il a étudié plus de 400 personnes « chanceuses et malchanceuses » pendant huit ans et a livré ses conclusions dans un livre, *Notre capital chance*, paru en 2003 (éditions J.-C. Lattès). Selon lui, n'importe qui peut améliorer son capital chance, à condition d'admettre qu'il en a un.

Voici les quatre principes qu'il a découverts chez les « chanceux » :

- **Ils savent repérer les opportunités :** ils sont constructifs, confiants, détendus, positifs. Ce qui leur permet d'être ouverts au monde, aux conseils, aux amis, donc d'étendre leur réseau de relations et ainsi de croiser plus facilement des opportunités à saisir ;

- **Ils écoutent leur intuition :** ils ont confiance en eux-mêmes, en leur propre jugement, en leur instinct (au sens presque animal du terme), c'est pourquoi ils savent saisir les opportunités qui se présentent à eux ;
- **Ils s'attendent à avoir de la chance :** ils voient du positif même dans le négatif. Ils savent s'appuyer sur leurs échecs, en tirer profit au lieu de se lamenter et gardent confiance en l'avenir pour mieux rebondir ;
- **Ils savent ce qu'ils veulent :** ils font tout ce qu'il faut pour l'obtenir, sans compter leurs efforts.

L'énoncé de ces principes ne serait-il pas la définition de l'esprit d'entreprise ? Une question à méditer...

Le « boss », c'est moi !

En créant votre entreprise, vous ouvrez devant vous la voie d'une nouvelle vie professionnelle. Si le début de votre activité est prometteur, si votre carnet de commandes se remplit sous des augures favorables, la liberté qui s'annonce va vous permettre de choisir vous-même vos missions et de vous concentrer sur des projets plus novateurs et plus intéressants.

Si le démarrage s'annonce bien, pensez rapidement qu'il faudra développer votre affaire. Pour cela, rendez-vous à la cinquième partie de ce livre !

La création d'entreprise n'est donc pas seulement une liste de démarches administratives à effectuer. C'est aussi le début d'une vie indépendante, excitante, dynamique, qui va vous donner beaucoup de satisfactions, aussi bien personnelles que professionnelles, comme par exemple :

- La satisfaction de vous lancer dans un défi que vous portiez peut-être depuis longtemps ;
- La satisfaction d'utiliser vos idées, sans contraintes, sans partage ;
- La satisfaction d'être le patron, de tout gérer vous-même, d'un bout à l'autre de la chaîne : la recherche des clients, la fabrication, la vente, la gestion, les partenariats commerciaux, etc. ;
- La satisfaction de ne pas avoir de compte à rendre pour faire le travail que vous avez à faire ;
- La satisfaction de vous organiser comme vous voulez, le jour, le soir, la nuit même si vous préférez (ou s'il le faut) ;

» La satisfaction de travailler pour vous-même, de récolter le fruit de vos efforts professionnels, de percevoir la juste rémunération de votre travail et de gagner autant que vous voulez.

Il ne faut cependant pas attraper la grosse tête. Si cette expérience de l'indépendance est une première pour vous, il vous faudra aussi savoir rester réaliste et surtout savoir continuer à écouter les conseils des différents interlocuteurs que vous allez croiser (experts, clients, famille, amis ou autres), souvent gratuits et donnés en toute amitié. Et cela, même après le démarrage de votre affaire et même si elle connaît un succès quasi immédiat. Une bonne dose d'humilité et de remise en cause régulière permet de garder la tête froide et de continuer à avancer sereinement.

Enfin, sachez que, puisque vous allez être « seul à bord », vous allez aussi énormément travailler, surtout au début, le temps que tout se mette en place. Si vous étiez aux trente-cinq heures hebdomadaires, attendez-vous à passer au double, à y consacrer vos samedis et souvent vos dimanches. Mais, pris dans le tourbillon de l'activité et l'excitation de la liberté, vous ne vous en rendrez peut-être même pas compte...

Le responsable, c'est aussi moi !

Un entrepreneur est un indépendant libre de toute contrainte professionnelle, certes. Mais si vous avez fait un peu de philosophie au lycée, vous devez vous souvenir que la liberté ne va jamais sans... la responsabilité. En tant que travailleur indépendant, vous allez donc être libre, mais également responsable de tout. Si quelque chose ne fonctionne pas, pas la peine de vous retourner pour chercher un bouc émissaire : la faute vous en reviendra à vous, et à vous seul.

La responsabilité contractuelle

La responsabilité civile engage toute personne majeure et saine d'esprit. Le but de cette responsabilité est d'indemniser un dommage que l'on cause à autrui. En matière de responsabilité civile, la loi fait une nuance importante entre :

» **La responsabilité extracontractuelle :** elle est en principe engagée lorsqu'il y a une faute, c'est pourquoi elle s'appelle aussi responsabilité *délictuelle*, ou *quasi délictuelle* (toutefois, dans certaines affaires récentes, elle a été engagée sans faute) ;

» **La responsabilité contractuelle :** elle est engagée en cas de mauvaise exécution ou d'inexécution totale ou partielle des obligations nées d'un contrat. En devenant un professionnel indépendant, vous allez être engagé par cette responsabilité contractuelle.

Au sujet de la responsabilité contractuelle, la jurisprudence distingue de son côté deux modalités d'obligations :

- » **Une obligation de moyens :** vous devrez mettre tout en œuvre, techniquement et intellectuellement, pour obtenir le résultat escompté par vos clients, et cela dans les délais prévus au contrat ;
- » **Une obligation de résultat :** sauf cas de force majeure, vous serez tenu de fournir le résultat escompté par vos clients.

Dans tous les cas, les obligations contractuelles « doivent être exécutées de bonne foi » (articles 1134 et suivants du Code civil), et tout manquement peut occasionner la mise en cause de votre responsabilité (articles 1136 à 1164 du Code civil). En général, la réparation du préjudice subi se fait sous forme de dommages et intérêts.

La responsabilité contractuelle peut être écartée si le défaut ou la mauvaise exécution du contrat sont dus à une cause étrangère qui ne peut être imputée au professionnel, à une cause fortuite ou à un cas de force majeure. Attention : le cas de force majeure doit avoir un caractère imprévisible et inévitable et être indépendant de la volonté ou de l'action du professionnel.

La responsabilité des produits défectueux

La sécurité et la santé des consommateurs étant devenues des soucis majeurs en Europe, les États membres de l'Union européenne ont harmonisé leurs législations en matière de responsabilité des produits, afin d'assurer un niveau élevé de protection contre les dommages qui pourraient être causés par un produit défectueux.

Tout professionnel (fabricant, producteur, mais aussi vendeur) se trouve ainsi dans l'obligation de vendre un produit ou un service « conforme », c'est-à-dire qui correspond exactement à ce qui était promis dans le contrat.

Par exemple, un produit de consommation courante doit être conforme à ce que mentionne son emballage et doit également détenir les fonctions promises par le vendeur. Ce qui signifie concrètement que, en tant que professionnel, vous allez non seulement être tenu aux obligations contractuelles que nous venons de voir, mais également aux contraintes suivantes :

- » **La conformité :** vous devez vous conformer à la loi, aux règlements commerciaux, aux normes de votre métier, mais aussi au respect fondamental de l'ordre public, de la paix, de la santé et de la sécurité ;
- » **Le contrôle :** il faudra faire preuve de prudence sur la qualité ;

- **L'information :** un défaut d'information, par exemple sur une technique d'utilisation, peut engendrer une situation dangereuse, donc un manque de sécurité et peut constituer un risque pour la santé.

Si le produit connaît un défaut de conformité dans les six mois de sa vente ou de sa réception, s'il est défectueux et que ses défauts résultent de l'emballage, de la notice d'instruction, de son installation ou de son usage, le vendeur est présumé responsable.

Les victimes disposent désormais d'un délai de trois ans pour demander réparation « à compter de la date à laquelle le demandeur a eu ou aurait dû avoir connaissance du dommage, du défaut et de l'identité du producteur » (article 1386-17 du Code civil). La responsabilité du fait des produits défectueux doit donc être intégrée dès le départ dans la stratégie de tout entrepreneur : il doit identifier les risques qui pèsent sur son entreprise et chercher des solutions pour y faire face. C'est ce qu'on appelle aujourd'hui la *gestion des risques*.

En général, les entrepreneurs se contentent de contracter une assurance en responsabilité civile professionnelle. Mais cela ne suffit pas forcément (la question des assurances professionnelles est étudiée au chapitre 13).

LA NON-CONFORMITÉ POUR LES NULS

Un bien est dit non conforme lorsque :

- **Il ne correspond pas à la description faite par le vendeur ;**
- **Il ne remplit pas les fonctions normalement associées à un produit semblable ;**
- **Il ne possède pas les qualités énoncées par son emballage ou la publicité ;**
- **Sa dimension n'est pas celle annoncée sur l'emballage du produit ou sur le bon de commande.**

Plus on est de fous...

Larry Page et Sergey Brin (Google), Jack Dorsey et Evan Williams (Twitter), Bill Gates et Paul Allen (Microsoft), Michel de Rovira et Augustin Paluel-Marmont (Michel et Augustin), Paul Dubrule et Gérard Pélisson (Accor), mais aussi Van Cliff et Arpel, Black et Decker, Jacob et Delafon, Younger et Bresson, Dolce et Gabbana, Roux et Combaluzier, Simon et Garfunkel... Les exemples d'amis devenus associés dans une société créée en commun sont éloquents. Et prestigieux !

Il faut dire que l'amitié, comme l'amour (nous le verrons plus loin), est un sentiment qui se prête parfois très bien à la création d'entreprise.

Associés : pour le meilleur et pour le pire

Après l'avoir longuement souligné au chapitre précédent, comment dire le contraire ici : en restant isolé, on a beaucoup moins de chances de réussir la création d'une entreprise. Alors, on peut choisir de tout faire à plusieurs dès le départ : avec un ou plusieurs associés.

Créer une entreprise entre amis

Les raisons de créer une entreprise avec un ou plusieurs amis sont nombreuses :

- **On se connaît bien :** chacun sait d'où vient l'autre, connaît son entourage, son environnement, ses loisirs ;
- **On s'entend bien :** on est sur la même longueur d'onde sur beaucoup de sujets, notamment professionnels, c'est d'ailleurs de là que germe l'idée de créer ensemble une entreprise ;
- **On a des expériences en commun :** on a des expériences similaires ou complémentaires, une formation, un réseau de connaissances commun, qui peuvent servir le projet ;
- **À plusieurs, les idées foisonnent :** entre amis, les idées s'échangent, se confrontent, s'approfondissent dans un esprit positif et constructeur ;
- **On se respecte :** on est à égalité, il y a peu de compétition et beaucoup de complicité ;
- **On se fait confiance :** l'un peut compter sur l'autre, nul besoin de surveiller ou de vérifier si telle ou telle question a été réglée correctement ;
- **On partage les efforts :** les démarches et le travail, mais aussi les risques, les problèmes, les responsabilités et le stress sont mis en commun.

La gérance entre plusieurs associés

Quel que soit le type de société que les associés choisissent (le plus souvent une SARL, mais il y a beaucoup d'autres possibilités développées au chapitre 10), il faut définir le rôle de chacun et réfléchir à ses attributions.

Parmi les priorités, la question de la gérance doit être abordée rapidement. Il ne s'agit pas vraiment de savoir qui va assumer la gestion quotidienne de l'entreprise ou prendre les décisions importantes : *a priori*, au départ, se connaissant bien, les associés savent à peu près comment ils vont se partager ce type de responsabilités. Il s'agit surtout de définir le statut social de chacun. Il faut tenir compte du nombre de parts détenu et décider si chacun doit être déclaré gérant ou cogérant. Ainsi, la gérance sera ainsi soit majoritaire, soit égalitaire, soit minoritaire, ce qui détermine de fait la situation sociale des associés.

LES PARTS SOCIALES POUR LES NULS

Comme son nom l'indique, le statut d'*entreprise individuelle* est réservé à un entrepreneur unique. Lorsque l'on est plusieurs, on crée une *société*, c'est-à-dire une entreprise dont la propriété peut être divisée en *parts* détenues ensemble par plusieurs associés. On parle alors de *parts sociales*. Ici, le terme « social » signifie « de la société », la société étant le statut juridique de l'entreprise. (Les différents statuts d'entreprise et de société sont examinés en détail dans la quatrième partie de ce livre.)

Pour savoir si une gérance est majoritaire, égalitaire ou minoritaire, il faut additionner le nombre de parts sociales détenues dans la société par :

- **Vous-même si vous êtes gérant et votre associé s'il est également gérant**, ainsi que tous les autres associés cogérants si vous êtes plus de deux ;
- **Votre conjoint et les conjoints des cogérants**, si les conjoints détiennent aussi des parts ;
- **Tous les enfants mineurs non émancipés des cogérants**, si vous avez également décidé d'attribuer des parts de votre société à vos enfants respectifs.

Si ce total dépasse 50 % des parts sociales de la SARL, les gérants sont tous considérés comme majoritaires. Si le total est inférieur à 50 % des parts sociales, les gérants sont tous minoritaires. Si le total est égal à 50 % des parts sociales, les gérants sont égalitaires.

Le statut social et fiscal des gérants de SARL

S'il y a trois natures de gérance, il y a seulement deux types de statut social, car la gérance égalitaire suit le même régime social que la gérance minoritaire.

Dans le cas où la gérance est minoritaire ou égalitaire, les deux associés détiennent chacun 50 % des parts de la société, ou moins de 50 % (seul ou avec son conjoint ou ses enfants mineurs). Dans le second cas, un ou plusieurs autres associés détiennent aussi des parts dans la société, mais n'en sont pas gérants. Lorsque la gérance est minoritaire ou égalitaire, le ou les cogérants relèvent du régime général des salariés. Ce qui signifie que, tant qu'ils ne touchent pas de revenu, ils ne versent aucune cotisation sociale.

En revanche, dès que la SARL leur versera une rémunération, ils seront soumis au paiement des cotisations salariales et patronales du régime des salariés. Soulignons également que le ou les cogérants minoritaires cotisent obligatoirement au régime de retraite complémentaire des cadres (Agirc, voir chapitre 12).

Même si les gérants minoritaires et égalitaires relèvent du régime des salariés, aucune disposition du Code du travail ne leur est applicable. Ils ne bénéficient donc d'aucun des droits des salariés : ni des indemnités de licenciement, ni des indemnités de chômage (sauf exception, voir encadré), ni du smic, ni des droits aux congés payés. En outre, en cas de litige entre la société et un gérant, le tribunal compétent n'est pas le conseil des prud'hommes mais le tribunal de commerce.

CUMULER UNE GÉRANCE MINORITAIRE ET DES FONCTIONS TECHNIQUES

Puisqu'il n'est pas subordonné à un employeur (une des conditions *sine qua non* du statut de salarié), un gérant de SARL, même minoritaire, n'a pas non plus droit à l'assurance chômage de Pôle emploi. En revanche, s'il cumule son mandat de gérant minoritaire ou égalitaire avec des fonctions techniques, pour lesquelles il peut signer un contrat de travail en bonne et due forme et obtenir une fiche de paie, il peut demander à l'Unedic l'autorisation de cotiser au régime d'assurance chômage des salariés. Si celle-ci accepte, en cas d'arrêt de l'activité, il aura droit à des allocations chômage pour indemniser la perte de son emploi salarié.

Pour cumuler un mandat social et un contrat de travail, l'associé doit :

- **Exercer une activité distincte de la gérance ;**
- **Occuper un poste de travail effectif, non créé pour ses besoins ;**
- **Travailler sous un lien de subordination vis-à-vis de la société ;**
- **Être rémunéré par un salaire (smic ou minimum conventionnel).**

Attention : dans tous les cas, l'existence d'un lien de subordination n'est possible qu'en cas de gérance minoritaire ou égalitaire.

La gérance est majoritaire quand l'un des associés ou tous les associés gérants détiennent plus de 50 % des parts de la société (avec les conjoints ou les enfants mineurs). Dans ce cas de figure, les associés sont considérés comme gérants majoritaires. Ils sont alors affiliés au régime des travailleurs non salariés (TNS, voir chapitre 11). Dès le début de l'activité, y compris s'ils ne touchent aucune rémunération, ils doivent verser des cotisations sociales calculées sur une base forfaitaire, et ils n'ont pas le droit de cotiser à l'assurance chômage des salariés. Et cela même s'ils cumulent leur mandat social avec des fonctions techniques, un contrat de travail et une fiche de paie. En revanche, s'ils souhaitent se garantir contre le chômage, ils peuvent prendre une assurance chômage volontaire auprès de sociétés d'assurance spécifiques (voir chapitre 12).

Quelle que soit la proportion des parts qu'ils détiennent, la rémunération des gérants de SARL est toujours imposée dans la catégorie fiscale des « traitements et salaires ». En revanche, les dividendes entrent dans la catégorie des « revenus mobiliers ». (Le régime fiscal des entrepreneurs est étudié au chapitre 11.)

Entreprendre en couple

Créer une entreprise est une aventure dans laquelle on peut aussi s'engager en couple. Les artisans, les commerçants ou les agriculteurs le font depuis quasiment toujours – on compte environ un million de personnes participant à l'activité de leur conjoint chef d'entreprise. Avantages et inconvénients d'entreprendre en couple.

À deux, on est plus fort

L'avantage principal de la création d'entreprise en couple, c'est le soutien moral que représente le fait d'être deux tout le temps, en privé comme dans la vie professionnelle : à deux pour trouver une idée et réfléchir au projet, à deux pour prendre les décisions importantes (qui, où, comment, avec quel argent…), à deux pour effectuer une à une toutes les étapes de la création de l'entreprise, à deux pour faire face aux problèmes qui peuvent se poser, etc.

Lorsque le conjoint est partie prenante de l'aventure, le lien marital se fait aussi plus puissant, et peut même renforcer le couple. « C'est comme un bébé que l'on fait ensemble », disent souvent les couples d'entrepreneurs.

Revers de la médaille : il faut bien s'entendre et supporter d'avoir l'autre à ses côtés presque jour et nuit. Il faut aussi que chacun accepte de vivre une autre relation que celle des sentiments et de la vie privée, ce qui est parfois difficile à admettre au quotidien. Ainsi, pour que l'entreprise et le couple soient une double réussite, il faut non seulement s'appuyer sur une complicité solide, mais aussi que chacun adhère complètement au projet commun pour ne pas être un frein.

Même entreprise, même famille, même vie privée, même vie tout court, que l'on soit marié, pacsé ou en concubinage, malgré la dynamique partagée, ce n'est donc pas toujours facile de mêler amour et travail. Aux dires de ceux qui l'ont fait, pour réussir, il faut associer deux paramètres : que le couple soit fort, mais aussi que les affaires marchent. Si l'un de ces deux paramètres se grippe, l'autre s'en ressent tôt ou tard. Mieux vaut donc y penser dès le départ et savoir trouver l'équilibre pour préserver l'un de l'autre... et réciproquement.

Mariés, pacsés ou concubins ?

Le statut du chef d'entreprise et de son conjoint, ou des deux conjoints codirigeants, est le résultat de plusieurs options que le couple doit arriver à accorder : le statut de l'entreprise, la place de chacun dans l'activité, mais aussi la situation matrimoniale. Celle-ci se trouve être en effet un élément relativement décisif, à la fois pour l'avenir du couple et pour celui de l'entreprise commune. En effet, si le couple est marié ou pacsé, les protections individuelles et communes seront plus fortes que si le couple est concubin.

Dans tous les cas, si l'un des deux seulement se réserve le poste de chef d'entreprise, il faut absolument réfléchir à la place et à la protection sociale du conjoint, partenaire de pacs ou concubin, qui va travailler à ses côtés. À défaut de quoi, de nombreux problèmes peuvent apparaître à l'occasion, par exemple, de difficultés professionnelles, mais aussi au moment de la retraite ou même en cas de séparation, de divorce ou de décès de l'un ou de l'autre.

Le conjoint qui exerce de manière régulière une activité professionnelle dans l'entreprise familiale (artisanale, commerciale ou libérale) doit obligatoirement adopter un statut social. Pour cela, il a le choix entre trois statuts : associé, salarié ou conjoint collaborateur. L'option de la « participation bénévole » n'est plus possible depuis 2007, car elle pouvait être assimilée à du travail au noir.

Mariés et associés

Dans cette hypothèse, le couple est passé devant monsieur ou madame le maire et il partage vie privée, propriété et direction de l'entreprise. Aucun des deux n'est juridiquement subordonné à l'autre. Et la couverture sociale du couple dépend de l'apport financier de chacun au capital de l'entreprise et du fait qu'ils se versent ou non un salaire (reportez-vous aux explications des pages précédentes concernant les associés).

Lorsque l'un des deux conjoints est cogérant ou gérant minoritaire non rémunéré, son mandat dans la société ne lui procure aucune protection sociale.

La question qui se pose est aussi celle du régime matrimonial, qui organise la répartition des biens dans le ménage. S'il n'y a pas eu de contrat de mariage, ce qui est le cas pour 80 % des couples, le régime légal de la communauté des biens réduite aux acquêts s'applique automatiquement. Autrement dit, tous les biens et tous les revenus acquis après le mariage sont communs. Le problème est donc d'arriver à cloisonner patrimoine privé et patrimoine professionnel. Car, lorsque tout se confond, d'une part les difficultés financières du mari se répercutent sur sa femme, et réciproquement, d'autre part les difficultés de l'entreprise peuvent se solder au moyen des biens du ménage. Et, dans l'autre sens, les problèmes financiers du couple peuvent mettre l'avenir de l'entreprise en péril.

Autre question à envisager : un divorce éventuel. Il s'agit, là encore, de protéger l'entreprise, dont la structure et l'organisation générale peuvent être ébranlées par la séparation de ses dirigeants. Et il s'agit également de protéger chacun des membres du couple au moment de la liquidation du mariage, pour que le partage des biens privés et des biens professionnels ne laisse ni l'un ni l'autre totalement démuni et qui plus est, sans emploi.

Pour un couple d'entrepreneurs, il n'y a pas de régime matrimonial idéal : les régimes *communautaires* (voir encadré plus loin) protègent bien le patrimoine privé du couple, mais ils peuvent mettre l'entreprise en danger en cas de divorce. Quant aux régimes *séparatistes*, ils protègent plutôt l'entreprise, mais ils se retournent souvent contre l'un des époux en cas de divorce.

Ainsi, par exemple, dans une entreprise individuelle, le chef d'entreprise est responsable des dettes sur ses biens propres. Dans ce cas, pour préserver les biens privés des créanciers, le couple a intérêt à adopter la séparation de biens (sauf si le conjoint est coresponsable de l'entreprise, ce qui est le cas s'il est associé égalitaire ou majoritaire).

Entre les deux, il y a un régime à étudier : la participation aux acquêts. Il peut en effet se révéler un bon compromis entre communauté et séparation de biens.

Enfin, si l'entreprise a le statut de société, en principe les biens privés ne peuvent pas être saisis pour payer les créances de l'entreprise. Toutefois, le couple entrepreneur peut s'être porté garant sur ses biens propres. Dans ce cas, le régime matrimonial doit éventuellement être modifié pour adopter la séparation des biens.

Dans tous les cas, et avant toute démarche de création de l'entreprise, mieux vaut prendre rendez-vous chez le notaire et voir avec lui quelle solution choisir pour accorder au mieux le régime matrimonial et le statut de l'entreprise. Sachez que de nombreuses clauses peuvent être ajoutées à tel ou tel régime afin de l'adapter à la situation du couple, de la famille et de l'entreprise.

Soulignons pour finir que la procédure de changement de régime matrimonial a été allégée en 2007 : l'homologation judiciaire a été supprimée. Auparavant, un changement de régime matrimonial devait être homologué par un juge du tribunal de grande instance, où les dossiers ne peuvent être déposés que par un avocat.

Désormais, seuls les changements de régime en présence d'enfants mineurs doivent demander l'homologation judiciaire. Vous obtiendrez d'autres renseignements auprès du notaire.

LE RÉGIME MATRIMONIAL POUR LES NULS

Il existe plusieurs types de régime matrimonial.

- **La communauté légale réduite aux acquêts :** les biens apportés au ménage par l'un et l'autre au moment du mariage restent la propriété individuelle de chacun, ainsi que les biens que l'un ou l'autre reçoit en héritage ou par donation. En revanche, tous les biens mobiliers et immobiliers acquis au cours du mariage (les *acquêts*) appartiennent pour moitié à chacun, quel que soit celui qui a payé.
- **La communauté universelle :** tous les biens détenus avant et pendant le mariage appartiennent pour moitié aux deux, y compris ceux acquis ou hérités avant le mariage par l'un ou l'autre.
- **La séparation de biens :** chaque conjoint est l'unique propriétaire de son propre patrimoine, il n'y a aucun bien en communauté. Un bien acheté ensemble est en indivision. Au moment du décès (ou du divorce), le conjoint reprend ses biens propres et le reste constitue l'héritage (ou est partagé en cas de divorce).
- **La participation aux acquêts :** durant le mariage, le régime est celui de la séparation de biens, qui met donc l'un à l'abri des dettes de l'autre (en particulier des dettes professionnelles). Au moment de la dissolution du mariage, c'est-à-dire au décès de l'un des conjoints mais aussi en cas de divorce ou de changement de régime matrimonial, chacun reprend son propre patrimoine et celui qui s'est le plus enrichi (qui a obtenu le plus d'acquêts) doit à l'autre la moitié de la différence entre les deux patrimoines. De cette manière, chacun détient la moitié de la valeur des biens acquis par l'un et par l'autre.

Attention : le régime matrimonial ne change rien aux deux grands principes du mariage que sont l'obligation de secours (le devoir pour chaque époux de subvenir selon ses possibilités aux besoins de l'autre) et surtout la solidarité des dettes, c'est-à-dire la responsabilité partagée des époux vis-à-vis de leurs créances.

Le conjoint salarié

Dans l'hypothèse du conjoint salarié, l'un des membres du couple est chef de l'entreprise et l'autre son employé : il occupe un poste bien défini, signe un contrat de travail et touche un salaire au moins égal au smic horaire correspondant à sa catégorie professionnelle. Il est donc tout simplement salarié d'une entreprise qui se trouve être celle de son conjoint. Sa protection sociale est assurée par le régime général des salariés du secteur privé et, si l'entreprise ferme, ayant été juridiquement subordonné à son employeur, il aura droit aux allocations chômage. C'est donc un statut assez protecteur pour le conjoint non dirigeant. Si l'entreprise en a les moyens, c'est d'ailleurs l'une des meilleures solutions. À noter qu'elle peut même bénéficier des aides à l'embauche.

Le chef d'entreprise étant seul dirigeant, l'entreprise peut prendre le statut d'entreprise individuelle. Et, nous l'avons vu, son patrimoine personnel se confond alors avec celui de l'entreprise. Là encore, il faut penser à séparer les biens du mari de ceux de sa femme et attribuer les biens privés du ménage à celui qui n'a pas de responsabilité dans l'entreprise, de manière à les protéger des créanciers éventuels.

Depuis le 1er janvier 2011, l'entrepreneur individuel peut choisir d'adopter le statut d'entrepreneur individuel à responsabilité limitée (EIRL), De cette manière, il peut sortir sa résidence principale du patrimoine affecté à l'entreprise, et la mettre ainsi à l'abri de ses créanciers éventuels. Cette déclaration se fait devant notaire et doit être publiée au bureau des hypothèques (l'ensemble de ce statut est développé au chapitre 10).

Le couple pacsé

Le pacte civil de solidarité est un contrat conclu entre deux personnes de même sexe ou de sexe différent pour organiser leur vie commune. Les partenaires ont l'obligation de s'apporter une aide matérielle mutuelle et sont tenus solidairement pour les dettes de la vie courante et les dépenses de logement.

Les compagnons de pacs sont imposés selon les mêmes modalités que les couples mariés. Les revenus sont donc communs et l'administration fiscale peut réclamer la totalité de l'impôt sur le revenu à l'un ou à l'autre des partenaires.

Depuis le 1er janvier 2007, le régime d'indivision présumée qui avait été instauré en même temps que le pacs en 1999 a été remplacé par un régime de séparation des biens. Ainsi, sauf dispositions contraires, chacun des partenaires conserve l'administration, la jouissance et la libre disposition de ses biens personnels. Rien n'empêche toutefois aux couples pacsés de signer une convention d'indivision s'ils estiment qu'elle leur apportera une meilleure protection patrimoniale.

L'indivision n'existe plus d'office que pour les biens sur lesquels aucun des partenaires ne peut justifier d'une propriété exclusive. Dans ce cas, ces biens sont réputés leur appartenir à chacun pour moitié. S'il s'agit d'une entreprise commune, les créances le seront aussi. Là encore, une visite chez le notaire s'impose pour signer des actes officiels séparant les biens privés des biens professionnels, de manière à mettre les uns à l'abri d'éventuelles difficultés des autres.

Le conjoint collaborateur

C'est un statut exclusivement réservé au conjoint marié ou au partenaire pacsé avec :

- » Un commerçant, un artisan ou un professionnel libéral ;
- » Un associé unique d'EURL de moins de vingt salariés ;
- » Un gérant majoritaire de SARL ou de SELARL de moins de vingt salariés (l'ensemble de ces formes de société est étudié au chapitre 10).

Soulignons que seuls les concubins n'ont pas accès à ce statut. Quant au conjoint ou au partenaire de pacs, il ne doit pas avoir de mandat d'associé. Et, dans l'entreprise, il doit exercer une activité professionnelle régulière sans percevoir de rémunération.

Les conjoints ou partenaires exerçant en plus une activité d'indépendant hors de l'entreprise, ou une activité salariée au moins égale à un mi-temps sont présumés ne pas exercer une activité régulière dans l'entreprise. Il leur est cependant possible d'apporter la preuve qu'ils participent régulièrement à l'entreprise et, dans ce cas, ils peuvent opter pour ce régime.

C'est au moment de l'immatriculation de l'entreprise au registre du commerce ou au répertoire des métiers que le conjoint ou partenaire peut se faire inscrire comme conjoint collaborateur. Cette formalité est gratuite et résiliable à tout moment. Elle donne droit à la couverture sociale suivante :

- » **Pour la maladie :** le conjoint collaborateur peut bénéficier des prestations d'assurance maladie du régime des professions indépendantes en qualité d'ayant droit du chef d'entreprise ;
- » **Pour la maternité :** une allocation forfaitaire de repos maternel et une indemnité journalière de remplacement peuvent être perçues si l'épouse se fait remplacer dans son travail ou à la maison par du personnel salarié ;
- » **Pour la retraite :** le conjoint collaborateur est affilié obligatoirement aux régimes de retraite de base, complémentaire et invalidité-décès des professions indépendantes. L'entreprise verse une cotisation et le conjoint se constitue ainsi sa propre retraite. Auparavant, seuls les conjoints collaborateurs des artisans et commerçants pouvaient adhérer à l'assurance volontaire vieillesse des professions indépendantes, mais ce n'était pas obligatoire. Quant aux conjoints collaborateurs des professions libérales, ils ne bénéficiaient que de la retraite de base.

QUEL STATUT POUR LES CONJOINTS ?

En 2006, la Fédération des centres de gestion agréés (FCGA) et son Observatoire de la petite entreprise ont mené une enquête auprès des adhérents, qui révèle que les conjoints d'entrepreneurs membres d'un centre de gestion agréé (CGA) bénéficient d'une protection sociale supérieure à la moyenne nationale : près de 80 % d'entre eux bénéficiaient de l'un des trois statuts juridiques possibles. L'enquête remarquait aussi que 40,9 % des dirigeants de très petites entreprises interrogés travaillaient avec leur conjoint. Les trois secteurs d'activité qui comptaient le plus de conjoints impliqués dans le fonctionnement de l'entreprise étaient :

» **Le commerce de détail alimentaire (67,7 %) ;**

» **Les cafés, hôtels et restaurants (56,9 %) ;**

» **L'automobile (52 %).**

Seulement 20,5 % des conjoints exerçant une activité dans l'entreprise ne bénéficiaient d'aucun statut (ce qui n'est donc plus possible depuis 2007) : 37,5 % travaillaient en qualité de collaborateurs, les salariés représentaient une proportion identique (37,5 %) et seulement 4,5 % avaient le statut d'associés.

Enfin, l'analyse des statuts les plus répandus par familles professionnelles laissait apparaître des traditions sectorielles bien enracinées. Ainsi, les conjoints des entreprises de la culture et des loisirs étaient très majoritairement des collaborateurs (66,7 %). Dans l'automobile (12 %) et les transports (11,1 %), le statut d'associé qui était le plus populaire. À noter que ces deux secteurs étaient ceux qui comptaient le plus de conjoints sans statut (respectivement 32 % et 38,9 %). Le statut de salarié était le plus répandu dans les métiers de la beauté et de l'esthétique (57,1 %) et des services (52,6 %).

Les concubins entrepreneurs

Qu'ils confondent vie privée et vie professionnelle importe peu. Pour l'administration, deux concubins sont deux célibataires bien distincts, même s'ils vivent ensemble depuis longtemps et qu'ils ont des enfants et/ou une entreprise en commun. Dans ce cas, selon la position que chacun occupe dans l'entreprise, ils suivent soit les différents régimes sociaux des associés (voir pages précédentes), soit celui des salariés mandataires ou non. S'il survient un litige entre eux ou des problèmes professionnels, la structure juridique de l'entreprise et le statut que chacun aura adopté dicteront des solutions plus ou moins protectrices des droits de l'un et de l'autre.

Si le couple ne souhaite pas se marier, le mieux est de créer une société anonyme (SA) ou une société anonyme à responsabilité limitée (SARL) avec chacun une part du capital, afin d'éviter que l'un ou l'autre ne soit dépossédé de tout au moment d'une séparation. En outre, il est conseillé de signer un pacte d'actionnaires, de manière à fixer une fois pour toutes les conditions de cession des parts du concubin qui quitte l'entreprise. Enfin, le couple peut aussi laisser quelques capitaux aux mains d'un tiers, car un partage moitié-moitié entre les partenaires peut bloquer la société s'ils ne s'entendent plus. À voir avec le notaire.

Notez, pour finir, que si l'un des concubins est à la charge effective, totale et permanente de l'autre concubin lui-même assuré social du régime des salariés du secteur privé, il bénéficie de l'assurance maladie et maternité en qualité d'ayant droit (et dans certains cas de l'assurance décès, renseignements à la caisse primaire d'assurance maladie).

Les étapes du succès

Passer de l'ombre à la lumière, voilà ce dont rêvent nombre d'entrepreneurs lorsqu'ils se lancent. Mais cela ne peut pas se faire en un claquement de doigts. Souvenez-vous de ce qu'écrivait si sagement Boileau dans son *Art poétique* :

Hâtez-vous lentement, et sans perdre courage,
Vingt fois sur le métier remettez votre ouvrage,
Polissez-le sans cesse, et le repolissez,
Ajoutez quelque fois, et souvent effacez…

Monter un bon projet

Première chose à faire : réfléchir, réfléchir et réfléchir encore. Seul ou à plusieurs (si vous avez des associés ou un conjoint), faites la liste de toutes vos idées, dans l'ordre ou dans le désordre, peu importe pour commencer. De toute façon, ce premier jet va vivre, changer, évoluer avec le temps, en tenant compte de vos rencontres, des difficultés, des possibilités ou des impossibilités qui vont se présenter.

Fixez-vous des objectifs réalistes

Si vous avez cheminé pas à pas dans le chapitre 2, vous devez commencer à savoir précisément sur quels atouts vous allez pouvoir compter et quelles faiblesses vont vous freiner. Ne les perdez jamais de vue en bâtissant votre projet, de telle manière que celui-ci reste toujours le plus réaliste possible. Car réaliste voudra dire un jour ou l'autre réalisable.

Soyez clair, précis, et ne vous perdez pas dans les détails. Dans un projet, tous les détails comptent, certes, mais ils seront à examiner en temps voulu, jamais dès le départ. Sinon, vous allez perdre un temps précieux. En revanche, notez-les toujours en annexe, pour ne pas les oublier le moment venu.

Notez aussi quel budget sera nécessaire pour démarrer (matériel, locaux, fournitures…). Cela permet de garder les pieds sur terre et de visualiser ses objectifs.

Les questions à vous poser

Dans tous les domaines de la vie professionnelle, les questions fondamentales sont quasiment toujours les mêmes :

- **Qui ? :** quel sera le porteur du projet ? vous ? vous avec d'autres ? quels autres ?
- **Quoi ? Pour qui ? Pour quoi ? :** c'est-à-dire pour faire quoi ? dans quel but ? pour quelle clientèle ? dans quel intérêt ?
- **Où ? Et comment ? :** commencez à réfléchir à la manière dont vous allez procéder, ce qui vous amènera certainement à aborder les questions du financement (le nerf de la guerre) et des aides que vous pourriez demander.

Vous pouvez vous poser ces questions dans le sens qui vous convient le mieux, mais allez toujours à l'essentiel pour rester dans le concret.

Lorsque ce premier projet sera rédigé, soumettez-le à vos proches, et étudiez leur réaction. Nous verrons dans la deuxième partie de ce livre comment valider votre idée d'activité, en faire un véritable projet d'entreprise et le confronter à une sérieuse étude de marché.

Trouver des partenaires solides

Une toute jeune entreprise peut difficilement insérer son activité dans un secteur économique sans nouer des partenariats : avec la chambre de commerce, avec des fournisseurs, avec un distributeur, avec d'autres entreprises. Il va falloir les trouver, les tester, apprendre à les connaître. Mieux vaut commencer à y penser très tôt et, pour cela, écouter les experts.

Les BGE (ex-boutiques de gestion)

Créé en 1979, en même temps que l'Agence pour la création d'entreprise (voir plus loin), le Réseau des boutiques de gestion a changé d'identité en 2010. Désormais, il s'appelle « BGE » : « ensemBle pour aGir et Entreprendre ».

C'est aujourd'hui le premier réseau national indépendant d'appui à la création d'entreprise. Il est présent dans toutes les régions et tous les départements, ainsi qu'en Guadeloupe, en Guyane, en Martinique, à Mayotte et à la Réunion. Cela représente :

- 450 implantations ;
- 750 administrateurs bénévoles ;
- 905 conseillers salariés.

Tous ont pour mission d'accompagner les créateurs d'entreprise tout au long de leur projet, ainsi que d'assurer un suivi après le démarrage de l'entreprise.

En trente-cinq ans d'existence, le réseau a accompagné plus de 170 000 porteurs de projet.

La mission des BGE est très large, la majorité des créateurs ou des repreneurs d'entreprise qu'elles accompagnent est surtout composée de jeunes sans expérience et de demandeurs d'emploi.

Ainsi, par exemple, chaque année :

- 80 000 personnes ont été accueillies et leur projet expertisé ;
- 53 000 business plan sont générés ;
- 18 000 entreprises sont créées ;
- 2 800 projets ont été testés en « couveuse BGE » ;
- 250 entreprises sont hébergées en pépinières ;
- 27 000 chefs d'entreprises sont accompagnés dans leur développement ;
- 10 000 lycéens et collégiens sont sensibilisés à la création d'entreprise.

Du côté des partenariats, BGE en a noués avec l'Union européenne, l'État, la Caisse des dépôts, les différents acteurs de l'emploi et de la formation, les collectivités locales, les grandes entreprises et l'Agefiph (chargé des actifs handicapés).

Les entreprises créées avec l'aide de BGE sont représentatives des secteurs porteurs aujourd'hui (voir chapitre 1) :

- Commerce : 37 % ;
- Services aux entreprises : 14 % ;
- Services aux particuliers : 17 % ;
- Construction, BTP : 14 % ;
- Éducation, formation, santé : 7 % ;
- Autres : 7 %.

Quant à la structure juridique des projets d'entreprise accompagnés par BGE, c'est celle de la majorité des très petites entreprises :

- Entreprises individuelles : 65 % ;
- SARL : 18 % ;
- EURL : 12 % ;
- SA, SCOP, associations : 5 %.

Pour tout créateur d'entreprise, la première chose à faire est donc de chercher l'agence BGE la plus proche (site internet : `www.bge.asso.fr`) et d'entrer en contact avec un conseiller.

En plus de son accompagnement, si ce dernier sent que le porteur de projet a besoin d'une formation ou de conseils plus spécifiques, il l'orientera vers d'autres interlocuteurs.

LE RÔLE DE L'APCE

L'Agence pour la création d'entreprise est une association loi 1901 créée en 1979 pour favoriser l'esprit d'entreprise et la constitution et le développement des réseaux de soutien aux créateurs d'entreprise au niveau local, régional, national, voire européen. Sa mission est donc surtout une mission d'information des entrepreneurs et d'assistance aux professionnels chargés de les aider. Sur le terrain, l'APCE n'est donc pas l'interlocuteur direct de l'entrepreneur dans son processus de la création, mais plutôt une source d'informations concrètes, *via* ses éditions et son site internet (`www.apce.com`), qui contient toute l'information technique, du plus général au plus spécifique. Les créateurs ont accès à des outils interactifs pour trouver les bons interlocuteurs en fonction de leur projet et de leur situation géographique, à un système d'information sur les aides ou encore à une boîte aux lettres permettant de poser des questions relatives au projet.

Les chambres de commerce et d'industrie (CCI)

En matière de création, de reprise ou de transmission d'entreprise, pour tous les secteurs du commerce et de l'industrie, les chambres de commerce et d'industrie sont des interlocuteurs très précieux, même si elles vivent dans une certaine tourmente depuis leur dernière réforme, entrée en application depuis 2010, qui doit renforcer l'échelon régional et mutualiser les structures. L'ensemble s'accompagne d'une réforme électorale et surtout d'une refonte des ressources fiscales des CCI, à la suite notamment de la suppression de la taxe professionnelle et des différents plans d'économies budgétaires de l'État.

Quoiqu'il en soit, le réseau, rebaptisé « CCI France », se compose désormais des CCI régionales (CCIR) et des CCI territoriales (CCIT), c'est-à-dire départementales ou liées aux grandes agglomérations métropolitaines. Leurs membres, entre trente et cent, sont élus en fonction des secteurs d'activité et de la taille des entreprises de leur bassin.

Certaines CCI proposent des chèques conseil, destinés à offrir aux entrepreneurs un accompagnement par des consultants pour la préparation de leur projet. Ces chéquiers sont en général ouverts à toute personne physique ou morale immatriculée depuis peu au registre du commerce et porteuse d'un projet de création ou de reprise d'entreprise, parfois ciblé sur un secteur précis (par exemple, l'industrie et les services à l'industrie). L'aide représente en général 50 % du coût d'une prestation de conseil. (Renseignements auprès de votre CCI). La liste des CCI et de leurs membres est consultable sur le site Internet de CCI France : `www.cci.fr`.

ENTREPRENDRE À L'ÉTRANGER

Pour les porteurs de projets de création ou de reprise d'entreprise à l'étranger, notez que 112 chambres françaises de commerce et d'industrie (CCI France International) sont installées hors de France (liste complète sur `www.ccifrance-international.org`). Leur aide aux entrepreneurs français expatriés est très précieuse, surtout sur la partie juridique ou financière, qui peut être délicate pour les néophytes.

Par ailleurs, Ubifrance rassemble l'offre de services aux entreprises par les Missions économiques, le réseau international du ministère de l'Économie, des Finances et de l'Industrie. Ubifrance (site internet : `www.ubifrance.fr`) propose donc l'ensemble des produits et services du dispositif public d'appui à un développement international et édite des publications :

- **La collection « L'Essentiel d'un marché », éditée par Ubifrance (et accessible *via* son site internet) : pour connaître les paramètres économiques essentiels d'un pays et ses usages commerciaux ;**
- **La collection « S'implanter », également éditée par Ubifrance : pour vous éclairer sur l'environnement des affaires et les modalités d'implantation dans un pays ;**
- ***Le Moniteur du commerce international*** (`www.lemoci.com`) **: premier hebdomadaire français du commerce international ;**
- **Les guides répertoires des Missions économiques des ambassades : pour identifier le potentiel et les principaux opérateurs d'une filière sectorielle ;**
- **Les études de marchés : pour analyser les réseaux de distribution, les comportements des consommateurs, la concurrence ou la réglementation.**

Lorsque l'on porte un projet de création d'entreprise, l'aide et le soutien de la CCIR et de la CCI locale peut se révéler très efficace. Car étant elles-mêmes gérées par les entrepreneurs du territoire, ces chambres consulaires sont sûrement le lieu où l'activité économique locale est la mieux connue et maîtrisée. Outre l'aide à la création, au développement et à la reprise d'entreprises, rappelons que les domaines d'activité des CCI sont très étendus :

- La gestion des équipements portuaires, aéroportuaires, zones d'activités, parcs d'exposition, palais des congrès ;
- La formation et l'enseignement, notamment via les écoles de commerce et les centres de formations d'apprentis ;
- La recherche et l'innovation ;
- Le développement durable ;
- L'intelligence économique ;
- Le développement international.

Les CCI régionales disposent d'agences régionales d'information stratégique et technologique (Arist, site Internet : `www.arist.fr`), spécialement axées sur l'innovation, l'intelligence économique, les partenariats technologiques et la propriété industrielle. Une autre source de conseils si vous êtes porteur d'un projet innovant.

Les chambres des métiers et de l'artisanat

Les 83 chambres des métiers et de l'artisanat (CMA) accueillent, informent et accompagnent les porteurs de projets d'entreprise artisanale. Ce réseau, réuni au sein de l'Assemblée permanente des chambres de métiers (APCM), est réparti dans toute la France *via* 1000 antennes locales.

Les créateurs d'entreprise artisanale y trouvent des soutiens pour monter leur projet ou acquérir des connaissances *via* des stages de préparation à l'installation. Ils peuvent aussi trouver de l'aide pour accomplir leurs formalités administratives de création et d'installation ou se faire conseiller au démarrage et accompagner tout au long du développement de l'entreprise.

Le site internet `www.artisanat.fr` permet d'accéder aux coordonnées de toutes les organisations professionnelles des artisans.

Soulignons également que l'APCM cherche à empêcher chaque année la disparition de 10 000 entreprises artisanales viables faute de repreneurs. Elle a donc développé un outil d'aide à la reprise d'une affaire : la Bourse nationale d'opportunités artisanales (BNOA), accessible depuis le site internet www.bnoa.net.

AIDES À LA DÉCISION

Les chambres de métiers ont ouvert des Centres d'aide à la décision (CAD). Ce sont des points d'accueil et d'information ouverts aux adultes et aux porteurs de projets d'une entreprise artisanale. L'aide porte sur les métiers, les diplômes et les contrats, pour creuser une (ré-)orientation et approfondir la définition du projet professionnel dans l'artisanat.

Les réseaux et les clubs d'entrepreneurs

Les réseaux d'entrepreneurs sont constitués de chefs d'entreprise très aguerris, qui épaulent leurs jeunes homologues beaucoup moins expérimentés et leur ouvrent leur carnet d'adresses. Constitués en association loi 1901, et généralement hébergés par les CCI, ces réseaux sont des aides au développement, des lieux de partage d'expériences et de débats.

Les CCI animent aussi les associations de zones d'activité, réunissant les entreprises implantées dans une même zone. Chaque CCI locale les répertorie sur ses sites Internet, réseaux sociaux et blogs propres.

Les fondations d'entreprises épaulent aussi les jeunes pousses de leur secteur d'activité ou du secteur dédié à la fondation : développement durable, insertion professionnelle, santé, recherche culture, économie solidaire, etc. Renseignements sur le site Internet du Centre français des fonds et fondations : www.centre-français-fondations.org; et sur celui de la Fondation de France : www.fondationdefrance.org.

Le réseau Entreprendre

Créé en 1986, le réseau Entreprendre est une fédération de multiples associations, représentant 4 800 chefs d'entreprise bénévoles, dont le but commun est de soutenir les créateurs d'entreprise porteurs de « petits projets à potentiel », mais aussi d'accompagner les projets à vocation sociale (programme « Entreprendre autrement »), les projets des sciences du vivant (programme « InnoTech »), ainsi que la reprise d'entreprise.

Les interventions se font selon quatre axes :

- Évaluation et validation des projets de création par des chefs d'entreprise ;
- Octroi de prêts d'honneur ;
- Intégration dans les réseaux économiques locaux ;
- Accompagnement.

Par exemple en 2013, le réseau Entreprendre a accompagné 1 840 entrepreneurs, dont 903 ont été lauréats du réseau Entreprendre. 657 projet d'entreprises sont nés, 19,26 millions d'euros ont été accordés sous forme de prêt d'honneur, soit en moyenne 293 000 € par projet.

À noter aussi que 90 % des entreprises accompagnées sont toujours en activité après trois années d'existence. C'est donc un gage de réussite !

Crée en 2008, la Fondation Entreprendre soutient financièrement les associations de son réseau, et se joint aussi à d'autres actions, comme celles de la Fédération Pionnières (`www.federationpionnieres.org`), qui soutient les femmes chef d'entreprises, ou Sport dans la ville (`www.sportdanslaville.com`) qui aide les jeunes créateurs des quartiers sensibles.

Tous les réseaux d'entrepreneurs étant ainsi plus ou moins liés entre eux, voire fédérés au sein d'autres associations, consultez toujours les liens, contacts ou carnets d'adresses proposés sur leurs sites Internet. Cela vous permettra de cibler vos recherches sur les réseaux les mieux adaptés à votre besoin.

LE RÉSEAU FRANCE CLUSTER

Les « clusters » sont des « grappes » d'entreprises constituées de TPE et de PME évoluant dans une même filière. Tous les territoires et tous les secteurs d'activité sont concernés : production industrielle, professions libérales, prestataires de services, artisanat, commerce, tourisme, culture, environnement, export, etc.

Le « cluster » est un ensemble de décideurs qui créent et entretiennent des relations entre eux, leur permettant d'augmenter leurs opportunités d'affaires et de croissance. L'efficacité est favorisée par la proximité et l'homogénéité culturelle. Leur noyau est donc le plus souvent ancré sur un territoire. Ils définissent eux-mêmes leur gouvernance et leur stratégie de développement.

Les « clusters » se réunissent aussi entre eux pour former un réseau de 150 « clusters » baptisé « France Cluster », qui réunit environ 60 000 entreprises et concerne un million d'emplois dans toutes les régions de France. C'est essentiellement une plateforme d'échanges, d'informations et de formations pour relayer les actions de terrain et peser sur les politique publiques. Site Internet : `www.francecluters.fr`.

Les réseaux de soutien à la création d'entreprise

Comme les réseaux d'entrepreneurs, il existe de nombreux réseaux de soutien à la création d'entreprise, chargés d'orienter les porteurs de projet vers tel ou tel réseau, selon l'aide dont il a besoin ou le milieu économique dans lequel il veut s'engager.

Parmi les plus actifs, citons :

- Initiative France (`www.initiative-france.fr`), présidée par Louis Schweitzer, qui fédère 230 associations de financement et d'accompagnement réparties dans toutes les régions de France ;
- Fédération nationale des réseaux de *business angels* (`www.franceangels.org`), des investisseurs non professionnels qui soutiennent les jeunes entrepreneurs ;
- Cigales ou Club des investisseurs pour une gestion alternative et locale de l'épargne solidaire (`www.cigales.asso.fr`) structure de capital risque solidaire ;
- Fédération Entreprendre pour Apprendre fédère 20 associations EPA pour développer les compétences entrepreneuriales chez les jeunes (`www.entreprendre-pour-apprendre.fr`) ;
- Les Entrepreneuriales, issue du réseau Entreprendre Atlantique, propose un parcours pédagogique pour créer sa boîte tout en étant étudiant (`www.les-entrepreneuriales.fr`) ;
- Moovjee, Mouvement pour les jeunes et les étudiants entrepreneurs (`www.moovjee.fr`), propose du mentorat entre chefs d'entreprise expérimentés et plus jeunes ;
- Egée, ou Entente des générations pour l'emploi et l'entreprise (`www.egee.asso.fr`), soutien le développement des projets et conseille dans les démarches qualité ;
- La nouvelle PME, réseau d'entrepreneurs des quartiers populaires et de l'économie sociale et solidaire (`www.nouvellepme.fr`) ;
- Ethic, ou Entreprise à taille humaine indépendante et de croissance (`www.ethic.fr`), soutient l'esprit d'entreprise chez les jeunes et dans la formation professionnelle ;
- Uptih, ou Union professionnelle des travailleurs indépendants handicapés (`www.uptih.fr`).

Et au niveau européen :

- Le réseau des Centres européens d'entreprise et d'innovation (CEEI), installés dans la plupart des régions de France, en lien avec les CCI régionales (www.les-aides.fr) ;
- The Confederation of European senior expert services : www.ceses.net.

LES JURISTES D'ENTREPRISES

En matière de soutien aux entrepreneurs sur les questions juridiques, il existe de nombreuses structures. En voici quelques-unes :

- **ACE, l'association des avocats-conseils d'entreprise :** www.avocats-conseils.org ;
- **Conseil supérieur de l'ordre des experts-comptables :** www.experts-comptables.fr ;
- **Notaires de France, le Conseil supérieur du notariat :** www.conseil-superieur-du-notariat.fr ;
- **Groupement des greffes de tribunaux de commerce :** www.infogreffe.fr ;
- **FGCA, la Fédération nationale des centres de gestion agréés :** www.fcga.fr **(voir plus loin).**

Les réseaux réservés aux femmes créatrices d'entreprise

En 2013, seulement 33 % des nouvelles entreprises ont été créées par des femmes. Les femmes semblent avoir plus de difficultés que les hommes, d'une part à créer leur entreprise, d'autre part à la maintenir sur le long terme.

Pour pallier ces difficultés, des réseaux de soutiens spécifiques se sont constitués pour tenir compte de leurs spécificités.

Deux exemples : Action'elles et Paris Pionnières.

ACTION'ELLES

Action'elles (site internet : www.actionelles.fr) est un réseau qui cherche à jouer un rôle de facilitateur, d'abord dans le soutien à la démarche de création :

- Avant la création : formalisation et maîtrise du projet (business plan, financement, orientation/projet) ;
- Durant les démarches : soutien au démarrage, conseils.

À noter que le réseau Action'elles travaille en partenariat avec les autres structures d'aide à la création dont il reconnaît la compétence.

Durant le développement de l'entreprise, le réseau propose aussi son soutien par des ateliers mensuels de formation aux techniques de management, des dîners-conférences et trois grands dîners annuels. Enfin, Action'elles intervient dans de nombreuses missions visant à valoriser la place des femmes et leurs spécificités dans la création d'entreprise, avec des actions auprès des pouvoirs publics, des agents politiques et économiques, des démarches de médiatisation par une participation à des émissions télévisées ou interviews, des forums, des congrès régionaux, nationaux et internationaux.

PARIS PIONNIÈRES

Paris Pionnières (site internet : `www.parispionnieres.org`) est une association loi 1901 qui s'est donné pour mission d'aider les femmes à créer leur entreprise et ainsi d'accélérer la mixité dans les lieux de décisions. Ses objectifs : augmenter la confiance en soi, faciliter l'accès aux réseaux business et solidarité, participer à la légitimation de la femme chef d'entreprise ambitieuse et faciliter la gestion de la vie quotidienne. L'association accompagne la création d'entreprise en deux étapes :

- Une pré-incubation : trois mois pour passer de l'idée au projet ;
- Une incubation : six à douze mois pour passer du projet à l'entreprise économiquement viable.

ALLEZ, LES FEMMES !

France active et France initiative réseau (voir plus loin) sont mandatés par l'État pour gérer le Fonds de garantie à l'initiative des femmes (FGIF), destiné à faciliter l'obtention d'emprunts par les femmes créatrices d'entreprise. Le FGIF peut être attribué à toutes les femmes qui veulent créer, développer ou reprendre une entreprise. Et cela, quels que soient le statut de la créatrice (salariée, sans emploi…), la forme juridique de l'entreprise, son secteur d'activité. La responsabilité de l'entreprise doit être assumée en titre et en fait par une femme. L'entreprise bénéficiaire doit avoir été créée ou reprise depuis moins de cinq ans. Le FGIF garantit des prêts répondant aux critères suivants : un prêt sur deux à sept ans, avec un montant garanti de 5 000 euros minimum (pas de montant maximal).

Vous pouvez déposer votre demande de garantie FGIF, que vous ayez ou non le soutien d'une banque. Grâce aux réseaux France active et France initiative réseau, vous êtes accompagnée gratuitement dans votre recherche de prêts bancaires. Ces réseaux peuvent vous aider à combiner divers dispositifs de financement. En cas d'absence de structure accompagnatrice sur votre territoire, l'accord de prêt est préalable au dépôt de votre dossier. Les cautions personnelles sur les prêts garantis par le FGIF sont exclues.

Les soutiens financiers

Un grand courant d'air souffle sur le financement des entreprises grâce aux plateformes de financement participatif et aux réseaux sociaux. Chaque année, les sommes en jeu augmentent dans des proportions inégalées et la réglementation suit tant bien que mal. Quant aux anciens réseaux de financement, ils essayent de suivre le rythme.

LE CROWDFUNDING, OU FINANCEMENT PARTICIPATIF

C'est « le » financement des jeunes entreprises aujourd'hui, initié en France par exemple par le site MyMajorCompany (voir encadré). « Crowd » signifie la foule, « funding » le financement, ce qui se traduit en français par « financement participatif ». Le principe commence à être bien connu : un site Internet propose une plateforme de mise en relation entre des porteurs de projet et des financeurs potentiels. L'intérêt est double :

- La recherche de financements se fait sur une base aussi large que le Web : le monde entier (d'où la « foule ») ;
- Les financeurs ne sont pas forcément des investisseurs professionnels et peuvent investir les sommes qu'ils veulent, y compris seulement quelques euros. Mais comme les petits ruisseaux font les grandes rivières, si le projet est attractif, l'enveloppe peut vite atteindre plusieurs centaines de milliers d'euros, avec quasiment autant d'investisseurs.

Le projet à financer peut être de toute nature et de toute taille : culturel, social, solidaire, environnemental, innovant, industriel, artisanal, commercial. Quant aux porteurs de projets, ils peuvent eux aussi venir de tous les horizons, être de n'importe quelle nationalité, avoir n'importe quel âge (à partir de 18 ans) et avoir suivi n'importe quel parcours professionnel. Seul le projet compte.

Mais avant d'être référencé sur la plateforme de financement participatif, le dossier est passé au crible par ses chefs de projets : il faut donc qu'il tienne sérieusement la route ! C'est pourquoi le parcours détaillé dans la deuxième partie de ce livre l'est intégralement : si votre projet ne repose que sur une idée un peu floue, sans étude de marché, ni business plan, ni dossier financier, il sera refusé par la plateforme de crowdfunding.

Si, au contraire, il est validé à tous les niveaux, son soutien sera total pour obtenir le meilleur financement possible. Car tous les partenaires ont intérêt à sa réussite !

Deuxième pôle du crowdfunding : les financeurs. Ils peuvent eux aussi venir de tous les horizons, de tous les pays et de tous les niveaux de richesse. Trois types d'investissements s'offrent à eux selon leur profil et leurs moyens :

- Un « présent d'usage », c'est-à-dire un don pur et simple, avec une contrepartie en nature : une entrée gratuite à un spectacle, une paire de chaussures, une journée sur le tournage d'un film, etc. La contrepartie peut aussi être une participation aux bénéfices éventuels ;
- Un prêt avec ou sans intérêt, puisque les plateformes de financement participatifs ont désormais le droit de proposer des prêts rémunérés (les détails de cette nouvelle réglementation sont développés au chapitre 8) ;
- Une participation aux fonds propres de la société créée par le porteur de projet : en retour, l'investisseur touchera des dividendes, et une plus value s'il revend ses titres et que ces derniers ont pris de la valeur.

Pour fonctionner, les plateformes prélèvent une commission de 5 à 10 % des sommes récoltés par les porteurs de projets. Certaines ne prélèvent leur commission qu'en cas de succès de la collecte (sur le volet juridique du crowdfunding, lisez les explications du chapitre 8).

MYMAJORCOMPANY

C'est une plateforme de financement participatif fondée en 2007, à l'origine pour soutenir financièrement de jeunes artistes sans maison de disques. Les internautes sont invités à miser sur l'un d'eux. En cas de succès, les investisseurs touchent des retombées financières. En 2012, le principe a été étendu à tous les types de projets. Il y a donc aujourd'hui deux entités :

- **le label musical d'une part ;**
- **le financement participatif au sens large d'autre part.**

Chaque porteur de projet définit lui-même sa « jauge », c'est-à-dire le montant dont il a besoin pour réaliser son projet, et la durée de sa collecte (avec un maximum de 3 mois). Pour les convaincre, il présente son projet et fixe les contreparties qu'il offre s'il atteint sa jauge. Son nom est affiché sur sa page, il peut être contacté et interrogé en ligne. Il se porte garant de la bonne réalisation du projet et de la livraison des contreparties.

Tant qu'un projet n'atteint pas 100 % de sa jauge, les contributeurs peuvent à tout moment annuler leur participation. Si la jauge n'est pas atteinte à la fin de la période de collecte, les contributeurs récupèrent aussi leur participation. En revanche, si la jauge est atteinte voire dépassée (c'est autorisé), les contributions deviennent définitives.

Depuis sa création, MyMajorCompany a levé plus de 21 millions d'euros de participations auprès de 512 250 internautes : un record en Europe ! Site Internet : `www.mymajorecompany.com`

BPI FRANCE, LA BANQUE PUBLIQUE D'INVESTISSEMENT

Sous la tutelle du ministère de l'Économie et des Finances et le ministère de l'Enseignement supérieur et de la Recherche, BPI France (site Internet : `www.bpifrance.fr`) est issue de l'ancien établissement public OSEO, qui a fusionné en 2013 avec CDC Entreprises (du groupe Caisse des dépôts), le Fonds stratégique des Entreprises (FSI) et FSI Régions.

Sa mission est d'investir 8 milliards d'euros jusqu'en 2017 dans les entreprises françaises. Ses objectifs sont :

- L'aide aux entreprises dans leurs premiers besoins d'investissement : amorçage, garantie, innovation ;
- Le soutien de la croissance des PME : capital-risque et développement, "build-up", cofinancement, garantie ;
- Le renforcement des ETI dans leur développement et leur internationalisation : capital développement et transmission, cofinancement, crédit export, accompagnement ;
- La participation au rayonnement des grandes entreprises et la stabilisation de leur capital : capital transmission, cofinancement crédit export, accompagnement ;
- La redynamisation des territoires ;
- Le développement des écotechnologies, des biotechnologies et du numérique ;
- Le soutien aux filières industrielles et de service ;
- Le développement de l'économie sociale et solidaire ainsi que l'innovation sociale, par la mise en place d'outils dédiés au financement de projets d'entreprises qui répondent à des besoins sociaux ou sociétaux.

BPI France intervient en partenariat avec les acteurs privés, en financement comme en investissement. Elle cherche à provoquer un effet d'entraînement pour renforcer les capacités d'investissement des entreprises tout au long de leur cycle de vie. Son action porte sur :

- Le financement à court, moyen et long terme, en partenariat avec les banques ;
- La garantie des concours financiers ;
- Le financement de l'innovation ;

» Les investissements en fonds propres ;

» Le financement des besoins des entreprises à l'export.

Tous les projets d'activité sont concernés, à l'exception notable des projets d'agriculture traditionnelle, dont le chiffre d'affaires est inférieur à 750 000 euros, ainsi que les projets d'entreprise en matière d'immobilier et d'intermédiation financière.

En 2014, grâce au regroupement de ses activés de crédit et de capital investissement, BPI France a distribué 14 milliards d'euros d'aide à la création d'entreprise et de concours en prêt (11 milliards en 2013). Les prêts sans garantie ont augmenté de 42 % (à hauteur de 1,7 milliards d'euros), le financement de l'innovation a dépassé le milliard d'euros et celui de l'export s'est élevé à millions d'euros (+ 262 % par rapport à 2013 !). L'année 2015 doit prolonger l'effort en direction des aides à l'export, du financement des PME et de l'innovation en matière de transition énergétique et environnementale (TEE).

L'ADIE, L'ASSOCIATION POUR LES DROITS À L'INITIATIVE ÉCONOMIQUE

Autre fonds de soutien : l'ADIE (`www.adie.org`), une association reconnue d'utilité publique, créée en 1989 pour instaurer le microcrédit en France. Elle aide les micro-entrepreneurs, les personnes exclues du marché du travail et du système bancaire classique à créer leur entreprise et, par ricochet, leur propre emploi.

Ainsi, l'aide de l'Adie se concrétise d'abord par le conseil, puis par le financement et l'accompagnement des chômeurs, des allocataires du RSA, mais aussi des salariés précaires, souvent plus riches d'idées que de moyens.

Le réseau de l'Adie est présent dans toutes les régions de France métropolitaine, ainsi que dans quatre départements d'outre-mer. Les porteurs de projet rencontrent un conseiller et l'équipe de bénévoles qui travaille avec lui et valide le projet pour qu'il puisse être présenté au comité de crédit qui décidera d'accorder un prêt.

Depuis sa création, l'Adie a accordé 80 000 microcrédits, ce qui a permis de créer 65 000 entreprises et de générer 78 000 emplois.

Les soutiens à la gestion de la jeune entreprise

Les centres de gestion et les groupements de prévention agréés sont une aide précieuse.

LA FÉDÉRATION DES CENTRES DE GESTION AGRÉÉS (FCGA)

Créée en 1978, la Fédération des centres de gestion agréés (site internet : `www.fcga.fr`) est une structure associative loi 1901. Elle regroupe 114 centres et forme ainsi le réseau d'information et d'assistance aux petites entreprises le plus dense du territoire national : 400 000 entreprises sont concernées, 2 millions d'emplois salariés et non salariés, 6 000 experts-comptables correspondants.

Elle capitalise donc une expertise économique et sociale unique, notamment en direction des très petites entreprises (TPE). Elle dispose aussi d'outils d'observation et d'analyse qui alimentent une base de données statistiques.

Pour bénéficier de l'aide d'un centre de gestion agréé, il faut y adhérer. L'adhésion est ouverte aux commerçants, artisans ou industriels, ainsi qu'aux travailleurs indépendants qui exercent une activité relevant de la catégorie des bénéfices industriels et commerciaux. Les professions libérales sont donc exclues (voir chapitre 11). En revanche, les activités agricoles et les activités connexes à l'activité principale sont admises.

Le régime juridique ou fiscal et le mode d'imposition de l'entreprise importent peu. Attention toutefois : les entreprises soumises à l'impôt sur les sociétés peuvent adhérer à un centre de gestion agréé, mais ne bénéficient pas des abattements fiscaux. Car l'adhésion procure non seulement une assistance à la gestion de la nouvelle entreprise et des conseils de prévention fiscale, mais aussi l'exonération de la majoration de 25 % du bénéfice imposable.

Soulignons enfin que, pour que le rôle d'information et d'assistance des centres de gestion agréés ne se confonde pas avec le rôle des experts-comptables d'entreprise, les centres n'établissent pas les comptes de l'entreprise et ne tiennent pas la comptabilité des adhérents.

LES GROUPEMENTS DE PRÉVENTION AGRÉÉS (GPA)

Les groupements de prévention agréés ont une autre mission. Toute personne immatriculée au registre du commerce et des sociétés (RCS) ou au répertoire des métiers, ainsi que toute personne morale de droit privé, peut également adhérer à un groupement de prévention agréé. Créés en 1984, définis par les articles L611-1 et suivants du nouveau Code de commerce et renforcés par la loi du 1er août 2003 pour l'initiative économique, les groupements de prévention agréés ont pour mission de prévenir les défaillances d'entreprise et de favoriser le règlement amiable des difficultés. Ils sont en effet habilités à conclure des conventions au profit de leurs adhérents, notamment avec les établissements de crédit et les entreprises d'assurance.

Plus en amont, le GPA fournit une analyse confidentielle des informations économiques, comptables et financières que les adhérents s'engagent à lui transmettre régulièrement. Il informe le chef d'entreprise des indices de difficulté et, au besoin, lui propose l'intervention d'un expert.

Une question de survie

En 2012, une entreprise sur deux créées en 2006 était toujours en activité. Parmi les raisons de leur pérennité : le volume des capitaux de départ, le statut juridique choisi pour l'entreprise, l'expérience de l'entrepreneur.

Les défaillances d'entreprises

Selon le bilan annuel publié par l'Insee en 2015, les tribunaux ont prononcé 60 966 ouvertures de redressement ou liquidation judiciaires en France métropolitaine. Il y avait eu 60 980 en 2013 ; la tendance semble donc s'inverser. En outre, le nombre très important de créations d'entreprises en 2013 a contribué à alourdir le nombre des défaillances.

FIGURE 3-1 : Défaillances des entreprises depuis 2005. *Source : Insee.*

Selon le cabinet Altares, qui publie lui aussi un bilan annuel des défaillances et sauvegardes d'entreprises, après une très forte hausse des défaillances à la suite de la crise de 2008, la santé des entreprises avait un peu repris vigueur en 2010.

Tableau 3-1 **Défaillances d'entreprises en France depuis 10 ans**

	2005	2006	2007	2008	2009	2010	2011	2012	2013	2014
Nombre de défaillances	49 295	47 091	49 850	56 162	62 313	59 296	59 018	60 543	61 468	60 966
Évolution N-1	+ 2 %	- 4,5 %	+ 5,9 %	+ 12,7 %	+ 11 %	- 4,8 %	- 0,8 %	+ 2,6 %	+ 2,8 %	- 0,8 %

Source : Bilan 2014 des défaillances et sauvegardes d'entreprises en France, Altares, janvier 2015.

Mais leur résistance reste fragile et les défaillances se multiplient dès que l'environnement économique se détériore. Cela correspond à mettre en danger environ 244 400 emplois.

Tableau 3-2 **Évolution du nombre de défaillances d'entreprises par type de procédure**

	2010	2011	2012	2013	2014	Évolution 2013/2014
Sauvegardes	1 261	1 419	1 516	1 633	1 620	- 0,8 %
Redressement ou Liquidation judiciaire directe	59 196	59 018	60 543	61 468	60 966	- 0,8 %
dont redressement judiciaire	18 842	18 807	18 726	18 465	18 092	- 2 %
dont liquidation judiciaire	40 454	40 211	41 817	43 003	42 874	
Total France	60 557	60 437	62 059	63 101	62 586	- 0,8 %
Dont PME > 50 salariés	472	515	562	565	452	- 20 %
Ensemble des emplois menacés	242 500	247 200	268 400	269 300	244 400	- 9,2 %

Source : Bilan 2014 des défaillances et sauvegardes d'entreprises en France, Altares, janvier 2015.

Si on regarde les différentes tailles des entreprises en difficulté en 2014, les défaillances de micro-entreprises (entre 0 et 9 salariés) représentent 93,3% du total des défaillances en 2014. Le nombre de défaillances d'entreprises sans salarié a été équivalent à celui des entreprises qui employaient 1 ou 2 salariés (21 700). Cependant, les défaillances d'entreprises sans salarié ont reculé de 10 % par rapport à 2013, tandis qu'elles ont augmenté de 18 % pour les entreprises employant 1 ou 2 salariés. Et l'écart continue de se creuser avec, au cours des tout derniers mois de 2014, une baisse de 23 % des défaillances d'entreprises sans salariés contre une hausse de 22 % lorsqu'elles employaient 1 ou 2 salariés. Parmi les PME employant au moins 50 salariés, le nombre d'ouvertures de procédures judiciaire a reculé de 20 % en 2014 et même de 25 % au cours du dernier trimestre de l'année. Quant aux grandes entreprises (au chiffre d'affaires supérieur à 15 millions d'euros), après une accalmie en début d'année 2014, les défaillances sont reparties à la hausse les mois suivants, pour atteindre les 180 en 2014.

Tableau 3-3 **Évolution du nombre de défaillances par taille d'entreprise**

Effectifs	2013	2014	Évolution
0 salarié (ou inconnu)	24 342	21 686	- 10,9 %
1 ou 2 salariés	18 386	21 775	+ 18,4 %
3 à 5 salariés	9 472	9 071	- 4 ,2 %
6 à 9 salariés	4 633	4 281	- 7,6 %
10 à 19 salariés	2 820	2 612	- 7,4 %
20 à 49 salariés	1 334	1 154	- 13,5 %
50 à 99 salariés	296	232	- 21,6 %
100 salariés et plus	185	155	- 16,2 %
Total France	61 468	60 966	- 0,8 %

Source : Bilan 2014 des défaillances et sauvegardes d'entreprises en France, Altares, janvier 2015.

En termes de secteur d'activité, en 2014, l'industrie manufacturière a connu 2 850 défaillances, soit - 4,5 % par rapport à 2013. Dans l'agroalimentaire, les services aux entreprises, les transports, l'information et la communication, et même le commerce, le nombre de procédures judiciaires est aussi en recul (- 5 % par rapport à 2013). En revanche, le bâtiment concentre à lui seul un quart des défaillances d'entreprises en France. En 2014, il y en a eu 15 300 (+ 0,6 % par rapport à 2013).

La survie à cinq ans

Globalement, plus une entreprise est jeune, plus ses risques de défaillance sont élevés. Les entreprises âgées de deux ou trois ans ont un taux de « mortalité » deux fois et demie plus élevé que la mortalité moyenne des entreprises. En revanche, les entreprises créées depuis plus de dix ans ont une mortalité deux fois moins importante que la moyenne.

Parmi les 215 000 entreprises créées en 2002, 52 % d'entre elles existaient toujours en 2007. Celles qui ont « disparu », n'ont pas forcément fait faillite, beaucoup ont été revendues, notamment pour se développer. Pour d'autres, l'entrepreneur est parti en retraite, a changé de motivation professionnelle ou a créé une autre entreprise.

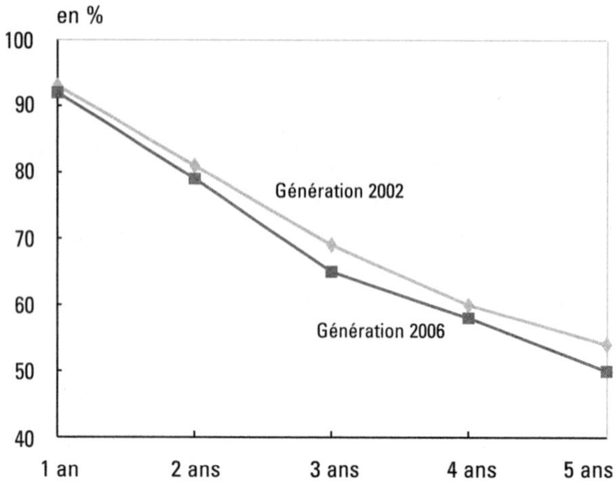

FIGURE 3-2 : Taux de pérennité des entreprises créées en 2006 et 2002

Source : Insee Première n° 1441, avril 2013.

En 2006, environ la moitié des entreprises avaient été créées dans le commerce (24 %) et la construction (23 %). Mais c'est aussi dans ces deux secteurs que les entreprises ont été les moins solides : respectivement 45 % et 47 % d'entre elles étaient encore actives 5 ans plus tard, alors que, dans les autres secteurs d'activité, le taux de pérennité des jeunes entreprises est plutôt de 50 %.

Pour toutes, c'est surtout le cap des 3 ans qui a beaucoup déterminé la pérennité de l'activité. D'autant que, pour les entreprises créées en 2006, le cap des 3 ans s'est trouvé en pleine bourrasque économique et financière.

Parmi les entreprises créées en 2006, ce sont celles du secteur des transports et de l'entreposage qui ont été les plus solides. 5 ans après, 61 % d'entre elles étaient toujours en activité. Idem pour les entreprises créées pour proposer du service aux autres entreprises. Elles aussi ont eu un taux de pérennité plus important que la moyenne : 58 %.

Outre le secteur d'activité et l'environnement économique, plusieurs autres éléments très importants entrent en jeu pour assurer la solidité d'une jeune entreprise : le type d'entreprise créée, les caractéristiques du projet initial (statut choisi, capital investi), ainsi que le profil de l'entrepreneur et son expérience dans le secteur où il s'installe.

Ainsi, par exemple, les créateurs d'entreprise qui avaient opté pour le statut d'entreprise individuelle (c'est à dire 52 % des entreprises créées en 2006) n'ont été que 44 % à pourvoir maintenir leur activité au-delà des cinq premières années, tandis que 57 % des créations sous le statut de société ont résisté à la phase de démarrage.

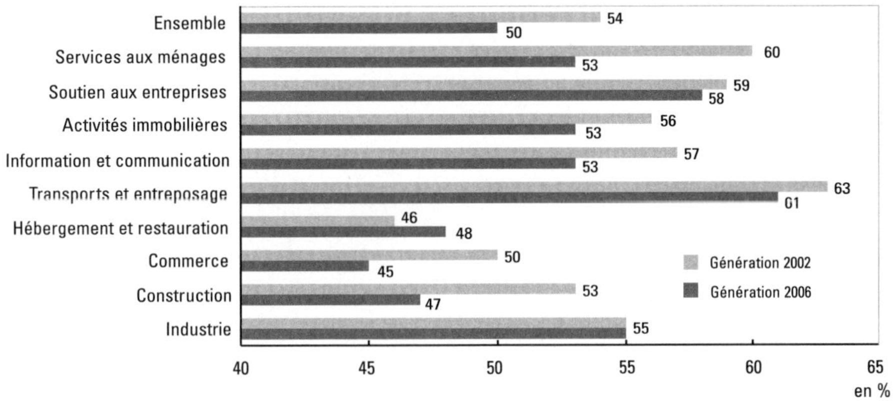

FIGURE 3-3 : Le taux de pérennité à cinq ans selon les secteurs d'activité (en %).

Source : Insee Première n° 1441, avril 2013.

Quant au capital de départ, lui aussi est tout à fait fondamental pour la solidité à long terme de la jeune entreprise. En 2006, plus des deux tiers des entreprises ont été créées avec moins de 16 000 €, dont plus d'un tiers avec moins de 4 000 €. Parmi elles, seulement 44 % étaient toujours en activité après 5 ans, contre plus de 60 % des entreprises créées avec au moins 40 000 €. De même pour les entreprises créées avec 160 000 € ou plus : 66 % ont passé le cap des cinq première années. Les chances de pérennité d'une entreprise semblent donc d'autant plus élevées que le capital de départ est important.

Enfin, plus le créateur est diplômé, plus les chances de pérennité de son entreprise sont importantes. Ainsi, une entreprise créée par une personne diplômée d'un 3e cycle universitaire a deux fois plus de chances d'être pérenne que celle d'un entrepreneur sans diplôme. Mais les filières techniques sont favorisées : selon l'Insee, un bachelier technologique ou professionnel a 1,3 fois plus de chances de créer une entreprise solide sur plus de 5 ans qu'un bachelier généraliste.

Tableau 3-4 **Principaux déterminants de la pérennité à 3 et 5 ans d'une entreprise**

Variable	3 ans	5 ans	5 ans*
Statut juridique de l'entreprise			
Entreprise individuelle	Réf.	Réf.	Réf.
Société	1,7	1,5	1,5
Capital investi à la création (en euros)			
Moins de 2 000	Réf.	Réf.	Réf.
De 2 000 à moins de 8 000		1,1	1,1
De 8 000 à moins de 16 000	1,2	1,2	1,2
De 16 000 à moins de 40 000	1,4	1,4	1,4
De 40 000 à moins de 80 000	1,6	1,7	1,7
80 000 ou plus	2,1	1,9	1,9
Diplôme détenus par l'entrepreneur			
Pas de diplôme	Réf.	Réf.	Réf.
Diplôme supérieur au baccalauréat, dont :	1,2	1,6	1,6
ingénieur			1,7
diplôme universitaire du 3e cycle			2,0
diplôme universitaire du 2e cycle			1,7
diplôme universitaire du 1er cycle			1,2
diplôme technique du 1er cycle			1,4
Baccalauréat général		1,1	1,1
Baccalauréat technologique ou professionnel	1,2	1,4	1,4
CAP, BEP		1,1	1,1
CEP, BEPC, brevet des collèges, brevet élémentaire	0,9		
Situation professionnelle juste avant la création de l'entreprise			
Au chômage	Réf.	Réf.	Réf.
Indépendant ou à son compte	1,3	1,3	1,3
Étudiant ou scolaire	1,3	1,7	1,6
Salarié, apprenti ou stagiaire rémunéré	1,2	1,2	1,2
Chef d'entreprise salarié, PDG	1,1		

** Coefficient avec un diplôme d'un niveau supérieur au baccalauréat*

Lecture : les entreprises créées sous le statut de société ont 1,7 fois plus de chances d'être actives 5 ans après leur création que les entreprises individuelles (prises pour référence « Réf. »).
Source : Insee Première n° 1441, avril 2013.

Un zoom sur la solidité des start-up

En février 2015, les économistes du groupe Coface (spécialisé dans l'assurance crédit des entreprises) ont publié une étude intitulée « La France, une terre propice au développement des start-up ? ». Leur constat est clair : plus les nouvelles entreprises sont dynamiques et innovantes, plus elles sont solides et pérennes. Et elles le sont d'autant plus dès lors qu'elles intègrent un écosystème propice à leur développement.

Rappelons que les « start-up » sont les jeunes entreprises innovantes, à fort potentiel et à croissance rapide. Elles sont créées pour développer une offre innovante en direction de nouveaux marchés, nécessitant un *business model* viable. Elles se différencient donc des entreprises traditionnelles par l'innovation sur laquelle elles reposent. Et pour accompagner leur développement exponentiel, elles ont aussi un besoin important en capitaux.

Ce grand dynamisme est aussi un facteur de risque. Pour analyser la solidité de ces « jeunes pousses » (dit-on en français), les auteurs de l'étude ont choisi de se concentrer sur 172 d'entre elles, qui présentaient toutes les même critères :

- être innovantes et avoir été intégré le secteur de l'Internet (TIC) ;
- avoir moins de 6 ans ;
- avoir réalisé un chiffre d'affaires supérieur à 150 000 € par an, avec une progression de plus de 50 % entre 2006 et 2014.

Le résultat : au cours de neuf années complètes (2006-2014), il y a eu 18 défaillances par an en moyenne, avec une forte concentration des activités liées à la programmation informatique, les télécommunications et les services d'informations. Des chiffres à mettre en regard avec celui des créations de start-up en France, qui atteint les 800 par an. Soit un taux de défaillance de 2,25 %, alors que, pour l'ensemble des créations d'entreprises en France entre 2008 et 2012, le taux de défaillance est plutôt de 2,54 %. Autrement dit, les start-up sont plus solides sur le long terme que les autres entreprises.

Pour autant, elles ne sont pas à l'abri des aléas économiques : en 2013, leur taux de défaillance a augmenté dans les mêmes proportions que toutes les autres jeunes entreprises. Et leur taille n'a cessé de baisser, pour atteindre un chiffre d'affaires de 507 000 € (au lieu de 906 000 € en moyenne auparavant) et 3,7 salariés en moyenne à la fin de 2014 (7,6 avant).

Quant à celles qui sont résisté à la fois aux soubresauts de leur démarrage et aux agitations économiques, la clé de leur succès réside essentiellement dans deux principales causes :

- Une population de créateurs d'entreprises jeune, hyper dynamique et très bien formée : le taux de diplômés supérieurs parmi les 25-34 ans en France (43 %) est plus élevé que les celui des autres pays de l'OCDE (38 %) ;
- Un secteur de recherche et développement sans cesse encouragé : la France dispose de 9 chercheurs pour 1000 emplois, mieux que la Suisse et l'Allemagne. Les efforts publics qui la soutiennent sont le crédit impôt recherche (en 2008), les pôles d'investissement d'avenir (en 2009) et l'autonomie des universités (en 2010).

L'importance des partenaires

Avoir un entourage solide est aussi un atout important pour la pérennité de l'entreprise. Selon l'Insee, 70 % des entreprises accompagnées sont toujours en activité cinq ans après, tandis que, parmi les entreprises créées sans soutien, seulement la moitié sont encore en activité cinq ans après.

Concernant les accompagnements mis à la disposition des créateurs qui ont peu d'expérience, voire aucune, le résultat est éloquent : cinq ans après, les créateurs aidés ont réussi 1,2 fois mieux que les autres.

Les chiffres démontrent que la consultation d'un ou plusieurs conseillers avant de créer l'activité, aide les entrepreneurs à passer le cap des deux premières années.

2 Façonnez un bon projet

DANS CETTE PARTIE . . .

Vous avez pris la décision de créer votre entreprise, et c'est très bien ! Toutefois, il ne faut pas brûler les étapes. Du respect de certaines règles dépend la réussite de votre projet. Il faut d'abord avoir une idée d'activité qui tienne la route : le chapitre 4 va vous donner toutes les pistes pour trouver une idée, la valider et la transformer en un vrai projet de création d'entreprise. Ensuite, il vous faudra être très méthodique pour mener à bien votre étude de marché, une étape absolument essentielle que vous ne devez pas prendre à la légère : toutes les clés sont au chapitre 5, ainsi que la question de votre installation géographique et celle du choix de vos locaux d'activité.

Enfin vient l'étape du dossier financier : quels sont vos besoins pour démarrer votre activité ? Sur quelles ressources comptez-vous ? Combien de temps allez-vous mettre à gagner de l'argent avec votre entreprise ou au moins à avoir une certaine autonomie financière ? Combien de temps allez-vous mettre à rembourser ce que vous allez emprunter ? Vous trouverez au chapitre 6 des méthodes de calcul pour répondre à toutes ces questions. Vous allez voir, ce n'est pas si compliqué !

Chapitre 4
Trouvez LA bonne idée

DANS CE CHAPITRE :

- » **La naissance d'une idée**
- » **Vous avez une idée : comment la valider**
- » **Vous n'avez pas d'idée : où en trouver une**
- » **Les autres possibilités**

Se lancer dans la création d'une entreprise, c'est d'abord avoir un projet reposant sur une idée. Une idée pas forcément originale ou innovante, mais une idée solide. Qu'il faut valider, confronter à un marché, mûrir. Parfois longuement.

Eurêka ! ou comment naissent les idées d'entreprise

Soyons réalistes : en général, les idées d'activité ne germent pas inopinément dans l'esprit des futurs entrepreneurs, même les plus performants. Bien sûr, de nombreuses *success stories* émaillent les magazines pour managers : de Free à vente-privee.com, d'Amazon à Acadomia ou aux surgelés Picard en passant par Blablacar, la plateforme qui double chaque année le nombre de places de covoiturage proposé à ses membres, les exemples ne manquent pas. Il reste que la majorité des idées d'entreprise qui naissent aujourd'hui, comme hier, sont le fruit d'un savant mélange.

Il y a d'abord l'univers dont est issu le porteur de projet : sa formation, son parcours professionnel, ses compétences, le milieu où il évolue. D'autres éléments, plus psychologiques, entrent également en jeu : le sens de l'observation, l'intuition, l'imagination, la créativité de l'entrepreneur. Autant de qualités qui lui permettent de s'imprégner de l'air du temps, de sentir les tendances porteuses, de s'appuyer sur ce qui existe pour imaginer ce qui manque.

Et puis, il y a les expériences, les voyages ou les rencontres que l'entrepreneur fait en amont ou en aval de l'émergence de son idée, et qui lui permettent de confronter son projet à la réalité et parfois de lui donner sa tournure décisive. Ou, au contraire, de le tuer dans l'œuf.

Respirer l'air du temps

On entend parfois dire que les idées appartiennent à tout le monde et qu'il suffit de les saisir. Certes, mais comment faire ?

Développer son sens de l'observation

Commencez tout simplement par ouvrir les yeux et les oreilles ! Au supermarché, devant l'école, sous l'Abribus, dans une soirée, au bistrot, les tendances du moment sont un spectacle permanent : on y voit quels objets les gens portent, où se pose leur regard, quelles lectures ils ont, on entend ce qu'ils disent. Et, en observant mieux, on peut même avoir une idée des tendances qui s'annoncent :

- Un objet original exhibé par quelqu'un et qui intrigue fortement les autres ;
- Des conversations récurrentes sur un besoin : le manque de crèche, le covoiturage ;
- Un problème de société qui s'aggrave de jour en jour : le « papy-boom », le dérèglement climatique, la polution, le gaspillage alimentaire ;
- Les modes vestimentaires naissantes ;
- Un pays qui s'ouvre au tourisme ;
- Les compétitions sportives qui se préparent ;
- Un livre, un film, une émission de télévision, une pièce de théâtre qui vont faire l'actualité et peut-être lancer ou relancer une mode...

Autres endroits où l'on peut flairer les tendances : les foires, les salons, les congrès, les forums ou colloques, qui réunissent sur un même lieu tout ce qui se fait autour d'un thème, lui-même reflétant les tendances du moment : les objets connectés, les jeux vidéos, le « made in France », les véhicules de loisirs, le tricot, le chocolat, le bio, le spa, le mariage, le divorce, l'érotisme...

Et bien sûr, il y a les outils incontournables aujourd'hui : Internet et les réseaux sociaux, reproduction virtuelle du grand village mondial minute par minute. À utiliser par exemple pour visiter les plateformes d'échanges, les sites des magazines, des éditeurs, des fournisseurs ou des concurrents potentiels repérés au gré de ses pérégrinations, mais aussi pour voir les « buzz », lire les blogs et les forums de discussion. Prudence toutefois, car cet ensemble livre rarement des informations fiables, loin s'en faut. Ce sont plutôt d'assez bons reflets des conversations de bistrot, pleines de bon sens mais pas toujours objectives, ni dans la bonne humeur, ni dans la colère.

Consulter la presse

La presse est un excellent reflet des tendances présentes et à venir. Les titres de presse quotidienne et les magazines, des plus branchés aux plus populaires, recèlent mille détails et autant d'idées à creuser. La presse économique, elle, donne une vision à plus long terme des marchés porteurs. Pour le vérifier, rien de plus simple : une visite au magasin de presse, au kiosque et sur Internet, puisqu'aujourd'hui, tous les titres sont accessibles en ligne. On y trouve des centaines de titres, pour tous les types de lecteurs (donc de clients potentiels pour l'entrepreneur), y compris les magazines étrangers.

N'oubliez pas de consulter les livres, notamment pour voir ce qui vient de paraître et qui souligne souvent les sujets de préoccupation plus ou moins grave du moment. À consulter aussi : les derniers bilans statistiques, comme *L'État de la France* ou *Francoscopie*, qui récapitulent les tendances qui ont marché, celles qui vont encore durer et même celles qui sont encore embryonnaires.

Ajouter une touche « perso »

Dans leur immense majorité, les idées d'activité existent déjà et ont déjà été exploitées par d'autres entrepreneurs : un commerce de centre-ville, une entreprise de bâtiment ou de service, un hôtel, une agence immobilière, un restaurant, une supérette bio, un site de commerce en ligne... Ce qui va faire la différence, c'est l'empreinte que vous allez y apposer. Et qui, elle, doit être unique.

Voici quelques exemples :

- **Un lieu (une boutique, un bistrot) dont le nom et l'enseigne seront un peu originaux par rapport à son activité :** des enseignes telles que Maison du monde, Sergent Major, Blanc du Nil, Le Comptoir des cotonniers... Attention, toutefois, disons-le dès maintenant, mieux vaut rester cohérent pour être compris ;

- **Ou au contraire un lieu ultra traditionnel :** conforme dans les moindres détails à l'idée que les clients en ont, c'est le cas de la brasserie alsacienne. Cette option n'empêche d'ailleurs pas de glisser çà et là quelques innovations, pour montrer que la modernité peut aussi s'associer à la tradition ;
- **Un savoir-faire traditionnel :** des pains spéciaux, des confiseries, des chapeaux, des gants, de la dentelle, de la broderie, des toits de chaume, des maisons en bois, des isolants naturels… ;
- **Une spécialité régionale :** gourmandise locale, vin, fromage, vêtement traditionnel ;
- **Un décor particulier :** la reproduction d'un lieu (un wagon de train, une bibliothèque, un igloo) ou une cuisine où les plats sont élaborés sous les yeux des clients ;
- **Pas de décor du tout :** des produits livrés directement sur leurs palettes ou dans leurs cartons, à prix réduits ;
- **La production et la distribution en même temps :** l'atelier dans la boutique, pour produire à la demande et/ou sur mesure ;
- **Le « fab lab »** : l'atelier participatif où les clients fabriquent, produisent, ou réparent eux-même ce qu'ils veulent.

Pour que le succès soit au rendez-vous, il ne suffit pas de copier une bonne idée qui marche ailleurs. Il faut non seulement savoir se l'approprier, mais aussi que cette idée corresponde à un besoin là où elle va émerger. Et qu'elle plaise. Pour cela, il faut l'adapter au marché sur lequel on la lance. Ce qui représente le plus souvent un gros travail de fond, car c'est toute la structure de la future entreprise qui doit y poser ses bases.

Trouver une idée et lui donner corps s'apparente donc un peu à une étincelle qui flashe à un moment dans la tête de l'entrepreneur, et beaucoup à un travail de confrontation au réel, pour vérifier si une mise en pratique est véritablement réalisable.

GRANDEUR ET DÉCADENCE D'ABERCROMBIE & FITCH

Abercrombie & Fitch est une entreprise américaine créée en 1892 par David Abercrombie (explorateur) et Ezra Fitch (avocat) pour vendre des articles de chasse, pêche, randonnée, camping. Elle fait faillite en 1976 et sa marque est plusieurs fois revendue. En 1988, une chaîne de vêtement de « luxe décontracté » la reprend. En 1992, Mike Jeffries est nommé directeur général. Son innovation réside moins dans les produits que dans leur distribution sexy et subversive. En 1997, il fait parler de lui en proposant des strings et des bikinis pour fillettes à partir de 7 ans. En 2000, il édite un catalogue à forte connotation « homo-érotique », interdit aux moins de 18 ans. Dans les boutiques, l'ambiance est celle d'une boîte de nuit branchée : pas de fenêtre, une lumière sombre, de la musique électro puissante, une forte odeur de parfum pour homme. Les vendeurs sont exclusivement jeunes, grands, musclés. Les garçons sont torse nu. Les clients sont sélectionnés puisque la marque ne propose rien au-delà de la taille 40, et lance la taille XXS. Quelques coups médiatiques alimentent le buzz.

Mais la magie ne dure pas. Les accusations de sexisme, de discrimination raciale et de management dictatorial entachent la réputation de la marque. Les réseaux sociaux amplifient le processus. Les ados se lassent, les plus âgés boudent la tendance excluante et sexy. En 2014, le chiffre d'affaires est en chute libre partout dans le monde. Mike Jeffries démissionne. Il est remplacé par Christos Angelides qui annonce la fin du marketing discriminant et sexualisé.

Des idées, en avoir…

Partant de ce principe, première hypothèse : vous avez une idée d'activité qui vous semble plutôt bonne. Malheureusement, cela ne suffit pas pour pouvoir se lancer. Comment être sûr que vos clients vont partager votre enthousiasme ? Voyons cela dans le détail.

L'indispensable validation

Une idée d'entreprise, même géniale, même déjà lancée ailleurs avec succès, se doit, pour commencer, d'être validée précisément.

Le test de l'exposé bref

D'abord, il faut la définir concrètement. Pour cela, le mieux est d'exposer par écrit le projet d'entreprise, de manière claire et concise (en trois ou quatre lignes maximum). Ou, pour ceux qui n'ont pas la plume facile, imaginez qu'un auditoire vous écoute et n'a qu'une ou deux minutes à consacrer à votre projet : il faut le lui expliquer brièvement et le convaincre que votre idée est bonne et que l'entreprise va fonctionner.

Si vous n'y arrivez pas, ça commence mal ! À cela, il peut y avoir deux explications. Soit l'idée n'est pas encore assez nette et il faut encore y réfléchir, la creuser, la préciser, l'ajuster, l'améliorer, de manière que l'auditoire – mais aussi les futurs clients, banquiers, fournisseurs, sous-traitants... – la comprenne en une seconde et y adhère. Soit l'idée ne tient pas la route et, là, une seule possibilité : l'abandonner tout de suite et passer à autre chose.

Pour s'assurer que l'abandon – ou au contraire la persévérance – est la meilleure solution, vous pouvez refaire le test avec un proche et même recommencer auprès d'une ou deux autres personnes, si possible de divers horizons : leur exposer brièvement votre idée d'entreprise et écouter les réactions qu'elle provoque. Si personne ne s'enthousiasme, vous serez fixé.

À ce stade, abandonner son idée n'est pas un échec, au contraire. C'est l'entêtement qui serait « suicidaire ». Créer une entreprise n'est pas une petite aventure : l'activité doit reposer dès le départ sur du solide. Si les fondations ne le sont pas, autant le savoir le plus rapidement possible, plutôt que de le découvrir après plusieurs mois de préparation.

Ainsi, quatre entreprises sur cinq échouent au cours des cinq premières années d'activité, dans la plupart des cas pour cause de mauvaise préparation au départ.

Les plus, les moins

Si le test de l'exposé bref se révèle plutôt concluant, le processus de validation n'en est, de toute façon, qu'à son premier stade. Il vous faut maintenant développer très précisément les atouts et les freins de la future activité. Pour cela, le mieux est d'établir deux listes.

Du côté des atouts, les éléments qu'il vaudrait mieux trouver sont :

- Votre formation ou au moins vos compétences dans le domaine de l'activité concernée ;
- Vos capacités d'organisation ;
- Votre expérience en la matière ou, à défaut, un appui très ferme sur un ou plusieurs associés disposant de l'expérience nécessaire et partant pour participer à l'aventure de la création d'entreprise ;

- Un bon réseau de connaissances et de contacts qui, pour les uns, pourront donner des conseils pertinents, pour d'autres aiguiller dans des directions porteuses, et pour d'autres encore, pourquoi pas, participer au financement du projet ;
- Un secteur d'activité plutôt porteur, et non pas en stagnation, voire en déclin (par exemple : le commerce en ligne plutôt que l'industrie textile) – à moins d'avoir une idée assez innovante ou originale pour ne pas avoir à tenir compte de ce paramètre.

Du côté des freins, il peut par exemple y avoir :

- Une réglementation contraignante, des autorisations à obtenir, une profession réglementée (optique, pharmacie, permis de conduire, taxi), des normes qui changent souvent ;
- Un besoin de main-d'œuvre qualifiée alors qu'il y a une forte pénurie (par exemple : les infirmières) ;
- Un équipement coûteux qui va alourdir les charges de départ (un espace important, une ou plusieurs machines-outils, ce qui suppose aussi installation, surveillance, maintenance, assurance) ;
- Un marché peu porteur ou très nouveau et encore peu développé ;
- Une concurrence extrêmement rude.

À ce stade, un conseil : ne soyez pas du tout indulgent envers vous-même et votre projet. Essayez d'être le plus impartial possible et dressez sans vous mentir la liste des contraintes et des freins. Pour y arriver, vous pouvez vous faire aider par un proche, un parent, votre conjoint ou un ami, dont le sérieux et les conseils sont sûrs en matière de création d'entreprise. À défaut, des spécialistes, par exemple les boutiques de gestion sont là pour ça (voir le carnet d'adresses en annexe A). Car mieux vaut être conscient dès le départ des obstacles qu'il va falloir surmonter.

Là encore, si cet exercice montre beaucoup plus de freins que d'atouts, et surtout des freins qui se révèlent être des obstacles insurmontables (par exemple, un défaut de diplôme alors que la profession est réglementée et exige ce diplôme), mieux vaut songer soit à recadrer le projet (par exemple, s'associer avec une personne titulaire du diplôme en question), soit à l'abandonner.

Finaliser la validation

Les listes des atouts et des freins sont dressées. À première vue, le projet semble tenir la route. À présent, il faut passer à la validation définitive, c'est-à-dire développer chaque point de chaque liste dans le détail. Cela conduit en général à une enquête très minutieuse, de manière à affiner les informations, les données, les chiffres et les compétences dont l'entrepreneur dispose déjà et sur lesquels il sait qu'il peut compter. Et révéler aussi ce qu'il lui faut encore acquérir ou réunir. Parallèlement, cette étude détaillée permet de commencer à établir un premier dossier technique concernant la future activité :

» **Le produit ou le service :** les éléments qui le constituent, les étapes de la fabrication ou de la création ;

» **La production :** les moyens, l'équipement, la main-d'œuvre, le coût, les délais ;

» **La distribution :** sur un réseau interne ou externe, réel ou virtuel, les coûts de distribution, la logistique et ses délais ;

» **Le secteur d'activité :** sa taille, sa qualité, son potentiel économique (en progression ou en régression ?) ;

» **Le marché :** sa durée d'existence (est-il déjà ancien, à bout de souffle, ou au contraire émergeant, dynamique ?) et les méthodes marketing à envisager pour y faire une percée ;

» **Les concurrents :** leur nombre, leur spécificité, leur « force de frappe » ;

» **Les contraintes externes au projet :** les contraintes réglementaires, la saisonnalité éventuelle de l'offre, la conjoncture socio-économique, et le poids de ces contraintes par rapport aux autres paramètres.

Tester le marché et cibler les clients

Ce début d'enquête, menée au cours des premiers mois de définition et de validation de l'idée d'activité, a transformé progressivement celle-ci en vrai projet d'entreprise. Les contours du marché concerné commencent à se dessiner. Les moyens nécessaires au montage du projet sont encore en pointillé mais se profilent. L'étape suivante, avant la véritable étude de marché que nous allons développer plus loin, est celle de l'étude plus concrète de ce marché, de manière à le définir très précisément et voir si, définitivement, l'aventure semble jouable.

Pour cerner exactement les clients qu'il faut prospecter, les questions sont classiques :

» **À qui le produit ou le service se destine-t-il ?** S'adresse-t-il aux professionnels ou aux particuliers ? de quel âge, de quel sexe ? Et quels sont leur niveau de vie, leurs habitudes de consommation, leurs caractéristiques particulières (origines sociales, ethniques et culturelles, traditions…) ?

» **Combien ?** Actuellement et potentiellement. Autrement dit, le marché est-il en pleine croissance, mature ou saturé ?

- **Où ?** Dans quels quartiers, villes, départements ou régions ? Dans la France entière, en Europe (du Nord, du Sud, entière) ? Dans quelle partie du monde ou dans le monde entier ?
- **Quelles caractéristiques de consommation ?** Quelles sont les motivations des clients lorsqu'ils achètent des produits ou des services similaires ? Selon quelles périodicités, habitudes, quantité, fourchette de prix ?
- **Qu'attend-on encore dans ce secteur ?** Quels sont les besoins, les manques, les attentes dans ce secteur d'activité ?
- **Comment entrer en contact avec les prospects ?** Quels sont les annuaires (Pages Jaunes, Pages Blanches), les listes d'exposants, les fichiers clients d'autres entreprises à consulter ? Quelles ressources le réseau personnel de l'entrepreneur présente-t-il ? Quelles informations des sondages en ligne apporteraient-ils ?

En répondant précisément à toutes ces questions, sans éviter la moindre zone d'ombre, vous aurez une image assez nette de vos prospects : vous pourrez choisir un panel le plus représentatif possible et tester votre idée sur lui.

Sur les moyens à utiliser pour le test, tout dépend du produit et du marché. Bien sûr, tous sont bons : les procédés classiques comme les questionnaires directs sur un marché, un parking, à la sortie d'un cinéma, dans un salon professionnel, selon la clientèle à cibler, les prospections par téléphone, les mailings pour ceux qui ont les moyens, sans oublier Internet, en ouvrant par exemple un ou plusieurs blogs destinés à faire remonter des réactions, ou en participant à des forums de discussion.

Préparez soigneusement les questions que vous allez poser, compte tenu des informations que vous recherchez. Car, pour être utilisables, les réponses doivent être claires et précises. Deux conseils :

- Formulez les questions de telle sorte que les personnes interrogées répondent plutôt par « oui » ou par « non » ;
- L'interrogatoire doit être bref pour ne pas lasser : ne posez que cinq ou six questions à chaque prospect au maximum.

Les premières conclusions

En général, la difficulté à laquelle le porteur de projet doit faire face est un ciblage trop serré de sa future clientèle ou, au contraire, un ciblage beaucoup trop large. Ces premiers tests doivent donc lui permettre soit de conforter sa stratégie et de poursuivre sur son projet initial, soit de le recadrer compte tenu des retours du terrain.

Grâce à ces mini tests, l'entrepreneur va aussi mieux cibler :

- » Le pouvoir d'achat de ses clients ;
- » Le prix de vente qui conviendrait le mieux pour le produit ou le service proposé ;
- » De là, le chiffre d'affaires que l'entreprise semble, ou non, capable de réaliser.

Même si elles semblent longues et fastidieuses, ne négligez aucune étape dans toutes ces petites mises au point : plus la validation du projet sera précise, mieux il sera maîtrisé. Cela permet notamment d'être parfaitement sûr de soi pour affronter les étapes suivantes, autrement plus âpres, que sont notamment la recherche d'investisseurs et la négociation de crédits bancaires.

L'étude de la concurrence

Puisque la plupart des idées d'activité existent déjà, à moins d'avoir un produit ou un service totalement innovant, il est relativement rare de se positionner sur un marché où il n'y a aucun concurrent. Ce qui, paradoxalement, est plutôt un avantage. Car il est toujours intéressant de bien connaître sa concurrence, à la fois pour y puiser les bonnes pratiques, celles qui plaisent aux clients et qu'il faut s'approprier, et pour relever celles qui ne fonctionnent pas et dont il faudra se démarquer.

Qui sont mes concurrents ?

Si les entreprises concurrentes ont une certaine envergure, elles ont, pour la plupart, aujourd'hui un site internet. Il suffit donc d'ouvrir n'importe quel portail d'accueil et de lancer une recherche sur le secteur d'activité concerné. Les sites énumèrent en général les gammes de produits ou de services proposés, leurs points forts, ainsi que parfois la liste des clients les plus prestigieux. Un signe de bonne santé.

En revanche, si les concurrents sont de petites, voire très petites entreprises, elles n'ont peut-être pas de site web. Dans tous les cas, on peut utiliser les méthodes classiques d'investigation, *via* les annuaires d'entreprise, qui sont aujourd'hui très facilement accessibles grâce, là aussi, à leurs sites internet.

Voici, entre autres, quelques adresses incontournables (et fiables) :

- » `www.infogreffe.fr` : le site des greffes des tribunaux de commerce et du Registre national du commerce et des sociétés (RNCS), qui réunit toutes les informations légales sur les entreprises ;

- `www.cci.fr` : ce portail des chambres de commerce et d'industrie propose un Annuaire des entreprises de France (`www.aef.cci.fr`), qui réunit les informations sur deux millions d'entreprises ;

- `www.kompass.com` : la société Kompass répertorie les informations commerciales, financières et industrielles des entreprises ; son annuaire réunit des informations sur plus de trois millions d'entreprises dans le monde entier et propose une nomenclature détaillée de produits et services ;

- `www.sirene.fr` : la base de donnée de l'Insee, *via* le code Sirene (Système d'identification du répertoire des entreprises et des établissements) des entreprises et des établissements.

Aller sur le terrain

Sites internet ou non, une visite sur le terrain est le plus souvent indispensable pour se rendre compte de ce que proposent les principaux concurrents :

- Où le produit ou le service est-il distribué ? Dans un magasin ou un rayon de supermarché, sur un stand de salon professionnel ou de grand magasin, dans un showroom ou tout autre espace ? Étudiez l'installation, le décor, la vitrine, le personnel ;

- Quelles gammes de services sont proposées en même temps ? Au moyen de quelle publicité ?

- Comment se fait la vente ? En direct, sur catalogue ?

- Quels sont les moyens de paiement ? Liquide, chèque, carte, paiement immédiat, différé, arrhes, acompte ?

Si c'est possible, le mieux est d'entrer pour observer la disposition des produits, parler avec les clients, interroger les vendeurs sur les prix, les délais, le service après-vente, les garanties. Même si ce que propose la concurrence est un peu décalé par rapport à l'activité que l'entrepreneur veut créer, tous ces petits détails sont importants pour valider ou au contraire invalider certains aspects de la réalisation du projet.

Vous avez un projet innovant

Pour les entrepreneurs inventeurs d'un nouveau concept, savoir que l'on a raison et que l'on va réussir envers et contre tout relève souvent de la gageure. Si c'est votre cas, accrochez-vous ! Car une innovation, même révolutionnaire, a toujours un peu de mal à convaincre, notamment les investisseurs financiers.

Créer une PME innovante

C'est un rêve d'entrepreneur : trouver le produit ou le service qui va s'imposer à tous, jusqu'à devenir presque générique, son nom propre devenant même un nom commun. Les exemples ne manquent pas : Frigidaire, Scotch, Kleenex, Sopalin, Post-it, Soupline, Caddy, Solex, Vespa... et bien d'autres.

Aujourd'hui, les inventeurs ne sont plus vraiment des Géo Trouvetou installés au fond de leur garage à la manière de Thomas Edison. Ce sont plutôt des gens comme Bill Gates et Paul Allen, les inventeurs de Windows et créateurs de Microsoft avec le succès que l'on connaît, jusqu'à devenir les entrepreneurs les plus riches du monde. Ou à la manière de Larry Page et Sergey Brin, les inventeurs de Google, qui n'ont d'ailleurs pas fini d'innover vu leur âge.

Autrement dit, les inventeurs d'aujourd'hui ressemblent plutôt aux chercheurs de la Silicon Valley ou de Sophia Antipolis, dans un monde de nouvelles technologies, de Web 2.0, voire 3.0, de finance participative, et de « business angels », ces investisseurs individuels qui risquent des fonds sur une innovation prometteuse.

Il reste qu'une innovation n'est pas forcément high-tech. Elle peut se trouver dans l'amélioration d'une méthode, d'un processus de fabrication (l'automatisation d'une tâche), de la gestion d'un service. En effet, il y a deux types d'innovation :

- **Une invention pure :** comme dans la plupart des exemples donnés plus haut, l'invention pure est une nouveauté radicale, qui crée une rupture avec les méthodes ou les techniques utilisées jusque-là, et qui, le plus souvent, ouvre aussi une ère nouvelle dans la société qui la reçoit. Exemples : les appareils électroménagers, la puce électronique, la clé USB, la fibre optique, les patchs médicamenteux, la cigarette électronique, les objets connectés... ;
- **L'amélioration d'une technique, d'un matériau, d'un produit ou d'un service déjà existant :** là, il s'agit plutôt de modernisation, sans faire disparaître le produit ou la technique au profit d'un ou une autre, mais en facilitant son utilisation, ou en améliorant sa qualité, sa sécurité, sa rapidité... Exemples : le code-barres lu par le rayon optique des caisses de supermarché, le smartphone, les tissus en matériaux recyclés, les voitures électriques en libre services, le soutien scolaire en ligne.

En termes de risque d'entreprise, le second type d'innovation est *a priori* relativement plus limité que le premier, puisque le marché est le plus souvent déjà connu et cerné. Ce qui peut aussi permettre à l'innovation de se faire connaître et de s'intégrer plus rapidement à son marché.

Les petites entreprises qui se positionnent sur toutes ces formes d'innovation sont ce qu'on appelle aujourd'hui des PME innovantes. Source d'emplois stables et de bonne qualité, mais fragiles du fait de leur petite taille, elles bénéficient d'aides institutionnelles particulières, de la part de l'État, des collectivités locales et territoriales, mais aussi de l'Union européenne (sur les aides à l'innovation, reportez-vous au chapitre 8).

Des pôles de compétitivité sont installés dans toutes les régions de France, destinés à développer des liens plus étroits entre la recherche, les entreprises, l'emploi et la formation sur des axes thématiques précis pour chacun. En 2014, soixante et onze pôles sont labellisés, dont sept mondiaux et onze à vocation mondiale. Ils concernent les domaines technologiques en émergence : biotechnologies, écotechnologies, bioressources, énergie, photonique, etc., mais aussi les industries plus traditionnelles : transports, agroalimentaire, biens de consommation, aéronautique, matériaux, ingénierie, services, etc. Ils accueillent également des incubateurs, ou des pépinières d'entreprises innovantes. Un site institutionnel leur est entièrement dédié : `www.competitivite.gouv.fr`.

Que votre projet d'activité soit innovant ou non, la validation de votre idée repose sur les mêmes bases que celles que nous avons évoquées par le menu dans les pages précédentes, à commencer par la validation de l'innovation elle-même. Et là, les questions à se poser sont les suivantes :

- » Est-ce vraiment une innovation ?
- » En suis-je vraiment l'inventeur ?
- » Puis-je l'exploiter moi-même ou ai-je besoin d'aide ?
- » S'il s'agit d'un produit, qui peut le fabriquer et le distribuer ?

Viennent ensuite toutes les autres questions que nous avons vues au début de ce chapitre, concernant la production et la vente de n'importe quel produit ou service : taille du marché, concurrence, contraintes et facilités éventuelles...

S'associer avec un inventeur

Si vous êtes un entrepreneur qui ne sait rien inventer, vous pouvez aussi proposer à un inventeur qui ne sait pas entreprendre de commercialiser son produit, soit en vous associant avec lui, soit en lui achetant partiellement ou totalement son invention. Pour cela, commencez par prospecter parmi les brevets récemment déposés à l'Institut national de la propriété industrielle (INPI), et promenez-vous à la Foire de Paris, au Concours Lépine, et dans les salons ou expositions similaires organisés dans les principales villes d'Europe.

SENSORWAKE : LE RÉVEIL OLFACTIF

SensorWake est un réveil qui diffuse une senteur agréable pour se réveiller en douceur. Bien sûr, il est breveté et a reçu le prix de la meilleure invention 2014, décerné par l'Organisation mondiale de la propriété intellectuelle. Les parfums possibles sont nombreux : café, chocolat, croissant chaud, pain grillé, menthe, fraise « Tagada », bois coupé, monoï ou... dollar ! Son inventeur, Guillaume Rolland, est français. Il a 19 ans et vient d'entrer à l'Université de technologie de Compiègne. D'ailleurs, ce n'est pas sa première invention. À 14 ans, il a inventé un diffuseur de thé qui avait déjà reçu le prix du magazine Sciences & Vie Junior. Son réveil est composé de pièces usinées par l'imprimante 3D de l'École centrale de Nantes. Exhalia, une entreprise spécialisée dans le marketing olfactif, a fourni les senteurs des dosettes (100 % recyclables) à insérer à l'arrière du réveil. Prochaines étapes : la fabrication en série et la commercialisation. `www.sensorwake.com`.

Protéger une création

Que le projet soit innovant ou non, tout ce qui peut être capital dans sa réussite doit être protégé : le produit lui-même, le procédé de fabrication, son nom, le flacon qui le contient... Si l'un de ces éléments, ou plusieurs, ou d'autres, sont innovants ou uniques dans leur genre, il faudra donc penser assez rapidement à les protéger. À défaut de quoi vous n'aurez pas le droit d'affirmer par la suite en être le seul propriétaire. Vous ne pourrez donc pas en interdire la reproduction et la commercialisation, voire la contrefaçon.

Vous décidez ainsi de fabriquer un nouveau sac. Pour que ça marche, vous devez attirer plus de clients que vos concurrents. Vous devez donc lui donner une forme, une matière, une couleur, des sangles, une griffe, l'assortir à un ou plusieurs autres accessoires, etc., de manière qu'il se distingue. Si les clients se précipitent, ce qui rend ce nouveau sac original va tout de suite être copié, et même (pourquoi pas ?) dans plusieurs pays. Or, cette banalisation risque de mettre votre entreprise en péril. À ce stade, il est souvent trop tard pour engager un « contre-feu ». Il faut donc prendre les devants et ne sous-estimer aucun concurrent. C'est ce que l'on appelle la *stratégie industrielle*.

En France, la propriété industrielle, les brevets, sont gérés par l'Institut national de la propriété industrielle (`www.inpi.fr`). C'est un établissement public, entièrement autofinancé, placé sous la tutelle du ministère de l'Économie, des Finances et de l'Industrie. Il délivre les brevets, marques, dessins et modèles et donne accès à toute l'information sur la propriété industrielle et les entreprises. Il participe également à l'élaboration et à la mise en œuvre des politiques publiques dans le domaine de la propriété industrielle et de la lutte anticontrefaçons.

MADE IN LAGUIOLE

Laguiole est un village de l'Aveyron où, dans les années 1860, un coutelier, Jean-Pierre Calmels, imagine un couteau pliant à lame d'acier avec un manche en corne. Au fil des années, les couteaux Laguiole sont surtout fabriqués à Thiers, dans le Puy de Dôme. Comme l'« Opinel » (créé en Savoie par Joseph Opinel), le « Laguiole » devient un nom générique pour désigner ce couteau. Mais personne ne songe à en faire une marque et à la protéger. En 1993, Gilbert Szajner, un entrepreneur malin, a l'idée de déposer la marque Laguiole et par la même, de s'en rendre l'exclusif propriétaire. Il se met à commercialiser 38 classes différentes de produits Laguiole : arts de la table, linge de maison, lunettes, ustensiles de jardinage ou de bricolage. La commune, dépossédée de l'usage commercial de son nom, lui intente des procès. Sans succès : seuls les produits alimentaires peuvent être protégés par une Appellation d'origine contrôlée. Aujourd'hui, Gilbert Szajner détient toujours sa licence partout dans le monde. Mais la bataille juridique continue. Le 21 octobre 2014, le Tribunal de première instance de l'Union européenne a jugé que la dénomination « Laguiole » méritait une protection pour ses activités de coutellerie. Le problème, c'est qu'à Laguiole, il n'y en a plus depuis longtemps ! La commune a donc dû recréer de toutes pièces un atelier baptisé « Les Forges de Laguiole » pour y fabriquer et commercialiser de vrais couteaux « Laguiole ». Mais tous les autres produits de cette marque peuvent rester commercialisés par Gilbert Szajner.

Par ailleurs le législateur en a tiré une leçon : depuis le 17 mars 2014, la loi impose à l'INPI d'alerter les collectivités territoriales dès lors que la demande d'enregistrement d'une marque contient leur dénomination.

Toutes les autres créations, droits d'auteur et droit voisins de mise en valeur ou d'édition sont protégées par une vingtaine de sociétés civiles à but non lucratif ou sociétés de gestion collective, placées sous le contrôle du ministère de la Culture. Voici quelques exemples :

» **La Société des auteurs, compositeurs et éditeurs de musique** (`www.sacem.fr`) protège, collecte et redistribue les droits des auteurs de musique en France et à l'international ;

» **La Société des auteurs et compositeurs dramatiques** (`www.sacd.fr`), créée par Beaumarchais en 1777, fait la même chose dans le monde du spectacle vivant et audiovisuel ;

» **L'Administration des droits des artistes et musiciens interprètes** (`www.adami.fr`) perçoit et répartit les droits de 100 000 comédiens, chanteurs, musiciens, chefs d'orchestre et danseurs pour l'utilisation de leur travail enregistré ;

» **La Société des producteurs de cinéma et de télévision** (`www.procirep.fr`) se charge de gérer les droits d'auteur en matière de copie privée audiovisuelle. Elle représente 500 sociétés de production françaises et leurs ayants droit. Elle est aussi membre fondateur de la Fédération européenne de sociétés collectives de producteurs, gérant la copie privée audiovisuelle en Europe.

PROPRIÉTÉ INTELLECTUELLE ET INTELLIGENCE ÉCONOMIQUE

L'intelligence économique est une activité de veille en matière de stratégie industrielle et de protection de ses propres données. Aujourd'hui, pour une jeune entreprise, l'enjeu n'est plus seulement commercial ou financier. Il porte aussi sur tous ses éléments immatériels : savoir faire, normes et fichiers, mais aussi données, image et réputation. Il faut donc à tout prix anticiper les risques pour savoir y faire face si besoin. La profession de conseil en propriété industrielle a été créée par la loi en 1990. Outre les consultations juridiques et la rédaction d'actes sous seing privé, un conseil en propriété industrielle peut assister un entrepreneur, voire le représenter, pour obtenir, maintenir, exploiter ou défendre ses droits de propriété industrielle et ses droits annexes, et régler toutes les autres questions qui peuvent se poser.

Le code de la propriété intellectuelle (article L421-1 et suivants) prévoit que, chaque année, l'INPI publie une liste des personnes qualifiées en propriété industrielle, compte tenu de leur niveau de diplôme, de leur pratique professionnelle, mais aussi de leur moralité. Hors cette liste officielle, personne d'autre n'est autorisé à faire usage du titre de conseil en propriété industrielle, d'un titre équivalent ou d'un titre susceptible de prêter à confusion. Renseignements auprès de la Compagnie nationale des conseils en propriété industrielle (CNCPI - `www.cncpi.fr`).

... ou pas !

Reprenons le fil de notre chapitre : la validation d'une idée est une étape fondamentale du démarrage d'un projet d'entreprise. Certes, mais cela suppose déjà d'avoir une idée d'activité ! Après une première hypothèse où vous aviez votre idée, voici la deuxième hypothèse : vous voulez créer une entreprise, mais vous ne savez pas encore laquelle...

Repérer les manques

Trouver une idée d'activité, ce n'est pas forcément innover ou inventer une nouvelle technique. Bien sûr, chaque siècle a apporté une somme impressionnante d'innovations techniques, depuis les cathédrales construites sans planter un seul clou jusqu'aux robots capables d'explorer une planète à des années-lumière de la Terre. Mais ouvrir une crèche ou une épicerie-dépôt de pain-relais poste peut aussi être très innovant dans un bourg déserté depuis longtemps par les commerces et les services publics et où les jeunes actifs reviennent s'installer…

Combler un besoin

Entreprendre, c'est aussi avoir le sens de l'observation pour repérer les manques, imaginer comment combler rapidement un besoin. Or, aujourd'hui, pour qui se penche un peu sur la question, la vie quotidienne est truffée de besoins non satisfaits.

FARMILI, LA MINI-FERME URBAINE

Ghislain Journé était banquier à Lyon. Il a fait une école de commerce mais, depuis toujours, il aime les animaux de la ferme : poules, poussins, lapins, etc. Il fait de l'élevage en amateur et tient un blog, « l'Echo de la basse-cour ». Il constate qu'amener la campagne à la ville est un concept porteur, et, qu'en France, on consomme en moyenne plus de 200 oeufs par an et par personne, tandis qu'une poule peut en pondre jusqu'à 250 par an, tout en picorant elle-même 150 kilos de déchets organiques. C'est ainsi que l'idée vient à Ghislain de monter avec un associé, Julien Mauras, lui-même diplômé en productions animales, un projet de création de mini-ferme en kit, à installer dans n'importe quel petit jardin de ville. Ensemble, ils apportent 15 000 € de fonds propres, et 15 000 € sont ajoutés par le pôle Développement et initiative de la région Rhône-Alpes. La SARL est baptisée Farmili : elle a démarré en novembre 2013 et a son siège social à Dardilly (69). Elle propose à la fois les animaux (poules et lapins), le matériel (poulaillers, clapiers, mangeoires, abreuvoirs, garantis 5 ans), la litière, la nourriture et la documentation pour se perfectionner. Les produits sont fabriqués en France et déclinés selon différentes gammes, du rustique au design. Les prix varient de 15 € l'animal à 1000 € le kit de luxe. Tout est stocké, conditionné et livré (poules comprises !) par un logisticien d'Isère. Sauf les petits lapins, trop fragiles pour ce traitement : les clients vont les chercher dans un élevage partenaire. Quant au programme des prochaines années, il implique de développer l'activité en Belgique, en Suisse, en Allemagne et de proposer aux clients de dessiner eux-mêmes et de faire fabriquer leurs poulaillers par des artisans locaux. Site Internet : `www.farmili.com`.

Parmi ces besoins, on compte tout l'éventail des services aux particuliers : garde d'enfants, soutien scolaire, ménage, repassage, jardinage, gardiennage des animaux, surveillance du domicile pendant les vacances, assistance aux seniors pour l'hygiène, les courses, les repas, les démarches administratives, l'informatique, etc. Un terrain d'exploration inépuisable pour un entrepreneur, à condition de bien cadrer son projet, car plusieurs gros réseaux sont déjà bien installés sur ce marché.

Certains manques peuvent aussi être ressentis non plus par les particuliers, mais par les entreprises, notamment les PME ou les TPE, qui n'ont pas forcément les moyens de rémunérer des salariés à l'année pour assurer des prestations ou une expertise spécifique : maintenance et dépannage informatique bien sûr, mais aussi beaucoup d'autres services, comme la création, la maintenance et la mise à jour d'un site internet, la comptabilité, la gestion des ressources humaines, les audits financiers ou fiscaux, l'expertise d'ergonomie industrielle, le coaching...

Tour d'horizon des secteurs porteurs en besoins non satisfaits

Depuis plusieurs années, le Conseil supérieur de l'ordre des experts-comptables dispose d'une cellule de veille sur les secteurs porteurs pour créer son entreprise. Voici les tendances qu'elle a relevées pour l'année 2015 (l'étude complète est téléchargeable sur `www.www.experts-comptables.fr`, rubrique « Repères pour le futur, spécial entrepreneur ») :

- **Le « sharing », ou la consommation de partage** : l'économie collaborative, où la propriété devient de moins en moins individuelle, *via* les plateformes en ligne : covoiturage, échange de résidences, location d'une chambre chez soi à des personnes de passage, partage des appareils de jardinage et de bricolage (perceuses, tronçonneuses, tondeuses), des vélos, des voitures, des logements, etc.
- **Le green business** : pour protéger l'environnement de toutes les manières possibles, et participer à la réduction des émissions de CO_2 ; 17 filières ont été identifiées par le ministère de l'Écologie, dont la culture bio, l'éco-construction, le commerce équitable, le recyclage des déchets, le transport propre, les énergies renouvelables ou encore le tourisme vert.
- **L'hyperproximité :** les restaurants « locavore » qui cuisinent à partir de produits locaux et prônent la consommation de nourriture produite dans un rayon de 250 km maximum ; les plateformes de financement participatif qui mettent en relation les internautes avec les associations et commerces proches de chez eux ; le financement local pour agrémenter la vie de quartier.

- « **Do it yourself** » : besoin de reprendre son destin en main, de toucher et de faire soi-même du bricolage, de la décoration, de la restauration, des réparations, etc.
- **Les objets connectés** : pour améliorer le quotidien et simplifier la vie, les objets communiquent entre eux, se comprennent et agissent de concert.
- **L'informatique contextuelle** : les objets interagissent en fonction des goûts et de l'humeur, les ordinateurs s'adaptent à leur environnement : la télé suggère nos programmes préférés, un logiciel nous guide dans nos achats ou nos habitudes de navigation, notre ordinateur est sensible à nos envies, les appareils du futur apprennent à connaître leur propriétaire.
- **La protection de l'e-réputation** : la gestion de l'image est le grand défi à venir ; l'e-réputation, le community management, pour effacer les photos, les commentaires, les sites désobligeants, parce qu'une image de marque ne se construit plus uniquement par la publicité, mais par l'échange, l'interconnexion et les réseaux sociaux.
- **Les drones civils** : à des fins de loisir mais aussi pour surveiller un site, surveiller l'évolution d'une production agricole, produire des films, prendre des photos, et pourquoi pas livrer des produits à domiciles.
- **L'impression en 3 dimensions** : un logiciel de modélisation en 3D permet de produire un objet, la modélisation est transmise à une machine intégrant l'imprimante 3D : elle crée l'objet, quels que soient son plan, sa forme, ses cotes.

Valoriser ses acquis

Se lancer dans ce qu'on connaît le mieux, voilà une ambition pleine de bon sens. C'est d'ailleurs en exerçant déjà son métier que l'idée de prendre son indépendance en se mettant à son compte germe le plus souvent dans la tête des entrepreneurs.

S'appuyer sur ses diplômes et son expérience

Selon une étude publiée par l'Insee en avril 2015 sur la pérennité des nouvelles entreprises trois ans après leur création (Insee Première, n° 1543), plus l'entrepreneur est diplômé, meilleures sont les chances de pérennité de son entreprise. Ainsi 78 % des entreprises créées en 2010 par des entrepreneurs ayant un niveau Bac + 5 étaient encore en activité en 2013, contre seulement 67 % pour les entreprises créées par des personnes sans diplôme. Selon l'Insee, la solidité et la survie sur le long terme sont encore meilleures si le créateur d'entreprise bénéficie déjà d'une bonne expérience dans son métier. A contrario, changer de domaine de compétence en créant son entreprise diminue le taux de pérennité de 5 points par rapport à un entrepreneur qui possède déjà plus de dix ans d'expérience dans le métier (le détail de cette étude est examiné à la fin du chapitre 3).

On le voit, les compétences et l'expérience acquises dans un domaine ou dans une précédente entreprise sont pour beaucoup dans la détermination d'une idée d'activité et dans son lancement. Les avantages sont nombreux :

- Des diplômes et/ou un savoir-faire qui laissent augurer une bonne qualité de service dès le départ ;
- Un environnement déjà connu ;
- Une analyse du marché plus rapide et plus lucide ;
- Un carnet d'adresses garni permettant de valider son idée, de prendre des conseils, de trouver les premiers financements ;
- Des facilités pour choisir des fournisseurs et trouver des clients.

C'est donc en général une garantie pour démarrer en prenant des risques mieux maîtrisés.

Selon l'Insee, quelle que soit l'entreprise, plus le diplôme du créateur est élevé, plus ses chances de réussite sont importantes. Ainsi, parmi les entrepreneurs diplômés de l'enseignement supérieur (qui représentent 27 % des créateurs d'entreprise), près de six sur dix franchissent le cap des trois ans. Dans les activités spécialisées scientifiques et techniques, le taux de pérennité à trois ans frôle les 80 %.

Au bout de la cinquième année, le diplôme compte autant que l'expérience professionnelle, même s'il apparaît moins déterminant au démarrage de l'activité. Il n'y a pas de différence significative entre la pérennité à un an des entreprises créées par les non-diplômés et celle des autres entrepreneurs.

S'appuyer sur son métier

Après une période d'apprentissage salariée pour parfaire sa formation et acquérir une bonne expérience, certains métiers sont presque « programmés » pour que l'intéressé se mette à son compte en tant qu'artisan, commerçant ou profession libérale.

Voici quelques exemples :

- **Les métiers de la construction et du bâtiment :** plombier, électricien, peintre, maçon, carreleur, plâtrier, couvreur, peintre, menuisier, mais aussi architecte, maître d'œuvre, paysagiste ;

- **Les métiers de bouche :** boulanger, pâtissier, boucher, charcutier, poissonnier ;
- **Les métiers de l'esthétique ou du bien-être :** coiffeur, esthéticien, pédicure ;
- **Les métiers médicaux et paramédicaux :** médecin, pharmacien, infirmière, dentiste, vétérinaire, ophtalmologue, podologue, kinésithérapeute, orthophoniste ;
- **Les métiers juridiques :** comptable ou expert-comptable, avocat, huissier de justice, administrateur ou liquidateur judiciaire, notaire, commissaire-priseur.

Et si le marché est porteur, on se met à son tour à embaucher des salariés et/ou des apprentis. Et pour peu que l'on cesse d'exercer soi-même, on devient chef d'entreprise.

Rappelons que certaines professions libérales sont réglementées (celles qui ont un conseil de l'ordre, et dont l'exercice est soumis à la tutelle de l'État) ou ont un exercice réglementé (reportez-vous à la fin du chapitre 1). Pour ces professions, le porteur de projet d'entreprise libérale doit obligatoirement être titulaire du diplôme correspondant, de manière à garantir une compétence à ses clients. Sans ce diplôme et sans une parfaite conformité avec la réglementation de sa profession (notamment une inscription auprès de son ordre professionnel), inutile d'envisager de s'installer à son compte.

Dans tous les cas, la création de l'activité indépendante ne peut jamais se faire à la légère : les compétences et l'expérience ne suffisent pas. Avant d'ouvrir un cabinet, un bureau, un centre de soins ou un salon, la validation du projet et une sérieuse étude de marché sont incontournables pour savoir si l'affaire sera rentable, qui et combien seront les clients et s'ils seront au rendez-vous sur le long terme. Pour cela, il faut agir avec méthode : analyser l'environnement économique et social local (expansion ou régression économique), examiner la concurrence, s'adapter aux tendances, aux attentes, aux besoins du moment (voir pages précédentes). Tout cela doit permettre de se positionner clairement sur un marché ou un segment de marché, si possible en se démarquant un peu de ce qui existe déjà, afin d'avoir les meilleures chances de réussite.

CRITEO

Criteo a été fondée en 2005 par Jean-Baptiste Rudelle (ingénieur télécom chez Philips et Lucent), Franck le Ouay et Romain Niccoli (ingénieurs chez Microsoft). Ils travaillent ensemble chez Arthur D. Little, un cabinet de conseil en stratégie. Ensemble, ils ont une idée : combiner la technologie et les données. Criteo propose d'abord un service de contenus en ligne pour les sites marchands. Progressivement, l'offre se spécialise dans la publicité numérique à la performance. Objectif : aider les annonceurs à vendre mieux et plus, en calculant le rendement d'une annonce sur la base des ventes « post-clic ». Ce modèle repose sur une technologie prédictive de pointe, qui permet de traiter une énorme quantité de données d'intention d'achat en temps réel, pour arriver à identifier les acheteurs et générer des publicités personnalisées pour chacun.

Aujourd'hui, le moteur Criteo est capable d'analyser plus de 230 téraoctets de données par jour, de traiter 15 millions de demandes par seconde et de répondre en moins de 20 millisecondes. Il peut identifier les consommateurs les plus susceptibles d'acheter parmi plus de 924,5 millions d'internautes chaque mois dans le monde. Il utilise des algorithmes d'apprentissage automatique de pointe, qui intègrent et se nourrissent continuellement de nouvelles données, de sorte que la précision de ses prévisions et de ses recommandations s'améliore à chaque publicité générée. Criteo emploie désormais plus de 1000 employés dans 17 bureaux partout dans le monde, au service de plus de 6 000 annonceurs dans plus de 50 pays. En 2013, 198 milliards de dollars de ventes ont été analysées et 590 milliards de publicités ont été générées. Au 30 juin 2014, les ventes post-clic ont représenté 12 milliards de dollars.

S'appuyer sur son patron

Parmi les entrepreneurs, nombreux sont les salariés ou les anciens salariés à l'origine d'une innovation, qui ont découvert une lacune dans leur entreprise, un besoin non satisfait, une compétence insuffisamment exploitée ou une sous-traitance permettant d'assouplir la chaîne de production ou de distribution. De là naît la nouvelle activité.

L'« intrapreneuriat »

Ce drôle de terme (*spin off* en anglais des affaires) recouvre une démarche déjà bien connue, car assez ancienne : il s'agit, pour une grande entreprise ou un groupe, de donner de plus en plus d'indépendance à un salarié porteur d'un projet novateur au sein de l'activité, voire de lui proposer de prendre son autonomie juridique en créant une filiale au sein de ce groupe. « Excroissance » de l'entreprise mère, la filiale appartient par exemple pour moitié à l'entreprise de départ et pour moitié au salarié, les proportions pouvant fluctuer selon le degré d'autonomie dont a besoin la filiale. Le salarié-entrepreneur devient le dirigeant de la filiale, tout en gardant des liens étroits, notamment financiers avec le groupe.

Le dispositif a l'avantage de permettre à la filiale de fonctionner comme une start-up, tout mettant à sa disposition des fonds importants au moment de son lancement, lui offrant le temps d'atteindre son seuil de rentabilité.

L'essaimage

L'*essaimage* est une autre forme du même processus. Imaginé au moment des grands plans sociaux des années soixante-dix–quatre-vingt, il s'agit là de proposer à un salarié de créer sa propre activité en amont, au cours ou en aval de la production de l'entreprise qui l'emploie (ou l'employait). Aujourd'hui, le terme d'essaimage désigne l'ensemble des aides qu'une entreprise source peut proposer à ses salariés-entrepreneurs au moment de la création ou de la reprise d'une activité dans un secteur proche du sien.

Les grands groupes ou les entreprises importantes disposent souvent d'un service chargé d'envisager l'externalisation ou le soutien à la création d'une activité en rapport avec sa production. Consultez le service intranet.

Dans le cadre d'un essaimage, les aides peuvent prendre toutes les formes envisageables (la liste qui suit n'est pas exhaustive) :

- Un accompagnement au moment de la création ou du démarrage de la nouvelle entreprise, soit par les services de l'employeur lui-même, soit par un cabinet spécialisé payé par l'entreprise mère ;
- La mise à disposition de matériels ou de locaux ;
- Un soutien logistique (entrepôts, transports, main-d'œuvre...) ;
- Une formation à la création ou à la gestion d'entreprise ;
- Une mise en disponibilité du salarié-entrepreneur en maintenant son salaire, le temps qu'il monte son projet ;
- Un transfert de brevet, la cession d'un procédé ou d'une technologie ;
- Un partenariat commercial (l'entreprise mère devient le client ou le fournisseur de la nouvelle entreprise) ;
- Une aide financière pour démarrer la nouvelle activité, par exemple un prêt à des conditions privilégiées (taux faible, délais de remboursements assez longs), une participation au capital de la nouvelle société, un accompagnement méthodologique ou technique ;
- Des indemnités de départ pour le salarié-entrepreneur plus importantes que le minimum légal.

Certains contrats de travail prévoient des clauses d'exclusivité et/ou de non-concurrence qu'il ne faut jamais prendre à la légère. La clause d'exclusivité interdit à tout salarié d'exercer une activité pour une entreprise alors qu'il est en contrat avec une autre. Or, créer une entreprise tout en restant salarié entre dans le champ d'une clause d'exclusivité. Cependant, l'article L1222-5 du Code du travail libère de l'exclusivité tout salarié créateur d'entreprise pendant un an (à l'exception des VRP), à condition qu'il respecte l'obligation de loyauté envers l'employeur. La clause de non-concurrence interdit au salarié de quitter son poste pour aller travailler dans une entreprise concurrente.

À noter que, pour qu'une telle clause soit valable, elle doit remplir cinq conditions : être limitée dans le temps et dans l'espace géographique, être limitée quant à la nature des activités interdites, être indispensable à la protection des intérêts légitimes de l'entreprise, être adaptée en fonction de la convention collective applicable (car la convention collective prévaut toujours au contrat de travail) et prévoir une contrepartie financière.

L'Agence pour la création d'entreprise estime qu'il se crée environ 15 000 entreprises par an *via* l'essaimage. Sur ces 15 000 essaimages, 75 % sont effectués dans le cadre de sureffectifs ou d'un plan de sauvegarde pour l'emploi.

ARTAL TECHNOLOGIES

Créée en 1998 par Pierre Duverneuil, alors salarié de Matra (aujourd'hui EADS), cette PME toulousaine employait 40 personnes en 2004 et 130 en 2010 (8 millions d'euros de chiffre d'affaires à cette date). Elle est issue d'une externalisation de compétences informatiques du secteur spatial. À partir des activités systèmes sol (centres de contrôle, bancs de tests, simulateurs), à sa création la société avait deux objectifs : réunir des compétences technologiques pointues dans le domaine des composants logiciels, mais aussi diffuser des produits de son secteur (aéronautique, défense et spatial) à des clients d'autres secteurs, les plus diversifiés possible. Ce double positionnement métier et technologies permet à Artal de proposer à la fois des conseils en réalisation de projets informatiques (choix d'architectures, modélisation, choix d'outils), des systèmes d'information (des solutions « e-business »), mais aussi de vendre simplement des composants logiciels. En 2009, une filiale A2 Artal Innovation a été créée pour développer les activités de consulting et de formation. En 2010, Artal a racheté l'éditeur de logiciel Act 21, spécialisé dans le pilotage de projets publics ou privés (« plan déchets », « plan climat »). De son côté, Artal Technologies continue de travailler pour EADS Astrium, notamment sur la maintenance informatique du segment sol du programme militaire Helios. La société est aussi impliquée au côté de Thales, sur la partie sol du projet de centre de mission Galileo. Enfin, le CNES a confié à Artal le développement de la composante « sol » des opérations de préparation et de suivi de vol de ses ballons pressurisés et aéroclippers.

Repenser un concept de vente

En matière de concept de vente, là encore, tout ou presque a déjà été imaginé. Mais comme il s'agit d'inventer des concepts différents, voire nouveaux (pourquoi pas, après tout), les possibilités sont infinies. Petit tour d'horizon des tendances du moment.

Vendre « low cost » (moins cher)

Proposer des produits déjà bien connus des clients… mais moins chers : une bonne vieille recette qui a déjà servi et resservi dans pratiquement tous les secteurs d'activité. Mais qui a encore de beaux jours devant elle, compte tenu de la concurrence mondiale de plus en plus vive. Ainsi, dans les pays comme la France où la main-d'œuvre est chère, les principales méthodes pour vendre moins cher sont :

- **La vente en ligne :** plus besoin de boutique, de guichet, de personnel présent à des heures fixes de la journée. Le lien avec les clients se fait par téléphone, depuis des plates-formes qui ne sont même plus forcément installées en France ;
- **La suppression de services traditionnellement associés à une vente :** plus de repas ou de prise en charge des bagages en avion ; pas d'extension de garantie, pas de service après-vente, de livraison, de dépannage ; pas d'accueil à l'hôtel ; des voitures basiques sans accessoires (Logan, Tata Nano) ;
- **La production ou la fabrication des produits dans un pays où la main-d'œuvre est moins chère :** Chine, Inde, Pakistan… ;
- **Le self-service :** au restaurant, à la pompe à essence, au supermarché (pour les fruits et légumes), au magasin de bonbons, à la parfumerie ;
- **Le hard discount combiné au self-service :** plus de mise en rayon des produits, les clients se servent eux-mêmes et directement dans les cartons, y compris pour les meubles (on les cherche soi-même dans l'entrepôt, on les emporte puis on les monte soi-même) ;
- **Le self-service combiné au sur-mesure :** le magasin de bijoux à composer soi-même.

Si vous choisissez l'option de la vente à prix réduits, dans tous les cas, c'est l'étude de marché qui permettra de finaliser précisément le principe et les possibilités de faire baisser vos coûts de production et/ou vos coûts de distribution (voir chapitre suivant).

Au restaurant, le self-service se décline aujourd'hui en version « chic », avec une décoration soignée et des plats ultra sophistiqués. On trouve aussi la version japonaise : les clients sont assis devant un tapis roulant où défilent les plats, qu'ils « piochent » au gré de leur appétit. Dans les deux cas, bien sûr, le self-service n'est plus du tout « low cost » !

LES LUNETTES DE VUE À 10 € EN 10 MINUTES

Elle s'appelle Nidek System Edger +. C'est une machine ultra perfectionnée et unique en Europe qui centre, découpe et assemble verres et montures de lunettes en quelques minutes. Grâce à elle, au printemps 2014, Paul Morlet, un jeune entrepreneur de 24 ans, co-développeur de la machine, a ouvert à Paris le premier magasin d'optique « low-cost ». Baptisé « Lunettes pour tous », les clients peuvent s'y faire faire une paire de lunettes sur mesure en 10 minutes, pour un prix allant de 5 € à 20 €, alors que, partout ailleurs en France, on attend ses lunettes au moins 8 jours et leur prix moyen est évalué à 470 €. Le client apporte une ordonnance de moins de 3 ans, choisit ses montures et ses verres (parmi des gammes simplifiées), la fabrication se fait au sous-sol de la boutique et tout est prêt en quelques minutes. Site Internet : `www.lunettespourtous.com`.

Vendre autrement

L'idée de vendre autrement s'applique surtout à des produits ou des services basiques, déjà très connus, intrinsèquement peu originaux. Si votre idée d'activité est de ce style, alors, c'est peut-être l'originalité de votre manière de le vendre qui fera la différence. Voici quelques exemples puisés dans une époque récente :

- **Le « made in France »** : parfums, cosmétique, textile, cuir, chaussures, agroalimentaire, cuisine, vins… la liste est longue des produits « made in France » qui font fureur à l'étranger, notamment chez nos voisins européens, mais aussi en France, où le chauvinisme économique est de nouveau très à la mode ;
- **Le commerce ambulant dans un camion magasin** : les « food trucks » arrivent en ville : camions à pizza, friteries, fast-food, sandwicheries, traiteur ; et dans les villages ou sur les marchés, les camions sont des boulangeries, boucheries, rôtisseries, merceries, magasins de bricolage, salons de coiffure et d'esthétique, couturières ou retoucheuses, etc. ;
- **Le concept « équitable », « bio », « responsable », « durable »** : décoration, maison, jardin ou potager bio, ameublement et matériel recyclés ou recyclables, circulation « douce », éco quartiers ;

- **Le bar insolite** : le *Wash Bar* pour boire un café, faire un tournoi de Wii ou écouter un concert tout en faisant tourner une lessive ; le *Ice Kube Bar* pour boire un verre dans une ambiance à – 5 °C ; le *Polyglot Club* pour les expatriés et amateurs de langues étrangères ; le bar à catch où la soirée commence au bar et se termine à la cave devant un match de catch mexicain ; le bar brocante pour les amateurs de « récup' » ; le « P'tit bar » de 9 m^2.
- **Le supermarché – restaurant rapide** : une superette de centre-ville où l'on peut à la fois faire quelques courses et acheter son petit-déjeuner, son déjeuner ou son dîner ;
- **Le magasin exclusif** : des objets tout en plastique ou tout en bois, des vêtements exclusivement blancs, un seul type de chaussures (des tongs, des sandales, des bottes, etc.), des maillots de bain exclusivement féminins, des boutiques « girly ».

La durée du concept de vente est le plus souvent liée à une mode. Il faut donc se préparer dès le départ à l'adapter, voire à en changer régulièrement.

Vendre sur Internet

Soyons clairs, il s'agit tout simplement de vente par correspondance, où les sites internet ont remplacé les bons vieux catalogues, bons de commandes, courriers classiques et fax. C'est ainsi qu'avec l'explosion des nouvelles technologies et de l'équipement ultra rapide des ménages, notamment français, la vente par correspondance connaît un renouveau exceptionnel. Désormais, les entrepreneurs n'ont même plus besoin de magasins où attirer leurs clients : les produits sont présentés sur des sites internet, avec la possibilité de les acheter vingt-quatre heures sur vingt-quatre d'un coup de fil ou d'un clic, en donnant un numéro de carte de crédit et une adresse pour la livraison. Et pour les billets, plus besoin de guichets : une bonne imprimante suffit.

La vente par correspondance et l'e-commerce se marient aussi parfaitement à un commerce ou à un artisanat tout à fait traditionnel, avec ou sans vitrine. Car le mariage du réel et du virtuel a deux énormes avantages. D'abord, il permet de s'installer dans une localité unique, y compris dans un village très reculé, puisque les clients qui ne peuvent pas se déplacer peuvent tout de même choisir les produits, poser des questions et les commander *via* le site internet et la messagerie et les retourner s'ils ne conviennent pas. Il permet aussi de décupler sa clientèle, et même de la mondialiser, puisque le Web est accessible à peu près partout dans le monde.

LE E-BUSINESS POUR LES NULS

On désigne par *e-commerce* le commerce électronique, ou commerce en ligne, plutôt à destination des particuliers. On l'appelle aussi *business to consumer*, ou *B to C* (voire *B2C*). Parallèlement, l'*e-business* se fait plutôt entre professionnels : c'est le terme qui désigne le commerce virtuel interentreprises, le *business to business* (ou encore *B to B*, voire *B2B*). À noter aussi que l'on désigne par *Web 2.0* la seconde génération de cyber-entrepreneurs, à la suite des faillites de la bulle Internet des années 2000. Désormais, on en est au Web 3.0, celui des réseaux sociaux et de la mobilité intégrale grâce aux applications sur Smartphones et tablettes.

Ajoutons une notion très importante aujourd'hui, lorsque l'on se lance dans le commerce en ligne : le « click and collect », qui permet aux clients d'acheter toutes sortes de produits en ligne (« click ») et de passer les chercher (« collect ») dans un point relais tout proche, très rapidement et si possible gratuitement. Et lorsqu'il peut le faire sans descendre de sa voiture, il se rend au « drive ».

Enfin, un « marketplace » est la galerie marchande virtuelle où se rencontrent le vendeur et l'acheteur, grâce aux outils techniques et marketing d'un opérateur. Certains grands sites de commerce en ligne hébergent ainsi les espaces de vente d'autres marchands plus petits ou complémentaires, pour leur faire profiter de leur plateforme de trafic, en échange d'une redevance. Dans cette dynamique, on annonce l'arrivée imminente des « mall 2.0 » (« mall » pour « galerie marchande »), c'est-à-dire le regroupement d'opérateurs de vente en ligne sur une plateforme unique d'achat/vente.

C'est ainsi que l'ensemble des activités économiques est désormais concerné par la révolution d'Internet. Y compris le monde rural, qui n'a plus besoin de se déplacer en ville pour entrer en contact avec des fournisseurs ou des clients.

Du côté des « e-consommateurs », les chiffres sont tout aussi impressionnants : selon l'étude annuelle réalisée par Mediamétrie pour la Fédération e-commerce et vente à distance (Fevad), en 2015, l'e-commerce français a progressé de 14 % et le nombre de transactions de 19 %. 64,9 milliards d'euros ont été dépensés en ligne. La barre des 60 milliards a donc été franchie et même largement dépassée en 2015. Rien qu'à Noël les ventes ont progressé de 12 % par rapport à 2014 !

Ce qui fait de la France le deuxième marché européen du cybercommerce, derrière le Royaume Uni (157 milliards d'euros dépensés en ligne en 2015, et 173,7 milliards prévus pour 2016) et désormais devant l'Allemagne (59,7 milliards en 2015, et 66,9 milliards prévus en 2016). À eux seuls, ces trois pays représentent d'ailleurs 2/3 des ventes européennes en ligne en 2015.

En France, cette même année, on a compté pas moins de 35,5 millions d'acheteurs en ligne, dont près de 6,6 millions sont désormais des « mobinautes » : ils font leurs achats depuis leur Smartphone (environ 54 % d'entre eux sont des hommes et 46 % des femmes).

Quant à leurs achats, ils privilégient désormais la « consommation collaborative » : réservation d'hébergements auprès de particuliers, covoiturage, achats groupés directement aux producteurs de fruits et légumes. Ainsi, les cyber-acheteurs étaient 20 % à consommer « collaboratif » en 2013, 35 % en 2014, 39 % en 2015 et projettent d'être 62 % en 2016.

En tout, 835 millions de transactions ont donc été enregistrées en France en 2015, d'une moyenne de 78 €, le seul chiffre en baisse constante. Ainsi, depuis 2011, le prix du panier moyen a connu une baisse de 10 %, heureusement compensée par l'arrivée permanente de nouveaux acheteurs et l'augmentation des fréquences d'achat. Statistiquement, un cyber-acheteur français réalise 22,9 transactions par an, pour un montant annuel estimé à 1 780 €.

Du côté des sites marchands, 2015 a battu un nouveau record avec 182 000 sites marchands actifs, soit une augmentation de 16 % par rapport à 2014. On peut noter également que 25 000 nouveaux sites ont été créés en 2015. Leur chiffre d'affaires reste très disparate : 95,1 % d'entre eux ont dégagé un chiffre d'affaire inférieur à un million d'euros en 2015. Seuls 4,3 % ont franchi le million d'euros de recette et seulement 0,6 % dépassent les 10 millions.

Le top 10 des sites de e-commerce les plus visités en France en 2014 se compose de : Amazon (18,1 millions de visiteurs uniques par mois, soit un peu plus de 2 millions en moyenne par jour), CDiscount et Fnac (respectivement 11,1 et 9,3 millions), Ebay (9,8 millons), Voyage SNCF.com (4,6 millions). Derrière arrivent, dans l'ordre, La Redoute, Vente-Privée.com, et E.Leclerc, dont les sites ont entre 5 et 6 millions de visiteurs uniques par mois.

PARIS EN BOUTEILLE

Christophe Charrier, 24 ans, vient de lancer son petit commerce sur Internet : vendre des fioles d'eau non potable de la Seine. Une à deux fois par mois, ce contrôleur qualité dans l'aéronautique spécialiste des turboréacteurs se rend au port de Suffren (VIIe), au pied de la tour Eiffel, un jerrican de 5 L sous le bras. Après l'avoir rempli, il rentre chez lui, dans le IIIe arrondissement, pour filtrer l'eau et la transvaser dans des fioles de 50 ml en forme de tour Eiffel (fabriquées en Bulgarie). Il les vend ensuite 6,90 € sur son site Internet : `www.paris-en-bouteille.com`.

C'est en se promenant le long des quais que l'idée lui est venue : comme l'eau de Lourdes ou le sable du désert, pourquoi ne pas ramener quelques gouttes de la Seine ? L'Agence de l'eau Seine-Normandie a donné son accord. Il peut prélever gratuitement jusqu'à 7000 m^3 d'eau de la Seine par an. Depuis, une édition limitée « gold », dorée à la feuille d'or 24 carats, a été commercialise à 22 € pièce, notamment pour Noël, avec le tampon officiel « Origine France garantie® ».

Utiliser des sites de vente entre particuliers

Évolution inattendue de l'Internet : les sites dédiés à la vente entre particuliers, comme eBay ou PriceMinister, sont devenus en un temps record des boutiques en ligne pour des centaines de milliers d'entreprises en France. Notamment celles qui viennent de se créer et qui ont de faibles moyens pour se lancer. Ainsi, parmi les objets régulièrement mis en vente par les particuliers, les acheteurs peuvent désormais trouver des produits neufs à prix réduits pour cause de déstockages, des modèles d'essai pratiquement neufs, voire des produits qui ne sont en vente nulle part dans les circuits classiques de distribution.

L'utilisation de ces « galeries marchandes » électroniques (on les appelle « market places ») a bien sûr tous les avantages de la vente en ligne. D'abord, un coût extrêmement limité : il suffit d'un ordinateur, d'un accès au Web et d'un appareil photo numérique pour illustrer la description des produits. L'inscription comme vendeur se fait aux mêmes conditions qu'entre particuliers, c'est-à-dire gratuitement. Des frais ne sont versés au site d'annonces qu'une fois la vente conclue. Autre avantage : la possibilité de toucher un maximum de clients, vingt-quatre heures sur vingt-quatre, sept jours sur sept, y compris à l'international. Par exemple, eBay affirme qu'en utilisant son site, une entreprise dispose d'une cible de 157 millions d'acheteurs actifs dans le monde au moyen de son application disponible dans 190 pays (données internes eBay, avril 2015). Quant à PriceMinister, il dispose de près de 20 millions de membres.

Mais les avantages de ce type de vente en ligne ne s'arrêtent pas là, il y en a beaucoup d'autres :

- L'entreprise n'a même plus besoin d'avoir son propre site, ce qui représente un gain de temps et d'argent considérable, surtout pour les PME ou les TPE ;
- Elle profite du trafic généré vers ses annonces ;
- Le site qui l'accueille est un comparateur de prix, qui dirige automatiquement les clients vers ses produits lorsqu'ils sont parmi les plus compétitifs ;
- Des outils d'aide en ligne sont proposés, avant, pendant et après la vente ;
- Si l'activité se développe bien, l'entrepreneur peut ouvrir sur le même site sa propre boutique virtuelle ;
- Les transactions financières sont automatiquement sécurisées et garanties par un système interne gratuit.

Et voilà comment, en quelques années, des centaines de milliers de professionnels ont « annexé » des sites qui ne leur étaient pas destinés au départ !

Si vos produits ou vos services sont prêts à être commercialisés avant même la création effective de votre entreprise, ces sites d'annonces sont aussi un excellent moyen de tester ponctuellement votre marché grandeur nature. En effet, même si vous n'êtes pas encore vraiment installé en tant qu'entrepreneur, ou que vos démarches de création d'entreprise ne sont pas finalisées, rien ne vous empêche de faire vos premiers pas sur le Web en tant que particulier.

Car sachez qu'il n'existe pas de seuil financier ou fiscal permettant *a priori* de faire la différence entre un professionnel et un particulier. Sur le Web, comme dans le commerce traditionnel, les critères d'appréciation pour décréter qu'un particulier devient un vrai commerçant sont fondés sur l'article L121-1 du Code de commerce : un commerçant est quelqu'un « qui exerce des actes de commerce et en fait sa profession habituelle ». Ainsi, tant que vos ventes ne représentent pas votre activité professionnelle habituelle, que vous n'êtes pas installé dans des locaux professionnels, que vous n'avez pas encore une organisation, une logistique, une vraie motivation de faire du profit, vous n'avez pas à déclarer vos gains à l'administration fiscale.

Revers de la médaille, en tant que particulier vous ne serez pas exonéré du paiement de la TVA sur vos frais de vente, puisque cette exonération est réservée aux professionnels inscrits comme tels sur les sites d'annonces. Pour être exonéré, il faut que l'entreprise soit créée, ce qui permet de demander au centre des impôts dont elle dépend de lui délivrer un numéro individuel d'identification de TVA, qu'il suffit d'enregistrer sur le site, dans l'espace réservé aux vendeurs professionnels.

LE BON COIN : LE VIDE GRENIER EN LIGNE QUI EXPLOSE

Le Bon Coin est aujourd'hui le vide-grenier de France qui rassemble près de 20 millions d'utilisateurs chaque mois. À l'origine, en 2006, l'idée était de lancer une déclinaison du site suédois de petites annonces entre particuliers Blocket. Préparé sous le nom de code « Chez Georgette », il est lancé à 50/50 par le groupe Spir communication et le Scandinave Schibsted, qui en prendra le contrôle par la suite. Le démarrage est fulgurant : dès sa première année, le Bon Coin attire plus d'un million de visiteurs uniques par mois. Son accès gratuit et sa simplicité d'usage contribuent à son succès. En 2009, il passe devant eBay pour la vente de biens de consommation. En réaction, le géant américain se met à son tour aux petites annonces. Mais le Bon Coin poursuit son ascension : en 2010, il devient leader des petites annonces automobiles (devant `LaCentrale.fr`). En 2011, il prend la tête des petites annonces immobilières en ligne, devant Seloger.com, Homelydays et Abritel pour les locations saisonnières. Il est aussi le premier site privé d'offres d'emploi : plus de 25 000 PME et

LE BON COIN : LE VIDE GRENIER EN LIGNE QUI EXPLOSE (SUITE)

TPE ont déjà recruté via Le Bon Coin. En 2014, il a publié plus d'annonces d'offres d'emploi exclusives que le site de Pôle emploi !

Depuis sa création, le chiffre d'affaires du Bon Coin a enregistré chaque année une croissance à deux chiffres, passant de 5 millions à 124 millions d'euros en moins de dix ans, assorti d'un taux de marge brute de 60 %. Chaque mois, 20 millions de personnes le visitent, 25 millions d'annonces y sont réparties en 60 catégories, et 35 millions de Français l'ont déjà utilisé pour acheter ou vendre un bien.

Importer une idée

Même plus besoin de faire le tour du monde pour pouvoir importer une idée ! Pas la peine non plus de savoir surfer sur le Web en toutes les langues. Il suffit de connaître quelques sites spécialisés dans la recherche de bonnes idées à prendre un peu partout dans le monde. Et le rêve de la création d'entreprise commence...

Où trouver une idée à importer ? Partout ! Au détour d'un site internet évidemment, mais aussi en lisant un article de magazine, en écoutant des amis raconter un voyage, et bien sûr en voyageant soi-même, même pour des vacances. Mais, là encore, comme tout bon entrepreneur, il faut savoir être à l'écoute et réagir vite.

En Amérique

Restaurants rapides, parcs à thème, activités commerciales, services à domicile... Des centaines d'idée d'entreprises ont vu le jour en France depuis des décennies sur une idée originale américaine. Il faut dire qu'importer une idée américaine en France a toujours été un bon filon et le reste encore, notamment en matière de services en ligne. Même si la crise financière puis économique est passée par là, les États-Unis brillent toujours par leur énergie et leur créativité, notamment *via* Internet.

Voici quelques exemples :

- **Le « food truck » à thème :** bio, céréales, salades, jus de fruits, café, bière ;
- **La location d'objets personnels :** vêtements chics, accessoires de mode, sacs à main, chaussures, mais aussi télévisions, meubles, canapés, électroménager ;

- **La location de voiture en libre-service (type Autolib') :** une flotte de voitures garées sur une centaine d'emplacements dans une dizaine de villes américaines. Les clients s'abonnent puis les utilisent en libre-service, pour un prix à l'heure ;
- **Les services réservés aux enfants :** coiffeurs, salon de fitness, soutien scolaire (un réseau est même uniquement dédié au soutien de mathématiques) ;
- **Les services réservés aux animaux domestiques :** toilettage et promenades bien sûr, mais aussi pensions de vacances, bijoux, lunettes, vêtements de luxe, portraits-photos à reproduire sur un tee-shirt ;
- **Le tourisme médical :** le billet d'avion et le séjour s'accompagnent d'une intervention chirurgicale *low cost* (Mexique, Argentine, Inde, Thaïlande).

Rappelons, s'il en était besoin, que l'Amérique, ce n'est pas seulement les États-Unis. Car, du point de vue des idées d'activités, le Canada est aussi une très bonne source d'inspiration. Sans parler plus spécifiquement du Québec, qui, pour nous, Français, est un excellent laboratoire d'essai d'une idée américaine adaptée à la culture francophone.

Enfin, si vous partez en vacances dans l'un des très grands pays d'Amérique latine, dont beaucoup émergent et deviennent même des décideurs mondiaux (Brésil, Argentine, Venezuela), ouvrez l'œil...

En Asie

Pour ce qui est des modes passagères, jeux, robots, gadgets en tous genres, c'est au Japon, en Chine ou en Corée qu'il faut continuer à puiser des idées ! Derniers gadgets en date : l'enceinte-toaster Bluetooth, la bouilloire sans fil connectée, le pot de fleur mural auto-arrosage, le barbecue de balcon, la pince barbecue-sabre laser, le parapluie à manche LED, le porte-clavier pour pouvoir rédiger un texte couché sur le dos, le crayon qui écrit seul sous la dictée, les chemises, blousons ou casques à air conditionné, le pot à hurler, le karaoké muet, le diffuseur de musique douce aux toilettes, le gant-piano, la souris-appareil photo, etc...

En Europe

Plus simplement, on peut aussi s'inspirer des modes en vogue chez nos voisins proches : dans l'Union européenne traditionnelle bien sûr (Royaume-Uni, Espagne, Italie, Allemagne, Pays-Bas, Belgique, Suède...), mais aussi en Europe centrale, où de nombreux grands pays émergents (Pologne, Tchéquie, Slovaquie, Slovénie, Croatie...) se modernisent à toute vitesse et font preuve d'une grande créativité.

Puisque ces pays sont faciles d'accès pour les Français, un petit voyage sur place est toujours intéressant pour approfondir une intuition. Et là, promenez-vous dans les centres-villes et les endroits branchés. Ce sont eux qui dénotent le mieux les modes du moment, les nouvelles habitudes de consommation ou les tendances qui s'annoncent.

BLABLACAR

C'est une plateforme communautaire de covoiturage devenue leader du secteur en Europe en moins de dix ans. Alors qu'auparavant, seuls les Allemands étaient adeptes, et depuis longtemps, de ce mode de transport partagé. D'abord baptisé « Covoiturage.fr » de 2004 à 2013, le succès commence à poindre dès 2008 grâce au modèle communautaire de sa plateforme de mise en relation entre voyageurs. Ils peuvent y publier leur portrait, donner leur avis sur un trajet, échanger des messages privés ou publics entre membres. Parallèlement, une offre de service est proposée à certaines entreprises (IKEA, RATP, Carrefour), aux villes, aux intercommunalités. À partir de 2013, Covoiturage.fr devient BlaBlaCar, avec un système de réservation et de paiement sécurisé en ligne. Succès immédiat. En 2015, le service est accessible dans 14 pays : en Europe, mais aussi en Russie, en Turquie et en Inde. Au dernier comptage, il y aurait 20 millions de membres.

En Afrique

L'Afrique, du nord au sud et d'est en ouest, est un bouillonnement permanent d'innovations, même lorsque le contexte économique, politique ou religieux perturbe la stabilité de certaines régions. Nouvelles technologies, agriculture, énergies renouvelables, finance… les jeunes talents foisonnent et regorgent d'idées neuves dont peuvent aussi s'inspirer les entrepreneurs des autres continents.

Exemples : le kit comprenant un panneau solaire de 4 watts, un boîtier de contrôle mural, trois lampes et un chargeur de téléphone ; le sondage par SMS gratuit auprès de 150 000 abonnés d'un opérateur télécom ; le centre de traitement des eaux usées qui transforme les boues en combustible pour l'industrie ; les toilettes portables à installer dans les foyers non raccordés à une fosse sceptique ou un réseau d'égouts ; la production de larves de mouches nourries aux déchets alimentaires : 1 kg d'œuf produit 380 kg de larves en à peine trois jours, destinées à nourrir le bétail ; le riz fortifiant, enrichi en vitamines A et fer.

Les autres possibilités

Plutôt que de créer une entreprise *ex nihilo*, certains entrepreneurs préféreront peut-être reprendre une affaire qui existe déjà. Les avantages sont nombreux, nous allons le voir, et les soutiens ne manquent pas.

Reprendre une entreprise

Avec l'arrivée en fin de carrière des patrons nés durant les années du baby-boom, la transmission d'entreprise est devenu enjeu économique important. C'est pourquoi les pouvoirs publics, les chambres consulaires et les professionnels de la création d'entreprise (tous les organismes cités à la fin du chapitre 2) se mobilisent en offrant des services juridiques et fiscaux spécialisés. Ces soutiens sont de tous ordres :

- La mise en contact entre les cédants et les repreneurs ;
- La valorisation du fonds, l'analyse de sa viabilité ;
- La recherche de fonds pour financer l'opération ;
- L'élaborer du plan de reprise et la préparation du dossier juridique ;
- La négociation de la transaction entre le cédant et le repreneur ;
- L'aide au repreneur pour faire face aux premiers mois d'activité.

À consulter particulièrement, le site internet de l'association Cédants et repreneurs d'affaires (`www.cra.asso.fr`). Depuis 1985, son objet est de favoriser les cessions et transmissions de PME et PMI de cinq à cent salariés (valorisation entre 300 000 et 500 000 euros). L'association dispose de soixante-douze délégations régionales et épaule les cédants et les repreneurs pour finaliser leur transaction. Le site publie aussi plusieurs centaines d'offres.

Avantages et inconvénients d'une reprise

Passons d'abord rapidement en revue les avantages et les inconvénients d'une reprise d'entreprise. Les avantages, nombreux, sont les suivants :

- L'entreprise a un nom et un statut juridique ;
- Les démarches administratives de création de l'entreprise sont faites ;
- La comptabilité est en place ;

- Les risques inhérents au démarrage de l'activité font partie du passé ;
- Les locaux sont installés ;
- Le personnel est recruté ;
- L'activité bénéficie déjà d'un savoir-faire ;
- Les banques, créanciers et fournisseurs connaissent l'entreprise ;
- Le fichier clients est constitué et éprouvé ;
- Les partenariats commerciaux ont été noués en amont et en aval de l'activité ;
- Le cédant peut parrainer le repreneur durant quelque temps, notamment auprès des banques, des fournisseurs et des clients.

Les inconvénients sont ceux-ci :

- Beaucoup d'entreprises à céder évoluent souvent dans un secteur en déclin, voire épuisé ;
- Le matériel peut être usé ou obsolète : il faudra le remplacer (donc prévoir des dépenses) ;
- Sachant que l'entreprise change de patron, le personnel est démotivé et moins productif ;
- Les entreprises peu onéreuses sont en difficulté, en dépôt de bilan ou en redressement judiciaire.

QUI SONT LES REPRENEURS ?

Parmi les repreneurs, beaucoup sont des cadres, quadra ou quinquagénaires, qui ont commencé leur carrière au sein de grosses PME ou de grandes entreprises et qui cherchent à se retrouver dans un monde qu'ils connaissent et maîtrisent bien. C'est pourquoi, en général, ils s'intéressent aux entreprises de plus de vingt salariés, et moins aux très petites entreprises (TPE), auxquelles ils ne sont pas habitués. En effet, dans une TPE, le patron doit savoir tout faire, y compris le café, le standard, le secrétariat ou la maintenance informatique.

Pourtant, l'immense majorité des entreprises à reprendre aujourd'hui sont justement des TPE, qui emploient peu ou pas de salariés. Les experts estiment à seulement 5 % ou 6 % la proportion de PME de plus de vingt salariés qui auront besoin d'un repreneur dans les prochaines années.

Si la reprise d'une affaire est envisagée par des salariés qui souhaitent prendre en main leur carrière, ou leur fin de carrière, et non la subir, ce n'est jamais une solution miracle pour retrouver un emploi. Car devenir repreneur d'entreprise ne s'improvise pas : il faut être un véritable entrepreneur. Si vous choisissez de reprendre une entreprise plutôt que de la créer vous-même, vous devez connaître parfaitement le secteur d'activité dans lequel vous allez évoluer, et vous donner les moyens d'estimer correctement votre capacité à réussir.

Les secteurs d'activité concernés

Tous les secteurs d'activité sont concernés par les transmissions d'entreprise, notamment le commerce et l'industrie. Attention, toutefois, les chiffres annoncés çà et là ne reflètent pas vraiment la réalité. Le cabinet Epsilon Research et la Compagnie nationale des conseils en fusions et acquisitions (CNCFA) ont créé en 2010, un observatoire de la transmission de PME (de 20 à 249 salariés). Leur baromètre publié en novembre 2014 évalue à seulement 5 300 le nombre de PME françaises « à vendre » chaque année en France. Nombre duquel il faut encore soustraire les transmissions internes, où le repreneur est soit un membre de la famille du dirigeant, soit l'un de ses salariés (environ 1200). Cela ne fait plus que 4 100 entreprises ou sociétés qui peuvent éventuellement changer de main chaque année en passant par une véritable cession externe.

Il y a donc un écart très important entre :

- **Le « marché apparent »**, qui comptabilise les 500 000 entreprises dont le dirigeant a plus de 50 ans, dont on peut déduire qu'elles seront à vendre dans les dix ou quinze prochaines années ;
- **Le « marché réel »**, qui comptabilise les entreprises réellement à vendre chaque année, soit environ 4 100 ;
- **Le « marché caché » :** les opérations qui ne font l'objet d'aucune communication et que la CNCFA et Epsilon estime à 60 % du marché réel ;
- **Le « marché perdu » :** les opérations potentielles qui ne se concrétisent pas, le plus souvent parce que les dirigeants de la PME ont mal préparé la transmission, ou que l'intermédiation a été insuffisante, ou encore que les négociations n'ont pas pu aboutir, du fait d'une mauvaise valorisation de l'entreprise.

En sus de tout cela, la crise économique et financière a provoqué chez les cédants un réflexe naturel d'attentisme : s'il faut céder son affaire, mieux vaut le faire dans un contexte économique favorable et non en période de baisse d'activité. Quant aux banques, compte tenu de leur propre situation financière, elles se sont montrées particulièrement frileuses pour soutenir la création d'entreprise en général, et les reprises en particulier.

C'est ainsi qu'en matière de transmission d'entreprise, les années 2008-2014 ont été marquées par une certaine pénurie. La meilleure illustration de cette réalité est la page d'accueil de l'association CRA, déjà citée. Elle fait état de 609 sociétés à reprendre et, à la même date (juillet 2015), de pas moins de 1341 repreneurs.

Il reste que la crise commence à s'éloigner. Les valorisations sont plus raisonnables et les possibilités de financement un peu plus faciles, dans les banques comme dans les fonds spécialisés dans le soutien à la transmission d'entreprise.

C'est peut-être le moment de se lancer !

Pour trouver les meilleures offres de cession, commencez toujours par consulter la chambre de commerce pour les activités commerciales, la chambre des métiers pour les activités artisanales, la chambre d'agriculture pour les exploitations agricoles. Sachez que, plus l'entreprise est prospère, moins il y a de publicité autour de sa reprise, notamment pour ne pas faire fuir les clients. Les murs de ces vénérables institutions sont un gage de confidentialité !

Sans oublier, bien sûr, le site internet de l'association CRA : `www.cra.asso.fr`.

La question des plus-values de cession

Lorsqu'un entrepreneur songe à céder son affaire, il pense aussi aux impôts que ça va lui coûter. Pour que cela ne soit pas un frein à sa décision, plusieurs dispositions fiscales sont en vigueur depuis plusieurs années. Ainsi, lorsque le cédant réalise une plus-value en transmettant son entreprise – dans le langage fiscal, ça s'appelle une « plus-value de cession » –, il bénéficie d'une exonération d'impôts.

Ainsi, pour la cession de l'entreprise ou la cession de l'intégralité des droits sociaux d'une société de personnes, les plus-values réalisées sont aussi entièrement exonérées d'impôt sur le revenu, lorsque :

- Le montant de la cession n'excède pas 300 000 euros ;
- Le cédant a exercé cette activité pendant au moins cinq ans.

Si le montant de la cession est compris entre 300 000 et 500 000 euros, l'exonération est partielle. Dans cette hypothèse, le montant exonéré de la plus-value est déterminé en lui appliquant un taux calculé en fonction du montant réel des recettes.

Si le cédant accorde un crédit vendeur au repreneur, le paiement de l'impôt sur les plus-values peut être payé en plusieurs fois. Rappelons que le crédit vendeur est un accord entre le cédant et le repreneur : au moment de la reprise, ce dernier apporte une partie des fonds, et le cédant lui accorde un délai pour verser le solde. Une pratique rare, mais qui peut permettre de finaliser une transmission d'entreprise, notamment lorsque les banques limitent leur participation.

Soulignons également qu'un dispositif spécial est réservé aux transmissions de toutes petites entreprises, que ce soit à titre gratuit ou onéreux. Pour elles, les plus-values réalisées sont totalement exonérées d'impôt, lorsque le cédant a exercé au moins cinq ans et que le chiffre d'affaires annuel hors taxes, n'excède pas :

» 250 000 euros pour les entreprises d'achat et revente imposées dans la catégorie des bénéfices industriels et commerciaux et pour les entreprises agricoles ;

» 90 000 euros pour les autres entreprises.

Si le chiffre d'affaires dépasse ces seuils mais sans dépasser respectivement 350 000 et 126 000 euros, l'exonération d'impôt est partielle.

Si le cédant part à la retraite

Si, en plus de céder son entreprise, le cédant prend sa retraite, les aides fiscales sont encore améliorées. Elles s'adressent à la fois au chef d'entreprise qui cède son fonds et à l'associé d'une société de personnes soumise à l'impôt sur le revenu, qui cède la totalité de ses droits sociaux.

L'exonération d'impôt sur le revenu est totale dans les conditions suivantes :

» La cession concerne une PME et s'effectue à titre onéreux ;

» Le vendeur y a exercé son activité professionnelle pendant au moins cinq ans ;

» Il cesse toute fonction au sein de l'entreprise cédée et fait valoir ses droits à la retraite dans les deux ans suivant ou précédant la cession ;

» Il ne détient pas plus de 50 % des droits sociaux ou des droits dans les bénéfices sociaux de l'entreprise cessionnaire.

Il ne s'agit que d'une exonération d'impôts. Autrement dit, tous les prélèvements sociaux (CSG, CRDS, etc.) restent dus.

Si la PME est assujettie à l'impôt sur les sociétés (et non l'entrepreneur à l'impôt sur le revenu, cette différence est expliquée aux chapitres 10 et 11), la plus-value de cession bénéficie d'un abattement. Celui-ci s'élève à un tiers multiplié par le nombre d'années de détention des titres au-delà de la cinquième année.

L'entrepreneur a détenu sa société pendant sept ans. Lors de sa vente, la plus-value s'élève à 150 000 euros. La durée de détention est ramenée à deux ans, puisqu'on ne compte qu'au-delà de la cinquième année. Le taux de l'abattement se calcule ainsi : 2 ans × 1/3 = 2/3. Le montant de l'abattement est de : 150 000 € × 2/3 = 100 000 €. La plus-value imposable est donc égale à : 150 000 € – 100 000 € = 50 000 €.

Là aussi, le dirigeant doit bien sûr cesser ses fonctions dans la société et faire valoir ses droits à la retraite dans les deux ans qui suivent ou qui précèdent la cession de ses titres.

S'il s'agit d'une donation à un membre de la famille

La loi cherche aussi à favoriser la transmission anticipée d'une entreprise aux héritiers de l'entrepreneur, s'il en a et qu'ils sont compétents pour reprendre l'entreprise. Ainsi, lorsque l'entrepreneur décide de transmettre son entreprise par donation, c'est-à-dire de la céder à titre gratuit, le calcul des droits de mutation se fait après un abattement de 75 % :

- De la valeur des titres ou des actions s'il s'agit d'une société, que l'activité soit industrielle, commerciale, artisanale, agricole ou libérale ;
- Des biens affectés à l'exploitation s'il s'agit d'une entreprise individuelle.

Cependant, la loi exige aussi que la transmission entre génération se passe en douceur, sur la durée. À défaut de quoi, il n'y a pas d'abattement possible. C'est pourquoi, si l'entreprise donnée est une société, le cédant doit d'abord avoir pris l'engagement collectif, avec d'autres associés, de conserver un certain quota de titres. Et cela, pendant une durée minimale de deux ans. Le quota dépend du fait que la société soit ou non cotée en Bourse :

- S'il s'agit d'une société non cotée, l'engagement doit porter sur au moins 34 % des droits financiers et des droits de vote attachés aux titres ;
- S'il s'agit d'une société cotée, l'engagement doit porter sur au moins 20 % des droits financiers et des droits de vote attachés aux titres.

Si cette condition de quota est rompue avant l'expiration de l'engagement, tous les bénéficiaires de la donation devront payer le complément de droits de mutation, ainsi que l'intérêt légal.

Puis, après la transmission de l'entreprise, les donataires doivent s'engager, cette fois individuellement, à conserver leurs parts de la société pendant au moins quatre ans, à compter de la date d'expiration de l'engagement du donateur. Par conséquent, si vous comptez bien, l'ensemble de la transmission de l'entreprise d'une génération à l'autre par donation doit se faire sur six années.

Si un bénéficiaire (on dit aussi « donataire ») décède ou donne à son tour sa part à un héritier, l'engagement de conservation des parts pendant quatre ans est cédé avec. Il doit être donc repris jusqu'à son terme par les bénéficiaires de la succession ou de la nouvelle donation.

Dernière condition pour avoir droit à l'abattement : pendant la durée de l'engagement collectif et au moins pendant trois ans après la transmission, un des bénéficiaires – ou plusieurs mais au moins un – doit exercer lui-même son activité principale au sein de l'entreprise. S'il s'agit d'une société soumise à l'impôt sur les sociétés, les fonctions de dirigeant admises sont les suivantes :

- Gérant de droit ;
- Associé en nom d'une société de personnes soumise à l'impôt sur les sociétés ;
- Président-directeur général ;
- Président du conseil de surveillance ;
- Membre du directoire.

Enfin, si la donation porte sur une entreprise individuelle ou une EURL, pour bénéficier de l'abattement, l'entreprise doit avoir été détenue par le donateur depuis au moins deux ans. Une exception néanmoins : si le donateur avait créé l'entreprise lui-même, le délai de détention n'est pas exigé.

Quant aux donataires, ils doivent s'engager à conserver l'ensemble des biens affectés à l'exploitation de l'entreprise pendant au moins quatre ans, à compter de la date de la transmission. Là encore, en cas de décès d'un bénéficiaire ou s'il cède à son tour l'entreprise, l'engagement de conservation doit être repris jusqu'à son terme par les bénéficiaires de la succession ou de la nouvelle donation.

Enfin, dernière condition pour profiter de l'abattement : l'entreprise doit être exploitée par au moins un des bénéficiaires pendant au moins trois ans.

Si ces conditions ne sont pas respectées, tous les intéressés devront payer le complément de droits de mutation ainsi que l'intérêt légal.

Transmission d'entreprise et contrat de génération

Lorsque l'entreprise a un effectif de moins de 50 salariés, et que l'entrepreneur a 57 ans ou plus, il peut envisager de la transmettre à un jeune avec lequel il signe un contrat de génération. Le jeune doit avoir entre 16 et 25 ans, et même jusqu'à 30 ans s'il est reconnu travailleur handicapé.

Si toutes ces conditions sont remplies, l'État peut verser une aide de 4 000 € par an pendant 3 ans maximum, soit l'équivalent d'un quart du salaire brut du jeune s'il touche le SMIC. Pendant cette période, le jeune est formé à prendre la direction de l'activité.

Il n'y a aucune obligation de transmettre l'entreprise au terme du contrat. Si finalement quelque chose l'empêche, l'entrepreneur n'a pas à rembourser l'aide perçue.

Opter pour la franchise

La franchise est « un système de commercialisation de produits, de services ou de technologies, basé sur une collaboration étroite et continue entre des entreprises juridiquement et financièrement indépendantes, dans lequel le franchiseur accorde à ses franchisés le droit et impose l'obligation d'exploiter une entreprise en conformité avec le concept du franchiseur ».

La franchise : 11 000 réseaux en Europe

La définition que vous venez de lire est celle du Code de déontologie européen adopté par la Fédération européenne de la franchise (EFF). Cette fédération réunit l'ensemble des associations nationales de franchise de dix-neuf pays européens (notamment Allemagne, Belgique, Danemark, France, Hongrie, Italie, Pays-Bas, Royaume-Uni mais aussi Pologne, Hongrie, Suisse ou Turquie). Difficile de faire mieux…

D'ailleurs, selon cette fédération, en 2010, l'Europe comptait plus de 11 000 réseaux de franchise. À elle seule, elle dépasse donc largement l'Amérique et l'Asie (sauf la Chine), qui ne comptent qu'environ 4 000 réseaux chacune. De son côté, la Chine dispose à elle seule de 4 000 réseaux de franchise.

En Europe, la France se place dans les tout premiers rangs. Selon la Fédération française de la franchise, on recensait en France, en 2015, 1 834 réseaux de franchiseurs, et 69 483 magasins franchisés, soit un chiffre d'affaires global d'environ 53,38 milliards d'euros. La franchise française a vu son nombre de réseaux doubler en dix ans. Pour la Fédération française de la franchise, l'accompagnement, la formation et l'appui du réseau permettent de soutenir l'activité des franchisés malgré les aléas des contextes économiques.

Tableau 4-1 **Évolution de la franchise en France entre 2014 et 2015**

Secteurs	Réseaux 2014	Réseaux 2015	Franchisés* 2014	Franchisés* 2015
Équipement de la maison	122	212	3 447	3 675
Équipement de la personne	359	356	7 572	7 566
Alimentaire	165	172	13 460	14 223
Commerce divers	162	160	8 552	8 200
Services auto	72	80	7 410	7 651
Bâtiment	50	57	1 368	1 527
Nettoyage	22	22	441	348
Coiffure et esthétique	152	155	6 566	6 519
Services aux personnes	194	194	4 857	5 168
Services aux entreprises	106	114	2 149	2 113
Formation	28	29	326	317
Hôtels	30	29	1 734	1 883
Restauration rapide	175	186	4 837	4 865
Restauration à thème	93	93	1 340	1 394
Immobilier	57	56	3 464	3 420
Voyages	9	9	648	614
Total	1 796	1834	68 171	69 483

* *Nombre de magasins ou de points de vente en franchise et non au nombre réel de franchisés.*
Sources : Fédération française de la franchise données 2015 et étude d'impact de la franchise Diagnostic & Systems, 2015.

Les réseaux de franchise couvrent tous les domaines d'activité :

- **La grande distribution**, qui reste la plus majoritairement représentée : Carrefour, Casino, Leclerc, Intermarché, Aldi, Lidl ;
- **La restauration :** McDonald's (le premier réseau du monde), Lina's café, Häagen-Dazs, Tablapizza, Buffalo Grill, Bistrot du boucher, La Brioche dorée ;
- **L'épicerie fine :** Coffea, Comtesse du Barry, Fauchon, Duc de Gascogne ;
- **L'esthétique l'équipement de la personne :** Yves Rocher, L'Occitane, L'Onglerie, Alain Afflelou, Cyrillus, Jennyfer, Zara ;

- **L'équipement de la maison, décoration :** Nature & Découverte, Casa, Monceau fleurs, Geneviève Lethu, Mr Bricolage, Cuisines Schmidt ;
- **La téléphonie, hi-fi, son, vidéo :** The Phone House, Telephone Store ;
- **L'automobile :** Ada, L'Éléphant bleu, Feu vert, Midas, Speedy ;
- **L'immobilier de transaction :** Laforêt immobilier ou Guy Hoquet ;
- **L'hôtellerie :** les hôtels du groupe Accor ;
- **Les services de proximité :** Acadomia, Babychou services, Les Petits bilingues.

LA LAINIÈRE DE ROUBAIX

Le premier réseau français de franchise est né dans les années vingt, grâce à Jean Prouvost, patron de la filature la Lainière de Roubaix, qui voulait créer une chaîne de magasins spécialisés dans la vente de ses laines. Par contrat, il s'associa à des revendeurs, leur garantissant l'exclusivité de sa marque. La Lainière de Roubaix a d'ailleurs contribué à faire de Roubaix la capitale française des tissages. Avec ses 8 000 employés, la filature était à l'époque la plus moderne d'Europe, appuyée sur son puissant réseau de franchisés. Au début des années soixante-dix, la Lainière gérait vingt-cinq sociétés, telles que Pingouin, Stemm, Rodier et Korrigan, Prouvost-Masurel, les tissages Lepoutre.

La franchise offre en général des chances supérieures de réussite par rapport aux commerces isolés. Une enquête réalisée par l'Insee a permis de constater un taux de survie des entreprises franchisées au bout de quatre ans de 95 %, contre 40 % dans l'ensemble du commerce de détail et 53 % dans les services. Pour autant, la franchise n'est pas toujours une garantie absolue de succès : l'Agence pour l'emploi des cadres (Apec) a observé de son côté qu'un franchisé sur cinq déposait le bilan au bout de cinq ans, même dans les concepts qui avaient fait leurs preuves.

QUI SONT LES FRANCHISÉS ?

Selon l'enquête annuelle réalisée en 2014 pour la Fédération française de la franchise et le groupe Banques populaires, la franchise se féminise et attire les salariés en reconversion. En 2014, 40 % des franchisés étaient des femmes (seulement 30 % au début des années 2000). L'âge moyen des franchisés est stable : 46 ans en 2014 (43 en 2005), ainsi que l'ancienneté dans le réseau : 12 ans en moyenne (7 ans en 2005).

QUI SONT LES FRANCHISÉS ? (SUITE)

Le choix de prendre une franchise concerne de plus en plus de salariés : en 2014, 70 % des franchisés étaient d'anciens salariés. Cette proportion montait à 81 % chez les franchisés de 35 à 49 ans. 18 % étaient déjà à leur compte (et même 30 % chez les 50-64 ans). 8 % étaient sans activité (5 % en 2013).

Pourquoi se sont-ils franchisés ? Pour la réputation et la notoriété du réseau (25 % des réponses), l'encadrement, le suivi et l'assistance par le franchiseur (21 %), la force du réseau (17 %), la facilité, la simplicité, la rapidité et le côté « clé en main » (14 %) et seulement 13 % pour le concept, la marque ou les produits. Quant aux franchiseurs, ils sont massivement motivés par le souhait d'accélérer le développement de leur enseigne (95 % des réponses).

L'information précontractuelle

Avant de pouvoir choisir un réseau de franchise, il faut le connaître. C'est pourquoi la loi impose au franchiseur de remettre à tout candidat un document d'information appelé *document d'information précontractuelle* (DIP).

Ce document doit être remis très précisément vingt jours avant la signature du contrat, et il doit aussi impérativement contenir une série d'éléments :

- **L'adresse du siège de l'entreprise** ;
- **La nature de ses activités** ;
- **L'indication de sa forme juridique** ;
- **L'identité du chef d'entreprise** s'il s'agit d'une personne physique ou des dirigeants s'il s'agit d'une personne morale ;
- **Le montant du capital** ;
- **Le numéro d'immatriculation** au registre du commerce et des sociétés ou le numéro d'inscription au répertoire des métiers ;
- **Les date et numéro d'enregistrement ou du dépôt de la marque** (dans le cas où la marque qui doit faire l'objet du contrat a été acquise à la suite d'une cession ou d'une licence, la date et le numéro de l'inscription correspondante au registre national des marques avec, pour les contrats de licence, l'indication de la durée pour laquelle la licence a été consentie) ;

- **Les domiciliations bancaires de l'entreprise** (pouvant être limitées aux cinq principales) ;
- **La date de la création de l'entreprise,** avec un rappel des principales étapes de son évolution, y compris celle du réseau d'exploitants, ainsi que toutes indications permettant d'apprécier l'expérience professionnelle acquise par l'exploitant ou par les dirigeants (si le réseau est ancien, les informations peuvent porter seulement sur les cinq dernières années) ;
- **Les comptes annuels des deux derniers exercices** ;
- **La présentation du réseau d'exploitants :** la liste des entreprises et l'indication du mode d'exploitation convenu pour chacune d'elles, l'adresse des entreprises établies en France avec lesquelles la personne qui propose le contrat est liée par des contrats de même nature que celui dont la conclusion est envisagée, la date de conclusion ou de renouvellement de ces contrats (lorsque le réseau compte plus de 50 exploitants, les informations mentionnées ne sont exigées que pour les 50 entreprises les plus proches du lieu de l'exploitation envisagée) ;
- **Le « turn-over » :** le nombre d'entreprises liées au réseau par des contrats de même nature que celui dont la conclusion est envisagée et qui ont cessé de faire partie du réseau au cours de l'année précédant celle de la délivrance du document, en précisant si le contrat est venu à expiration, s'il a été résilié ou annulé ;
- **La présence,** dans la zone d'activité de l'implantation prévue par le contrat proposé de tout établissement dans lequel sont offerts les produits ou services, avec l'accord exprès de la personne qui propose le contrat ;
- **La durée du contrat proposé,** les conditions de renouvellement, de résiliation et de cession ;
- **Le champ des exclusivités** ;
- **La nature et le montant des dépenses et investissements spécifiques à l'enseigne ou à la marque que la personne destinataire du projet de contrat devra engager avant de commencer l'exploitation** ;
- **La présentation de l'état général et local du marché des produits ou services devant faire l'objet du contrat et des perspectives de développement de ce marché.**

L'obligation d'information précontractuelle doit être respectée pour toute reconduction du contrat, même si cette reconduction est tacite.

Pour résumer la réflexion à mener par le futur franchisé, voici les conseils donnés par l'IREF, la Fédération des réseaux européens de partenariat et de franchise :

- **Procéder à son autoexamen :** évaluer ses motivations et ses objectifs ; évaluer ses aptitudes personnelles et financières (apports personnels, prêts) ;
- **Évaluer le réseau :** apprécier la pertinence du concept ; mesurer la notoriété de l'enseigne ou de la marque : analyser l'évolution du réseau de franchise ; analyser les résultats des franchisés déjà en place ; examiner les résultats financiers du franchiseur ; mesurer le dynamisme du réseau et ses capacités d'innovation ; analyser le marché et la concurrence : rencontrer des franchisés ;
- **Examiner le DIP et le projet de contrat :** analyser la teneur et la portée des différentes clauses ; faire expertiser ces documents par des spécialistes (experts-comptables, avocats…).

Le contrat de franchise

Le contrat de franchise est régi par la loi Doubin n° 89-1008 du 31 décembre 1989, devenue l'article L330-3 du Code de commerce. C'est un contrat commercial qui se conclut entre un franchiseur et un franchisé, par lequel ce dernier obtient le droit de distribuer les produits du franchiseur, d'utiliser sa marque, son savoir-faire, son enseigne, le décor de sa boutique, etc.

En contrepartie, le franchisé paie :

- Un droit d'entrée : une redevance initiale ou forfaitaire ;
- Une redevance proportionnelle au chiffre d'affaires : des royalties.

Outre les clauses précisant cette contrepartie, le contrat comporte des clauses concernant la participation à l'investissement spécifique à la franchise, les modalités d'utilisation de l'enseigne, la formation initiale du franchisé, le soutien au démarrage apporté par le franchiseur.

Rappelons, s'il en était besoin, que les créateurs et les repreneurs d'entreprise franchisée sont évidemment éligibles aux aides à la création d'entreprise (énumérées au chapitre 8).

Les obligations du franchiseur

Une fois le contrat de franchise signé, il entraîne pour le franchiseur des obligations, qu'il est bon de connaître.

LA TRANSMISSION DU SAVOIR-FAIRE

Le savoir-faire constitue un ensemble de connaissances secret, substantiel et identifié d'informations pratiques non brevetées, résultant de l'expérience du fournisseur et testées par celui-ci. Il se distingue des règles de l'art que le franchisé, en tant que professionnel, est à même de connaître par lui-même.

Le savoir-faire se transmet notamment par la délivrance de documents (guides, manuels, « bibles »), par l'organisation de stages, ou encore par l'obligation de suivre une méthode commerciale déterminée.

LA MISE À DISPOSITION DES SIGNES D'APPARTENANCE AU RÉSEAU

Ces signes sont constitués par la marque, l'enseigne, les slogans, les éléments d'aménagement spécifiques...

LA FOURNITURE D'UNE ASSISTANCE

Le franchiseur doit assister le franchisé de façon permanente, tant lors du lancement de la franchise que pendant la durée du contrat. Cette assistance peut prendre différentes formes : organisation de stages de formation ou d'actualisation, réalisation de campagnes de publicité, gestion de services communs, assurance de prestations diverses...

L'ATTRIBUTION D'UNE EXCLUSIVITÉ TERRITORIALE

Le franchiseur peut attribuer une exclusivité territoriale au franchisé, ce qui est d'ailleurs souvent le cas. Cette clause oblige le franchiseur à assurer la protection de la zone concédée en ne créant pas d'autres réseaux pouvant faire concurrence à ses franchisés dans cette zone ou en s'abstenant de démarcher lui-même la clientèle dans ce territoire. À l'inverse, la clause oblige le franchisé à ne pas s'établir en dehors de sa zone.

Le règlement du 22 décembre 1999 de la Commission européenne autorise les franchisés à créer un site internet. Cette création est considérée comme appartenant à la catégorie des ventes passives, autorisées, car les clients situés hors zone ne sont pas activement sollicités. Néanmoins, le franchiseur peut se réserver un contrôle des sites des franchisés.

Les obligations du franchisé

De son côté, le franchisé est un commerçant indépendant. Il doit d'ailleurs le faire apparaître clairement, notamment dans les documents commerciaux affichage. Il est également responsable de l'exploitation et de la gestion de son entreprise et assume seul les risques qu'il prend.

LA RÉMUNÉRATION DU FRANCHISEUR

Le franchisé est généralement tenu de verser un droit d'entrée au franchiseur et une redevance calculée sur le chiffre d'affaires.

LE RESPECT DES NORMES IMPOSÉES PAR LE FRANCHISEUR

Les normes imposées par le franchiseur visent à préserver l'unité, l'identité et la réputation du réseau. Ces normes peuvent notamment porter sur les modalités d'aménagement du magasin, les techniques de présentation des vitrines ou des produits, les actions publicitaires, la gestion des stocks ou la tenue de la comptabilité.

Le franchiseur doit également contrôler le respect de ces normes. Ces contrôles peuvent s'effectuer selon plusieurs modalités : visites, inspections, suivi de certaines données liées à l'activité du franchisé.

L'APPROVISIONNEMENT EXCLUSIF

Cette obligation figure souvent dans les contrats de franchise. Elle impose à un franchisé d'acheter exclusivement des produits fabriqués par le franchiseur ou par un fournisseur agréé par lui. En revanche, le franchisé reste libre de fixer le prix des produits qu'il met en vente. Le franchiseur peut seulement lui communiquer des prix conseillés ou maxima.

En cas de rupture des relations contractuelles, le franchisé doit restituer au franchiseur les éléments distinctifs de la franchise.

Le franchisé est souvent astreint à une obligation de non-concurrence à l'expiration du contrat. Mais cette clause doit être limitée quant aux activités concernées, dans le temps et dans l'espace, et proportionnée aux intérêts à protéger.

INFORMATIONS EN TOUTE FRANCHISE

Tout ce que vous pouvez vouloir savoir sur les franchises se trouve disponible sur Internet, grâce aux sites des organismes suivants :

- **Fédération européenne de la franchise :** `www.eff-franchise.com`;
- **Fédération française de la franchise**, qui regroupe plus de 160 franchiseurs, 45 % des franchiseurs français, soit environ 20 000 franchiseurs et franchisés intervenant dans huit secteurs d'activité : `www.franchise-fff.com`;
- **Fédération des réseaux européens de partenariat et de franchise**, créée en 1981 pour réunir sous une même bannière tous types de réseaux de franchise, concession, partenariat et distribution, ou brevet des franchisés : `www.franchise-iref.com`;
- **Observatoire de la franchise :** créé dès 1997, l'Observatoire de la franchise offre un site internet pionnier en matière de mise en relation franchiseurs et candidats à la franchise : `www.observatoiredelafranchise.fr`;
- **Centre d'information et de défense des franchisés (CIDEF) :** `www.lecidef.fr`;
- **Franchise magazine :** `www.franchise-magazine.com`;

Le partenariat commercial

Le contrat de partenariat commercial est une autre forme de commerce organisé indépendant. Il se place à mi-chemin entre la franchise et la concession, avec l'esprit de la coopérative. Tout un programme… que voici.

Le cadre juridique du partenariat commercial

Le partenariat a pris forme à la suite de la définition juridique de la franchise, qui impose que le franchiseur transmette au franchisé son savoir-faire et que ce savoir-faire soit « secret, substantiel et identifié ».

Contrairement au contrat de franchise, le contrat de partenariat est un contrat d'intérêt commun entre les deux partenaires, sans obligation absolue de transmettre un savoir-faire particulier : un partenaire enrichit l'autre. Depuis sa naissance, plusieurs décisions de justice sont venues préciser et encadrer ce type de relation commerciale, en le distinguant des autres formes du commerce organisé. Néanmoins, il reste dans le champ juridique de la loi Doubin, qui régit la franchise, à la différence près que les partenaires s'engagent seulement à s'échanger des connaissances et des compétences.

La définition du partenariat commercial

L'IREF définit le partenariat commercial comme « une technique de développement et de management qui unit des partenaires par un accord d'intérêt commun, aux termes duquel ils s'engagent à coopérer durablement en partageant leurs connaissances et leurs expériences respectives. Le partenaire principal accorde au partenaire indépendant, en échange d'une compensation financière directe ou indirecte, le droit d'exploiter ses éléments de propriété intellectuelle, son expérience et ses connaissances, dans le but de commercialiser les produits et/ou services de la formule qu'il a conceptualisée et préalablement mise au point. Les partenaires œuvrent en commun pendant toute la durée du contrat, dans le but d'un développement réciproque et équilibré, dans un esprit de partenariat, exclusif de toute manifestation hiérarchique, tout en préservant l'identité et la réputation du réseau ».

Le principe du « management participatif »

Avec le partenariat, on passe du management vertical et hiérarchique de la franchise à un management horizontal et participatif. Cela implique une « fertilisation croisée » des partenaires, puisque le partenaire indépendant est impliqué dans l'application locale du concept. Le partenariat principal fournit tout de même la logistique qui permet au partenaire indépendant de réussir. Mais les échanges d'expérience et de compétences permettent l'enrichissement permanent du concept, sans pour autant le dénaturer aux yeux du consommateur.

Le premier réseau de partenariat en France a été la Société française de production audiovisuelle, la SFP, qui cherchait à moderniser son management. Actuellement, la France compte un peu plus de 300 réseaux de partenariat, dont des enseignes importantes telles que Inter Caves, les experts-comptables Cabex, les chaussures J. M. Weston, les Espaces SFR.

Chapitre 5

Validez votre projet

DANS CE CHAPITRE :

- **Faire son étude de marché**
- **Trouver où s'installer**
- **Le bon timing**

Vous tenez votre idée, vous l'avez testée et validée. Il faut à présent la transformer en un vrai projet d'entreprise. Et pour cela, l'étape de l'étude de marché est fondamentale : tant que vous ne l'avez pas menée à bien, aucun interlocuteur décisionnaire que vous pourrez rencontrer ne vous prendra vraiment au sérieux. Alors, ne zappez pas ce chapitre !

Objectifs, marché, clients

Comme son nom l'indique, une étude de marché est l'observation détaillée du secteur d'activité dans lequel vous allez installer votre entreprise. Ses conclusions doivent vous permettre non seulement d'affiner votre projet, de l'étoffer, de l'ancrer dans la réalité, mais aussi de commencer à régler des détails de toutes sortes, des questions les plus fondamentales, comme vos besoins financiers, aux plus insignifiantes, comme la couleur des murs de la boutique (si boutique il y a).

Un peu de méthode

Ne vous y trompez pas, une étude de marché n'est ni plus ni moins qu'une enquête détaillée que vous devez mener vous-même dans plusieurs directions. Nul besoin d'être un grand spécialiste pour la réaliser correctement : du bon sens et du réalisme ajoutés à de la méthode et pas mal d'application, voilà les principaux ingrédients. Vous pouvez éventuellement utiliser l'étude de quelqu'un d'autre, mais ce ne sera jamais aussi pertinent.

À quoi sert une étude de marché ?

« Si nous avions mieux approfondi notre étude de marché, nous aurions fait moins d'erreurs au début et finalement, nous aurions gagné du temps. » Cette phrase, nombre de créateurs d'entreprise l'ont prononcée lorsqu'on les a interrogés une ou deux années après le démarrage de leur activité. En effet, après seulement quelques tests et une légère recherche de documentation sur l'environnement économique, ils pensaient sincèrement bien connaître leur produit ou leur service et cerner d'emblée leur clientèle. Ils estimaient qu'il ne leur en fallait pas plus et ont décidé de se lancer sans attendre, quitte à faire quelques recadrages par la suite. Or, faire l'économie d'une étude de marché sérieuse se révèle rarement payant : selon l'Agence pour la création d'entreprise, ce serait la cause de près des trois quarts des échecs des jeunes entreprises.

Une étude de marché a plusieurs finalités :

- **Valider le projet.** L'objectif premier d'une étude de marché est la validation pure et simple du projet d'entreprise. Vous avez su cerner un besoin, vous avez imaginé comment le satisfaire, votre idée semble tenir la route, ce que vous proposez a une certaine qualité et des atouts. Reste à vérifier si les clients que vous ciblez – et leur besoin – existent réellement, s'ils sont assez nombreux et si votre produit ou service va réellement les satisfaire. Vous, vous en êtes sûr, vous en avez l'intuition profonde, mais pouvez-vous bâtir tout un projet d'entreprise sur cette seule intuition ?
- **Vérifier sa viabilité économique.** C'est votre deuxième objectif. Il y a bien un marché, vous l'avez vérifié, mais est-il suffisamment ouvert, porteur et dynamique pour vous permettre de réaliser un bon chiffre d'affaires sur le long terme ? Quant à vos besoins financiers de départ, sont-ils calculés correctement ? Vont-ils suffire ?
- **Étudier les concurrents.** Vous n'êtes sûrement pas tout seul sur le coup, il y a peut-être des concurrents, présents ou à venir comme vous. Pour pouvoir faire face, vous devez les connaître, savoir ce qu'ils font, vous positionner par rapport à eux et définir un début de stratégie commerciale : frontale avec une politique agressive ? Ou plus périphérique, avec des produits complémentaires ?
- **Établir un premier plan de marketing.** Tous ces éléments vont vous permettre de commencer à entrevoir les prix que vous allez pratiquer vous-même, les modalités de vente et l'action commerciale dont vous allez avoir besoin. Autant de points à vérifier ensuite.

N'attendez tout de même pas de votre étude de marché qu'elle vous assure 100 % de réussite. En outre, entre le moment où vous y mettrez un point final et celui où vous allez démarrer l'activité, il faudra peut-être la réactualiser, compte tenu par exemple d'une évolution rapide, voire très rapide du marché.

Puis-je m'en passer ?

La réponse est NON ! Surtout pas ! Vous croyez tout savoir, connaître à fond votre marché, notamment lorsque vous avez testé votre idée ? Vous allez forcément avoir quelques surprises. Car, si vous la menez jusqu'au bout avec application, votre étude de marché va vous permettre :

» **Soit de confirmer ce que vous savez déjà :** si les conclusions de l'étude corroborent entièrement votre intuition de départ, cela ne peut que vous affermir dans votre démarche de création et vous donner de l'assurance pour trouver des investisseurs. Vous allez pouvoir vous lancer sur un terrain déjà parfaitement connu ;

» **Soit d'infirmer certains *a priori* que vous aviez :** peut-être devrez-vous même remettre en question partiellement ou même complètement votre projet. Dans ce cas, il faudra le retravailler pour lui donner de meilleures chances.

Par conséquent, avant de l'avoir menée à bien, vous ne pouvez pas savoir de quel côté l'étude de marché va faire pencher votre projet. Et même si elle vous fait aboutir à la seconde solution – tout revoir – compte tenu des enjeux, peut-être cela vaut-il mieux que de devoir fermer boutique au bout d'un an ou deux ans.

Si vous vous lancez dans une profession libérale, ne vous privez pas non plus d'une étude de marché. Vous connaissez sans aucun doute parfaitement votre métier et vos clients, mais pas forcément bien l'environnement où vous allez vous installer. Et cela y compris, par exemple, s'il s'agit de la ville où vous êtes né, de celle où vous avez fait toutes vos études ou de celle encore où vous passez toutes vos vacances. Le temps a passé, les choses changent, entraînant avec elles les aspects sociaux et économiques locaux. Mieux vaut faire une mise à jour de ce que vous en savez, ou croyez savoir. Et, pour cela, rien de mieux qu'une étude de marché.

CONFIER L'ÉTUDE À UN EXPERT

Une étude faite par un expert dans un cabinet peut être précieuse, par exemple lorsque l'on se lance dans un secteur très innovant ou que l'on connaît mal, ou encore si on projette d'engager de très gros investissements. Cela coûte entre 500 et 30 000 euros selon la renommée de la société choisie et les précisions que l'on souhaite obtenir.

Si votre projet est modeste, mais que vous ne vous sentez pas apte à réaliser seul votre étude, vous pouvez aussi faire appel à des étudiants d'université ou d'école de commerce, *via* une junior entreprise (voir encadré dans ce chapitre), association d'étudiants qui se met à la disposition d'entrepreneurs pour les aider à approfondir certaines questions cruciales de leur étude.

Enfin, pensez au Web : de nombreux cabinets offrent de procéder à toutes sortes de sondages en ligne auprès des internautes. Les tarifs varient selon le nombre et la précision des questions. Pour consulter les offres, soumettez « étude de marché » à n'importe quel moteur de recherche, contactez plusieurs cabinets et faites faire des devis.

Réaliser une étude de marché

Le principe est relativement simple : il s'agit de se poser quelques questions très pertinentes et d'y répondre le plus précisément possible, en étayant les réponses par des faits, des chiffres, des enquêtes de terrain, des sondages, des tests, des réunions de panel, des rencontres avec des spécialistes.

La liste des points à étudier n'est pas très longue, mais l'étude doit être très fine et très rigoureuse. Elle se résume à sept grandes questions :

- Quelle est mon offre ?
- À qui vais-je la proposer ?
- Qui sont mes concurrents directs et indirects ?
- Comment vais-je la vendre ?
- Combien dois-je en vendre ?
- À quel prix ?
- Où vais-je implanter mon entreprise ?

Essayez de classer vos questions dans cet ordre, car les réponses à une question vont en général vous aider à mieux répondre à la question suivante. Vous éviterez ainsi de vous noyer sous des centaines d'informations (concernant un secteur économique en général ou une branche d'activité, par exemple) dont vous découvrirez ensuite qu'elles ne vous servent à rien et qui vous auront fait perdre un temps précieux. De cette manière, vous saurez exactement quels sont les points faibles et les points forts d'une part de votre projet et d'autre part du marché auquel vous allez vous confronter.

Pour répondre aux questions, là encore, les choses sont assez simples : il n'existe que deux possibilités et vous devez les appliquer toutes les deux (dans le sens que vous voulez) :

- **L'étude documentaire :** consultation des études, des chiffres, des statistiques (voir les sources d'information plus loin) pour avoir une idée des tendances socio-économiques de votre secteur d'activité ;
- **La réalisation d'enquêtes :** observation des concurrents, notamment sur site (voir chapitre 4), ou à partir de leurs supports de communication, sondage de la clientèle, tests du produit, consultation des experts du secteur.

Quelle est mon offre de produits ou de services ?

Vous avez une idée de produit ou de service que vous destinez *a priori* à telle ou telle clientèle. Vous l'avez testée autour de vous. Bien. Mais ça ne suffit pas. Car votre entourage vous aime bien et ne veut pas vous décevoir. Ces premiers tests ne sont donc pas assez réalistes. Vous devez mieux décortiquer votre idée : d'un côté ses avantages par rapport à ce qui existe déjà, de l'autre ses inconvénients.

Ne trichez pas. Soyez juste, ne vous aveuglez pas : il doit y avoir des obstacles et vous devez les trouver, pour pouvoir les surmonter.

Ensuite, il faut procéder à des tests grandeur nature pour évaluer la réaction de vos clients potentiels. Contactez aussi vos futurs fournisseurs et posez-leur des questions sur ce qu'ils pensent de votre offre par rapport à ce qui existe déjà sur le marché. Consultez aussi la presse spécialisée et visitez les foires et les salons professionnels : posez des questions, demandez conseil, faites parler ceux qui ont une, voire plusieurs longueurs d'avance sur vous. En outre, les salons professionnels proposent toujours des conférences. Ne ratez pas celles qui vous intéressent. Et, surtout, prenez des notes de manière à retenir tout ce qui vous frappe.

Cette première enquête de terrain est très importante et conseillée à tout jeune entrepreneur, y compris s'il ne fait pas lui-même son étude de marché. Elle lui permet en effet d'une part de se faire une idée vraiment concrète de son secteur d'activité, d'autre part d'affiner son offre en fonction de ses constats : spécialisation, niveau de qualité, avantages, gamme, présentation, finition, conditions d'emploi, prestations complémentaires.

À qui vais-je la proposer ?

Votre cœur de cible n'est pas forcément celui auquel vous avez pensé d'emblée. Peut-être est-il plus large que prévu et, dans ce cas, il faudra faire face à la demande. Peut-être au contraire sera-t-il plus étroit et donc insuffisant pour assurer le démarrage de votre entreprise. Peut-être visiez-vous plutôt des particuliers alors que vous allez intéresser des professionnels. Pour le savoir, rien de mieux que de faire un sondage. Dressez la liste de toutes les questions que vous souhaiteriez poser à vos clients.

La forme de votre questionnaire n'est pas anodine : vos questions doivent être simples, pour appeler des réponses simples, donc faciles à analyser. Ne soyez pas trop directif, pour ne pas induire les réponses. Les questions doivent aussi être ouvertes, pour éviter le « oui » ou le « non » sans commentaire alors que vous souhaitez recueillir le plus de renseignements possible. Enfin, n'en posez pas trop, pour ne pas décourager vos prospects et avoir le maximum de retours.

Voici une liste de questions qui peuvent vous intéresser. Si vous les choisissez, vous devez absolument y répondre avec le maximum de précisions :

- Qui sont réellement mes clients ?
- Combien sont-ils ?
- Combien d'hommes, combien de femmes, combien d'enfants ?
- Quels sont leurs âges, leurs origines sociales (voire ethniques), leurs revenus et leurs niveaux de scolarité ?
- Quels sont leurs occupations, leurs centres d'intérêt et leurs passe-temps ?
- S'il s'agit d'adultes, combien d'enfants ont-ils ?
- Ont-ils des animaux ?
- Où vivent-ils ?
- Où travaillent-ils ?
- S'agit-il d'entreprises, d'associations, d'institutions, de collectivités ?
- S'agit-il d'une clientèle homogène ou hétérogène ?
- Pourquoi accepteraient-ils ce que je vais leur proposer ?
- Quels sont leurs besoins réels pour ce type de produit ?
- Sont-ils déjà satisfaits ?
- Bien ou mal ?

- Quel montant dépensent-ils pour des achats ou des produits semblables ?
- Que vais-je apporter en plus ?
- Quand font-ils ce type d'achat ?
- Où le font-ils ?
- En quelle quantité ?
- Quelles méthodes de paiement utilisent-ils ?

Une fois que vous aurez bien cerné votre clientèle, tout dépend ce que vous recherchez chez elle. Si vous savez déjà que votre offre s'adresse aux entreprises d'une branche d'activité ou d'une commune, ou à des clients dont vous pouvez trouver la liste facilement (par exemple, les boulangeries d'une région définie, les industriels de la chaussure, les médecins de tel département, les offices du tourisme...), dans ce cas, vous pouvez organiser des réunions de test auprès de tout ou partie de vos futurs clients, pour leur poser vos questions de vive voix. Vous pourrez ainsi discuter avec eux, leur faire préciser certains points. Et même, avec un peu de chance, vous obtiendrez peut-être quelques commandes...

Si vous projetez plutôt d'ouvrir un commerce de détail et que vos clients sont les gens qui passeront devant votre vitrine, vous devez savoir qui ils sont, combien ils sont prêts à dépenser et combien de fois par an. Dans ce cas, votre étude sera étroitement liée à l'emplacement de votre commerce, c'est-à-dire à la question de votre étude qui concerne le lieu d'implantation (voir plus loin).

Si vous n'avez pas les moyens de savoir exactement qui seront vos clients et où les chercher, il va falloir essayer de les cerner et de les compter tout de même. Commencez plutôt par vous renseigner auprès des professionnels du secteur : sites Internet spécialisés, presse, experts, mais aussi chambres de commerce et d'industrie, chambres des métiers, syndicats ou organismes professionnels, agences de développement économique des collectivités locales, etc. Une fois que vous les connaîtrez mieux, vous pourrez prendre contact avec eux et leur poser vos questions.

Qui sont mes concurrents directs ou indirects ?

Pour réunir les informations que vous cherchez dans ce domaine, commencez par identifier vos concurrents et analysez leur offre par rapport à la vôtre. Pour les trouver, reprenez la liste de vos sources d'information : chambre de commerce, syndicats professionnels, annuaires d'entreprises, sites internet, etc., puis promenez-vous sur le terrain, bloc-notes en main. Étudiez l'emplacement, l'achalandage, la circulation dans le magasin, les heures d'ouverture, les périodes de pointe, les prix, la qualité des biens et services, les gammes de produits offertes, les techniques publicitaires, le positionnement, les catalogues et les prospectus. Examinez aussi la manière dont ils s'organisent, leur publicité, leurs prix et, s'il s'agit d'un commerce, la vitrine, etc. Étudiez aussi leur clientèle : sa qualité, sa quantité et ses comportements d'achat face à des produits ou services similaires au vôtre.

Rien ne vous empêche d'engager la conversation, de poser des questions : vous aurez un mini sondage grandeur nature.

Ensuite, voici une nouvelle liste de questions auxquelles vous devez pouvoir répondre :

- Quels sont mes principaux concurrents sur le marché ?
- En quoi me font-ils de la concurrence ?
- Dans quel secteur ne sont-ils pas en concurrence avec moi ?
- Quelles sont leurs forces et leurs faiblesses ?
- Y a-t-il des occasions à saisir au vu de leurs faiblesses ?
- Quel est leur créneau commercial ?
- En quoi mon activité est-elle unique ?
- Comment mes concurrents se positionnent-ils ?
- Comment font-ils connaître leurs services ?
- Qui sont leurs clients ?
- Comment sont-ils perçus par le marché ?
- Qui sont les chefs de file du secteur ?
- Quel est leur volume de ventes ?
- Où sont-ils installés ?
- Sont-ils rentables ?

Si vous n'identifiez aucun concurrent qui fasse le même métier que vous, c'est que vous devez avoir des concurrents indirects, c'est-à-dire qui répondent aux mêmes besoins que ceux que vous avez détectés, mais avec d'autres catégories de produits ou de services. Par exemple, si vous vous lancez dans la vente de lunettes en ligne, vos concurrents directs sont les points de vente d'optique, vos concurrents indirects sont tous les acteurs de la correction visuelle en amont comme en aval : fabricants de montures et de verres correcteurs, fabricants de lentilles et leur produits d'entretien, grossistes, ophtalmologistes, orthoptistes, complémentaires santé, sécurité sociale, etc.

Comment vais-je la vendre ?

Vous connaissez maintenant votre offre, votre clientèle, vos concurrents. Compte tenu de toutes les informations que vous avez obtenues, il vous reste à mettre au point une première stratégie commerciale.

C'est aussi là que vous allez décider comment vous allez vous faire connaître : par une distribution de prospectus, de la publicité dans la presse locale ou nationale ou simplement par votre vitrine ? Reprenez vos notes concernant la question précédente. Comment font vos concurrents ? Et comment vous démarquer d'eux ?

De nouveau, soyez objectif et analysez bien les qualités et les défauts des moyens que vous comptez utiliser pour convaincre vos clients. Vous pouvez aussi faire des tests auprès des plus représentatifs. De cette manière, vous pourrez chiffrer vos premiers résultats et améliorer votre méthode en conséquence.

Vous devez également étudier les autres réseaux de distribution qui s'offrent à vous, notamment les sites internet et les réseaux sociaux, désormais totalement incontournables (voir chapitre 4).

Combien dois-je en vendre ?

L'objectif de cette question est d'essayer de déterminer le chiffre d'affaires le plus réaliste possible qui s'offre à vous. Pour cela, reprenez vos enquêtes précédentes et réétudiez-les sous cet angle : ce que vous avez vu vous-même sur le terrain, ce que les clients et les fournisseurs vous ont dit, ce qui ressort des statistiques que vous avez consultées, les avis des experts que vous avez interrogés.

Si tout cela vous semble insuffisant, peut-être faudra-t-il envisager des tests produit grandeur nature.

CRÉER UNE START-UP DU WEB

Si votre projet concerne le Web, ne pensez pas pour autant pouvoir vous passer d'une bonne étude de marché. Car dans ce secteur tout va très vite. Dès le départ, il faut être solide, connaître ses concurrents et tenir la route.

En outre, la démarche est un peu différente de ce qu'elle est pour un projet classique, dans la mesure où vous devez d'abord déterminer très précisément à quels internautes vous allez vous adresser en priorité. Car de cela découlera tout le reste, c'est-à-dire le site lui-même, y compris dans sa forme. Et surtout, dépêchez-vous ! Car des centaines de projets arrivent sur le Web chaque jour.

CRÉER UNE START-UP DU WEB (SUITE)

Or, le problème, c'est qu'il est très difficile de savoir qui sont les clients du Web, puisque, par définition, c'est un monde virtuel. Certes, des enquêtes sont faites régulièrement, notamment par les cabinets spécialisés, sur les profils types de internautes et les milliers d'échanges qui se produisent nuit et jour sur le Net, mais elles ne peuvent donner que des tendances, qui changent d'ailleurs aussi vite qu'elles sont évaluées.

Heureusement, aujourd'hui, les créateurs de start-up ne sont plus tous seuls dans leur chambre !

Il existe partout en France (et dans le monde) des incubateurs ou accélérateurs de start-up. Objectifs : être épaulé dès le départ, partager les services et être en contact permanent les uns avec les autres. C'est ainsi qu'à Paris, dès 2016, la Halle Freyssinet est destinée à accueillir 1000 start-up innovantes, tous secteurs confondus. Cofinancée par la ville de Paris, la Caisse des dépôts et Xavier Niel, le fondateur de Free, ses 30 000 m^2 en font le plus grand incubateur numérique du monde.

Site Internet : `www.1000startups.fr`

À quel prix ?

C'est peut-être la question la plus difficile. Car, ayant déjà répondu à toutes les autres questions, vous connaissez maintenant bien votre marché et les prix qui y sont pratiqués. Vous savez aussi dans quelles limites vos futurs clients sont prêts à acheter votre produit ou votre service, puisque vous avez dû leur poser la question. Mais, par ailleurs, vous avez vos propres charges financières : coûts de fabrication, intermédiaires, transport... N'oubliez pas que, au démarrage, vous allez connaître une période de flottement – que l'on souhaite toujours la plus courte possible –, pendant laquelle vous allez surtout avoir des frais et pas encore de rentrées d'argent. Tout cela doit être prévu et chiffré plus précisément dans votre dossier financier (voir chapitre 6). Si le déséquilibre entre profits et pertes est trop important, il faudra tout reprendre depuis le début, voire songer à abandonner. Mais c'est aussi à ça que sert une étude de marché : savoir reconnaître que l'on s'est trompé, avant même de se lancer vers un échec qui sera encore plus traumatisant.

Où vais-je implanter mon entreprise ?

Depuis la question sur la cible de votre produit ou service, vous savez déjà quelle sorte de clients sera particulièrement intéressée par votre offre. Vous devez donc chercher où se trouve le plus grand nombre d'entre eux. Pour les futurs commerçants, en particulier de proximité, cette question est cruciale, car leur clientèle sera essentiellement locale et la meilleure manière de la toucher est de s'installer là où sa concentration est optimale. Pour cela, il faut déterminer ce qu'on appelle la *zone de chalandise* des différents lieux que vous avez peut-être déjà en tête. Une zone de chalandise est l'espace géographique entourant un point de vente. Il s'agit de déterminer :

- Le type de population qui y vit, qui vient y travailler ;
- Leur nombre et leurs activités aux heures de pointe ;
- Leur nombre et leurs activités aux heures creuses.

Pour le savoir, commencez par vous rendre sur les lieux, bloc-notes et plan en main. Notez tout ce que vous voyez. Ensuite, vous pouvez aussi vous rendre à la mairie et chercher les renseignements démographiques et économiques concernant le quartier ou la zone qui vous intéresse. Vous pouvez aussi interroger la chambre de commerce et d'industrie et consulter les données de l'Insee s'il y en a (les résultats du dernier recensement sont disponibles gratuitement sur son site internet).

Puis, si le profil de population qui fréquente cette zone semble correspondre à ce que vous cherchez, une nouvelle enquête de terrain s'impose. Retournez-y plusieurs fois, à différentes heures de la journée et différents jours de la semaine, pour vérifier les statistiques que vous avez déjà. Rien ne vous empêche d'entrer dans d'autres boutiques du quartier pour poser des questions, ou d'interroger les passants.

Préparez un questionnaire, comme pour la question de la cible de votre offre. Vérifiez aussi si un ou plusieurs de vos concurrents sont déjà installés là, ou s'il y a une grande surface à proximité – ce qui signifierait que vous allez devoir partager avec eux les mêmes clients. De nouveau, soyez très minutieux, car vous ne devez pas vous tromper, au risque de remettre en cause l'avenir de votre entreprise.

Où trouver les informations ?

Voici quelques coordonnées incontournables, mais non exhaustives (voir aussi le carnet d'adresses en annexe A) pour récolter les principales informations :

- Le Centre de recherche et de documentation sur les conditions de vie (Credoc) : `www.credoc.fr` ;
- Les directions des ministères proposent aussi des études concernant les secteurs dont elles sont chargées (en outre, chaque ministère dispose d'un site internet) ;
- La Fédération des entreprises du commerce et de la distribution : `www.fcd.asso.fr` ;
- L'Institut national de la propriété industrielle : `www.inpi.fr` ;

» L'Institut national de la statistique et des études économiques : www.insee.fr (et pour des statistiques plus locales, vous pouvez aussi contacter l'une de ses directions régionales) ;

» La direction générale de la compétitivité de l'industrie et des services (DGCIS) publie ses statistiques sur le site Internet www.entreprises.gouv.fr ;

» Les instituts de sondage (notamment Ifop ou OpinionWay) disposent de départements « Cadrage de marché », « Stratégie d'entrerprise », « Consumer », de nombreuses études sont consultables en ligne.

FAITES-VOUS AIDER PAR UNE JUNIOR ENTREPRISE

Une junior entreprise est une association étudiante qui propose aux entreprises, et notamment à celles qui se créent, des études spécifiques dans pratiquement toutes les matières : stratégie marketing, communication, finance, statistiques, ressources humaines, juridique, traduction. Tous les secteurs d'activité sont concernés : agroalimentaire, BTP, physique, chimie, pharmacie...

L'avantage est double : d'une part, l'entrepreneur se fait assister par des spécialistes, à un coût avantageux, sur une étude précise qu'il ne peut pas faire lui-même ; d'autre part, les étudiants mettent en pratique les compétences qu'ils ont acquises durant leur formation.

Les junior entreprises sont issues de la plupart des grandes écoles et des universités. Elles sont réunies depuis quarante ans au sein de la Confédération nationale des junior entreprises (CNJE). Adresse internet : www.junior-entreprise.com.

Où s'installer ?

Votre étude de marché vous a conduit à préciser la zone géographique et même le secteur précis où vous allez pouvoir démarrer votre activité. Reste à savoir où vous installer concrètement.

Trouver un local professionnel

C'est en partie votre activité qui va déterminer le lieu de votre installation : un bureau ou un cabinet avec pignon sur rue, une boutique avec ou sans vitrine, une simple domiciliation, votre appartement, une pépinière d'entreprises... En la matière, tout est possible. Ce qui compte, c'est l'image que vous voulez donner de votre activité, mais aussi le confort dont vous avez besoin.

Avant toute prospection immobilière, un réflexe : commencez toujours par la chambre de commerce et l'agence de développement économique de la région, dont un des rôles est de favoriser les implantations d'entreprises localement. Elles vous donneront une idée très précise des offres immobilières du secteur, des aides possibles, des zones ou des parcs d'activité en expansion.

Intéressez-vous également à vos futurs voisins, qui peuvent avoir une activité complémentaire à la vôtre et qui pourront peut-être vous aider à développer votre réseau commercial. Si vous vous lancez dans un commerce de centre-ville, contactez les associations de commerçants : le bouche-à-oreille est très souvent d'une grande utilité.

ET POURQUOI PAS UN « TRUCK » (TRADUISEZ « CAMION ») ?

Pour lancer votre (auto)entreprise : envisagez le « truck », le camion. Si, par exemple, votre projet est d'ordre alimentaire, les « food trucks » sont à la mode : fast-food, cantine « ethnique », saladerie, sandwicherie, pizzeria, bar à jus de fruit... Sans oublier les classiques de la « street food » : épicerie, boulangerie, boucherie-charcuterie, marchand de glace. Aujourd'hui les *food trucks* sont aussi à l'aise en ville (par exemple, dans les quartiers d'affaires ou les banlieues « dortoir ») qu'à la campagne, où aucun commerce de proximité n'a survécu. Et dans ce cadre, tous les services sont également envisageables en camion, caravane, camping car ou autocar reconvertis : le salon de beauté, le magasin de prêt-à-porter, la maison de la presse, le couturier/retoucheur, le quincailler. Vous pourrez ainsi à la fois vous installer sur les marchés des villes, grandes et petites, et tourner le reste du temps au gré de rendez-vous avec vos clients. Si vous y ajoutez un site Internet pour les rendez-vous ou et les ventes en ligne, l'entreprise peut vite prendre son envol.

Coût d'un *food trucks* d'occasion : à partir de 15 000 €.

Louer un local

Lorsque l'entreprise est locataire de l'immeuble, la réglementation dépend de l'activité. Si l'activité est industrielle, commerciale ou artisanale, elle est soumise à la législation des baux commerciaux, qui donne au locataire le droit au renouvellement de son bail ou, à défaut, à une indemnité d'éviction. Il existe cependant deux possibilités de déroger au statut des baux commerciaux : les conventions d'occupation précaire ou les baux de courte durée.

Si l'activité est libérale ou artisanale, elle est soumise à la législation des baux professionnels ou mixtes. Toutefois, si les deux parties sont d'accord, elles peuvent placer volontairement le bail sous le régime des baux commerciaux, à condition qu'un autre bail ne leur soit pas imposé par un texte particulier ou que le propriétaire exprime sans équivoque dans le bail son intention de le placer sous le statut des baux commerciaux et renonce à exiger de son locataire qu'il remplisse les conditions normalement requises.

Si vous n'arrivez pas trancher entre la location et l'achat, laissez-vous porter par les opportunités. Dans un premier temps, le mieux est toujours de ne pas être trop ambitieux et d'opter pour la location. En outre, vous ne savez pas à quelle vitesse votre entreprise va se développer. Le succès peut aussi être très rapide et vous pouvez vous retrouver à l'étroit plus vite que vous ne l'avez envisagé au départ. Dans ce cas il faudra rapidement changer de local. Avantage à la location donc.

S'installer dans les locaux d'une autre entreprise

Si vous ne souhaitez pas vous lancer tout de suite dans un bail commercial, il y a d'autres possibilités :

La sous-location

Vous pouvez sous-louer une partie des locaux d'une autre entreprise. Dans ce cas, celle-ci doit être titulaire d'un bail commercial. En outre, plusieurs conditions doivent être respectées :

- La sous-location doit être autorisée formellement dans le bail initial et, à défaut, le propriétaire du bail doit l'autoriser par écrit ultérieurement et distinctement (lettre ou avenant au bail) ;
- Le propriétaire doit être invité à participer à l'acte de sous-location : le locataire doit donc l'avertir de son intention de sous-louer par acte d'huissier ou par lettre recommandée avec accusé de réception et l'appeler à participer à l'acte.

La domiciliation

La domiciliation consiste à installer le siège de l'entreprise dans des locaux occupés par une ou plusieurs autres entreprises. Le contrat de domiciliation doit être conclu pour une durée d'au moins trois mois, renouvelable par tacite reconduction, et doit être mentionné au registre du commerce, avec indication de l'identité de l'entreprise domiciliataire. En outre, celui qui met le local à disposition doit lui-même :

- Être inscrit au registre du commerce ou à la chambre des métiers ;
- Mettre à disposition des locaux permettant une réunion régulière des organes de direction, de l'administration ou de la surveillance de l'entreprise et les services nécessaires à la tenue, à la conservation et à la consultation des livres, registres et documents prescrits par les lois et règlements ;
- Dès l'expiration du contrat ou en cas de résiliation, il doit informer le greffier du tribunal de la cessation de la domiciliation de l'entreprise dans ses locaux.

De votre côté, en tant que domicilié, vous devez :

- Vous engager à utiliser effectivement et exclusivement les locaux comme siège de l'entreprise ou, si le siège est situé à l'étranger, comme agence, succursale ou représentation ;
- Informer votre domiciliataire de toute modification concernant votre activité ;
- Lui déclarer tout changement (domicile personnel, état civil, forme juridique, objet, dirigeants…) ;
- Donner mandat au domiciliataire de recevoir en votre nom toute notification.

LES CENTRES D'AFFAIRES ET DE DOMICILIATION

Pour une entreprise du secteur tertiaire, un centre d'affaires et de domiciliation est l'équivalent d'un hôtel pour les particuliers. On y trouve une domiciliation, des bureaux équipés avec services, c'est-à-dire des bureaux loués avec ou sans mobilier, avec tout l'équipement télé-informatique ainsi que les services de réception pour fonctionner au quotidien.

D'autres services sont également proposés, tels la location de salles de réunion, l'usage d'un fax et d'un photocopieur, un service de traduction, un secrétariat éventuellement bilingue, une permanence téléphonique personnalisée et une transmission de messages en son absence par un opérateur, par fax ou par e-mail. Autour de 200 euros par mois. Renseignements par exemple sur le site internet : `www.centres-d-affaires.fr`, qui propose un annuaire régional en ligne.

Les pépinières d'entreprises

Une pépinière d'entreprises est une structure destinée à accueillir, héberger et accompagner le porteur d'un projet d'entreprise, pour permettre le bon développement d'une nouvelle activité en allégeant les contraintes souvent liées à l'installation de l'activité.

Les avantages

Les pépinières d'entreprises proposent des locaux, des bureaux, meublés ou pas, à des prix très intéressants. De plus, elles mettent à votre disposition tout le matériel nécessaire au bon fonctionnement de l'entreprise, comme le téléphone, le fax, le télécopieur, etc. Vous pouvez également y profiter d'un secrétariat commun avec accueil téléphonique personnalisé et gestion de votre courrier. Sachez aussi qu'une pépinière d'entreprises met à votre disposition des salles de réunion, des salles de pause, une cuisine, mais également un espace de documentation.

En plus d'un soutien matériel, ces structures offrent tout un ensemble de services : aide au montage du dossier, suivi du projet, aide au financement, assistance juridique, mise en réseau et relations publiques. Des formations et des conférences sont organisées sur différents thèmes liés à la création et au développement d'une entreprise.

Pour qui ?

Les structures s'adressent autant aux porteurs d'un projet, du montage de celui-ci à la création de l'entreprise (on les appellera alors des *incubateurs*, souvent initiés par des organismes extérieurs), qu'à des entreprises nouvellement créées et qui pourront s'y installer de leur première à leur troisième année.

Les prétendants aux pépinières d'entreprises passent d'abord par l'accord du comité d'agrément, qui est composé de spécialistes de la création d'entreprise, d'experts, mais également de chefs d'entreprise. Les créateurs qui s'installent dans ces structures sont généralement soigneusement sélectionnés. Cette sélection se fait d'après le business plan, la personnalité du porteur, la qualité de l'équipe et le potentiel du projet.

Le contrat établi entre la pépinière et le créateur d'entreprise est un contrat de bail précaire, c'est-à-dire de courte durée et révocable à tout moment. Inversement, le porteur de projet n'a donc aucun espoir de conserver le local pour l'exploitation durable de son entreprise.

Il existe trois formes de pépinières :

- **La pépinière généraliste :** après sélection, elle accueille tous les créateurs et les suit pendant deux ans ;
- **La pépinière de projets ou incubateur :** elle accueille le créateur et son projet au stade de l'idée et l'accompagne jusqu'à la création ;
- **Le centre d'entreprise et d'innovation (CEI) :** il accueille des projets de haute technologie.

Les ateliers relais

Un *atelier* (ou *bâtiment*) *relais* est un local appartenant à une commune, loué temporairement à des entreprises, plutôt industrielles ou artisanales, désireuses de s'installer ou de se développer dans la commune. Ce sont souvent des locaux de petites et moyennes tailles, difficiles à trouver par les entreprises sur le marché privé (300 à 2000 mètres carrés).

Les contrats locatifs utilisés sont des baux précaires (vingt-trois mois maximum) avec parfois une possibilité d'achat sous certaines conditions.

Les hôtels d'entreprises

Il s'agit d'immobilier locatif généralement destiné aux entreprises de services, des bureaux, avec quelques équipements bureautiques communs. En général, c'est un investissement de promoteur immobilier ou une propriété de la commune. En tant que lieux d'hébergement des entreprises nouvelles, ils relèvent de baux précaires (vingt-trois mois maximum). C'est un outil de développement économique local.

S'installer chez soi

De prime abord, installer son entreprise chez soi peut paraître une idée simple. Surtout lorsque l'on projette de créer une activité de service, qui par exemple s'exercera exclusivement chez des clients, ou pour laquelle les seuls outils de production sont un ordinateur et un téléphone.

Pourtant, juridiquement, cela pose un problème, car un bien immeuble est d'office destiné soit à l'habitation, soit à l'activité professionnelle. De ce fait, en installant officiellement une entreprise dans un logement privatif, on en modifie en partie la destination, qui devient alors, en plus, un local professionnel avec un statut locatif et fiscal différent.

Une entreprise individuelle peut être exercée chez soi. S'il s'agit d'une habitation individuelle et que l'entrepreneur en est le propriétaire, il n'y a aucun problème. Sinon, il y a des conditions. En effet, en cas de location, l'entrepreneur doit demander à son propriétaire l'autorisation d'exercer son activité professionnelle à domicile. De même, si le logement est en copropriété, l'accord des autres copropriétaires est obligatoire. Parfois, cette éventualité est prévue dans le contrat de bail ou le règlement de copropriété. Sinon, il faut adresser une demande par lettre recommandée au bailleur ou au syndic de l'immeuble. Ce problème se pose surtout aux entrepreneurs locataires ou copropriétaires, mais aussi aux propriétaires, par exemple lorsque leur maison se trouve dans une zone régie par un règlement d'urbanisme.

Depuis longtemps, une dérogation a été instituée par la loi, pour permettre aux créateurs d'entreprise d'économiser provisoirement un loyer, sans pour autant modifier la destination de leur habitation. Ainsi, les créateurs d'entreprise ont le droit de domicilier provisoirement leur activité à l'adresse de leur logement privatif. Ils peuvent même aussi y travailler, à condition d'avoir une activité de service ne nécessitant pas d'inscription au registre du commerce, de ne pas employer de salarié et de ne produire aucune gêne pour leurs voisins.

Soulignons toutefois qu'il reste une différence d'une part entre la domiciliation et l'exercice de l'activité, d'autre part entre les entreprises individuelles et les sociétés (les statuts d'entreprise sont traités au chapitre 10). Ainsi, le terme « siège social » est réservé aux seules sociétés, les entreprises individuelles ayant une simple « adresse ». Entrons un peu dans le détail.

La domiciliation seule

Si l'activité s'exerce quasi entièrement chez des clients, ou dans des lieux extérieurs (pour les activités ambulantes par exemple), l'entreprise a seulement besoin d'une adresse postale pour sa correspondance administrative et commerciale.

POUR LES CRÉATIONS DE SOCIÉTÉ

Le représentant légal de la société est autorisé à fixer son siège social à son domicile, sans limitation de durée, à condition qu'aucune disposition législative ou aucune clause du bail ou du règlement de copropriété ne s'y oppose. S'il existe une disposition ou une stipulation contraire, par exemple si le bail exclut toute possibilité de domiciliation et que le bailleur refuse d'accepter une adresse provisoire de l'entreprise, la société est quand même autorisée à installer son siège au domicile de son représentant légal pour une période maximale de cinq ans.

Ainsi, avant l'immatriculation au registre du commerce, il suffit d'adresser un courrier recommandé au bailleur ou au syndic qui ne peut que prendre note de la domiciliation.

Il ne peut s'agir que du domicile du représentant légal de l'entreprise et non du domicile d'un associé.

POUR LES CRÉATIONS D'ENTREPRISE INDIVIDUELLE

L'entrepreneur peut domicilier l'entreprise chez lui, si aucune disposition contractuelle, municipale ou même législative ne s'y oppose. Par exemple, une clause du bail ou du règlement de copropriété peut exclure expressément la possibilité de domiciliation d'une entreprise dans l'immeuble.

Même en présence d'une clause interdisant de domicilier son entreprise chez soi, l'entrepreneur a le droit de déclarer son adresse personnelle comme adresse de l'entreprise, à condition d'exercer son activité exclusivement à l'extérieur.

Il arrive par exemple que des centres-villes historiques interdisent les domiciliations ou les installations d'activité dans des logements anciens, ou que la municipalité préfère que les entreprises s'installent dans la zone d'activité. Pour savoir si une disposition législative vous autorise ou non à installer votre entreprise chez vous, consultez le service d'urbanisme de votre mairie.

L'exercice de l'activité

Lorsque le créateur d'une société ou d'une entreprise individuelle veut à la fois domicilier son entreprise chez lui et y exercer son activité, tout dépend de la taille de la ville où il est installé, du fait que son logement se situe ou non au rez-de-chaussée et s'il s'agit d'une HLM :

- S'il réside dans une ville de moins de 200 000 habitants ou dans une zone franche urbaine, il peut exercer son activité chez lui, dès lors qu'aucune disposition d'urbanisme et aucune clause du bail ou du règlement de copropriété ne s'y oppose ;
- S'il réside dans une ville de plus de 200 000 habitants et que son logement n'est pas au rez-de-chaussée, trois conditions doivent être respectées : il doit s'agir de la résidence principale de l'entrepreneur, l'activité doit être exercée exclusivement par le ou les occupants du logement et ne doit pas nécessiter le passage de clientèle ou de marchandises ;

» Si le logement est situé au rez-de-chaussée, les trois précédentes conditions doivent être remplies, mais, en plus, l'exercice de l'activité ne doit occasionner aucune nuisance ou danger pour le voisinage, et ne doit pas conduire à un désordre pour l'immeuble ;

» Si le logement est situé au rez-de-chaussée d'une HLM, en plus des quatre conditions précédentes, il faut obtenir l'autorisation du maire, après avis de l'organisme gestionnaire de l'HLM.

LA QUESTION DE L'ASSURANCE

Bien avant de vous installer, contactez votre assureur multirisque habitation. Expliquez-lui précisément votre situation. En fonction de votre besoin d'assurance, soit il vous confirmera que votre contrat d'assurance multirisque habitation vous couvre parfaitement, soit il vous proposera une extension du contrat, pour que cet avenant couvre aussi les quelques risques supplémentaires, liés à votre activité professionnelle à domicile.

Et s'il juge que si celle-ci nécessite réellement une couverture liée à des risques professionnels bien précis, il vous proposera un autre contrat d'assurance spécifique réservé à ce type d'activité.

Passer à l'action au bon moment

La date de démarrage de votre activité ne doit pas être choisie à la légère : vous devez tenir compte de plusieurs paramètres, qui doivent tous être prêts à coïncider à un moment donné. À défaut, vous risquez un clash... Le démarrage des activités d'une nouvelle entreprise est très souvent une course contre la montre. Il faut tout à la fois :

» **Finaliser votre offre :** votre produit ou votre service doit être au point en qualité et en quantité. Après le démarrage, vous n'aurez plus vraiment le temps de rattraper des erreurs de départ ;

» **Concrétiser vos financements :** c'est le nerf de la guerre. Sans argent, vous ne pourrez pas payer vos premiers frais (installation, fournisseurs, transport, etc.) ;

» **Effectuer toutes les démarches administratives :** attention, l'inscription au registre du commerce marque la naissance de l'activité. Dès que vous êtes immatriculé, vous devenez entrepreneur ;

- **Vous installer :** prendre possession de vos locaux, installer votre matériel ;
- **Déterminer la meilleure saison pour votre lancement officiel :** même si votre activité n'est pas à proprement parler saisonnière, votre étude de marché a dû vous montrer les meilleurs moments de l'année pour lancer une entreprise comme la vôtre. Tenez-en compte, puis discutez-en avec des experts.

Une fois que vous aurez fixé votre date de démarrage, établissez un rétroplanning, en balisant bien toutes les étapes pour ne rien oublier.

Chapitre 6

Le dossier financier : évaluez vos besoins et vos ressources

DANS CE CHAPITRE :

» **Besoins durables : les investissements et les frais à prévoir**

» **Calculer l'amortissement**

» **Calculer les besoins en fonds de roulement (BFR)**

» **Ressources durables : les capitaux propres et les aides**

Une fois votre idée validée et votre étude de marché effectuée, une étape incontournable reste à franchir pour confirmer la viabilité de votre projet : le dossier financier. En d'autres termes, il vous faut maintenant établir des prévisions financières pour voir si votre projet tient la route sur le plan comptable, en mettant en rapport les frais à engager et les ressources dont vous disposerez.

Les besoins durables

On appelle *besoins durables* tous les besoins financiers auxquels vous devez faire face avant, pendant et après le démarrage de l'entreprise. Ils comprennent : les investissements, les frais d'établissement, les dépôts et les cautionnements à verser et le besoin en fonds de roulement (BFR).

À chaque étape, tentez de visualiser vraiment votre future entreprise et la manière dont elle va fonctionner concrètement. Pour chaque fonction (fabrication ou achat, stock, vente, etc.), essayez toujours de rester dans le concret. Pour cela, répondez le plus précisément possible aux questions : « comment ? », « avec quels moyens ? », « avec qui ? », et surtout « combien ? ». De cette manière, chacun de ces postes correspondra à un coût ou à un apport financier.

Les investissements et les frais d'établissement

Dès que vous aurez décidé de vous lancer concrètement dans la réalisation de votre projet, vous devrez faire face à vos premiers frais. Ils ne seront peut-être pas très élevés au début (surtout du papier, de l'encre et pas mal de temps passé à réfléchir !), mais ensuite arriveront les frais de déplacement, les frais d'études, les frais d'enregistrement. Enfin, même si vous vous établissez chez vous, vous aurez des frais d'installation. En langage comptable, c'est ce qu'on appelle les *immobilisations incorporelles* et les *immobilisations corporelles.*

Les immobilisations incorporelles

Ce sont les dépenses de services, au nombre desquelles on compte :

- Les frais de recherche ;
- Les honoraires de conseil ;
- Les honoraires de notaire ;
- L'achat de brevet ou de licence d'exploitation ;
- Le coût de création d'une marque ;
- Les frais d'immatriculation de l'entreprise au registre du commerce et des sociétés ou au répertoire des métiers ;
- L'achat ou la location d'un pas-de-porte ;
- Le fonds de commerce ;
- Le droit au bail ;
- Les frais d'installation (achat ou location de locaux professionnels, travaux éventuels, emménagement) ;
- Les frais de publicité.

Les dépôts et les cautionnements (par exemple, le dépôt de garantie au moment de louer des locaux professionnels) constituent également des immobilisations financières à prendre en compte dans les besoins durables à financer.

Au cours des premiers exercices, ces frais d'établissement seront amortis grâce à leur imputation progressive dans les charges du compte de résultat (voir chapitre 7).

Vous devez également évaluer le coût de fonctionnement quotidien de votre future entreprise, votre trésorerie. En la matière, en effet, une mauvaise gestion risque de détériorer rapidement vos relations avec votre banque, voire de mettre en péril votre entreprise. Il faut donc d'ores et déjà chiffrer :

- Les frais d'électricité, de connexion à Internet, de téléphone ;
- Le loyer si vous décidez de louer des locaux professionnels ;
- Les assurances ;
- L'entretien des locaux ;
- Les salaires et les charges sociales si vous projetez d'embaucher immédiatement du personnel (sauf possibilités d'exonération – voir chapitre 14) ;
- Les charges fiscales ;
- Les diverses charges financières, comme le remboursement des emprunts éventuels.

Les immobilisations corporelles

Les immobilisations corporelles concernent tous les achats concrets comme :

- Le terrain ;
- La construction ou l'achat de locaux professionnels ;
- Le mobilier de bureau ;
- Les fournitures de bureau ;
- L'achat et l'installation du matériel informatique ;
- L'installation du réseau de télécommunications ;
- Les machines ;
- L'outillage éventuel ;
- Les véhicules.

Là encore, vous devez évaluer et chiffrer très précisément chaque poste de dépense, ce qui vous permettra de procéder ensuite à vos achats sans dépasser votre budget.

Ces investissements sont à prévoir avec leur prix hors taxes, sauf si l'entreprise ne peut pas récupérer la TVA. En effet, la TVA relève de la trésorerie à court terme (alors que le plan de financement initial, nous l'avons vu, traite des besoins de financements constants de la future entreprise).

Le calcul de l'amortissement

L'*amortissement* est un calcul destiné à évaluer la dépréciation d'une immobilisation, dont les effets sont irréversibles puisqu'ils sont dus à l'usure du temps. Il permet ainsi d'étaler le coût d'un investissement sur plusieurs exercices, ou sur plusieurs années civiles ou comptables, correspondant approximativement à la durée d'utilisation du bien.

Une déduction fiscale

Fiscalement, les amortissements viennent en déduction du bénéfice imposable. Cette imputation d'une charge d'amortissement sur le résultat permet ainsi d'épargner des ressources internes en vue de financer le renouvellement de nouvelles acquisitions (par exemple, les immobilisations corporelles que nous venons d'énumérer).

C'est pourquoi l'administration fiscale impose aux entreprises, même en cas d'absence ou d'insuffisance de bénéfices, d'une part de constater effectivement l'amortissement en comptabilité avant l'expiration du délai de déclaration de ses résultats, d'autre part de constater un amortissement minimal à la clôture de l'exercice, autrement dit la somme des amortissements effectivement pratiqués depuis l'acquisition du bien.

Précisons que seules les immobilisations corporelles ou incorporelles peuvent être amorties, puisque ce sont des biens destinés à rester durablement dans l'entreprise. Mais il y a deux conditions : que le bien puisse se déprécier sous l'effet de l'usure ou du temps et qu'il soit inscrit à l'actif du bilan.

La méthode d'amortissement par composants

Si un ou plusieurs éléments de l'actif sont utilisés à des fins différentes ou s'ils procurent des avantages économiques à l'entreprise selon un rythme différent, l'entreprise est tenue de répartir le coût des immobilisations en fonction de ses différentes composantes. Chaque élément est alors amorti selon un plan d'amortissement qui lui est propre. Il s'agit de la méthode d'amortissement par composants.

Voici quelles sont les immobilisations incorporelles amortissables et leur durée d'amortissement :

- Les frais d'établissement, sur cinq ans ;
- Les frais de recherche, sur cinq ans ;
- Les brevets et les licences, sur cinq ans.

Les immobilisations incorporelles non amortissables sont :

- Le fonds de commerce ;
- Le droit au bail ;
- Les marques.

Voici ensuite quelles sont les immobilisations corporelles amortissables et leur durée d'amortissement :

- Les constructions, sur vingt à cinquante ans ;
- Les installations techniques, sur cinq à dix ans ;
- Les agencements et aménagements, sur dix à vingt ans ;
- Le matériel de transport, sur quatre à cinq ans ;
- Le matériel de bureau et le mobilier, sur cinq à dix ans ;
- L'installation informatique, sur trois ans.

Les immobilisations corporelles non amortissables sont :

- Les terrains ;
- Les œuvres.

Les biens achetés d'occasion par l'entreprise ou apportés en nature lors de sa constitution peuvent être amortis, mais seulement selon le mode linéaire : on leur applique un taux déterminé en fonction de la durée probable de leur utilisation appréciée à la date d'achat ou d'apport des biens.

QU'EST-CE QUE LE PLAN COMPTABLE ?

Le plan comptable ou plan comptable général (PCG) est un standard français de classification des événements économiques qui modifient le patrimoine de l'entreprise. Ce standard est défini par arrêté.

Dans la liste des principaux comptes du plan comptable français, le premier chiffre correspond à la classe, le deuxième à une sous-classe et le troisième désigne le compte. Les classes 1 à 5 contiennent les comptes de bilan, les classes 6 et 7 les comptes de gestion et la classe 8 les comptes spéciaux. Il existe une classe 9, moins employée, qui regroupe les comptes analytiques et est complètement indépendante des autres classes. Les comptes ayant un 9 en troisième position fonctionnent à l'inverse des autres comptes de la même classe.

Les différentes possibilités de calcul

L'amortissement peut se calculer de plusieurs façons. Aucune méthode de calcul n'est préconisée *a priori* : on retient la méthode qui reflète au mieux la dépréciation supportée par le bien. Dans tous les cas, l'amortissement se calcule à partir de la valeur brute du bien : celle qui correspond au montant que l'entreprise obtiendrait si elle le vendait à la fin de sa période d'utilisation. Attention toutefois, la base de calcul de l'amortissement de certains biens peut être plafonnée.

L'*amortissement linéaire* est un calcul d'amortissement au moyen d'un taux fixe, déterminé en fonction de la durée d'utilisation du bien, appliqué au prix de revient des éléments à amortir. Il correspond à l'amortissement minimum obligatoire à pratiquer au cours d'un exercice pour un bien amorti.

Ce mode de calcul peut s'appliquer à tous les biens amortissables, mais il est obligatoire pour les biens d'occasion, les biens non admis au bénéfice de l'amortissement dégressif (voir plus loin) et les biens dont la durée d'utilisation normale est inférieure à trois ans.

L'*amortissement dégressif*, lui, s'obtient en multipliant le taux de l'amortissement linéaire par un coefficient qui varie selon la durée normale d'utilisation du bien :

- » Pour une durée normale d'utilisation égale à trois ou quatre ans : 1,25 ;
- » Pour une durée normale d'utilisation égale à cinq ou six ans : 1,75 ;
- » Pour une durée normale d'utilisation supérieure à six ans : 2,25.

Ce système est donc dégressif : il permet de pratiquer des annuités d'amortissement plus importantes les premières années. Il sert donc aussi à encourager les entreprises à investir. D'ailleurs, il est réservé aux biens neufs ayant une durée d'utilisation d'au moins trois ans et appartenant à l'une des catégories définies par le Code général des impôts.

Certains matériels utilisés pour des opérations de recherche scientifique et technique donnant droit au crédit d'impôt recherche bénéficient d'un amortissement dégressif majoré s'ils ont été acquis ou fabriqués depuis le 1er janvier 2004. Il en est de même pour certains matériels acquis ou fabriqués par les entreprises de première transformation du bois entre le 26 septembre 2008 et le 31 décembre 2011.

Le besoin en fonds de roulement (BFR)

Le besoin en fonds de roulement, ce sont les sommes d'argent que l'entreprise va dépenser tout de suite et qu'elle ne pourra récupérer que lorsqu'elle émettra ses premières factures et que ces factures seront honorées.

Si votre activité consiste à fournir du conseil ou un service d'expertise, votre besoin en fonds de roulement sera constitué des frais auxquels vous allez devoir faire face entre la date où vos premiers clients vont vous commander une étude et celle à laquelle ils vont vous la payer effectivement. Si votre activité consiste plutôt à vendre des marchandises, vous allez devoir acheter un stock minimum de produits, avant même de commencer à les vendre. Si votre future activité consiste à transformer des biens, il va falloir acheter des matières premières, lancer la production et rémunérer les salariés qui produisent avant de pouvoir commercialiser vos produits, les vendre, les facturer et vous faire payer par vos clients.

Le besoin en fonds de roulement prend aussi en compte deux autres éléments :

- Le crédit que vos fournisseurs vont éventuellement accepter de vous accorder (c'est ce qu'on appelle le *crédit fournisseur*) ;
- Le crédit que vous-même allez accepter d'accorder à vos clients entre la livraison et le paiement réel de ce qu'on vous doit (autrement dit, la *créance client*).

Le besoin en fonds de roulement est donc cette masse d'argent immobilisée dans l'entreprise au moment du démarrage de son activité, qui s'ajoute à tous les autres frais que nous avons vus : investissements, établissement, etc.

Calculer le BFR

Pour calculer le BFR, vous devez d'abord chiffrer précisément :

- Les besoins financiers constitués par l'exploitation, énumérés plus haut ;
- Les stocks de matières premières dont l'entreprise doit disposer à tout moment ;
- Les stocks d'encours déterminés en fonction de la durée du cycle de fabrication et des coûts de production déjà imputables à ces stocks (la main-d'œuvre, l'énergie nécessaire à la production, etc.) ;
- Les stocks de produits finis nécessaires pour faire face à la demande des premiers clients ;
- Le montant des créances fournisseurs toutes taxes comprises ;
- Le montant du crédit client toutes taxes comprises.

Au démarrage de l'entreprise, on retient les montants toutes taxes comprises, et non hors taxes, pour souligner l'impact de la TVA sur la trésorerie. Car, au départ, vous allez commencer par payer de la TVA à vos fournisseurs, et vous ne pourrez vous la faire rembourser que lorsque vous l'aurez collectée auprès de vos clients. Mais ensuite, tous les calculs se feront hors taxes, puisque l'entreprise collectera plus de TVA qu'elle n'en paiera elle-même (en tout cas, il faut l'espérer, car cela signifie que votre chiffre d'affaires sera plus élevé que vos coûts de production).

La formule générale du calcul du besoin en fonds de roulement est la suivante :

BFR = stocks + créances clients TTC – crédit fournisseurs TTC

Le cas particulier des prestations de services

Si votre activité consiste à effectuer des prestations de services ou à vendre des prestations intellectuelles, il est possible que vous n'ayez pas besoin de stocks. Dans ce cas, dans votre BFR, vous remplacerez l'élément « stocks » par l'élément « travaux en cours », qui correspondra aux frais et aux charges courantes que vous aurez en permanence à avancer, avant de pouvoir facturer vos prestations.

Pour cela, vous allez devoir évaluer le coût d'une journée de travail, toutes charges courantes comprises, sans oublier votre rémunération, et estimer en moyenne combien de jours vous aurez à travailler avant de pouvoir livrer votre étude et présenter votre facture à votre client.

De même, ne comptant pas de stock, votre BFR ne comportera pas non plus de créances fournisseurs. En revanche, il est possible que vous exigiez de vos clients qu'ils vous versent un acompte à la commande. Dans ce cas, dans votre BFR, vous remplacerez l'élément « créances fournisseurs » par l'élément « acomptes clients ».

Pour les microprojets, le calcul du BFR est simplifié : on évalue forfaitairement ce qui correspond à un ou deux mois de charges et un ou deux mois de revenus, auxquels s'ajoute le *stock-outil*, qui correspond au stock minimal nécessaire en permanence à l'entreprise pour pouvoir fonctionner.

UN PEU D'EXERCICE : CALCUL DU BFR D'UNE ENTREPRISE DONNÉE

Une entreprise de production présente les caractéristiques suivantes :

- **CA HT : 500 000 € ;**
- **CA TTC (TVA à 20 %) : 600 000 € ;**
- **Achats : 40 % du CA HT, soit 200 000 € (240 000 € TTC) ;**
- **Conditions de règlement des clients : 40 % des clients règlent à 30 jours et 60 % à 60 jours ;**
- **Conditions de règlement des fournisseurs : 30 % des fournisseurs se font payer à 60 jours et 70 % à 30 jours ;**
- **Stocks de matières premières : 1,5 mois d'achats HT ;**
- **Stocks de produits finis : 8 jours de CA HT.**

Le calcul du BFR sera fait de la manière suivante :

1) Stocks de matières premières :
200 000 € × 1,5 /12 mois = 25 000 €

2) Stocks produits finis :
500 000 × 8 / 365 jours = 10 960 €

3) Créances clients :

- **40 % × 30 jours = 12 jours ;**
- **60 % × 60 jours = 36 jours (soit au total 48 jours de CA TTC – les factures sont libellées TTC) ;**
- **600 000 € × 48 / 365 jours = 78 900 €**

4) Crédit fournisseur

- **30 % à 60 jours = 18 jours ;**
- **70 % à 30 jours = 21 jours (soit 39 jours d'achats TTC) ;**
- **240 000 € × 39 / 365 jours = 25 640 €.**

Le BFR représente donc :

(25 000 + 10 960 + 78 900) – 25 640 = 89 220 €.

(Source : APCE, 2014)

Les ressources durables

Au chapitre des ressources, nous l'avons vu, il y a les capitaux propres de l'entreprise : vos apports personnels et ceux de vos associés si vous en avez. D'autre part, il y a les aides, les subventions et les primes, mais également les emprunts à court, moyen et long terme.

Les capitaux propres

Ne vous y trompez pas : même si la loi vous autorise désormais à créer une SARL avec un capital social de 1 euro (voir les explications au chapitre 10), cela ne signifie nullement que vous ne devez pas avoir de capital social de départ. Bien au contraire : ce chiffre symbolique signifie seulement que le niveau de capital social nécessaire à votre projet est laissé à votre évaluation personnelle et à celle de vos associés si vous en avez. Ainsi, c'est à vous qu'il revient de ne pas vous tromper : l'enjeu est important, nous allons le voir.

De quels capitaux avez-vous besoin ?

Vous avez établi votre dossier financier, vous avez évalué vos besoins durables et surtout vos besoins en fonds de roulement : vous commencez donc à évaluer précisément de quelle somme vous allez avoir besoin pour lancer votre entreprise. En principe, les besoins financiers durables que vous avez chiffrés doivent être couverts par des ressources de même nature.

Ce qu'il faut à présent, c'est évaluer de quelles ressources vous pouvez disposer personnellement. Ce n'est qu'ensuite que vous songerez à combler la différence par un financement externe.

Quelles sont vos ressources ?

Sachez-le dès à présent : si vous-même n'avez aucun capital propre à investir au démarrage de votre entreprise, vous risquez fort de ne pas trouver beaucoup de banques ou autres investisseurs, institutionnels ou non, pour vous aider à réunir les capitaux dont vous avez besoin. En effet, lorsque le créateur d'entreprise s'engage lui-même financièrement dans son projet, pour les banques, c'est le signe d'un projet solide. Pour les partenaires commerciaux, c'est également positif : ils auront tendance à préférer faire affaire avec une société dont le capital propre est important, étant donné que la responsabilité des associés dépend de leur apport.

Par conséquent, la première chose à faire est de réunir vous-même autant d'argent que vous le pouvez : vos économies, celles de vos parents, de vos frères, sœurs, cousins, oncles, tantes, amis, voisins, connaissances... Autrement dit, n'hésitez pas à faire le tour de toutes les opportunités familiales, amicales, relationnelles et professionnelles que vous avez. Et, en réfléchissant bien, vous allez voir que ce n'est pas si difficile à trouver. Surtout si votre projet repose sur des bases solides.

Quelles possibilités de financements propres ?

Pour financer votre création d'entreprise, voici les différentes sources qui s'offrent à vous :

- » Votre plan d'épargne en actions ;
- » Votre plan d'épargne logement ;
- » Votre entourage, grâce à un prêt, un don ou une souscription au capital, assortis de réductions d'impôts intéressantes.

Le chapitre 8 est en partie consacré à détailler toutes ces questions.

Les possibilités de financements externes

Les financements externes sont le financement participatif (crowdfunding), les emprunts, les prêts d'honneur, les aides et les subventions que vous pouvez solliciter (les sources de financement sont détaillées au chapitre 8).

Le financement participatif (crowdfunding)

La finance participative n'est pas récente mais elle s'impose d'année en année dans tous les secteurs. En 2014, 3 milliards d'euros ont ainsi été collecté dans toute l'Europe : + 144 % par rapport à 2013 !

En France, depuis le 1er octobre 2014, la loi a supprimé le monopole bancaire sur les prêts rémunérés. Auparavant, seuls les dons avec contrepartie étaient admis. Dorénavant, les plates-formes de financement participatif sont autorisées à exercer en tant que « conseillers en investissement participatif » et à proposer des prêts rémunérés.

Pour l'entrepreneur, il s'agit de présenter son projet aux cadres qui gèrent la plateforme. Ce sont eux qu'il faut convaincre en premier. S'ils lui trouvent du potentiel, ils ouvrent une collecte de fonds sur Internet, d'une durée précise. C'est le « crowd » (la foule) « funding » (le financement).

En versant des fonds *via* la plate-forme, l'internaute peut ainsi investir dans un projet, sous forme de don avec ou sans contrepartie, de prêt rémunérés ou non, ou encore en entrant dans le capital de la société en devenir.

Les emprunts à moyen ou long terme

En général, les banques ne financent pas plus de 70 % du montant hors taxes des investissements corporels et le fonds de commerce s'il y a lieu – éventuellement le besoin en fonds de roulement également, mais certaines refusent.

Et, nous l'avons dit, les banques limitent aussi leur engagement à la hauteur de la mise personnelle du porteur de projet, estimant que les fonds propres doivent au moins égaler l'emprunt sollicité. En outre, elles demandent souvent une caution personnelle, surtout si le créateur d'entreprise dispose de peu de fonds propres. Dans ce cas, attention au régime matrimonial (mieux vaut opter pour la séparation de biens ou la participation aux acquêts – voir chapitre 10).

Notez par ailleurs que la durée maximale des prêts dépend de la durée fiscale d'amortissement des biens financés.

LES PRÊTS D'HONNEUR

Ce sont des prêts dont le montant varie de 500 à 45 000 euros, accordés, à taux nul ou à taux réduit par certains organismes d'aide à la création d'entreprise, aux projets de création, parfois aux reprises, sans exiger de garanties. Ils peuvent, par exemple, remplacer des apports personnels trop faibles et permettre au porteur de projet d'obtenir des prêts supplémentaires auprès d'organismes financiers.

De même, quelques banques accordent des prêts à des conditions minorées, souvent à l'occasion d'accords passés avec des structures s'occupant de créations d'entreprise : clubs de créateurs d'entreprise, boutiques de gestion. À noter également : certains employeurs accordent des prêts aux salariés qui souhaitent quitter leur emploi pour créer une entreprise (comme en cas d'essaimage – voir chapitre 4).

Certains types de créations peuvent prétendre à des financements à taux plus avantageux que les crédits classiques. C'est le cas des créations d'entreprise dans les secteurs :

- De l'industrie ;
- Des services aux entreprises ;

- Du BTP ;
- Du commerce ;
- De la réparation automobile ;
- Des transports ;
- Du négoce de gros ;
- Du commerce de détail (sauf si l'entreprise compte plus de dix salariés) ;
- De l'hôtellerie et de la restauration ;
- De la formation permanente ;
- Des ambulances ;
- Des laboratoires d'analyses médicales ;
- Des centres d'aide par le travail et des ateliers protégés ;
- Des services collectifs et sociaux ;
- Des activités récréatives culturelles et sportives ;
- De l'agriculture (pour certains investissements de modernisation, grâce aux prêts livrets de développement durable.

Les aides au cautionnement

Vous le savez, les banques ne prêtent pas d'argent aux créateurs d'entreprise sans exiger des garanties. Ces garanties reposent :

- Sur les biens financés (*via* l'hypothèque, le nantissement ou le gage) ;
- Sur des cautions personnelles.

Sachez que si la banque juge vos garanties insuffisantes, votre demande d'emprunt risque d'être refusée. À moins que vous n'ayez prévu d'autres possibilités, par exemple la prise en charge partielle du risque de la banque par un organisme tiers, c'est-à-dire un fonds de garantie ou une société de caution mutuelle. Ces fonds peuvent être nationaux, régionaux ou locaux et concerner particulièrement la création d'entreprise.

Soulignons que, en général, les banquiers connaissent mal ces dispositifs de garantie et ne pensent pas toujours à les utiliser. Par conséquent, si votre financement est un peu risqué, creusez vous-même cette question avant de vous rendre à la banque. Prenons quelques exemples (voir aussi chapitre 3).

LA GARANTIE DE BPIFRANCE

Parmi les fonds les plus connus, il y a d'abord la Garantie Création de BPI France. Elle est réservée aux nouveaux entrepreneurs et garantit 50 à 60 % du concours bancaire. Les « nouveaux entrepreneurs » sont :

- Les PME créées depuis moins de 3 ans déclarant un chiffre d'affaires annuel inférieur à 50 millions d'euros ;
- Les PME créées depuis moins de 3 ans déclarant un total de bilan n'excédant pas 43 millions d'euros ;
- Les dirigeants-personnes physiques s'endettant à titre personnel pour réaliser un apport en fonds propres dans leur jeune PME.

Par PME, il faut entendre entreprise de moins de 250 salariés « indépendante », c'est-à-dire détenue à plus de 25 % par une ou plusieurs entités qui sont pas des PME. Le projet doit être une création *ex nihilo* ou une première installation par reprise d'un fonds de commerce. S'il s'agit d'une création de société par des entreprises ou des entrepreneurs existants, ils n'y ont droit que s'ils développent des activités ou des produits nouveaux.

La garantie couvre :

- Les financements bancaires destinés aux investissements matériels ou immatériels, l'achat de fonds de commerce ;
- Le besoin en fonds de roulement ;
- Le découvert notifié ;
- La délivrance de cautions sur les marchés en France et à l'export.

BpiFrance Région, filiale de BpiFrance et de la Caisse des dépôts, a passé des accords avec les conseils régionaux pour mettre en place un régime de garantie dont le taux de couverture est généralement plus favorable aux créateurs d'entreprises que les fonds de garantie habituels.

LES GARANTIES DE FRANCE ACTIVE

Il existe également les fonds de garantie de France active (`www.franceactive.org`). Ces fonds de garantie sont tournés vers des créateurs notamment en situation personnelle difficile : allocataires du RSA, chômeurs en fin de droit. Ils couvrent jusqu'à 65 % de l'emprunt, dans la limite de 30 500 euros. France active propose également plus spécifiquement un fonds de garantie à l'initiative des femmes, apportant sa garantie aux femmes créatrices d'entreprises à hauteur de 70 %, pour un financement bancaire à partir de 5 000 euros, et un fonds de garantie pour les structures d'insertion par l'activité économique, réservé aux entreprises solidaires et garantissant 50 % d'un prêt qui doit être compris entre 15 000 et 120 000 euros.

LES SOCIÉTÉS DE CAUTION MUTUELLE

Les sociétés de caution mutuelle (SCM), généralistes ou spécialisées par secteurs d'activité, accordent généralement leur garantie à hauteur d'au moins 50 %. Les emprunteurs paient une commission de risque, versent souvent une contribution restituable de l'ordre de 1 à 4 % du crédit au titre de la mutualisation et, le cas échéant, doivent souscrire au capital de la SCM pour 0,50 ou 1 % du concours garanti. La société Siagi, par exemple, cautionne ainsi les artisans, les commerçants et les professions libérales (`www.siagi.com`).

Les aides et subventions

Les aides et subventions sont essentiellement distribuées par l'État ou par les collectivités locales, mais certaines fondations, associations ou certains autres organismes aident des lauréats sélectionnés en leur accordant un don ou une bourse. Parallèlement, un dispositif national d'aide à la création d'entreprise existe, baptisé Eden et réservé aux demandeurs d'emploi et aux personnes en situation précaire.

Les subventions ne peuvent pas être prises en compte dans le financement des premiers besoins durables de la nouvelle entreprise. Elles ne sont généralement perçues que plusieurs mois après le commencement de l'activité et, souvent, une partie du paiement de la subvention est conditionnée à la réalisation de certains engagements (investissements, embauches...).

3

Financez votre projet

DANS CETTE PARTIE . . .

Votre première étude financière vous a permis de chiffrer vos besoins et d'évaluer vos ressources. Si le total des deux est équivalent, votre projet a toutes les chances de tenir la route financièrement. Mais avant de prendre rendez-vous avec des investisseurs potentiels, vous devez établir un business plan en bonne et due forme, qui vous permettra de présenter votre projet de manière claire et précise, en particulier en ce qui concerne les éléments financiers. Le chapitre 7 va vous aider à le réaliser. Mais ensuite : où trouver de l'argent ? Pour un créateur d'entreprise, voilà bien une question cruciale. Le chapitre 8 vous donnera des pistes concrètes et précises, qui vous permettront de dresser votre plan de bataille avant d'aller affronter vos futurs investisseurs, y compris à l'intérieur de votre famille.

Enfin, puisque c'est le moment de penser à tout, avez-vous réfléchi à la manière dont vous allez vivre, vous-même et votre famille ? à l'argent qu'il vous faudra pour continuer à payer votre loyer et vos charges financières personnelles ? Car durant la phase de création de votre entreprise, vous allez consacrer beaucoup de temps à des études et de multiples démarches, et vous allez dépenser pas mal d'argent… sans en gagner. Le chapitre 9 est entièrement consacré à cette question : les possibilités de transition avant d'adopter définitivement le statut d'entrepreneur et d'arriver à en vivre.

Chapitre 7
Établissez votre business plan

DANS CE CHAPITRE :

- **Le contenu du business plan**
- **Le compte de résultat prévisionnel**
- **Le bilan de départ : l'actif et le passif**
- **Le plan de financement à trois ans**
- **Le plan de trésorerie**
- **Le point et le seuil de rentabilité**
- **L'aide d'un expert-comptable**

Vous avez validé votre projet, évalué vos besoins et vos ressources, il faut maintenant modéliser votre prévision financière et en faire la synthèse dans un document qui va vous permettre de démarcher des investisseurs : c'est le rôle du business plan. Il vous servira également à ouvrir un compte en banque, à obtenir des prêts, une autorisation de découvert, une possibilité d'escompte, et à trouver des fournisseurs. En l'établissant, vous allez non seulement vérifier si votre projet est économiquement viable, mais vous allez aussi en convaincre tous vos interlocuteurs.

Que doit contenir votre business plan ?

Le business plan est un document d'une dizaine de pages (vingt au maximum), qui doit définir et résumer la stratégie commerciale et financière de votre entreprise : marché, politique commerciale, politique de gestion, besoins de production, besoins financiers. C'est le « book » de votre projet : il va servir à le présenter et à convaincre vos interlocuteurs de sa valeur et de son avenir prometteur.

La rédaction du business plan va d'abord vous obliger à synthétiser toutes les études et les recherches documentaires que vous avez réalisées en amont, durant la phase de validation de votre projet : l'environnement dans lequel vous allez entrer, les forces et les faiblesses du marché, la concurrence, la validité de vos hypothèses et vos ambitions à trois ou cinq ans.

Un seul conseil : soyez simple, précis, concis.

Le marketing

Rédigez dans un style clair et synthétique :

- **Une présentation de vous-même, de vos associés si vous en avez, de votre équipe si elle est déjà constituée :** parcours, compétences, expérience, légitimité par rapport au projet ;
- **Une synthèse de votre étude de marché :** la description de votre projet, du produit ou du service que vous envisagez de vendre, le positionnement de votre entreprise par rapport à la concurrence, votre gamme de prix, vos avantages concurrentiels, la demande. (Nous ne revenons pas sur ces questions, dont les détails sont longuement évoqués dans la deuxième partie de ce livre. Juste un conseil : si votre projet est technique, évitez de trop entrer dans les détails, car vos investisseurs ne sont pas forcément des spécialistes. Ce qu'il faut simplement, c'est qu'ils comprennent qu'il est intéressant et qu'il tient la route) ;
- **Le statut de l'entreprise** : sa forme juridique, le nombre d'actionnaires (tous les détails à ce sujet figurent au chapitre 10).

La partie financière

Cette deuxième partie doit contenir :

- La projection de chiffre d'affaires sur trois ans ;

- Le seuil de rentabilité ;
- La capacité de financement ;
- La prévision de l'impact du remboursement dans le compte de résultat et le bilan ;
- Le plan de trésorerie.

Soyez crédible ! Vous devez pouvoir maîtriser toutes les notions de votre dossier, en particulier ce que représente un BFR (voir chapitre 6), ce qu'est un compte de résultat, un plan de financement, un plan de trésorerie, etc. Vous trouverez l'ensemble de ces éléments et leur explication dans les pages qui suivent.

La demande de financement

Elle comporte :

- **L'objet et le montant de votre demande de prêt :** combien ? pour financer quoi ? Préparez la négociation ;
- **Les garanties que vous proposez :** si possible, essayez de présenter un garant privé. En l'absence d'un parent fortuné, vous pouvez faire appel à une société spécialisée qui couvrira à la place de la banque tout risque d'impayé (détails au chapitre 6).

Enfin, dans votre business plan, ne mettez qu'en annexe tout ce qui alourdirait le dossier : CV, résultat de l'étude de marché, etc.

Les éléments financiers du business plan : le compte de résultat

Élément clé du business plan, le *compte de résultat* consiste à déterminer le chiffre d'affaires que votre activité va générer, son résultat potentiel, les bénéfices qu'elle pourra dégager et, par conséquent, son niveau de rentabilité. Par ailleurs, il faut déterminer les besoins financiers nécessaires au démarrage de l'entreprise, évaluer les ressources dont elle dispose déjà et les financements qui restent à obtenir. Et tout cela, il faut également le projeter sur les deux ou trois années suivantes, de manière à évaluer combien de temps sera nécessaire pour que les gains couvrent enfin les dépenses.

Dans tous les cas, toutes les entreprises sont tenues par la loi d'établir chaque année un compte de résultat et un bilan. Le compte de résultat est le premier document à établir : identifier les grands postes d'entrée d'argent d'un côté (le *produit*), et les sorties d'argent de l'autre (les *charges*) pour une période donnée. En principe, c'est relativement simple, puisqu'il s'agit surtout de s'appuyer sur les conclusions de votre étude de marché : vos objectifs commerciaux et vos premières prévisions financières (évoqués au chapitre 5).

Les entrées d'argent

Vous devez faire le compte de tout ce que va gagner votre future entreprise.

D'abord, il y a les produits d'exploitation. Au départ, il ne s'agit en général que du produit de l'exploitation de l'activité, c'est-à-dire du montant des ventes que vous allez réaliser. Par la suite peut-être y aura-t-il, par exemple, des produits financiers ou des produits exceptionnels : la vente d'un bien immobilier ou la sous-location de locaux à une autre entreprise. Mais rarement dès la première année. À moins que, pour vous, ce ne soit déjà d'actualité. Dans ce cas, c'est dans cette rubrique que vous devez les ajouter.

Si votre entreprise est strictement commerciale, que vous ne transformez pas les produits que vous achetez à vos fournisseurs, le produit d'exploitation est égal au chiffre d'affaires, c'est-à-dire au nombre de produits vendus multiplié par le prix de vente.

Ensuite, il faut comptabiliser le stock. Si vous fabriquez des produits, il s'agit de tout ce qui est en cours de réalisation.

Ne mettez pas les matières premières dans cette rubrique, elles sont à noter au chapitre des charges.

Il faut enfin compter ce qu'on appelle la *production immobilisée* (les machines, les outils de fabrication, les équipements que vous allez acheter), ainsi que les aides financières et les subventions vous allez peut-être (et même sûrement!) obtenir.

LE CHIFFRE D'AFFAIRES POUR LES NULS

Le *chiffre d'affaires* est le produit du prix de vente par la quantité de produits vendus. Tandis que le *résultat* est la différence entre le montant de vos ventes et le montant de vos frais : s'il est positif, vous avez fait un bénéfice ; s'il est négatif, vous faites une perte. Attention à ne pas confondre les deux. En bref :

Chiffre d'affaires = prix × quantité ;

Résultat = montant des ventes – charges (bénéfice ou perte).

Les sorties d'argent

Le chapitre de vos dépenses va être beaucoup plus fourni. Voici les rubriques qu'il comptera :

- Matériel, logiciels ;
- Marchandises, stockage ;
- Location des locaux ;
- Salaires et charges si vous envisagez d'engager tout de suite du personnel ;
- Frais de gestion, remboursements d'emprunts ;
- Impôts.

	Exercice	
Charges d'exploitation (hors taxes)		**Totaux partiels**
Coût d'achat des marchandises vendues dans l'exercice :		X
• Achats de marchandises	X	
• Variation des stocks de marchandises	X	
Consommations de l'exercice en provenance de tiers :		X
• Achats stockés d'approvisionnements :		
- Matières premières	X	
- Autres approvisionnements	X	
• Variation des stocks d'approvisionnements	X	
• Achats de sous-traitances	X	
• Achats non stockés de matières et fournitures	X	
• Services extérieurs :		
- Personnel extérieur	X	
- Loyers en crédit-bail	X	
- Autres	X	
Impôts, taxes et versements assimilés :		X
• Sur rémunérations	X	
• Autres	X	
Charges de personnel :		X
• Salaires et traitements	X	
• Charges sociales	X	
Dotations aux amortissements et aux provisions :		X
• Sur immobilisations : dotations aux amortissements	X	
• Sur immobilisations : dotations aux provisions	X	
• Sur actif circulant : dotations aux provisions	X	
• Pour risques et charges : dotations aux provisions	X	
Autres charges		X
Total		X

FIGURE 7-1 : Les charges.

LA DOTATION AUX AMORTISSEMENTS POUR LES NULS

La *dotation aux amortissements* est la constatation comptable de la dépréciation d'un actif : les biens durables que l'entreprise détient et qu'elle va utiliser (équipements, installations, machines, véhicules, voire bâtiment) vont s'user puis devenir obsolètes. Autrement dit, *s'amortir*. Il faut donc prévoir de les remplacer à terme. La notion d'amortissement répond à cette nécessité : il s'agit de mettre des ressources financières de côté afin de pouvoir racheter de nouveaux équipements.

D'un point de vue comptable, l'entreprise doit donc provisionner tous les ans une quote-part de la valeur de ces biens. Fiscalement, cette somme vient en déduction du bénéfice imposable. Comme cette dotation aux amortissements est une charge qui n'est pas décaissée, une part de bénéfice non extériorisée est laissée dans l'entreprise.

Voici un exemple de tableau de dotation aux amortissements :

Investissements (immobilisations)	Durée d'amortissement	Taux d'amortissement annuel
Frais d'installation	5 à 10 ans	20 % à 100 %
Mobilier	10 ans	10 %
Matériel fixe	10 ans	10 %
Matériel mobile	4 à 10 ans	10 % à 20 %
Matériel roulant	5 à 7 ans	15 % à 25 %
Agencement	10 ans	10 %
Matériel de bureau	5 à 10 ans	10 % à 20 %
Équipement informatique	3 ans	33,33 %
Logiciels	2 ans	50 %

Le résultat : perte ou bénéfice ?

Si le produit dépasse les charges, l'entreprise sera bénéficiaire. Si les charges sont plus lourdes que le produit d'exploitation, l'entreprise subira des pertes.

Charges (hors taxes)	**Exercice**	**Produits (hors taxes)**	**Exercice**
Charges d'exploitation :		**Produits d'exploitation :**	
Achats de marchandises		Ventes de marchandises	
Variation de stock *(marchandises)*		Production vendue *(biens et services)*	
Achats d'approvisionnements		Production stockée	
Variation de stocks *(approvisionnements)*		Production immobilisée	
Autres charges externes		Subventions d'exploitation	
Impôts, taxes et versements assimilés		Autres produits	
Rémunérations du personnel			
Charges sociales			
Dotations aux amortissements			
Dotations aux provisions			
Autres charges			
Charges financières		Produits financiers	
Total 1	X	**Total 1**	X
Charges exceptionnelles (2)	X		
Impôts sur les bénéfices (3)	X	Produits exceptionnels Total 2	X
Total des charges (1 + 2 + 3)	X	**Total des produits (1 + 2)**	X
Solde créditeur : bénéfice	X	Solde débiteur : perte	X
Total général *(y compris redevances de crédit-bail mobilier et redevances de crédit-bail immobilier)*	X	**Total général**	X

FIGURE 7-2 : Le compte de résultat.

Le compte de résultat prévisionnel

Il s'agit à présent de projeter ce résultat sur les trois premiers exercices, de manière à s'assurer que l'activité va dégager un bénéfice suffisant.

Charges	**Année 1**	**Année 2**	**Année 3**	**Produits**	**Année 1**	**Année 2**	**Année 3**
Charges d'exploitation				Produits d'exploitation			
- Achats de fournitures							
- Charges externes							
- Impôts et taxes							
Frais de personnel							
Dotations aux amortissements							
Charges financières				Produits financiers			
Charges exceptionnelles				Produits exceptionnels			
Bénéfice				**Perte**			
Total				**Total**			

FIGURE 7-3 : Le compte de résultat prévisionnel.

Le bilan de départ

Le *bilan de départ* s'appelle aussi *plan de financement initial* : c'est le recensement précis des besoins et des ressources financières dont dispose la future entreprise.

Ce bilan va peut-être vous amener à renoncer à votre projet d'activité tel que vous l'avez envisagé. Ce sera le cas si ce que vous avez prévu comme fonds propres est véritablement insuffisant par rapport à ce que vous envisagez d'emprunter.

Le besoin de financement : l'actif

Nous l'avons vu au chapitre 6, les *besoins durables* ou l'*actif* sont les frais de démarrage, les investissements et les besoins en fonds de roulement. Petite piqûre de rappel...

Les investissements

Ce sont les frais durables, parmi lesquels on compte par exemple :

- » Les frais d'installation ;
- » L'achat de matériel ou d'outils ;
- » Tout l'équipement de l'entreprise (mobilier, matériels, machines, ordinateurs, voire véhicules) ;
- » L'achat de brevet ;
- » Le droit d'entrée dans une franchise ;
- » Les dépôts de garanties de loyer.

C'est ce qu'on appelle également *actif immobilisé* ou *immobilisations.*

Si l'entreprise récupère la TVA, vous inscrirez les prix hors taxe. Sinon vous prenez les prix TTC.

Les frais d'établissement

Il s'agit de tous les frais destinés à donner vie à votre projet d'entreprise et à l'installer physiquement :

- » Les frais d'immatriculation (voir chapitre 13) ;
- » Les frais de première publicité ;
- » Les honoraires de conseil ;
- » Les frais de signature du bail commercial et du dépôt de garantie.

Le besoin en fonds de roulement (BFR)

Le BFR, détaillé au chapitre 6, représente les besoins financiers à très court terme :

- » Le premier stock de marchandises qu'il va vous falloir pour démarrer : stock de matières premières + stock de produits finis (si vous créez une activité de service, vous n'en aurez pas) ;
- » Le solde du compte en banque et l'argent en caisse ;
- » Les délais de paiement éventuels des clients ;
- » Les délais de paiement éventuels accordés par les fournisseurs.

Autrement dit :

BFR = stock + créances clients – crédits fournisseurs

Les ressources : le passif

Ce sont les ressources financières qui vont permettre de couvrir vos investissements. Il y en a deux sortes : les ressources internes et externes.

Les ressources internes

Ce sont les *apports personnels* : ceux que vous allez apporter, ainsi que ceux de vos associés éventuels. Cela comprend d'abord le capital social, celui que vous avez prévu d'apporter à votre entreprise. Selon le statut juridique que vous avez choisi, il peut y avoir un minimum légal (voir chapitre 10).

Il y a aussi les comptes courants d'associés. Le principe consiste, pour les associés éventuels, à prêter de l'argent à leur société, sous la forme d'un compte courant. C'est une pratique répandue qui comporte de nombreux avantages, aussi bien pour la société elle-même que pour les associés prêteurs. La méthode est simple et nécessite peu de formalités administratives. Elle constitue à la fois un mode de financement efficace pour la société et un placement financier intéressant pour les associés.

Les ressources externes

Ce sont les primes, les subventions, les aides financières, ainsi que les emprunts bancaires à moyen ou long terme.

Besoins durables		**Ressources durables**	
Frais d'établissement		Capital social ou apport personnel	
Investissements HT		Comptes courants d'associés *(s'il y a lieu)*	
Besoin en fonds de roulement *(BFR)*		Subventions ou primes d'équipement	
		Emprunts à moyen ou long terme	
Total		**Total**	

FIGURE 7-4 : Le bilan de départ.

Les besoins financiers durables doivent être couverts par des ressources de même nature. Les totaux des deux colonnes du plan de financement initial doivent donc être égaux. Si la somme des ressources est inférieure à celle des besoins, votre projet va avoir besoin d'un financement supplémentaire : par exemple, un emprunt bancaire ou un prêt d'honneur.

Le plan de financement à trois ans

Pour être sûr que votre projet est viable sur le long terme, vous devez à présent projeter votre bilan de départ sur les trois premières années d'activité.

Besoins durables	**N**	**N+1**	**N+2**	**Ressources durables**	**N**	**N+1**	**N+2**
Frais d'établissement				Fonds propres *(apport personnel ou capital social)*			
Programme d'investissements *(hors taxes)*				Comptes courants d'associés			
BFR				Primes et subventions			
Augmentation du BFR				Capacité d'autofinancement			
Remboursement annuel des emprunts à terme				Emprunts bancaires à moyen ou long terme			
Prélèvement de l'exploitant *(entreprise individuelle)*				Autres emprunts *(prêts d'honneur…)*			
Dividendes distribués *(sociétés)*							
				Excédent			

FIGURE 7-5 : Le plan de financement à trois ans.

Source : APCE.

Les analyses de gestion financière

Voici deux autres études que vous pouvez mener pour « bétonner » votre business plan, avant de le soumettre à votre banquier et à vos investisseurs. La plupart d'entre eux vont d'ailleurs sûrement vous les demander : autant anticiper…

Le plan de trésorerie

C'est un calcul tableau destiné à mettre en évidence tous les encaissements et tous les décaissements prévus au cours de la première année, mois par mois : chaque entrée ou sortie d'argent doit être portée dans la colonne du mois où elle va se produire effectivement.

Solde en début de mois *(+ ou –)*	Janvier	Février	Mars	Etc.
Encaissements TTC :				
D'exploitation :				
• Ventes/prestations :				
- Au comptant				
- À 60 jours				
- À 90 jours				
• Remboursement de TVA				
Hors exploitation :				
• Apport en capital				
• Déblocage emprunts LMT (long et moyen terme) contractés				
• Prime / Subvention d'équipement				
Total (1)				
Décaissements TTC :				
D'exploitation				
• Achats effectués : paiement de marchandises, approvisionnement, matières premières				
• Autres charges externes				
• Impôts et taxes				
• Frais de personnel				
• Charges sociales				
• TVA reversée				
• Charges financières				
Hors exploitation				
• Remboursements d'emprunts à terme				
• Fournisseurs d'immobilisations				
Total (2)				
Solde en fin de mois (1 – 2)				

FIGURE 7-6 : Le plan de trésorerie.

Source : APCE.

Cela permet de calculer le solde de trésorerie de chaque mois et de cumuler les soldes d'un mois sur l'autre. De cette manière, vous allez pouvoir comparer ces résultats à vos prévisions d'activité et savoir si vous pourrez payer l'ensemble de vos charges au moment où vous le devez. Là encore, s'il y a un déséquilibre, il faudra revoir l'ensemble du financement de votre projet. À défaut de quoi, s'il vous manque rapidement de la trésorerie et que vous ne l'aviez pas prévu, vous risquez de ne pas dépasser la première année d'activité. C'est d'ailleurs une des raisons majeures du mauvais taux de survie des jeunes entreprises.

Le point mort et le seuil de rentabilité

Le *point mort* correspond au chiffre d'affaires minimum que le créateur doit impérativement réaliser au cours d'un exercice pour couvrir au moins toutes les charges de cet exercice. C'est donc le point d'intersection entre la courbe du chiffre d'affaires et la courbe des charges nécessaires pour produire ce chiffre d'affaires.

Le *seuil de rentabilité* est le chiffre d'affaires minimum à partir duquel un produit ou une production devient rentable à un coût donné, c'est-à-dire qu'il ou elle cesse de perdre de l'argent. Le seuil de rentabilité est donc atteint quand on arrive au point mort. C'est pourquoi, en général, les deux expressions sont utilisées comme si elles étaient synonymes.

Le calcul du seuil de rentabilité se fait à partir du compte de résultat prévisionnel (voir plus haut dans ce chapitre), en ventilant l'ensemble des charges en *charges fixes* d'un côté (loyers, frais de personnel, frais de structure) et en *charges variables* de l'autre (matières premières, main-d'œuvre, qui varient selon les niveaux de production). Tant qu'on ne vend rien, il n'y a que des charges fixes. À partir d'un certain niveau de vente, les charges fixes sont couvertes par la marge dégagée sur les charges variables. C'est ce que l'on appelle le *taux de marge sur coûts variables.*

Il correspond au calcul suivant :

Chiffre d'affaires – charges variables = marge sur coûts variables

En divisant le montant des charges fixes par le taux de marge sur coûts variables, on obtient le seuil de rentabilité.

Chiffre d'affaires prévisionnel hors taxe	
Charges variables	
Chiffre d'affaire – Charges variables = Marge sur coûts variables	
Marge sur coûts variables ———————— = Taux de marge sur coûts variables Chiffre d'affaires	
Charges fixes ———————— = **Seuil de rentabilité** Taux de marge sur coûts variables	

FIGURE 7-7 : Le seuil de rentabilité.

Source : APCE.

Se faire aider par un expert-comptable

Même si vous avez l'intention de tenir vous-même la comptabilité de votre entreprise ou de la faire faire en interne par un comptable, l'aide d'un expert-comptable peut être précieuse. Non seulement pour valider la mise en place de l'organisation comptable et la tenue de la comptabilité sur le long terme, mais aussi pour vous conseiller dans de multiples domaines relativement complexes juridiquement.

À quoi sert un expert-comptable ?

L'étendue du champ d'action d'un expert-comptable est très large : l'organisation comptable bien sûr, mais aussi toutes les questions d'ordre économique, fiscal juridique, financier, social, et même les possibilités de développement international (recherche de partenaires à l'étranger, relations avec les organismes de financement, analyse de marché, etc.). C'est donc un interlocuteur précieux pour tout jeune chef d'entreprise, depuis la genèse de son projet jusqu'à sa maturité et durant toute la durée de l'activité.

Si vous souhaitez tenir vous-même vos registres comptables, un expert-comptable peut d'une part les vérifier, d'autre part vous aider à les analyser en établissant des tableaux de bord adaptés à l'activité, qui permettront de déceler les risques de dérapage éventuel. Il peut aussi vous conseiller sur la gestion de la trésorerie ou sur les choix de gestion, comme celui du régime fiscal (les différents régimes fiscaux les entreprises sont développés au chapitre 11).

Recourir à un expert-comptable est une obligation légale pour les entreprises industrielles, commerciales, artisanales ou agricoles qui adhèrent à un centre de gestion agréé : elles doivent en effet faire viser leurs déclarations de résultat par un expert-comptable. Les entreprises individuelles de service n'y sont, elles, pas obligées.

Choisir un expert-comptable

L'expertise comptable est un ordre professionnel. Les experts-comptables qui exercent à titre indépendant sont donc tenus d'être inscrits au tableau de l'ordre des experts-comptables. L'annuaire est disponible sur le site internet `www.experts-comptables.fr`.

Ensuite, la proximité géographique et le bouche-à-oreille sont de bons critères de choix ! Enfin, au moment de la première prise de contact, vérifiez si le cabinet a une spécialité particulière correspondant plus précisément à votre secteur d'activité.

En général, le premier rendez-vous est gratuit. Ensuite, les honoraires sont libres et se fixent de gré à gré entre le professionnel et son client. On peut donc comparer les prix !

Une fois que vous êtes d'accord, une *lettre de mission* est établie pour résumer les droits et obligations de chaque partie, répartir précisément les travaux à la charge de l'expert-comptable d'une part et ceux que l'entrepreneur conserve d'autre part.

Chapitre 8

Les sources de financement

DANS CE CHAPITRE :

- **Faire appel au crowdfunding**
- **Utiliser son épargne personnelle**
- **Demander à son entourage**
- **Démarcher son banquier**
- **Contacter un fonds de soutien**
- **Faire des demandes de subventions**

L'argent, c'est le nerf de la guerre. Même si les questions financières vous paraissent un peu rébarbatives, vous, créateur d'entreprise, savez bien qu'elles sont tout à fait cruciales. Trouver les ressources financières adaptées au bon démarrage de votre future entreprise est l'une des clés de sa réussite. Pour constituer votre manne de départ, plusieurs solutions s'offrent à vous : crowdfunding (le financement participatif), épargne personnelle, mobilisation des ressources de vos proches, emprunts bancaires, fonds de soutien, subventions... Revue de détail.

Faire appel au crowdfunding

La finance participative n'est pas récente mais elle s'impose aujourd'hui dans tous les secteurs de l'économie, comme du monde associatif ou culturel, grâce à la force de frappe phénoménale d'Internet et des réseaux sociaux. Pour éviter les dérives, et notamment les escroqueries ou le blanchiment d'argent, un encadrement juridique était crucial. C'est chose faite depuis l'ordonnance du 30 mai 2014 et les décrets d'application parus en septembre 2014. En outre, depuis le 1er octobre 2014, la loi a supprimé le monopole bancaire sur les prêts rémunérés. Le cadre juridique du crowdfunding est donc fixé.

Il faut dire que le financement participatif prend chaque année un peu plus d'ampleur. En 2015, dans le monde entier, les sites de crowdfunding ont collecté 34,4 milliards de dollars : + 113 % par rapport à 2014 (16,2 milliards ont été collectés cette année-là, contre seulement 6 milliards en 2013 et 2 milliards en 2012). En France, entre 2014 et 2015, l'augmentation approche les 100 % : 152 millions d'euros ont été collectés en 2014 et 296,8 en 2015 (50,2 en dons, 196,3 en prêts et 50,3 en investissements).

Aujourd'hui, les plateformes de financement participatif sont donc autorisées à exercer en tant qu' « intermédiaire en financement participatif » et « conseillers en investissement participatif ». Elles peuvent donc proposer des prêts rémunérés. Auparavant seuls les dons avec ou sans contrepartie étaient admis.

Le décret du 16 septembre 2014 précise les conditions des prêts faits par des particuliers :

- **Prêts avec intérêt** : dans la limite de 1 000 € par prêteur et par projet, la durée du crédit ne pouvant être supérieure à 7 ans.
- **Prêts sans intérêt** : dans la limite de 4 000 € par prêteur et par projet

Le porteur de projet ne peut pas emprunter plus d'un million d'euros par projet.

Le financement participatif est réellement innovant parce qu'il révolutionne deux mondes jusque-là réservés aux initiés :

- **Celui des investisseurs** : désormais tout un chacun peut investir dans un projet, quel qu'il soit, même avec des revenus modestes ;
- **Celui des établissements financiers** : ils ne servent plus d'intermédiaires obligatoires entre l'investisseur et le porteur de projet, le lien entre les deux est direct, les plateformes ne font que les relier sans forcément intervenir dans les choix des uns et des autres, hormis en réalisant un mince filtrage de départ.

Pour l'entrepreneur, il s'agit quand même de continuer à présenter son projet à des décideurs : en la matière ce sont les cadres qui gèrent la plateforme et qui ouvrent ou non un accès aux investisseurs. Désormais, ce sont eux qu'il faut convaincre en premier. S'ils y trouvent du potentiel, ils ouvrent une collecte de fonds sur Internet, pour une durée précise, négociée avec le porteur de projet.

Le troisième côté du triangle est l'internaute/investisseur. Qu'il soit professionnel ou particulier, si le projet lui semble porteur, il peut y investir des fonds *via* la plateforme, qui prélève une commission au passage pour se rémunérer (entre 5 % et 12 %). Selon la configuration proposée, l'investissement peut se faire sous forme de don avec ou sans contrepartie, de prêt remboursable, avec ou sans intérêt, ou encore en entrant dans le capital de la société en devenir.

L'ouverture de la collecte est gratuite. Seuls les projets qui attirent des fonds permettent à la plateforme de prélever une commission. Si la collecte échoue, le porteur de projet n'a rien à verser.

PARLEZ-VOUS LE CROWDFUNDING ?

Comme le financement participatif est mondialisé, il se parle en anglais. Par conséquent, mieux vaut vous habituer tout de suite au vocabulaire anglo-saxon si vous voulez suivre le mouvement. Voici un petit lexique pour vous y retrouver :

» **crowd** : la foule ; **funding** : le financement ;

» **donation-based crowdfunding** : le financement participatif par le don, un modèle utilisé depuis des décennies par les associations et les fondations, notamment caritatives ;

» **reward-based crowdfunding** : le financement en échange duquel un produit ou un service est proposé à la foule des contributeurs, cette forme de production communautaire est le modèle fondateur du crowdfunding, boosté ensuite par l'arrivée du Web qui a décuplé les potentialités de financement des projets ;

» **lending-based crowdfunding** : le prêt participatif, qui s'oppose au "peer-to-peer lending", un financement « entre pairs », c'est-à-dire, par exemple, un entrepreneur qui finance directement le projet d'un autre entrepreneur ;

» **equity-based crowdfunding** : le financement participatif en capital ;

» **shadow banking** : la « finance de l'ombre », qui désigne les systèmes de financements non bancaires.

Les statuts juridiques des plateformes de finance participative

Depuis le 1er octobre 2014, deux statuts sont ouverts aux plateformes de crowdfunding :

» **Intermédiaire en financement participatif** (article L. 548-2 du code monétaire et financier) ;

» **Conseiller en investissement participatif** (article L. 547-1 du code monétaire et financier).

Quelle que soit l'option retenue, les deux statuts imposent une immatriculation au Registre des intermédiaires de l'assurance, de la banque et de la finance géré par l'Organisme pour le registre des intermédiaires en assurance (ORIAS). Créé en 2007, il recense les agents généraux, courtiers, mandataires et intermédiaires d'assurance. Depuis 2013, il est également chargé de recenser tous les intermédiaires financiers, non seulement en assurances mais aussi en investissements financiers et en crédits (les « IOBSP », c'est-à-dire les intermédiaires en opérations bancaires et services de paiement).

L'immatriculation de toute plateforme de crowdfunding est obligatoire depuis le 1er octobre 2014. Avant de les solliciter ou d'y investir le premier centime, mieux vaut donc vérifier si la plateforme est en règle de ce point de vue.

Par ailleurs, les activités des plateformes sont surveillées et contrôlées à la fois par l'Autorité des marchés financiers, chargée de protéger les investisseurs et de veiller à leur bonne information, et par l'Autorité de contrôle prudentiel et de résolution, chargée de veiller à la stabilité du système financier et à la protection de leurs clients.

Les plateformes doivent répondre à des règles similaires à celles imposées aux établissements financiers :

- **Des règles prudentielles** : identification détaillée de l'épargnant (justificatifs d'identité et de domicile), contrôles anti-blanchiment, anti-terrorisme.
- **Des règles de contrôle de la qualification des investisseurs** : même si les montants investis sont limités et peu risqués, le principe du financement participatif est tout de même considéré comme un investissement risqué.

Pour le porteur de projet, le crowdfunding offre au moins trois avantages : il permet de tester son idée auprès des gestionnaires des plateformes. S'il passe ce premier filtre, la période de collecte permet promouvoir son produit ou sa prestation, de faire remonter les réactions, de modifier son offre en fonction de ces résultats. Enfin, si tout fonctionne, la collecte peut se révéler un vrai levier de démarrage et les investisseurs peuvent devenir des ambassadeurs du projet.

La liste des plateformes est consultable sur le site de l'Agence pour la création d'entreprise : `www.apce.com` (rubrique « Trouver des financements »). Quelques unes sont bien connues : MyMajorCompany, KissKissBankBank, Ulule. Pour s'y retrouver, Bpi France, la banque publique d'investissement, propose aussi un service mise en relation entre les porteurs de projets et les plateformes : `www.tousnosprojets.fr`.

COMMENT RÉUSSIR SON FINANCEMENT PARTICIPATIF ?

«The dynamics of crowdfunding: An exploratory study» est une étude menée par un chercheur à l'Université de Pennsylvanie et publiée par le *Journal of Business Venturing* en janvier 2014. À partir des données de plus 48 500 projets proposés sur la plateforme Kickstarter entre 2009 (l'année de sa création) et juillet 2012, il a cherché à mettre en évidence les principales variables qui séduisent les financeurs et induisent la réussite de la collecte. Outre la catégorie de projet et les objectifs de financement, voici les éléments décisifs qui ont émergé de ses observations :

» **Un projet ouvert sur 60 jours a moins de succès qu'un projet ouvert sur 10 jours : une collecte longue semble donc envoyer un signal négatif aux investisseurs.**

» **La présence de vidéos, des mises à jour fréquentes et l'absence de fautes d'orthographes sont associées une probabilité plus forte de succès.**

» **Plus le porteur a d'amis sur Facebook, plus la probabilité de réussite de la collecte est forte : le nombre d'amis sur Facebook semble donc impacter significativement et positivement la probabilité de réussite du financement d'un projet.**

L'épargne personnelle et familiale

Vous le savez, les banques n'acceptent en général de prêter de l'argent à un créateur d'entreprise que si lui-même apporte personnellement une somme équivalant à au moins un tiers, voire la moitié du montant qu'il veut emprunter.

Cela signifie aussi que, pour s'engager dans la création d'entreprise, en bon gestionnaire financier, l'entrepreneur doit concevoir un projet à la mesure de ses moyens. Si ses propres moyens sont réduits, son projet ne doit pas être trop gourmand. Le projet ne peut se permettre de nécessiter beaucoup de fonds de départ que si l'entrepreneur dispose lui-même de moyens importants.

Utiliser son épargne

En tant que créateur d'entreprise, vous avez le droit d'utiliser plusieurs types de fonds d'épargne pour démarrer votre activité.

Le plan d'épargne en actions (PEA)

Si vous êtes titulaire d'un PEA (quelle que soit la date de son ouverture), vous avez le droit de prélever une partie de cette épargne. Vous ne perdrez pas l'avantage fiscal si ces sommes sont réservées à la création de votre entreprise. Mais attention, vous devez les utiliser dans un délai de trois mois.

Dans cette hypothèse, les retraits ou les rachats anticipés de PEA ne sont pas assujettis à l'impôt s'ils servent à la création ou à la reprise d'une entreprise.

En revanche, les retraits ou les rachats restent assujettis aux prélèvements sociaux : la CSG à 8,2 %, la CRDS à 0,5 %, un autre prélèvement social + une taxe additionnelle, soit 2 % en tout, et enfin un prélèvement pour le RSA à 4,8 %. Total en 2016 : 15,5 %.

Quant au gain réalisé – c'est-à-dire la différence entre la valeur liquidative du plan et les versements –, il n'est assujetti à l'impôt sur le revenu que si le montant des cessions de l'année excède 25 000 euros. Le taux d'imposition est alors égal à :

- 38 % (prélèvements sociaux compris) si le retrait ou le rachat intervient avant l'expiration de la deuxième année ;
- 34,5 % (prélèvements sociaux compris) si le retrait ou le rachat intervient entre la deuxième et la cinquième année.

L'exonération fiscale s'applique à tous ceux qui gèrent ou dirigent une entreprise, qu'elle soit en création ou en reprise et quelle que soit sa forme, y compris en profession libérale. Autre avantage du dispositif : il s'applique quand la société financée est animée par le conjoint, par le partenaire lié par un pacs ou encore par un descendant ou un ascendant. En revanche, le financement par augmentation de capital au cours de la vie sociale de l'entreprise n'est pas autorisé.

Les formalités à effectuer sont simples : il suffit de justifier auprès du gestionnaire du PEA la création ou la reprise de l'entreprise. Le délai pour réaliser ces formalités est fixé à trois mois : s'il n'est pas respecté, la plus-value est soumise à l'impôt en plus des contributions sociales. De même, si le plan n'est pas utilisé entièrement pour la création ou la reprise d'une entreprise et si un retrait ou un rachat est effectué au cours de la cinquième année, l'opération entraîne aussi l'imposition sur le revenu et les prélèvements sociaux.

Si l'entreprise est une SARL, rien n'interdit que les cogérants ou les gérants majoritaires et minoritaires puissent chacun utiliser leur PEA s'ils en ont un et prétendre tous à la dérogation fiscale.

Le plan d'épargne logement (PEL)

Vous avez également le droit d'utiliser le contenu de votre PEL pour financer votre local commercial ou professionnel. Mais il y a une condition : que votre logement principal y soit aussi installé.

Le plan épargne entreprise (PEE)

Si vous disposez d'un PEE toujours alimenté, vous pouvez récupérer votre épargne pour financer la création de votre entreprise. En effet, c'est un des cas légaux de déblocage de l'épargne avant l'expiration du délai d'indisponibilité de cinq ans. Vous récupérez ainsi les fonds sans pénalité et vous conservez le bénéfice des exonérations fiscales.

Pour débloquer vos fonds par anticipation, contactez le gestionnaire de votre compte épargne salariale et justifiez que les sommes dont vous demandez le retrait seront intégralement employées au financement de votre nouvelle entreprise : la constitution du capital social, l'achat ou la location du fonds de commerce, les frais d'installation, les frais d'équipement, etc.

QU'EST-CE QUE LE LIVRET ÉPARGNE ENTREPRISE (LEE) ?

C'est un livret que le futur créateur d'entreprise peut ouvrir dans une banque ou à la Caisse d'épargne, sur lequel il peut verser, pendant deux à cinq ans, jusqu'à 45 800 € pour se constituer progressivement un apport personnel. Pour les livrets ouverts entre 2003 (l'année de création du LEE) et le 1er janvier 2014, les intérêts acquis sont exonérés d'impôt et de cotisations. De toutes façons, le LEE n'en rapporte que très peu, puisque son taux est fixé aux ¾ de celui du livret A. Soit 0,50 % en 2016 !

Quoiqu'il en soit, le LEE fonctionne comme un Plan d'épargne logement : l'épargne et les intérêts accumulés forment un apport qui doit permettre à l'entrepreneur de solliciter un prêt bancaire, destiné à lancer son activité. Le montant et la durée de ce prêt sont fixés de manière à ce que le total des intérêts à payer soit égal au total des intérêts acquis durant la phase d'épargne, multiplié par 1,6.

En 2016, le taux du prêt est fixé à 3,7 % (taux variable) ou 4,25 % (taux fixe) hors assurance.

Se faire aider par des proches

Les anglo-saxons l'appellent « love money » : ce sont les fonds que les proches de l'entrepreneur, ceux qui l'aiment, sont prêts à risquer dans son projet de création d'entreprise. Conjoint, parents, beaux-parents, grands-parents, frères et sœurs, cousins, amis, s'ils répondent tous présents, cela démontre que l'activité envisagée leur semble prometteuse. Ce qui est déjà un bon point. Il faut dire que la loi permet à ceux qui aident financièrement des créateurs d'entreprise de réduire leur impôt sur le revenu. Un argument qui semble déterminant dans la décision de donner un coup de pousse au jeune créateur de la famille !

Alors, préparez bien votre argumentaire et vous allez voir : si votre projet est vraiment intéressant, en quelques semaines, vous allez sûrement réussir à réunir plusieurs dizaines de milliers d'euros... Et par ailleurs, pour les futurs interlocuteurs financiers, cela n'est pas du tout anodin. Dès lors que les proches du créateur d'entreprise n'hésitent pas à faire prendre des risques à leur épargne personnelle, le projet mérite d'être étudié.

Établissez un contrat entre vous et chacun de vos « bienfaiteurs », mentionnant vos coordonnées et les leurs, la somme qu'ils vous prêtent, l'échelonnement des remboursements et éventuellement le taux d'intérêt, s'il ne s'agit pas d'un don pur et simple. Ensuite, faites enregistrer ce contrat au centre des impôts pour lui donner une valeur juridique incontestable.

La réduction d'impôt pour souscription au capital d'une société

Toute personne physique domiciliée en France qui souscrit au capital d'une société non cotée en Bourse bénéficie d'une réduction de son impôt sur le revenu jusqu'au 31 décembre 2016. La souscription peut avoir lieu lors de création de la société ou même au moment d'une d'augmentation de capital. Mais, dans les deux cas, il faut prendre l'engagement de conserver les titres de la société pendant cinq ans, soit jusqu'au 31 décembre de la cinquième année suivant celle de la souscription.

Si toutes les conditions sont remplies, la réduction d'impôt est égale à 18 % des versements effectués chaque année pendant la période de référence :

- Dans la limite de 50 000 euros pour un célibataire (soit 9 000 euros de gain maximum par an) ;
- Dans la limite de 100 000 euros pour un couple avec imposition commune (soit 18 000 euros de gain maximum par an).

L'entreprise bénéficiaire de la souscription doit remplir simultanément les conditions suivantes :

- Avoir son siège social en France, dans l'Union européenne, en Norvège ou en Islande ;
- Être assujettie à l'impôt sur les sociétés ;

- Être en phase d'amorçage, de démarrage ou d'expansion ;
- Exister depuis moins de cinq ans ;
- Avoir une activité commerciale, industrielle, artisanale, libérale, agricole ou financière ;
- Ne pas avoir pour objet de gérer son patrimoine mobilier ou immobilier (sont donc exclues les sociétés de gestion de patrimoine, les sociétés civiles immobilières ou de gestion de portefeuille) ;
- Ne pas avoir de capital détenu directement ou indirectement, à 25 % ou plus, par une ou conjointement plusieurs entreprises répondant à la condition précédente ;
- Ne pas être cotée en bourse ;
- Réaliser un chiffre d'affaires annuel ou avoir un total de bilan inférieur à 10 millions d'euros en cours d'exercice ;
- Employer moins de 50 salariés ;
- Employer au moins 2 salariés à la clôture de l'exercice d'exploitation suivant la souscription ouvrant droit à la réduction d'impôt, ou 1 seul s'il s'agit d'une entreprise artisanale ;
- Respecter le plafond communautaire des aides dites « de minimis » (voir encadré plus loin).

Les versements qui excèdent les plafonds annuels peuvent être reportés sur les quatre années suivantes. Et chaque année, ils bénéficient encore de la réduction d'impôt de 18 %, toujours dans la limite du plafond annuel de versements. Ce qui fait que sur 5 ans, la réduction totale peut atteindre 45 000 € maximum pour une personne seule, et 90 000 € pour un couple.

En revanche, la fraction des versements qui dépasse le montant de l'impôt du souscripteur ne donne lieu à aucun remboursement , ni report sur l'impôt dû l'année suivante.

La réduction d'impôt pour souscription au capital d'une société est prise en compte dans le plafonnement global des avantages fiscaux liés à l'impôt sur le revenu. Soit dans la limite globale de 10 000 € (en 2015).

Les versements qui excèdent les plafonds annuels peuvent être reportés sur les quatre années suivantes. Et, chaque année, ils bénéficient encore de la réduction d'impôt de 18 %, toujours dans la limite du plafond annuel de versements. Ce qui fait que, sur cinq ans, la réduction totale peut atteindre 45 000 euros maximum pour une personne seule, et 90 000 euros pour un couple.

En revanche, la fraction des versements qui dépasse le montant de l'impôt du souscripteur ne donne lieu à aucun remboursement, ni report sur l'impôt dû l'année suivante.

Cette réduction n'est pas cumulable avec les autres aides fiscales à la création d'entreprise, comme celle du PEA, citée dans les pages précédentes. *Idem* pour les autres « niches fiscales », comme les achats de parts de société pour le financement de l'industrie cinématographique et audiovisuelle (Sofica), ou les différentes déductions d'intérêts d'emprunt.

LES AIDES DE MINIMIS POUR LES NULS

C'est un règlement européen qui sert à éviter ce que l'Union européenne déteste par-dessus tout : une possible entrave à la concurrence. Il stipule que les aides qu'un État membre peut octroyer à une entreprise ne doivent pas excéder un plafond global fixé à 200 000 euros sur une période glissante de trois exercices : celui de l'attribution de l'aide + les deux exercices précédents.

Si par malheur le montant des aides excède ce plafond, celui qui a dispensé l'aide à l'origine du dépassement subit les foudres de l'Europe. Il est désigné comme contrevenant au plafond pour sa totalité, et l'entreprise doit donc y renoncer.

La Commission européenne accepte parfois d'alléger la réglementation des minimis si trois conditions complémentaires sont remplies :

- **La société est en phase d'amorçage, de démarrage, d'expansion au sens des lignes directrices concernant les aides d'État visant à promouvoir les investissements en capital dans les PME ;**
- **L'entreprise n'est pas qualifiable d'entreprise en difficulté ou ne relève pas des secteurs de la construction navale, de l'industrie houillère ou de la sidérurgie ;**
- **Le montant des versements n'excède pas le plafond de 1,5 million d'euros par période de douze mois.**

La réduction d'impôt sur la fortune (ISF)

Les contribuables assujettis à l'impôt sur la fortune peuvent en réduire le montant s'ils investissent au capital d'une PME non cotée en Bourse (en numéraire ou en nature, sauf s'il s'agit d'un bien immobilier ou de valeurs mobilières).

La réduction est fixée à 50 % des sommes investies, avec un plafond de 45 000 € ou à 18 000 € si l'investissement est effectué indirectement *via* des fonds d'investissement de proximité (FIP), ou des fonds communs de placement dans l'innovation (FCPI) ou à risque (FCPR).

L'investissement éligible est limitée à 1 500 000 € par période de douze mois. Les titres doivent être conservés jusqu'au 31 décembre de la cinquième année suivant la souscription. La réduction est accordée pour l'investissement en direct au capital de PME éligibles au sens de l'Union européenne, c'est-à-dire :

- Employer moins de 250 salariés ;
- Avoir un chiffre d'affaires annuel inférieur à 50 millions d'euros ou un total de bilan inférieur à 43 millions d'euros ;
- Au moins 75 % du capital ou des droits de vote doivent être détenus par des personnes physiques ou des sociétés répondant elles-mêmes aux deux précédents critères.

Pour les investissements réalisés depuis le 1er janvier 2011, la société doit employer au moins deux salariés à la clôture du premier exercice suivant celui de la souscription ou un seul salarié s'il s'agit d'une activité artisanale. En revanche, aucune condition n'est exigée quant à la nature du contrat de travail, qui peut être un CDD, un CDI, à temps complet ou à temps partiel. Les mandataires sociaux peuvent être pris en compte s'ils sont titulaires d'un contrat de travail.

L'exonération est accordée dans le respect du régime européen d'exemption par catégorie « de minimis » qui limite à 200 000 € sur trois exercices consécutifs le montant total d'aides publiques accordé par entreprise. Cependant, ce plafond communautaire n'est pas applicable aux souscriptions au capital de certaines entreprises solidaires du secteur immobilier à condition que la société ne procède pas à la distribution de dividendes et réalise son objet social sur l'ensemble du territoire.

Dans tous les cas, le montant imputé sur l'impôt de solidarité sur la fortune ne peut pas excéder 45 000 € par contribuable et par an. La fraction du versement qui procure l'avantage fiscal ne peut procurer aucun autre avantage fiscal.

Demander l'aide des banques

Vous avez réuni des fonds personnels. Dans la mesure où votre dossier financier a montré que vous aviez besoin de prêts bancaires (à long, moyen ou court terme), vous allez pouvoir faire le tour des banques. Commencez toujours par votre propre banque, surtout si vous êtes un bon client depuis longtemps.

Néanmoins, ne vous engagez pas tout de suite : le mieux est toujours, d'une part de faire le tour des offres pour trouver la meilleure du moment, d'autre part de faire jouer la concurrence.

Utilisez les comparateurs sur Internet pour faire un premier tri. Puis, une fois établie une liste de trois ou quatre banques qui semblent faire des offres aux jeunes entrepreneurs, interrogez chacune : sur les taux d'intérêt, les commissions qu'elle prend, les frais de dossier, les autorisations de découvert.

Demander un emprunt bancaire classique

L'emprunt bancaire est le financement le plus difficile à obtenir pour les créateurs d'entreprise. Mais si votre projet tient la route, que vous avez réussi à réunir des fonds propres en quantité suffisante et que vous vous êtes fait accompagner par un réseau d'aide à la création d'entreprise, vous partez avec de grandes chances de réussite.

Assurez-vous que vous en avez vraiment besoin

Avant de vous précipiter dans les banques, vous devez d'abord vous assurer que l'emprunt bancaire est vraiment le type de financement qu'il vous faut. C'est le cas, par exemple, si vous devez financer des investissements corporels, c'est-à-dire pour des achats concrets comme des machines ou des locaux (voir chapitre 6). En effet, les banques préfèrent participer à ce type de financement.

Et n'oubliez pas que, si l'emprunt est une nécessité, il a également un coût, que vous devez intégrer dans le calcul du point mort (voir chapitre 7).

Ne sous-estimez pas vos besoins en pensant que, si vous ne demandez qu'une petite somme, votre banquier sera enclin à accepter plus facilement. Ce n'est pas ainsi que vous financerez correctement votre projet. Par conséquent, mieux vaut au contraire demander un peu plus que ce dont vous avez besoin. De cette manière, vous éviterez les problèmes de trésorerie et pourrez faire face à d'éventuels imprévus.

À quel taux ?

Depuis la crise financière, les taux d'intérêt des crédits aux entreprises ont beaucoup chuté et sont donc relativement attractifs. En 2016, la fourchette va de 1,1 % (taux fixe sur dix ans) à 5 % selon la nature du projet, la somme empruntée et la durée de l'emprunt. Du coup, tout peut se négocier : le montant du crédit, les garanties, les taux d'intérêt, les frais annexes, le fonctionnement du compte… À vous d'être persuasif !

La loi autorise les repreneurs qui financent leur reprise par un emprunt bancaire à bénéficier d'une réduction d'impôt égale à 25 % des intérêts d'emprunt, avec un plafond de 20 000 euros pour une personne seule et 40 000 euros pour un couple marié ou pacsé. Les conditions pour obtenir cette réduction sont les mêmes que celles imposées aux personnes qui souscrivent au capital d'une société non cotée (voir pages précédentes).

BANQUES : QUELQUES PRINCIPES À CONNAÎTRE

En attribuant un crédit à un créateur d'entreprise, les banques appliquent un certain nombre de principes à connaître avant de formuler une demande de financement :

- **Ne pas risquer plus de fonds que le créateur lui-même ;**
- **Écarter de l'assiette de financement le besoin en fonds de roulement et les investissements incorporels, sauf le fonds de commerce ;**
- **Ne pas prêter plus de 70 % du montant hors taxe du besoin qu'elle accepte de financer ;**
- **Tolérer un endettement à terme du créateur d'entreprise qui ne dépasse pas le total des trois premières années ;**
- **Limiter la charge annuelle de remboursement du capital emprunté à la moitié de la capacité d'autofinancement prévisionnelle.**

Les autres possibilités

En dehors de l'emprunt bancaire classique, d'autres formules sont à votre disposition, qu'il faut étudier selon votre cas.

Le crédit-bail

Le crédit-bail est une formule qui permet de financer à 100 % un bien professionnel mobilier ou immobilier : l'entrepreneur loue le bien, avec la possibilité d'en devenir propriétaire au plus tard à la fin du contrat, pour un prix fixé d'avance, compte tenu des loyers déjà versés. Pendant la durée du contrat de crédit-bail, le bien financé n'est pas inscrit au bilan de l'entreprise. C'est donc une formule sécurisante pour la banque, puisqu'elle reste propriétaire des biens financés.

Ce type de financement est un peu plus cher que le crédit classique et moins intéressant depuis que les bailleurs imposent le versement d'un dépôt de garantie ou un premier loyer important dans le barème de location. Toutefois, le crédit-bail présente l'avantage important d'éviter le problème de la récupération de la TVA payée sur les investissements de départ. Une formule à étudier...

Le crédit à la consommation

Ce genre de crédit est concédé par exemple pour l'achat d'une voiture. Il est accordé aux entrepreneurs plus facilement que des crédits bancaires.

Les taux et les frais de dossier peuvent parfois atteindre des sommets ! Pour trouver les meilleurs taux et les meilleures conditions de remboursement, commencez par utiliser un comparateur en ligne.

Par ailleurs, la loi protège les clients du surendettement. Les entrepreneurs en font partie. Voici les principales mesures qu'elle impose :

- Le prêteur doit vérifier la solvabilité de l'emprunteur. Il doit systématiquement consulter le fichier qui recense les incidents de remboursement sur les crédits des particuliers ;
- Sur le lieu même de la souscription du contrat de crédit, le prêteur doit obligatoirement remettre une fiche de dialogue et d'information à remplir conjointement avec l'emprunteur. Cette fiche doit être l'occasion d'un véritable « point budget » pour évaluer si le crédit est vraiment adapté à l'emprunteur ;
- Pour les crédits d'un montant de plus de 3 000 euros, l'emprunteur doit fournir des justificatifs (identité, domicile, revenus) ;
- Chaque échéance d'un crédit renouvelable doit comprendre un remboursement minimum du capital emprunté ;
- Pour les demandes de crédit d'un montant supérieur à 1 000 euros, le client doit avoir le choix entre un crédit renouvelable et un crédit amortissable, plus simple d'utilisation et parfois plus adapté aux besoins des consommateurs ;
- Les crédits de moins de 3 000 euros doivent obligatoirement être remboursés en moins de trois ans ; ceux de plus de 3 000 euros en moins de cinq ans ;
- Le délai de rétractation du contrat de crédit est fixé à quatorze jours.

Sachez aussi les établissements de crédit ont l'obligation de fournir à leurs clients une fiche d'information sur les assurances liées au crédit. Car l'emprunteur souscrit un contrat d'assurance en même temps que son emprunt, pour garantir ses remboursements en cas de chômage ou de décès.

Avant de souscrire un emprunt, tout client était déjà libre de choisir lui-même une compagnie d'assurance. Mais, dans les faits, il n'utilisait presque jamais cette liberté et acceptait toutes les conditions proposées par l'établissement de crédit, sans les contester. Et souvent même, sans lire le contrat d'assurance souscrit avec l'emprunt.

Sur cette question de l'assurance liée aux crédits, la loi prévoit plus d'informations et de conseils pour les emprunteurs :

- » Le client doit obtenir des informations claires et précises sur ce que prévoit le contrat d'assurance proposé par l'établissement de crédit ;
- » Le client a le droit de faire jouer la concurrence et de demander à d'autres assureurs de lui faire des propositions, pour assurer son emprunt ;
- » Si un autre assureur propose des garanties équivalentes, le client a le droit de le choisir, aux dépens de celui proposé par l'établissement de crédit ;
- » L'établissement de crédit n'a pas le droit de faire pression sur l'emprunteur, en augmentant le taux d'intérêt de son emprunt, s'il ne choisit pas son assurance.

Depuis 2015, le client qui a souscrit une assurance emprunteur peut désormais résilier librement son contrat dans un délai d'un an à compter de la souscription. S'il trouve une assurance moins chère ou présentant de meilleures garanties, il est libre de changer de contrat au cours de la première année.

Le prêt participatif

Le prêt participatif peut être réalisé entre entreprises, ou entre une entreprise et l'État lorsque celui-ci souhaite soutenir des sociétés en difficulté. C'est pourquoi, après avoir quasiment disparu, ce mode de financement est de nouveau utilisé, notamment depuis la dernière crise économique et financière. La banque publique d'investissement, Bpi France, en accorde également.

Sa principale caractéristique est qu'il ne peut être soldé que si l'ensemble des créanciers non privilégiés de l'entreprise ont été eux-mêmes remboursés, avant les détenteurs de parts sociales. C'est ce qu'on appelle « une créance de dernier rang », qui permet à ce type de prêt d'être qualifié de quasi-fonds propres par la société qui en bénéficie et non pas d'emprunt.

Seules les sociétés de droit français et résidente fiscales en France sont éligibles au prêt participatif. Les professions libérales et agricoles ne peuvent pas en bénéficier.

Les prêts participatifs sont octroyés sans durée maximale (en général sur 5 ou 7 ans). Ils sont limités à deux fois le montant des capitaux propres de l'emprunteur. Aucune caution ni garantie n'est exigée.

La rémunération d'un prêt participatif est composée :

- D'une partie fixe calculée à un taux d'intérêt en général inférieur aux taux du marché ;
- D'une partie variable proportionnelle au solde restant dû et à des éléments tels que le chiffre d'affaires, le bénéfice, ou encore l'excédent brut d'exploitation.

Si ce type de financement vous intéresse, sachez qu'il existe des courtiers spécialisés, notamment parmi ceux qui proposent des crédits professionnels. Ils sont réunis en Association professionnelle des intermédiaires de crédits : www.apic.asso.fr.

Le livret de développement durable

Pour ceux qui ne le savent pas encore, ce produit a remplacé le Codevi (compte pour le développement industriel) depuis le 1er janvier 2007. En même temps, le plafond des dépôts a été relevé à 12000 euros. Ce livret accueille une épargne défiscalisée et rémunérée à 0,75 % (depuis le 1er août 2015), comme le livret A.

Mais ce qu'il faut savoir surtout, c'est que l'épargne des LDD doit être utilisée par les banques non seulement pour des prêts aux particuliers et aux copropriétés pour réaliser des investissements favorables à l'environnement, mais aussi spécialement pour les PME dont le projet est lié à l'environnement. Si c'est votre cas, foncez à la banque !

Les subventions publiques

L'État lui-même prête de l'argent aux créateurs ou aux repreneurs d'entreprise, par le biais de sa structure de financement Bpi France (dont la fonction est détaillée au chapitre 3).

Garantie création

C'est un dispositif de Bpi France, la banque publique d'investissement. Il garantit les emprunts bancaires destinés aux projets d'entreprises de toutes natures :

- L'achat d'un fonds de commerce ;
- Les investissements matériels et immatériels ;

» Un besoin en fonds de roulement ;

» Un découvert notifié ;

» La délivrance de cautions sur les marchés français ou à l'export.

Garantie création s'adresse aux PME de moins de 3 ans et aux dirigeants-personnes physiques s'endettant à titre personnel pour réaliser un apport en fonds propres dans leur jeune PME.

Elle peut-être sollicitée pour :

» La création d'une nouvelle entreprise ;

» Une première installation par reprise de fonds de commerce ;

» La création d'une société par une entreprise ou un entrepreneur déjà installé qui développe des activités ou des produits nouveaux.

Les prêts à la création d'entreprise (PCE) ont cessé depuis le 1er avril 2015. Depuis cette date, les banques ne peuvent plus instruire ni valider de PCE.

C'est pourquoi, depuis cette même date, le dispositif Garantie création a été renforcé : la quotité garantie passe à 60 % pour les projets de création et en cas d'intervention conjointe entre Bpi France et la Région, et 50 % dans les autres cas..

Les prêts peuvent aller jusqu'à 200 000 €, au lieu de 100 000 € auparavant.

Les banques disposent d'une délégation de Bpi France. Pour en bénéficier, il suffit donc de s'adresser à son banquier.

Le dispositif Nacre

L'État peut apporter son aide aux bénéficiaires de l'Accre (aide aux chômeurs créateurs ou repreneurs d'entreprise, détaillée au chapitre 9). Il s'agit d'un dispositif global qui comprend une aide financière et un accompagnement au montage du projet, puis d'un accompagnement de la jeune entreprise.

Les bénéficiaires du Nacre (nouvel accompagnement pour la création et la reprise d'entreprise) sont à peu près les mêmes que pour l'Accre :

» Les chômeurs indemnisés (ARE, ASR, ASS, RSA, allocation temporaire d'attente) ;

» Les chômeurs non indemnisés inscrits à Pôle emploi pendant six mois au cours des dix-huit derniers mois ;

- Les personnes qui créent leur entreprise en zone urbaine sensible ;
- Les jeunes de 18 à 25 ans révolus et les jeunes de moins de 30 ans non indemnisés ou reconnus handicapés ;
- Les personnes de 50 ans et plus inscrites sur la liste des demandeurs d'emploi ;
- Les titulaires d'un contrat d'appui au projet d'entreprise ;
- Les bénéficiaires des prestations d'accueil pour jeune enfant complément libre choix d'activité.

Nacre est également accessible aux salariés qui reprennent leur entreprise en redressement ou liquidation judiciaire.

Enfin, les personnes rencontrant des difficultés pour s'insérer durablement dans le monde du travail peuvent demander Nacre. Mais elles n'obtiendront que l'aide portant sur le montage du projet et le développement de l'entreprise, pas l'aide financière.

Un dispositif global

Nacre recouvre deux types d'aide : une aide au montage de projet et au développement de l'entreprise et une aide financière.

L'aide au montage et au développement se présente sous la forme d'un chéquier conseil. Les conseils sont dispensés par des organismes labellisés et conventionnés par l'État (et la Caisse des dépôts), ainsi que des experts spécialisés dans la création ou la reprise d'entreprise. La liste est disponible sur le site internet du ministère du Travail : `www.emploi.gouv.fr/nacre`.

L'entrepreneur choisit librement l'expert dont il a besoin au fur et à mesure de son parcours. Il conclut avec lui un contrat d'accompagnement Nacre, qui organise son parcours. L'accompagnement peut ainsi se poursuivre jusqu'à trois ans après la création de l'entreprise.

Le parcours prévoit aussi un appui systématique pour obtenir un partenariat avec une banque.

Quant à l'aide financière Nacre, c'est un prêt à taux zéro d'un montant de 1000 à 10000 euros, sur cinq ans maximum. Il est attribué après expertise du projet de création ou de reprise d'entreprise dans le cadre du parcours d'accompagnement. Lui aussi doit être couplé avec un prêt bancaire, dont le montant et la durée doivent être supérieurs ou égaux au montant et à la durée du prêt à taux zéro.

Les conditions d'attribution

Quel que soit le secteur d'activité, les bénéficiaires doivent créer ou reprendre une entreprise, sous forme individuelle (artisan, commerçant, profession libérale) ou en société. Les associations, les groupements d'intérêt économique ou les groupements d'employeurs sont donc exclus du dispositif.

Lorsque la forme choisie est celle d'une société, pour obtenir l'aide financière, le créateur ou repreneur doit en assurer le contrôle, c'est-à-dire :

- Détenir plus de 50 % du capital (seul ou en famille, avec au moins 35 % à titre personnel) ;
- Ou être dirigeant de la société et détenir au moins un tiers du capital (seul ou en famille, avec au moins 25 % à titre personnel), sous réserve qu'un autre associé ne détienne pas directement ou indirectement plus de la moitié du capital. Cette condition doit être remplie pendant au moins deux ans à compter de la création ou de la reprise de l'entreprise.

Plusieurs personnes peuvent obtenir l'aide pour un seul et même projet, mais il y a trois conditions :

- Détenir ensemble plus de 50 % du capital ;
- L'une ou plusieurs d'entre elles doivent avoir la qualité de dirigeant ;
- Chaque demandeur doit détenir une part du capital au moins égal à un dixième de la part détenue par le principal actionnaire ou porteur de parts.

L'AIDE À LA REPRISE ET À LA CRÉATION D'ENTREPRISE (ARCE)

L'ARCE est versée par Pôle Emploi . Elle consiste à verser les allocations chômage sous la forme d'un capital d'un montant équivalent à 50 % du reliquat des droits à l'assurance chômage. Le versement se fait en deux fois :

- **une moitié après l'obtention de l'Accre,**
- **l'autre moitié 6 mois après la date de création/reprise de l'entreprise. (Cette aide est développée au chapitre suivant)**

Les subventions privées

En marge des acteurs institutionnels, plusieurs organismes spécialisés dans le conseil et l'accompagnement des porteurs de projet peuvent aussi financer directement le créateur d'entreprise par des prêts d'honneur, des prêts solidaires (taux et conditions d'obtention préférentiels) ou des garanties. ADIE, France initiative réseau, le réseau Entreprendre… À chacun ses produits et son public !

Le prêt d'honneur

On appelle *prêts d'honneur* les prêts à moyen terme sans intérêt ni garantie, dont la durée est généralement comprise entre deux et cinq ans. Ces prêts sont attribués au créateur ou au repreneur lui-même, et non à l'entreprise qu'il crée, qui plus est sans lui demander de garanties personnelles ou réelles. C'est pourquoi on les appelle prêts d'honneur, et non avances remboursables.

Le montant des prêts

Selon les possibilités et les orientations économiques de l'organisme distributeur (par exemple France initiative, le réseau Entreprendre, ADIE ou France active, dont le rôle est détaillé au chapitre 3), les montants des prêts accordés oscillent généralement entre 3 000 et 10 000 euros (7 500 euros en moyenne).

Toutefois, certains dispositifs accordent des prêts d'honneur pouvant atteindre 30 000 euros, voire un peu plus quand ils ne se consacrent qu'à des projets ayant de bonnes perspectives de développement, comme les petits projets technologiques.

Les bénéficiaires

Le prêt d'honneur a pour objet de renforcer, voire de remplacer l'apport du porteur de projet de manière, le plus souvent, à lui donner accès à un financement bancaire complémentaire. Il finance donc les investissements de départ et le besoin en fonds de roulement, ainsi que les besoins durables de financement engendrés par la reprise d'une entreprise (pour les associations intervenant en faveur de la reprise d'entreprise).

Les critères d'attribution varient d'un organisme prêteur à l'autre. Ainsi, un organisme soutiendra les microprojets permettant la réinsertion économique des personnes en difficulté, un autre les projets en milieu rural, les projets à vocation sociale ou écologique, ou les petits projets à potentiel ou à contenu technologique, etc.

Enfin, puisque l'organisme distributeur est souvent une association créée pour favoriser le développement économique local, des critères géographiques sont liés à son périmètre d'intervention.

Le capital-risque

La spécialité d'un « capital-risqueur » est de prendre une participation dans le capital d'une entreprise afin de dégager par la suite une plus-value.

Qu'est-ce que le capital-risque ?

Le *capital-risque* consiste, pour des investisseurs professionnels, à prendre des participations minoritaires et temporaires dans le capital d'entreprises naissantes ou très jeunes, lorsqu'elles ont un fort potentiel de croissance. Ainsi, l'entrée au capital d'investisseurs constitue un effet de levier pour accéder à d'autres financements bancaires. En même temps, les entrepreneurs profitent des conseils de ces investisseurs, de leur expérience, de leur carnet d'adresses. Il n'est d'ailleurs pas rare que les investisseurs occupent un siège au conseil d'administration, assorti d'un poids non négligeable dans les prises de décisions.

Selon les cas, un capital-risqueur peut souscrire :

- **Des actions « ordinaires », c'est-à-dire des parts du capital ;**
- **Des actions à dividende prioritaire (ADP) :** l'actionnaire perçoit un dividende supérieur aux actions ordinaires et dispose d'une priorité sur le versement de dividendes. En échange, la part de capital est limitée à 25 % et l'actionnaire n'a pas le droit de vote à l'assemblée générale ;
- **Des actions assorties de bons de souscription d'actions (ABSA) :** l'action est associée à un bon de souscription d'action, qui permet à son détenteur de souscrire à un certain nombre d'actions à un prix déterminé à l'avance, jusqu'à une échéance précise. Le bon de souscription d'action est séparable de l'action elle-même, de manière à permettre à l'investisseur de céder l'action, tout en conservant le bon de souscription d'action (ou inversement).

Il peut aussi accorder des avances en *compte courant d'associé*, c'est-à-dire un compte ouvert dans les livres de la société, sur lequel peuvent figurer non seulement les sommes apportées sous forme d'argent frais (chèques, espèces, virements) mais également celles qui sont dues à l'associé (salaires, remboursements de frais, dividendes, paiements de factures, intérêts...) et laissées à la disposition de l'entreprise.

Le capital-risqueur se rémunère essentiellement grâce aux plus-values réalisées lors de la revente de sa participation. Il y a donc toujours un risque. C'est pourquoi il s'intéresse essentiellement à des entreprises à fort potentiel de croissance : un produit ou un service ayant un réel « plus » et une forte marge de développement, une activité sur un marché en pleine expansion, accessible et solvable, un créateur à fortes qualités managériale.

Les opérations de capital-risque

Le terme de capital-risque concerne uniquement les opérations en fonds propres réalisées dans les entreprises innovantes en création ou les jeunes entreprises à fort potentiel de croissance. Les sociétés de capital-risque interviennent généralement pour des montants supérieurs à 300 000 euros. Toutefois, certains organismes investissent des montants inférieurs compris entre 5 000 et 76 000 euros (capital-risque de proximité), auxquels peuvent s'additionner des *business angels* (investisseurs ou clubs d'investisseurs particuliers, en général issus du monde des affaires), dont les investissements sont généralement compris entre 50 000 et 150 000 euros.

Le capital-risque est mis en œuvre par les sociétés de capital-risque (SCR), mais aussi par des fonds de capital-risque spécialisés dans le capital création ou encore par l'intermédiaire de fonds communs de placement n'ayant pas de personnalité juridique mais gérés par une société de gestion *ad hoc*. On compte parmi ceux-là :

- Les fonds communs de placements à risques (FCPR) ;
- Les fonds communs de placement dans l'innovation (FCPI) ;
- Les fonds d'investissement de proximité (FIP).

Le capital-risque n'a pas pour vocation de rester sur le long terme dans le capital d'une jeune société. Son intervention est donc toujours ponctuelle et limitée dans le temps.

Le capital investissement

Ce terme recouvre les opérations qui consistent à prendre des participations au capital de sociétés non cotées. Ces prises de participation, généralement minoritaires, sont effectuées par des professionnels spécialisés ayant comme principal objectif la réalisation de plus-values substantielles dans un délai relativement court, généralement compris entre quatre et cinq ans. Le capital investissement intervient à tous les stades de vie de l'entreprise : création, développement, cession.

Différents fonds de capital investissement privés ou semi-publics sont présents sur le marché. Certains sont spécialisés sur des secteurs d'activité précis (biotechnologie, technologie de l'information...).

Les interventions en capital

L'intervention peut se faire au démarrage de la nouvelle entreprise ou pendant son tout premier développement : c'est le *capital création*, plus connu sous le nom de *start-up*. On parle aussi de *capital postcréation*.

En amont ou en aval du démarrage d'activité d'une nouvelle entreprise, il y a le capital amorçage, ou *seed capital*, par exemple au stade de la mise au point d'un nouveau produit : prototype, préséries, etc. Cet investissement nécessite toutefois la création juridique de l'entreprise.

En marge du capital-risque, il existe deux autres types d'aides privées :

- **Le capital développement**, c'est-à-dire lors d'une nouvelle phase de développement, l'intervention dans une entreprise en pleine maturité, au moment du lancement d'une nouvelle gamme de produits ou du renouvellement de l'appareil de production ;
- **Le capital transmission**, qui est une intervention en capital au moment d'une cession d'entreprise – c'est ce qu'on appelle LBO (*leverage buy out*) ou LMBO (*leverage management buy out*).

Chapitre 9

Les possibilités de transition « en douceur »

DANS CE CHAPITRE :

- **Garder un pied dans son job en créant son entreprise**
- **Adhérer au portage salarial**
- **Toucher le chômage ou le RSA**
- **Cumuler retraite et création d'entreprise**

Si les soutiens à la création d'entreprise sont multiples, les soutiens à la situation personnelle de l'entrepreneur durant la phase critique de la création ne sont pas si nombreux. Et ils sont réservés aux entrepreneurs préalablement salariés.

Le premier type d'aide est l'autorisation de s'absenter de son poste, voire d'en prendre congé, sans toutefois rompre le contrat de travail. Le deuxième type d'aide est financier, mais il est réservé aux chômeurs indemnisés par Pôle emploi, ou aux allocataires de minima sociaux : il s'agit de conserver les allocations chômage, l'allocation spécifique de solidarité ou encore le RSA durant toute la phase de création de l'activité, mais aussi durant les premiers mois. Enfin, pour les créateurs d'entreprise à la retraite, il est possible de cumuler ses pensions avec des revenus d'activité.

Les congés du salarié

Lorsque le créateur d'entreprise prend un congé pour engager les démarches de création de son activité, son contrat de travail est certes maintenu... mais pas son salaire.

Le congé ou temps partiel pour création ou reprise d'entreprise

C'est un congé ouvert sous certaines conditions au salarié qui souhaite :

- Soit se consacrer à la création ou à la reprise d'une entreprise ;
- Soit participer à la direction d'une jeune entreprise innovante (JEI, dont le statut est détaillé au chapitre 11).

Il permet de suspendre le contrat de travail ou de la passer à temps partiel. Et de retrouver si besoin, au terme du congé ou du temps partiel, l'emploi précédemment occupé ou un emploi similaire.

Qui peut en bénéficier ?

Le congé pour création d'entreprise s'adresse à tout salarié :

- Dont l'ancienneté dans l'entreprise – ou au sein du même groupe – est égale ou supérieure à vingt-quatre mois (consécutifs ou non) ;
- Dont le projet est de créer ou reprendre une entreprise, individuelle ou en société, qu'elle soit industrielle, commerciale, artisanale ou agricole ;
- Détenant le contrôle effectif de l'entreprise créée ou reprise.

Quant au congé pour participer à la direction d'une jeune entreprise innovante, il s'adresse à tout salarié :

- Dont l'ancienneté dans l'entreprise – ou au sein du même groupe – est égale ou supérieure à vingt-quatre mois (consécutifs ou non) ;
- Qui souhaite exercer des responsabilités de direction au sein d'une entreprise répondant, au moment où il sollicite son congé, aux critères de jeune entreprise innovante (ces conditions sont énumérées au chapitre 11).

Les avantages du congé

Le salarié qui prend un congé continue à faire partie des effectifs, mais l'employeur n'est pas tenu de le rémunérer. Il n'acquiert ni ancienneté ni droit à congés payés et ne peut exiger de réintégrer l'entreprise avant le terme de son congé, sauf s'il le mentionne expressément dans sa demande.

La durée du congé est fixée à une année, renouvelable une fois à condition que le salarié en informe son employeur par lettre recommandée avec avis de réception trois mois au moins avant le terme de la première année. De même, c'est trois mois au moins avant le terme de son congé que le salarié doit informer son employeur, par lettre recommandée avec avis de réception, de sa décision :

- Soit de réintégrer l'entreprise : dans ce cas, il retrouve son emploi précédent ou similaire, et sa rémunération ;
- Soit de rompre son contrat de travail : dans ce cas, il n'a pas à effectuer de préavis.

Les salariés qui reprennent leur activité dans l'entreprise à l'issue de leur congé peuvent bénéficier d'une réadaptation professionnelle en cas de changement de techniques ou de méthodes de travail.

Le départ en congé : quelle procédure ?

La demande doit être adressée à l'employeur deux mois au moins avant le début du congé, par lettre recommandée avec avis de réception ou lettre remise en main propre contre décharge. Elle doit impérativement préciser la date de départ prévue, la durée envisagée, l'activité de l'entreprise que l'employé prévoit de créer ou de reprendre ou de l'entreprise répondant aux critères de jeune entreprise innovante dans laquelle il prévoit d'exercer des responsabilités de direction.

Le droit au congé pour création ou reprise d'entreprise ou pour exercer des responsabilités au sein d'une JEI ne peut être utilisé moins de trois ans après la précédente création ou reprise d'entreprise ou après le début de l'exercice de précédentes responsabilités de direction au sein d'une JEI.

L'accord de l'employeur est communiqué au salarié par lettre recommandée avec avis de réception ou remise en main propre contre décharge, dans les trente jours suivant réception de la demande. Passé ce délai, l'accord est réputé acquis.

Le report

Le départ en congé peut être reporté si un certain nombre de salariés sont déjà en congé pour création d'entreprise, pour l'exercice de responsabilités de direction au sein d'une entreprise répondant aux critères de jeune entreprise innovante ou au titre du congé sabbatique. Le quota est fixé à 2 % de l'effectif ou du nombre de jours travaillés, selon que l'entreprise compte plus ou moins de 200 salariés. Le report est également possible, sans justification, dans la limite de six mois à compter de la présentation de la demande.

Le refus

Le refus est possible dans les entreprises de moins de 200 salariés, si l'employeur estime – après consultation des représentants du personnel – que l'absence du salarié peut avoir des conséquences préjudiciables pour l'entreprise. Il doit alors motiver sa décision.

Le refus peut être contesté devant le conseil de prud'hommes dans les quinze jours qui suivent la réception de la lettre de l'employeur.

Le congé sabbatique

C'est un congé qui permet aux salariés remplissant des conditions précises d'ancienneté et d'activité de suspendre leur contrat de travail afin de réaliser un projet personnel, en particulier créer ou reprendre une entreprise. La durée du congé est comprise entre six et onze mois.

Les conditions

Le départ en congé fait l'objet d'une demande du salarié et d'une réponse de l'employeur respectant des contraintes de forme et de délai. L'employeur peut décider de reporter ou refuser le congé dans certaines situations.

À l'issue de son congé sabbatique, le salarié doit retrouver son précédent emploi ou un emploi similaire assorti d'une rémunération au moins équivalente.

Les salariés qui ont le droit de demander à prendre un congé sabbatique sont ceux qui, à la date de départ en congé, justifient de trente-six mois d'ancienneté dans l'entreprise, consécutifs ou non, et de six années d'activité professionnelle, sans avoir bénéficié, au cours des six années précédentes, dans l'entreprise, d'un congé sabbatique, d'un congé pour création d'entreprise ou d'un congé de formation d'au moins six mois.

Le congé sabbatique est pris pour une durée comprise entre six et onze mois. Pendant ce temps, le salarié peut créer son entreprise, sous réserve de ne pas se livrer à une concurrence déloyale vis-à-vis de son employeur.

Avant toute initiative, vérifiez toujours votre contrat de travail : si une clause de non-concurrence ou d'exclusivité y figure, vous devez vous y conformer, ou demander à votre employeur soit de suspendre la clause, soit de vous autoriser à travailler à votre compte dans un secteur qui peut être proche de celui de son entreprise.

Durant le congé, le contrat de travail est suspendu et le salarié n'acquiert ni ancienneté, ni droit à congés payés. Sauf dispositions conventionnelles plus favorables, sa rémunération n'est pas maintenue. Toutefois, si le dispositif existe dans son entreprise, le salarié peut utiliser les droits acquis sur son compte épargne temps pour « financer » son congé sabbatique.

À l'issue du congé, le salarié retrouve son précédent emploi ou un emploi similaire, assorti d'une rémunération au moins équivalente. Sauf s'il a expressément mentionné cette possibilité dans sa demande, il ne peut pas exiger de revenir dans l'entreprise avant le terme de son congé.

Les formalités

Le salarié doit informer son employeur, par lettre recommandée avec accusé de réception ou par lettre remise en main propre contre décharge, au moins trois mois à l'avance, en indiquant la date de départ et la durée du congé. Il n'a pas à motiver sa demande.

L'employeur informe le salarié par lettre recommandée avec accusé de réception, soit de son accord, soit du report du congé, soit de son refus, qui doit être motivé. Précisons que l'accord est réputé acquis à défaut de réponse dans les trente jours suivant la présentation de la lettre du salarié.

L'employeur peut différer le départ en congé :

- Sans justification, dans la limite de six mois à partir de la date de la présentation de la lettre du salarié (ce report peut atteindre neuf mois dans les entreprises de moins de 200 salariés) ;
- Dans la limite d'un quota maximal d'absences qui varie selon l'effectif de l'entreprise.

Dans les entreprises de moins de 200 salariés, l'employeur peut refuser le congé s'il estime, après avis du comité d'entreprise ou des délégués du personnel, que ce congé aurait des conséquences préjudiciables à la production et à la bonne marche de l'entreprise. Ce refus peut être contesté devant le conseil de prud'hommes dans les quinze jours qui suivent la réception de la lettre de l'employeur.

Le congé sans solde

Une fois n'est pas coutume : voici un congé du salarié qui n'est pas réglementé par la loi. Aucune condition ni procédure ne sont imposées pour en bénéficier. Son organisation et sa durée sont donc définies de gré à gré entre le salarié et l'employeur. Celui-ci est libre de l'accepter ou de le refuser.

Par définition, le congé sans solde est donc un congé pour convenance personnelle. Le salarié est totalement libre de l'utiliser à des fins professionnelles (pour créer une entreprise ou même exercer une autre activité professionnelle) ou à des fins personnelles (faire du sport, un voyage, s'occuper de ses enfants, etc.).

Le congé sans solde n'étant pas prévu par le Code du travail, aucune précision particulière concernant la procédure n'est imposée. Tout salarié peut demander un congé sans solde : si sa demande est acceptée, il ne sera pas rémunéré. De même, la durée de son absence ne sera pas prise en compte pour le calcul des droits qu'il tient de son ancienneté ou pour les congés payés. Si le dispositif existe dans son entreprise, le salarié peut utiliser son compte épargne temps.

La convention ou l'accord collectif applicable à l'entreprise peut prévoir des dispositions concernant le congé sans solde ou créer un « congé maison ». À consulter avant d'organiser le congé.

Enfin, pour prévenir tout litige, le principe du congé, sa durée et les conditions de retour dans l'entreprise doivent faire l'objet d'un accord écrit entre l'employeur et le salarié.

Le portage salarial

Le portage salarial a fait son entrée dans le Code du travail le 25 juin 2008, grâce à la loi portant modernisation du marché du travail. Il est donc très précisément défini par l'article L1251-64 du Code du travail : « Le portage salarial est un ensemble de relations contractuelles organisées entre une entreprise de portage, une personne portée et des entreprises clientes comportant pour la personne portée le régime du salariat et la rémunération de sa prestation chez le client par l'entreprise de portage. Il garantit les droits de la personne portée sur son apport de clientèle. »

Cela signifie que, si le prêt de main-d'œuvre reste interdit en France, il y a aujourd'hui une exception reconnue par la loi : le portage salarial. Soulignons que ce nouvel article du Code du travail a été inséré dans le chapitre concernant le travail temporaire, ce qui n'est pas anodin comme nous allons le voir.

Un accord national professionnel a été négocié en juin 2010 pour préciser les conditions de recours à cette forme d'activité. Le 8 mai 2013, un arrêté d'extension a été pris, publié au Journal Officiel le 8 juin 2013. Puis, il a été abrogé à compter du 1er janvier 2015, le Conseil constitutionnel ayant rejeté le principe de confier à une branche professionnelle l'organisation d'une relation de travail entre employeur et salarié. Une prérogative qui n'appartient qu'à la loi. Les détails des différents rebondissements juridiques liés à ce statut sont développés plus loin.

Indépendant… mais salarié

Le portage salarial est une voie médiane entre le statut de salarié et celui de travailleur indépendant. Le principe est le suivant : au lieu de créer une entreprise, vous signez un contrat de travail de salarié avec une société de portage. Mais c'est vous qui cherchez vous-même vos clients et qui êtes juridiquement responsable de votre travail pour eux.

Le portage salarial ne peut concerner que des missions de services, par exemple, une expertise dans des domaines tels que la communication, la finance, les ressources humaines, etc. Par conséquent, il est impossible d'effectuer des prestations de services à la personne.

Dans les faits, vous êtes donc un travailleur indépendant, mais avec un statut juridique de salarié.

De son côté, la société de portage salarial facture au client les prestations que vous effectuez pour lui. Après quoi, la société de portage vous reverse un vrai salaire, après en avoir déduit toutes les cotisations sociales obligatoires, patronales comme salariales, liées au statut de salarié : assurance maladie, maternité, invalidité, chômage, retraite. Et bien sûr elle prélève aussi pour elle-même des frais de gestion, en moyenne autour de 10 %.

Au bout du compte, l'indépendant touche environ 50 % du montant de sa prestation, mais il est couvert socialement et n'a eu aucune démarche de création d'entreprise à effectuer avant d'exercer son activité.

Pour un futur créateur d'entreprise, le portage salarial est aussi une possibilité de tester ses compétences et son projet. D'ailleurs, depuis que le régime d'auto-entrepreneur est entré en vigueur, les entreprises de portage proposent aux auto-entrepreneurs de s'occuper de leur inscription administrative, de leur facturation, de la tenue des registres obligatoires, de la déclaration et du paiement de leurs charges. Moyennant finances, bien sûr...

QUELLE DIFFÉRENCE AVEC L'INTERIM ?

Le travail temporaire, l'intérim, est aussi une relation à trois pôles : la société d'intérim, le salarié et l'entreprise cliente. La différence avec le portage salarial est donc assez ténue : dans l'intérim, le salarié n'est pas indépendant. Il est bien salarié, c'est-à-dire subordonné à un employeur. Il n'est donc pas juridiquement responsable de son travail. Il est embauché comme intérimaire pour travailler au cœur de l'activité du client, par exemple pour remplacer momentanément un salarié absent, ou parce qu'il y a un surcroît provisoire d'activité. Ce n'est pas le travailleur intérimaire qui prospecte les entreprises clientes. D'ailleurs, sur la facture payée par le client, la société d'intérim prélève plus de frais pour elle-même, autour de 30 %, notamment parce que c'est elle qui en assume la prospection.

Quelle société de portage salarial choisir ?

Comme le statut est désormais légal, les sociétés de portage salarial ont pignon sur rue. Le secteur connaît une forte croissance : + 40 % sur les trois dernières années.

90 % des entreprises sont regroupées au sein d'un syndicat officiel : le PEPS-Syndicat des entreprises de portage salarial (`www.peps-syndicat.fr`). Il est issu de la fusion du Syndicat national des entreprises de portage salarial avec la Fédération nationale du portage salarial.

Les 10 % restants sont représentées par l'Union nationale des entreprises de portage spécialisé (www.uneps.org) : créée en 2005 par l'ancienne présidente de la FENPS, sa vocation est d'élargir les possibilités de portage à tous les métiers, par exemple, la presse, le commercial, l'immobilier, le second œuvre du bâtiment et l'artisanat.

Chacune de ces fédérations impose à ses sociétés adhérentes de signer et d'appliquer une charte éthique, qui garantit leur probité, notamment pour ce qui concerne leurs garanties bancaires. En effet, pour le salarié porté, il est crucial de pouvoir compter sur une société qui dispose d'une caution bancaire suffisante pour assurer les paiements en cas de difficulté. Elle doit aussi s'engager à reverser leurs cotisations sociales à l'Urssaf et souscrire pour eux un contrat d'assurance qui couvre leur responsabilité civile.

N'oubliez pas non plus de discuter des services que la société de portage propose : un bureau, une ligne téléphonique, un accès Internet, des conseils, une formation. Vérifiez aussi les délais de paiement de votre salaire : serez-vous payé après réception du paiement des clients, c'est-à-dire à quatre-vingt-dix jours, ou sur la base d'un forfait mensuel, et dans ce cas quel forfait, révisé à quel moment, de quelle manière ? Tout cela doit ensuite être noté noir sur blanc dans le contrat.

Un statut toujours en construction

À la suite de la loi de 2008 reconnaissant le portage salarial, des négociations se sont ouvertes entre patronat et syndicat, pour préciser les règles qui s'imposent aux uns et aux autres dans la relation triangulaire.

Pour le patronat, c'est Prisme, la fédération patronale des entreprises d'intérim qui a été appelée à la table des négociations. Les sociétés de portage salarial, n'étant pas adhérentes du Medef ou de la Confédération générale du patronat des petites et moyennes entreprises (CGPME), n'ont pas été reconnues comme représentantes du patronat. Elles sont juste été consultées.

Le 24 juin 2010, un accord national interprofessionnel (ANI) a été signé entre Prisme et trois syndicats de salariés (CFDT, CFE-CGC, CFTC). Il prévoit que les salariés portés doivent bénéficier du statut de cadre et d'une rémunération minimale, hors indemnités, fixée à 2 900 euros bruts mensuels pour un emploi à temps plein. Il leur donne aussi des garanties en matière de prévoyance, de retraite et de formation professionnelle.

À destination des entreprises clientes, l'accord rappelle qu'elles ne peuvent recourir au portage salarial que pour des tâches occasionnelles, ne relevant pas de leur activité normale et permanente, ou pour des tâches ponctuelles nécessitant une expertise dont elles ne disposent pas en interne. C'est l'entreprise qui négocie le prix et la nature de la prestation. Elle est aussi responsable des conditions d'exécution du travail et des questions liées à la santé et à la sécurité sur le site de travail du salarié porté, pendant la durée de sa prestation. Dans sa relation avec la société de portage, l'entreprise cliente :

- Verse à l'entreprise de portage le prix de la prestation de service, sous forme d'*honoraires* ;
- Informe la société de portage de tout événement qui pourrait avoir un impact sur la pérennité de la prestation.

Quant aux sociétés de portage salarial, le texte impose qu'elles ne puissent exercer qu'après avoir :

- Effectué une déclaration préalable d'activité auprès de l'administration (les modalités doivent en être fixées par décret) ;
- Souscrit une *garantie financière* pour garantir le paiement du salarié porté (salaire et indemnités) et le versement des cotisations sociales ; l'identité du garant financier doit figurer dans le contrat de prestation de portage salarial.

L'activité de portage salarial « *ne peut être exercée que par des entreprises dédiées exclusivement au portage salarial et répertoriées sous un même code NAF créé spécifiquement* ». En effet, elles sont désormais répertoriées sous le code NAF 78.30Z. Enfin, du côté du salarié porté, la société de portage doit :

- Établir un contrat de travail et accomplir les formalités qui y sont liées : embauche, versement des cotisations sociales, etc. ;
- Rédiger un *avenant* au contrat de travail pour chaque nouvelle prestation de portage : montant de la rémunération, modalité de réalisation, durée de la prestation ;
- Le rémunérer après facturation de l'entreprise cliente ;
- Lui transmettre une fois par mois un compte d'activité, détaillant les versements effectués par l'entreprise cliente pour la prestation réalisée, les frais de gestion perçus, les frais professionnels, les prélèvements sociaux et fiscaux, la rémunération nette et le montant de l'indemnité d'apport d'affaire ;
- Contrôler son activité et lui proposer des prestations d'accompagnement permettant de développer son projet professionnel.

L'ANI a été entériné par un arrêté d'extension publié en mars 2013, mais un syndicat a soulevé une question de constitutionnalité concernant cette procédure juridique. Le 11 avril 2014, le Conseil Constitutionnel a en effet jugé que le législateur ne pouvait pas déléguer à une branche professionnelle la mission de déterminer les conditions d'exercice d'une activité professionnelle, car cette mission relève de la loi. Il a donc déclaré inconstitutionnel, non pas le portage salarial, qui est toujours bien légal, mais l'article 8 III de la loi de modernisation du marché du travail de 2008 sur la fixation du cadre juridique de l'activité. L'arrêté de 2013 est donc abrogé à compter du 1er janvier 2015, en attendant que le Parlement vote une loi pour donner une base légale aux mesures prévues par l'ANI, que les entreprises de portage appliquent d'ores et déjà. C'est chose faite depuis la loi n° 2014-1545 du 20 décembre 2014 relative à la simplification de la vie des entreprises et portant diverses dispositions de simplification et de clarification du droit et des procédures administratives (parue au *Journal Officiel* du 21/12/2014).

Après quoi une Ordonnance a été prise par le gouvernement en avril 2015 (n° 2015-380 du 2 avril 2015 relative au portage salarial, *Journal Officiel* du 3/4/2015). Elle doit faire l'objet d'un projet de loi de ratification déposé devant le Parlement en septembre 2015. À suivre... encore !

Les aides aux chômeurs créateurs d'entreprise

Pour Pôle emploi, créer ou reprendre une entreprise, c'est chercher activement un emploi. De ce fait, durant toute la phase de création, de reprise et de préparation de l'entreprise, l'organisme maintient le versement des allocations chômage et contrôle aussi moins intensivement la recherche d'emploi de l'allocataire. De ce fait, si l'entrepreneur ne peut pas se rendre à une convocation pour cause de rendez-vous important en rapport avec la création ou la reprise de sa future activité, on ne lui en tient pas rigueur. Même s'il faut tout de même toujours signaler et justifier son empêchement.

Le versement des allocations chômage en deux fois

Lorsque l'entreprise est réellement créée ou reprise et que commence l'activité, il y a deux possibilités : le maintien des allocations mensuelles (que nous verrons immédiatement après) et le versement en deux fois.

Pôle emploi peut en effet verser une aide financière à l'allocataire sous forme de deux versements. L'ensemble correspond à la moitié des allocations qui restent à percevoir à la date où l'entreprise démarre réellement.

À qui est destiné le dispositif ?

Cette aide est réservée :

- Aux bénéficiaires de l'allocation d'aide au retour à l'emploi (ARE) qui créent ou reprennent une entreprise alors qu'ils sont en cours d'indemnisation ;
- Aux personnes qui ont droit à l'ARE mais qui sont en cours de délai de carence ou de différé d'indemnisation (le différé de sept jours applicable à tout inscrit à Pôle emploi) ;
- Aux personnes licenciées qui créent ou reprennent une entreprise pendant la période de préavis.

Les conditions pour y avoir droit sont les suivantes : avoir obtenu l'aide au chômeur créateur et repreneur d'entreprise (Accre, expliquée au chapitre 12) et faire part de son projet de reprise ou de création d'entreprise à Pôle emploi ou à l'organisme participant au service public de l'emploi.

Le 1er mars 2015, Pierre s'inscrit au chômage : il a droit à une allocation journalière de 40 euros pendant 700 jours. Compte tenu des différés d'indemnisation (les délais de carence), l'allocation chômage commence le 1er mai 2015. Il est indemnisé jusqu'au 30 septembre. Car, le 1er octobre, Pierre démarre officiellement l'activité de son entreprise. À la veille du démarrage, il lui reste 547 jours d'indemnisation (700 – 153). Le capital que Pôle emploi va lui verser en deux fois s'élève donc à :

547 × 40 € = 21 880 / 2 = 10 994 €.

Quels versements et à quel moment ?

La moitié de l'aide est versée au moment où l'activité démarre et où l'entrepreneur cesse d'être inscrit comme demandeur d'emploi. Le solde est versé six mois après le début de l'activité.

Si finalement l'entreprise échoue, l'entrepreneur a le droit de se réinscrire à Pôle emploi et de percevoir l'autre moitié des droits qui lui restaient à toucher à la veille de la création ou de la reprise de son entreprise. Une seule condition : sa réinscription comme demandeur d'emploi doit intervenir dans un délai de trois ans à compter de sa première admission au chômage, augmenté de la durée des droits qui lui avaient été notifiés à ce moment-là.

Un salarié est admis au chômage le 1er janvier 2015. Il dispose de vingt-trois mois d'allocations, mais il crée tout de suite son entreprise et touche 11,5 mois d'allocations chômage. S'il est amené à cesser son activité dans les trois ans, auxquels s'ajoutent vingt-trois mois suivant le 1er janvier 2015, il pourra demander à bénéficier du versement des 11,5 mois d'allocations chômage qui lui restent.

Le maintien des allocations chômage mensuelles

La seconde possibilité d'aide financière de Pôle emploi pour soutenir le chômeur entrepreneur durant la phase de démarrage de son entreprise, c'est le maintien partiel de ses allocations chômage mensuelles.

Ce maintien partiel n'est pas cumulable avec l'aide financière que nous venons d'évoquer. En revanche, l'obtention de l'Accre ne fait pas obstacle au maintien partiel des allocations de chômage.

À qui est destiné le dispositif ?

Les chômeurs qui peuvent demander ce maintien sont :

- Les créateurs ou repreneurs qui perçoivent l'allocation d'aide au retour à l'emploi ;
- Les personnes qui ont droit à l'ARE mais qui sont en cours de différé d'indemnisation ou de délai d'attente ;
- Les personnes licenciées qui créent ou reprennent une entreprise pendant la période de préavis.

Mais il y a une condition : les rémunérations issues de la nouvelle activité ne doivent pas dépasser 70 % du salaire à partir duquel ont été calculées les allocations chômage (Pôle emploi ne prend en compte que les rémunérations soumises à cotisation de Sécurité sociale, nous allons le voir).

Ce maintien des allocations chômage peut durer au maximum quinze mois : si l'indemnisation est plus courte, le maintien cesse quand il n'y a plus d'allocations à percevoir. Si elle est plus longue, elle s'arrête au bout de quinze mois.

Pôle emploi fait une exception pour les chômeurs entrepreneurs de plus de 50 ans, qui, eux, n'ont pas de limite : ils peuvent toucher l'ensemble de leur indemnisation, tout en faisant « tourner » leur nouvelle entreprise.

Les règles pour les entrepreneurs soumis à l'impôt sur le revenu

Comme pour les chômeurs qui reprennent un travail salarié à temps partiel, pour les chômeurs entrepreneurs individuels, chaque mois, Pôle emploi calcule un certain nombre de jours non indemnisables en fonction de ce que l'entrepreneur perçoit de sa nouvelle activité.

Pour calculer le nombre de jours non indemnisables, les gains mensuels du nouvel entrepreneur sont divisés par le salaire journalier qui a servi à calculer ses allocations chômage. Le résultat est le nombre de jours d'allocations chômage déduits chaque mois. Le calcul est le suivant :

Base forfaitaire de cotisations sociales / 12 / salaire journalier de référence

Le nombre de jours est minoré de 20 % pour les chômeurs entrepreneurs de 50 ans et plus.

Si la rémunération issue de la nouvelle entreprise n'est pas encore connue, Pôle emploi utilise une somme forfaitaire correspondant à une certaine proportion du plafond de la Sécurité sociale en vigueur au 1er janvier de l'année de versement de la cotisation. Ainsi, par exemple, pour la création de 2015 d'une activité non salariée non agricole, Pôle Emploi estime les gains à :

- 7 228 euros pour la première année d'activité ;
- 10 270 euros pour la deuxième année.

Puis, chaque fin d'année, Pôle emploi vérifie le montant réel des revenus et régularise le dossier, à partir de l'avis d'imposition ou de la déclaration d'Urssaf.

Cette règle s'applique aux entrepreneurs individuels, aux EIRL et aux sociétés soumises à l'impôt sur le revenu : EURL, SARL de famille, SARL sur option (sur les différents statuts juridiques et fiscaux, des entreprises individuelles reportez-vous aux chapitres 10 et 11).

PÔLE EMPLOI DANS LE TEXTE…

Explication de texte pour ceux qui ont encore un peu de mal avec les calculs de Pôle emploi pour le statut d'entrepreneur :

- **Les gains de l'entrepreneur :** ce sont ceux déclarés au titre des assurances sociales. Pour les entrepreneurs individuels, il s'agit de leur bénéfice net déclaré aux organismes sociaux. Pour les dirigeants de société (soumis à l'impôt sur les sociétés), il s'agit de leurs rémunérations à l'exclusion des dividendes ;
- **Le salaire journalier de référence (SJR) :** c'est le salaire que Pôle emploi a calculé au moment de votre inscription au chômage, qui lui sert à calculer l'allocation chômage journalière. Pour savoir quel est votre salaire journalier, reportez-vous à votre avis de prise en charge.

Exemple : Le salaire journalier de référence de Jeanne (moins de 50 ans) est de 60 euros. Désormais, elle est aussi entrepreneur individuel et elle a déclaré 1 000 euros de bénéfice net. Le nombre de jours non indemnisables chaque mois est de 1 000 / 60 = 16 jours d'allocations chômage non versées chaque mois. Si la rémunération de Jeanne n'est pas encore connue, le calcul est le suivant : 542,08 / 60 = 9 jours d'allocations non versées chaque mois durant la première année d'activité.

L'entrepreneur-chômeur prend l'engagement de fournir les éléments nécessaires à la détermination de ses revenus non salariés réels. S'ils sont supérieurs à 70 % de sa rémunération antérieure, il doit bien sûr reverser le trop-perçu à Pôle emploi. S'ils restent inférieurs à 70 % de sa rémunération antérieure mais dépassent l'assiette forfaitaire prise en compte la première année, là encore il doit rendre ce qu'il a touché en trop. À l'inverse, si le Pôle emploi lui a trop peu versé au cours de cette période, il peut bénéficier du complément d'allocations chômage auxquelles il a droit.

Les règles pour les auto et micro-entrepreneurs

Pour les auto-entrepreneurs et les entrepreneurs individuels relevant du régime de la micro-entreprise, les règles sont aménagées. Le nombre de jours non indemnisables est égal au chiffre d'affaires moins l'abattement professionnel, divisé par le salaire journalier de référence :

$$\text{CA} - \text{abattement professionnel} = \frac{\text{nombre de jours non indemnisables}}{\text{SJR}}$$

Pôle emploi ne procède à aucune régularisation annuelle si le chiffre d'affaires lui est communiqué chaque mois.

L'abattement professionnel est différent selon la nature de l'activité :

- 34 % du chiffre d'affaires pour les bénéfices non commerciaux (BNC) ;
- 50 % du chiffre d'affaires pour les autres activités relevant des bénéfices industriels et commerciaux (BIC) ;
- 71 % du chiffre d'affaires pour les activités d'achat/revente, et les activités de fourniture de logement.

Les règles pour les entreprises soumises à l'impôt sur les sociétés

Le chômeur peut créer une société ou une EIRL et préférer être soumis à l'impôt sur les sociétés. Dans cette hypothèse, les règles de maintien des allocations chômage ne s'appliquent qu'à partir du moment où le mandat social de l'entrepreneur dirigeant de société est considéré comme une activité professionnelle. C'est-à-dire à partir du moment où l'activité de la société débute, ou dès qu'elle permet à son dirigeant de se procurer les ressources nécessaires à son existence.

Autrement dit, tant que le mandat social n'est pas considéré comme une activité professionnelle, le dirigeant de société bénéficie de ses allocations chômage dans leur intégralité.

C'est le cas des administrateurs de société anonyme, même s'ils sont rémunérés par des jetons de présence, à condition qu'ils ne cumulent pas plusieurs mandats. C'est aussi le cas d'un dirigeant d'entreprise mise en sommeil, ou d'un gérant de SCI.

Pour les entrepreneurs dont la société est soumise à l'impôt sur le revenu, le nombre de jours indemnisables se calcule de la manière suivante :

Rémunération mensuelle / salaire journalier de référence

Si le dirigeant est gérant de SARL, président de SA ou de SAS, ou entrepreneur à responsabilité limitée soumis à l'impôt sur les sociétés, et si sa rémunération mensuelle est connue, il la déclare chaque mois à Pôle emploi. L'agence va s'en servir pour calculer les allocations chômage maintenues.

Si la rémunération du dirigeant ne peut pas être déterminée mois par mois, la rémunération prise en compte pour le calcul des allocations chômage est égale à l'assiette forfaitaire des cotisations sociales applicables la première année d'activité : 7 228 euros pour 2015, comme expliqué précédemment pour les entreprises individuelles.

C'est le cas, par exemple, s'il est gérant de société en nom collectif (SNC – statut expliqué au chapitre 10).

Et si le gérant n'est pas rémunéré du tout par sa société, il peut percevoir l'intégralité de ses allocations pendant quinze mois maximum. Attention, il faut pouvoir le justifier, notamment *via* le procès-verbal d'assemblée générale.

Que deviennent les jours non indemnisés ?

Ils ne sont pas perdus : les droits sont conservés et peuvent être reversés à l'entrepreneur si l'entreprise échoue et s'il se réinscrit au chômage. Là aussi, il y a un délai pour se réinscrire, qui est le même que celui de l'autre possibilité d'aide de Pôle emploi examinée précédemment : trois ans à compter de l'admission au chômage, augmentés de la durée maximale des droits.

Vous touchez des allocations de solidarité

Si vous êtes au chômage non indemnisé, mais que vous êtes pris en charge par le régime de solidarité, l'aide financière à la création d'entreprise dépend de l'allocation que vous touchez.

L'allocation de solidarité spécifique (ASS)

Les personnes qui perçoivent l'allocation de solidarité spécifique (ASS, versée sous certaines conditions par Pôle emploi quand les droits au chômage sont épuisés) ont droit à une aide financière mensuelle versée par l'État pendant un an, à compter de la date du démarrage de leur entreprise.

- Si elles bénéficient du dispositif Accre (expliquée au chapitre 12), le montant de l'aide est égal à leur allocation de solidarité spécifique à taux plein ;
- Si elles ne bénéficient pas de l'Accre, le cumul intégral de l'entreprise avec l'ASS est autorisé pendant les trois premiers mois d'activité. Puis, du quatrième au douzième mois d'activité, le montant de l'ASS est diminué du montant des revenus professionnels. En contrepartie, une prime forfaitaire de 150 euros par mois est versée.

Pour bénéficier de la prime forfaitaire mensuelle, l'allocataire doit fournir chaque mois à Pôle emploi tous documents susceptibles d'attester de la réalité de son activité d'entrepreneur : déclaration de TVA, factures acquittées, relevé d'identité bancaire, par exemple.

Le revenu de solidarité active (RSA)

Qu'elles soient bénéficiaires de l'Accre ou non, les personnes qui touchent le RSA ont le droit de cumuler cette aide avec la création d'une entreprise.

D'abord, une allocation forfaitaire est versée. Son montant forfaitaire varie en fonction de la composition du foyer de l'entrepreneur et du nombre d'enfants qu'il a.

Pour les personnes n'exerçant aucune activité professionnelle, en 2015, cela correspond à :

- 513,88 euros pour une personne seule ;
- 770,82 euros lorsque le foyer comporte deux personnes ;
- 924,99 euros lorsque le foyer est constitué d'un couple avec enfant ou d'une personne seule avec deux enfants.

Les bénéficiaires du RSA sont destinataires d'une déclaration trimestrielle de revenus (DTR), qui permet d'évaluer tous les trois mois le droit au RSA pour le trimestre suivant, compte tenu d'un éventuel changement de situation intervenu sur le trimestre de référence. Par conséquent, en cas de création d'entreprise, le montant du RSA est recalculé tous les trois mois en fonction du montant des revenus d'activité perçus par l'entrepreneur.

Ainsi, sur leur DTR, les gérants déclarent leur rémunération à la rubrique « traitements et salaires ». Cette rémunération est prise en compte pour l'évaluation des revenus annuels déterminée par la Caisse d'allocations familiales (CAF, qui verse le RSA).

Les auto-entrepreneurs déclarent leur revenu sur la ligne « revenus non salariés ». Ils y font figurer leur bénéfice forfaitaire (chiffre d'affaires moins abattement forfaitaire de 71 %, 50 % ou 34 % selon la nature de l'activité, voir les explications pages précédentes).

Les autres travailleurs indépendants n'ont pas à porter leur revenu sur cette déclaration. Ils indiquent juste tout changement dans leur situation, notamment familiale. L'évaluation de leurs revenus annuels est effectuée par la CAF.

Les chefs d'entreprise en activité peuvent bénéficier du RSA s'ils n'emploient aucun salarié, et si leur dernier chiffre d'affaires connu ne dépasse pas, selon la nature de l'activité exercée, les seuils de 82 200 ou 32 900 euros (en 2015).

Lorsque les revenus professionnels ne sont pas connus, une évaluation des revenus professionnels non salariés est effectuée par la CAF. Elle tient compte des éléments de toute nature, relatifs aux revenus professionnels de l'intéressé.

Créer une entreprise pendant sa retraite

Vous êtes à la retraite et vous souhaitez créer une entreprise : vous allez commencer à toucher des revenus de cette nouvelle activité et vos pensions de retraite peuvent en subir les conséquences. Les règles dépendent du régime de retraite auquel vous appartenez.

L'activité relève d'un autre régime de retraite que le vôtre

Dans ce cas, les possibilités de cumul entre les pensions de retraite et les revenus d'activité sont illimitées.

Un retraité du régime général de la Sécurité sociale (autrement dit, un ancien salarié du secteur privé) continuera de percevoir l'intégralité de sa retraite de base et de sa retraite complémentaire s'il crée ou reprend activité relevant du régime des travailleurs indépendants (commerçant, artisan, industriel, profession libérale).

Et un retraité du régime des travailleurs indépendants continuera à percevoir l'intégralité de sa retraite de base et sa retraite complémentaire s'il crée ou reprend une activité et que, en plus, il se verse un salaire.

L'activité relève du même régime de retraite que le vôtre

Si l'activité que vous créez relève du même régime que celui qui vous verse votre retraite, vous avez le droit de cumuler vos retraites et vos revenus d'entrepreneur, à deux conditions :

- Vous avez l'âge requis pour percevoir une retraite à taux plein ;
- Vous avez liquidé toutes vos retraites : base et complémentaire, en France et à l'étranger.

Tous les régimes sont concernés : privés comme publics.

L'âge de départ en retraite varie selon l'année de naissance. Ainsi, les personnes nées en 1954 ne peuvent prendre une retraite à taux plein qu'à partir de 61 ans et 7 mois, soit un départ après le 1er août 2015. Quant aux personnes nées à partir de 1955, elles doivent atteindre 62 ans, soit un départ à compter du 1er janvier 2017 (sauf dispositif « carrières longues »).

Les personnes qui ne remplissent pas les conditions pour bénéficier du cumul libre peuvent cumuler une partie de leur pension de retraite avec les revenus issus de leur nouvelle activité indépendante. Tout dépend du régime qui verse les retraites.

Vous étiez artisan ou commerçant

Pour les artisans ou commerçants retraités qui créent une activité artisanale ou commerciale : les pensions de retraite de base et complémentaire sont maintenues si leurs revenus professionnels restent inférieurs :

- À la moitié du plafond annuel de sécurité sociale (19 020 € en 2015) ;
- Ou au plafond annuel de la sécurité sociale (38 040 € en 2015), lorsque l'activité est exercée dans une zone de revitalisation rurale (ZRR) ou dans une zone urbaine sensible (ZUS). Ces zones sont détaillées au chapitre 11.

En cas de dépassement de ces plafonds, les versements des retraites de base et complémentaire sont suspendus.

Vous exerciez comme profession libérale

Lorsqu'un ancien professionnel libéral crée une nouvelle activité libérale, sa retraite de base est maintenue si ses revenus professionnels sont inférieurs au plafond annuel de sécurité sociale (soit 38 040 € en 2015). En cas de dépassement, le versement de la retraite est suspendu. Quant à sa retraite complémentaire, elle est intégralement maintenue. Aucune minoration n'est effectuée.

Les dirigeants qui transmettent leur entreprise entre l'âge de 60 et 65 ans ne sont pas soumis à la règle de cumul plafonné pendant les six mois après le premier jour suivant la date de la transmission.

Vous étiez salarié

Lorsqu'un retraité du régime des salariés redevient salarié de sa nouvelle entreprise (par exemple, s'il est dirigeant minoritaire de SARL, ou dirigeant de SAS ou de SA), sa pension de retraite de base est maintenue si le montant total de ses revenus (retraite + revenus d'activité) est inférieur :

- Soit à son dernier salaire brut d'activité ;
- Soit à un plafond correspondant à 160 % du smic en vigueur (la caisse de retraite retiendra le plafond le plus favorable au retraité).

Et sa pension de retraite complémentaire peut aussi être suspendue ou minorée selon les revenus procurés par son activité.

Les dirigeants qui ne sont pas assujettis au versement d'assurance vieillesse bénéficient du maintien en intégralité de leur pension de vieillesse. Cela concerne :

- Les associés commanditaires ;
- Les gérants minoritaires ou égalitaires non rémunérés de SARL ;
- Les associés non rémunérés ne travaillant pas dans la société ;
- Le président-directeur général ;
- Le directeur général ;
- Les membres du directoire des SA ne percevant pas de rémunération.

LES COTISATIONS SOCIALES EN CAS DE CUMUL RETRAITE/ACTIVITÉ PROFESSIONNELLE

Les retraités qui créent leur entreprise sont en principe redevables des allocations familiales, de l'assurance maladie et de l'assurance vieillesse. Il existe toutefois quelques dérogations :

- **Les cotisations au régime d'assurance maladie sont dues simultanément au régime dont relève la retraite et celui dont relève l'activité professionnelle. Le droit aux prestations n'est ouvert que dans un de ces régimes, au choix de l'intéressé ;**
- **La cotisation minimale n'est pas due si le retraité perçoit les prestations maladie du régime général ;**
- **Les cotisations sont dues pour l'assurance vieillesse, même en l'absence de revenus imposables. Dans ce cas, il est fait application des cotisations minimales. Ces cotisations n'ouvrent aucun droit.**

Dans tous les cas, il est conseillé au créateur d'entreprise de se rapprocher des caisses de retraite dont il relève afin de vérifier ses droits, compte tenu des nombreuses modifications réglementaires intervenues ces dernières années.

4 Statut juridique et fiscal : faites le bon choix

DANS CETTE PARTIE . . .

Depuis l'introduction dans le droit français du régime de l'auto-entrepreneur, chacun peut désormais créer sa petite activité en deux ou trois clics d'ordinateur. Il reste que choisir un statut juridique pour son entreprise ne se fait pas à la légère. Car c'est aussi mettre en place le cadre légal dans lequel elle va évoluer.

Or ce choix n'est pas anodin : les formalités de création de l'activité ne sont pas les mêmes pour les sociétés ou pour les entreprises individuelles, dont font partie les auto-entreprises. Le régime fiscal de l'entreprise et de l'entrepreneur non plus, vous allez le voir.

Du statut juridique et du régime fiscal dépendent aussi l'avenir de cette entreprise, son développement national, et peut-être international. Il faut par exemple envisager une croissance rapide, voire exponentielle : beaucoup de start-up connaissent cela ! Pour ne pas freiner cet élan éventuel, il est essentiel dès le départ de savoir choisir le statut qui l'accompagnera le mieux.

Tout cela ne se fait pas au pied levé ! Mieux vaut y réfléchir très en amont, prendre conseil auprès de spécialistes et surtout se documenter : les pages qui suivent sont là pour ça.

Chapitre 10

Entreprise ou société ? Revue de détail

DANS CE CHAPITRE :

- **Les entreprises individuelles, les auto-entreprises, les sociétés**
- **Comment choisir le meilleur statut**
- **Comment changer de statut**
- **Les règles de l'association loi 1901**

Parfois, le statut juridique s'impose : une activité exercée seul chez soi depuis un simple ordinateur sera plutôt une auto-entreprise. Une activité artisanale ou un commerce seront plutôt une entreprise individuelle, voire une SARL. L'installation d'un cabinet libéral se fera par une société d'exercice libéral ou une société civile de moyens. Un projet culturel, sportif ou humanitaire se développera mieux en association. Pourquoi ? Voici l'essentiel de ce qu'il faut savoir à ce sujet.

TPE, PME, start-up... : anticipez !

Vous allez le comprendre, les formules juridiques qui se proposent à vous sont relativement nombreuses et diversifiées. Par conséquent, pour faire votre choix, n'attendez pas la dernière minute. Faites d'abord un état des lieux approfondi. Interrogez les spécialistes, envisagez plusieurs solutions. Et surtout, donnez-vous du temps, car votre choix est crucial et doit – en principe – être définitif.

Entreprise ou société : quelle différence ?

Pour une fois, la question est simple. La principale différence entre la forme « entreprise » et la forme « société » réside dans la personnalité juridique : soit l'entreprise et l'entrepreneur ne font qu'un, soit ils forment deux entités juridiques bien distinctes.

Le principe de l'entreprise individuelle

L'*entreprise individuelle*, appelée aussi *entreprise en nom personnel*, est la forme la plus simplifiée qu'un entrepreneur puisse choisir pour son activité indépendante :

- Pas d'associés ;
- Pas de capital de départ ;
- Pas de statuts à rédiger ;
- Peu de formalités administratives ;
- Pas de comptabilité particulière.

Disons-le dès à présent pour ceux qui se poseraient la question, le régime de l'auto-entrepreneur s'inscrit dans le cadre du statut des entreprises individuelles. Il est étudié en détail un peu plus loin.

L'entreprise et l'entrepreneur portent le même nom, même si l'entreprise peut avoir, en plus, une dénomination commerciale. Dans tous les cas, l'entrepreneur est indissociable de son entreprise : ce qui appartient à l'un appartient aussi à l'autre (locaux, fournitures, matériel, véhicules…), les dépenses et les bénéfices réalisés par l'entreprise sont des dépenses et des bénéfices réalisés par l'entrepreneur : l'argent est prélevé ou versé sur un compte en banque qui appartient indifféremment aux deux, l'imposition est commune. Il n'y a donc pas de différence entre les patrimoines personnel et professionnel. Et, de ce fait, la notion de *capital social*, c'est-à-dire de patrimoine propre à l'entreprise, n'existe pas. Pas plus d'ailleurs que la notion d'*abus de bien social*, puisque l'entrepreneur peut disposer comme il l'entend des biens de son entreprise, dans la mesure où ce sont également ses biens propres.

Rappelons que le terme « social » (capital social, abus de bien social) est à prendre dans le sens « qui appartient à la société *commerciale* ». À ne pas confondre avec son autre acception utilisée beaucoup plus couramment (affaires sociales, statut social, protection sociale) et qui désigne la société *civile*, c'est-à-dire la collectivité, la communauté humaine.

Les sociétés commerciales

On le comprend, à partir du moment où plusieurs personnes créent ensemble une activité, le principe de l'entreprise individuelle n'est plus possible. Et là, il n'y a pas d'autre alternative : il faut créer une société, c'est-à-dire une entité juridique propre, qui aura son nom, sa personnalité morale, son siège social et ses propres capitaux.

Mais alors, ça se complique un peu, car les types de sociétés se comptent par dizaines. Un inconvénient qui est aussi un avantage : cette diversité permet de trouver pratiquement chaque fois la forme juridique la plus adaptée à l'activité que l'on lance. Nous allons étudier une à une toutes ces formes de sociétés commerciales, mais soulignons d'ores et déjà les deux grandes catégories : les sociétés de capitaux et les sociétés de personnes.

LES SOCIÉTÉS DE CAPITAUX

Dans les sociétés de capitaux, les associés apportent chacun une certaine somme d'argent (un *capital*), qui leur permet de détenir chacun un certain nombre de parts de la société (les *parts sociales*). Et ce nombre de parts détermine le partage des bénéfices, mais aussi la hauteur de la responsabilité des associés dans la bonne marche de l'entreprise. Soulignons également que les associés peuvent à leur gré racheter ou revendre leurs parts, et par conséquent entrer ou sortir du capital de l'entreprise en toute liberté, sans demander leur avis aux autres, puisque ce qui compte, ce sont les capitaux.

LES SOCIÉTÉS DE PERSONNES

Dans une société de personnes, ce ne sont pas les capitaux qui déterminent les parts et les responsabilités, mais les personnes, c'est-à-dire les associés eux-mêmes. Dans ce type de société, tous les associés sont propriétaires à égalité et assument conjointement la gestion de l'entreprise. Chacun est donc personnellement et indéfiniment responsable de toutes les obligations et de toutes les dettes de l'entreprise. Autrement dit, les associés sont *solidairement responsables* : ils assument ensemble les conséquences des actes des autres associés. Un élément qui rassure d'ailleurs beaucoup les créanciers. Les associés ne peuvent donc pas entrer et sortir d'une société de personnes comme ils l'entendent : ils n'ont pas de parts sociales au sens strict et ne peuvent pas les revendre ou les racheter. D'ailleurs, lorsqu'un des associés meurt, la société prend fin, sauf avis contraire des statuts.

Cette forme de société peut avoir un intérêt pour :

» Les activités commerciales exercées par les membres d'une même famille : elle permet de se préserver fortement de la participation sociale d'un tiers ;

- Les montages juridiques, par exemple lorsqu'un groupe de sociétés désire former une holding.

Par ailleurs, et nous allons y revenir, dans certaines professions réglementées, elle est obligatoire pour engager complètement la responsabilité des personnes qui y exercent.

Comment choisir entre l'entreprise et la société ?

Parfois, la structure juridique s'impose d'elle-même : si vous êtes plusieurs associés, le statut de société est obligatoire, puisque l'entreprise individuelle est exclusivement réservée aux « solos ». De même, pour certaines activités réglementées, la loi impose une forme juridique particulière ou au contraire interdit telle ou telle autre. Prenons quelques exemples :

- Un bureau de tabac doit obligatoirement être exploité par des personnes physiques et non morales. Par conséquent, les seuls statuts autorisés sont l'entreprise individuelle et la société en nom collectif, où tous les associés sont des personnes physiques (ces statuts sont détaillés plus loin) ;
- Les professions libérales non réglementées (consultant, coach, professeur particulier, etc.) peuvent s'installer sous n'importe quel statut d'entreprise ou de société ;
- Les professions libérales réglementées ont interdiction ou au contraire obligation d'adopter tel ou tel statut. Tout dépend à la fois de leur responsabilité en tant que professionnel et du fait que la loi les autorise ou non à exercer en plus une activité commerciale. Ainsi, les professions juridiques et judiciaires et les auxiliaires médicaux (infirmiers, kinésithérapeutes, orthophonistes, etc.) n'ont pas le droit de s'installer en EURL ou en SARL. Exception faite des pharmaciens, qui, eux, ont le droit de choisir ces statuts ;
- Parmi les auxiliaires médicaux, seuls les audioprothésistes peuvent être artisans ou commerçants. Les autres sont tous des « professions libérales ». Ils ont le droit de s'installer en société civile professionnelle (SCP), sauf les orthophonistes, pédicures, podologues, orthoptistes, sages-femmes et pharmaciens.

Autre élément qui peut guider votre choix : la taille du projet d'activité lui-même, son ampleur de départ et son ambition de développement, qui peuvent orienter la réflexion vers une forme juridique. Là encore, quelques exemples vous mettront sur la piste :

- Vous comptez exercer en profession libérale et ouvrir seul un cabinet de conseil, par exemple : l'entreprise individuelle semble plutôt bien adaptée ;
- Vous voulez ouvrir un restaurant, avec des besoins importants en capitaux et en personnel, quelques risques financiers, mais une potentialité de développement : l'entreprise sera plus logiquement créée en société.

Le besoin d'investisseurs potentiels est d'ailleurs un critère important : nous allons le voir, la société anonyme, même plus lourde ou plus compliquée à créer au départ, offre des possibilités d'ouverture du capital social qui peuvent être plus appropriées à certains projets d'activité à fort potentiel de développement.

Enfin, beaucoup d'autres éléments sont également à prendre en compte :

- L'importance des frais de constitution et de fonctionnement (la société est plus onéreuse que l'entreprise individuelle) ;
- La nature, la composition et l'importance des capitaux à investir et leur provenance (patrimoine personnel de l'entrepreneur et/ou investisseurs extérieurs) ;
- La volonté de l'entrepreneur de mettre son patrimoine personnel à l'abri des risques professionnels ;
- L'étendue de la responsabilité des associés (certaines sociétés, comme la SARL, limitent la responsabilité du chef d'entreprise) ;
- Le régime d'imposition des bénéfices ;
- La couverture sociale offerte à l'entrepreneur, à son conjoint (surtout s'il participe à l'activité) et à sa famille ;
- Les modalités et le coût de la transmission (une transmission d'entreprise est plus facile s'il s'agit d'une société).

Aucun de ces éléments n'étant véritablement dominant, c'est l'ensemble de ces questions qu'il faut étudier dans le détail avant d'opter pour une structure ou l'autre. Il reste que c'est le statut qui doit s'adapter au projet et non l'inverse.

Il est toujours possible de faire marche arrière et de changer de statut après avoir opté pour l'un d'eux et constaté qu'il n'est pas adapté. Mais ce sera non seulement une perte de temps, mais aussi une perte d'argent : deux choses très précieuses au moment du lancement d'une entreprise. Car si les formalités de création sont payantes, celles de changement de statut en cours de route le sont aussi. Par conséquent, si vous n'êtes pas sûr de vous, avant de faire des choix qui ne seront peut-être pas les bons, commencez par prendre conseil auprès d'experts de la création d'entreprise ou de juristes d'affaires (vous trouverez des coordonnées dans le carnet d'adresses en annexe A).

LE STATUT DE SOCIÉTÉ REPREND

Selon l'Insee, la proportion de sociétés reprend de la vigueur, après un recul constant depuis l'instauration du régime de l'auto-entrepreneur en 2009 (Insee Première n° 1583, janvier 2016) : 172 000 sociétés ont été créées en 2015, contre 129 700 entreprises individuelles et 223 400 micro-entreprises (depuis 2015, les auto-entrepreneurs sont appelés micro-entrepreneurs).

Parmi les entreprises créées sous le statut de société, 29 % étaient des SARL avec plusieurs associés, 19 % des SARL unipersonnelles. Pour les entrepreneurs, ces formes de sociétés unipersonnelles semblent une bonne alternative à l'auto-entreprise.

Quant aux sociétés par actions simplifiées, leur part augmente sans cesse depuis 2008, réduisant d'autant la part des SARL : 4 % en 2008, 10 % en 2009, 19 % en 2012, 29 % en 2013, 39 % en 2014 et 48 % en 2015 (dont 27 % avec un associé unique). L'Insee explique cette évolution par le fait qu'aucun capital minimum n'est plus exigé pour les SAS depuis le 1er janvier 2009. Les créations sous cette forme juridique augmentent dans tous les secteurs d'activité.

Enfin, seulement 4 % des créations d'entreprise sous la forme de sociétés se font sous l'un des nombreux autres statuts possibles (ils sont détaillés dans les pages qui suivent).

Les micro-entreprises

On les appelle micro-entreprises à cause de leur régime fiscal (étudié au chapitre suivant). Elles se définissent ainsi, car elles ont un chiffre d'affaires et un projet de développement très limités et emploient moins de dix salariés, le plus souvent même moins de quatre. Quand elles sont un peu plus grandes et qu'elles emploient moins de 20 personnes, on les appelle des TPE, *très petites entreprises*. Entre 20 et 50 employés, ce sont des *petites entreprises*, et entre 50 et 249 salariés, ce sont des *moyennes entreprises*. C'est cet ensemble que l'on appelle PME. Ces dernières ont d'ailleurs plus rarement le statut d'entreprise individuelle, mal adapté à cette taille.

Micro-entreprise et TPE

Toutes ces entreprises sont relativement modestes, certes, mais elles sont nombreuses. Et même de plus en plus nombreuses : selon l'Insee, la France compte aujourd'hui un peu plus de 3 millions de TPE/PME. Ce qui représente près de 60 % des entreprises françaises et 63 % de l'emploi total (y compris non salarié). Et c'est aussi, soulignons-le, 50 % de la valeur ajoutée et 25 % des exportations.

Quant aux activités créées sous le régime de l'auto-entrepreneur (désormais micro-entrepreneur), elles connaissent un succès fou depuis l'entrée en vigueur du dispositif le 1er janvier 2009. Pas moins de 320 000 auto-entreprises ont été créées en 2009, et 335 000 en 2010, 274 900 autres en 2013 et encore 223 400 en 2015, soit une création d'entreprise individuelle sur deux.

Quelles activités ?

Les activités qui se lancent aujourd'hui sous le régime de l'auto-entrepreneur, et plus généralement sous le statut d'entreprise en nom personnel, sont essentiellement des activités tertiaires de toutes natures.

Cela peut-être une prestation de services, un petit commerce (notamment en ligne), un magasin de vente au détail, des chambres d'hôte, un petit café-restaurant, ou une activité artisanale (fabrication, transformation, réparation...).

S'il s'agit de s'engager dans une profession libérale réglementée, il faut bien sûr remplir les contraintes de diplômes et d'expérience exigées pour pouvoir l'exercer. Il faut aussi immatriculer dans l'ordre ou l'organisme professionnel correspondant : médecin, dentiste, avocat, huissier, architecte, expert-comptable, agent général d'assurance, infirmière, kinésithérapeute, pédicure, orthophoniste... Lorsqu'elles sont exploitées en société, ces professions disposent de structures spécifiques (expliquées plus loin).

Il peut s'agir également d'une profession indépendante non réglementée : traducteur, maquettiste, graphiste, professeur particulier, activités de conseil ou de formation. Autrement dit, toutes les professions indépendantes exerçant une activité qui n'est ni commerciale, ni artisanale, ni industrielle, ni agricole, et qui n'est pas non plus réglementée par la loi. L'essor de ces milliers de micro-entreprises individuelles a largement suivi celui des nouvelles technologies. Et elles se multiplient encore, grâce aux facilités de moyens qu'Internet procure. C'est d'ailleurs pour susciter encore plus de vocations en la matière qu'a été institué le régime de l'auto-entrepreneur, parfaitement adapté au lancement quasi instantané de ce type d'activité.

Pour pouvoir vous lancer en tant qu'auto-entrepreneur dans une activité artisanale à titre principal, vous devez obligatoirement être immatriculé au répertoire des métiers (la démarche est gratuite) et effectuer un stage de gestion de trente heures minimum, dans un organisme de formation habilité. Si vous êtes déjà titulaire de diplômes et que vous pouvez le justifier, vous serez dispensé de stage. Dans certaines professions, il faut aussi souscrire une assurance professionnelle.

En revanche, si l'activité artisanale de l'auto-entrepreneur reste accessoire, l'immatriculation au répertoire des métiers est facultative. C'est le cas lorsque l'auto-entrepreneur poursuit encore une formation initiale, est salarié à mi-temps ou retraité, ou exerce une autre activité non salariée et non artisanale. L'immatriculation devient obligatoire si les revenus issus de l'activité artisanale représentent plus de la moitié de l'ensemble des revenus (ou pensions de retraite) retenus pour le calcul de l'impôt sur le revenu de l'année civile précédente. Renseignement auprès de votre chambre des métiers.

Les entreprises en nom personnel

Comme leur nom l'indique, les entreprises en nom personnel, appelées aussi entreprises individuelles, sont des activités lancées en solo, c'est-à-dire par des entrepreneurs sans associé.

Nous allons le voir, le régime de l'auto-entrepreneur est un régime fiscal et social qui s'inscrit dans le cadre juridique de l'entreprise individuelle.

L'entreprise individuelle

En 2015, plus de 95 % des créations de nouvelle entreprise n'ont généré qu'un seul emploi : celui de l'entrepreneur lui-même. On comprend vite pourquoi ce type de micro-entreprise n'a nul besoin de rédiger des statuts et de s'installer en société :

- Pas de salarié, donc pas de fiches de paie à établir ;
- Pas de locaux, donc pas de loyer ;
- Très peu de besoins en fournitures ;
- Une comptabilité réduite à sa plus simple expression.

Voilà à quoi sert essentiellement le statut d'entreprise individuelle : rapide à créer, rapide à lancer, l'entrepreneur peut presque tout de suite émettre ses premières factures. Ce statut est particulièrement adapté aux salariés qui prennent leur indépendance avec déjà quelques clients potentiels prêts à remplir leur carnet de commandes, parfois avant même le démarrage officiel de l'activité.

Et ça marche ! Selon l'Insee, quelques mois après leur création, ces toutes petites entreprises sont toujours en activité. Mieux : trois ans après leur lancement, les entreprises qui perdurent emploient en moyenne 1,9 personnes en comptant le créateur d'entreprise lui-même. Au total, dans les TPE, plus de 85 % de l'emploi créé initialement subsiste trois ans plus tard.

Le statut d'entreprise individuelle est également parfaitement adapté aux personnes qui, en plus d'une activité salariée, créent une activité indépendante complémentaire ou occasionnelle (par exemple, une activité artisanale ou intellectuelle). Les régimes fiscaux attachés à ce statut, notamment celui de l'auto-entrepreneur, leur permettent de déclarer leurs revenus d'indépendants en même temps que leur salaire annuel sur la déclaration de revenus classique. Autre avantage, puisqu'ils sont aussi salariés, ils versent déjà des cotisations sociales : en tant que travailleurs indépendants, ils sont dispensés de cotisations d'Urssaf. La protection sociale des entrepreneurs individuels, mais aussi des auto-entrepreneurs, est étudiée au chapitre 12.

Les conditions pour créer une entreprise individuelle

L'entreprise individuelle étant un statut très simple, les conditions exigées pour pouvoir créer une activité sont relativement peu contraignantes.

Majeur, capable et déclaré

Pour créer une entreprise individuelle, aucun capital minimal n'est exigé et les frais de constitution sont réduits (c'est l'objet de la cinquième partie de ce livre). En revanche, l'inscription au registre du commerce et des sociétés, pour les activités commerciales, ou au répertoire des métiers, pour les activités artisanales, est une obligation absolue. Et si l'activité artisanale comporte une partie commerciale, il faudra s'inscrire aux deux.

Autre condition : être juridiquement *capable*, c'est-à-dire être majeur et sain d'esprit. Les personnes majeures *incapables* sont celles qui vivent sous tutelle, curatelle ou sauvegarde de justice : dans ce cas, l'interdiction d'exercer une activité indépendante en son nom propre est formelle.

Pour protéger l'ordre public, les commerçants sont soumis à une réglementation plus stricte. Pour avoir le droit d'exercer, ils doivent avoir ce qu'on appelle la *capacité commerciale*. C'est-à-dire, d'abord, avoir 18 ans révolus, sauf exception que nous allons voir. Ensuite, ils ne doivent pas avoir été condamnés à plus de trois mois d'emprisonnement pour délits, ni évidemment pour crime. Enfin, certains métiers sont incompatibles avec une activité commerciale : fonctionnaire, officiers ministériels (y compris, et on peut le comprendre, après avoir été destitués), ainsi que la plupart des professions réglementées (notamment les avocats, les conseillers juridiques, les experts-comptables, les commissaires aux comptes).

Et si l'entrepreneur est mineur ?

Depuis le 1er janvier 2011, les jeunes à partir de 16 ans, même non émancipés, ont le droit de créer leur entreprise. Auparavant, s'ils voulaient le faire, ils devaient placer les formalités à accomplir sous la responsabilité d'un adulte. Puis ils devaient déléguer la direction à une personne majeure.

La loi du 15 juin 2010 relative à l'entrepreneur individuel à responsabilité limitée (EIRL, étudiée plus loin) a modifié le Code civil en la matière. Désormais, un mineur non émancipé peut être autorisé par ses deux parents – ou par son administrateur légal sous contrôle judiciaire, avec autorisation du juge des tutelles – à accomplir seul les actes d'administration nécessaires à la création et à la gestion d'une EIRL ou d'une société unipersonnelle.

Cette autorisation doit prendre la forme d'un acte sous seing privé ou d'un acte notarié. Elle doit comporter une liste qui précise les actes d'administration pouvant être accomplis par le mineur. Les parents gardent tout de même autorité sur tous les actes dits « de disposition » : les actes d'achats, de ventes ou de dons.

Quant aux autres statuts juridiques d'entreprise autorisés aux mineurs, voici ce qu'autorise la loi :

Tableau 10-1 **Les possibilités de création d'une entreprise par une personne mineure**

	Associé ou membre de direction		Fonctions de direction	
	Mineur émancipé	Mineur non émancipé	Mineur émancipé	Mineur non émancipé
Entreprise individuelle classique	(pas d'associé sous cette forme juridique)		Commerçant : OUI, à condition d'avoir obtenu la capacité juridique à devenir commerçant	Commerçant : NON
			— Artisan : OUI — Profession libérale : OUI, sauf si les professions exigent d'être majeur pour être exercées	— Artisan : NON — Profession libérale : NON

	Associé ou membre de direction		Fonctions de direction	
	Mineur émancipé	Mineur non émancipé	Mineur émancipé	Mineur non émancipé
EURL **SASU** **EIRL**	OUI		OUI En EIRL, commerçant à condition d'avoir obtenu la capacité juridique à devenir commerçant	OUI, pour les actes d'administration NON pour les actes de disposition
SARL	OUI		OUI	NON
SA	OUI		OUI	NON
Association	OUI	OUI, sous certaines conditions (voir ci-dessous)	OUI	OUI, sous certaines conditions (voir ci-dessous)
SNC	OUI, à condition d'avoir obtenu la capacité juridique à devenir commerçant	NON	OUI	NON
SCS **SCA**	Commandités OUI, à condition d'avoir obtenu la capacité juridique à devenir commerçant Commanditaires OUI	Commandités NON Commanditaires OUI	OUI	NON
Société civile	OUI mais les mineurs non émancipés ne peuvent pas agir personnellement. Leurs représentants légaux doivent agir en leur nom. Attention, les mineurs émancipés sont tenus indéfiniment responsables des dettes sociales		OUI	NON

Source : APCE.

Concernant l'association, il est possible pour un mineur non émancipé d'exercer des fonctions de direction au sein d'une association loi 1901, à condition que l'administration l'accepte (notamment la préfecture où est déclarée l'association). De même, un mineur non émancipé peut, en son nom propre, devenir membre d'une association loi 1901, à condition de posséder une capacité de discernement suffisante. En revanche, il n'a le droit d'effectuer aucun acte de disposition. En particulier, il ne doit faire aucun apport au profit de l'association, en argent comme en nature.

L'émancipation d'un jeune n'est possible qu'à partir de l'âge de 16 ans. Elle met fin à l'incapacité juridique du mineur. Cela signifie qu'un adolescent émancipé devient majeur avant ses 18 ans, et qu'il acquiert les mêmes droits et devoirs qu'un adulte. L'émancipation d'un mineur peut résulter soit d'une demande faite au juge des tutelles par son ou ses représentants légaux, soit de son mariage (autorisé même à partir de 15 ans pour les filles).

Les autres conditions de l'entreprise individuelle

Rappelons les autres particularités de l'entreprise individuelle :

- La notion de capital social n'existe pas : le patrimoine de l'entreprise est confondu avec celui du chef d'entreprise ;
- L'engagement financier est fonction des investissements et du besoin en fonds de roulement prévisionnel ;
- Les bénéfices dégagés de l'exploitation de l'entreprise sont intégrés dans la déclaration de revenus dans la catégorie des bénéfices industriels et commerciaux ou des bénéfices non commerciaux en fonction de l'activité exercée ;
- En matière de protection sociale, l'entrepreneur bénéficie du régime social des indépendants (RSI – détaillé au chapitre 12).

Puisqu'il n'est pas possible de distinguer les biens personnels des biens professionnels, un entrepreneur individuel ne peut pas se salarier. Autrement dit, il ne peut pas s'établir à lui-même une fiche de paie pour pouvoir bénéficier du régime général de la Sécurité sociale.

LA SITUATION DES COMMERÇANTS ÉTRANGERS

Sur le territoire français, toute personne qui souhaite exercer en nom personnel une activité commerciale, industrielle ou artisanale doit au préalable avoir obtenu une carte de commerçant.

La carte de commerçant n'est toutefois pas exigée pour :

- **Les ressortissants d'un État membre de l'Espace économique européen et la Suisse ;**

Les personnes résidant déjà en France et titulaires :

- **d'une carte de résident ;**
- **d'une carte de résident, mention « résident de longue durée - CE » ;**
- **d'une carte de résidence algérien de 10 ans ;**
- **d'un certificat de résidence algérien, mention « vie privée et familiale » ;**

LA SITUATION DES COMMERÇANTS ÉTRANGERS (SUITE)

» ou d'une carte de séjour temporaire, mention « vie privée et familiale » ou « compétences et talents ».

Le demandeur doit se présenter à la préfecture de département avec son passeport valide, les justificatifs (état civil et domicile) et un certificat médical. Il reçoit un récépissé de demande de carte de séjour. L'obtention de la carte temporaire mention « commerçant » ou « artisan » a lieu dans un deuxième temps, après immatriculation au Registre du commerce et des sociétés ou au Répertoire des métiers.

Le régime de l'auto-entrepreneur

Le régime de l'auto-entrepreneur (renommé micro-entrepreneur en 2015) a été créé par la loi de modernisation de l'économie. Il est entré en vigueur le 1er janvier 2009, avec le succès que l'on sait. L'idée est de permettre à quiconque : salarié, fonctionnaire, professionnel indépendant, chômeur, étudiant ou retraité, de créer sa propre activité, en parallèle ou non à son activité principale, de façon simple et rapide.

Concrètement, être auto-entrepreneur c'est pouvoir créer (et fermer en cas d'échec) une micro-entreprise individuelle en quelques jours, puisque les formalités sont réduites à leur plus simple expression : une télédéclaration sur le site internet `www.autoentrepreneur.fr`. Ou pour ceux qui préfèrent le papier, le dépôt d'un formulaire Cerfa au centre de formalité des entreprises.

Après quoi, l'activité peut commencer, sans autre démarche et sans avoir à se faire immatriculer ni au registre du commerce, ni au répertoire des métiers, tant que le chiffre d'affaires reste très faible.

Depuis le 19 décembre 2014, les auto-entrepreneurs exerçant une activité commerciale ou artisanale, à titre principal ou complémentaire, sont dans l'obligation de s'immatriculer au Registre du commerce et des sociétés, au Répertoire des métiers et de l'artisanat ou au Registre des entreprises de la batellerie (art. 27 de la loi n° 2014-626 du 18 juin 2014). Jusqu'à cette date, ils en étaient dispensés. L'immatriculation est gratuite.

» **Pour les nouveaux auto-entrepreneurs** : l'immatriculation se fait au moment de leur déclaration d'activité ;

» **Pour les commerçants et artisans en activité en tant qu'auto-entrepreneurs** : la demande d'immatriculation doit être faite au moyen du formulaire cerfa n°15260*01 avant le 19 décembre 2015.

Les professionnels libéraux exerçant leur activité sous statut d'auto-entrepreneur sont donc les seuls à ne pas être concernés par cette nouvelle obligation.

Par ailleurs, le régime de l'auto-entrepreneur est surtout un régime fiscal et social ultra simplifié : celui de la micro-entreprise (développé au chapitre suivant). Ce régime est autorisé tant que l'auto-entreprise génère un chiffre d'affaires inférieur à un certain seuil : au 1er janvier 2015, 82 200 euros pour les bénéfices industriels ou commerciaux (BIC) et 32 900 euros pour des bénéfices non commerciaux (BNC).

En deçà, l'auto-entrepreneur ne paie rien tant qu'il ne gagne rien. S'il gagne un peu d'argent, il cotise un peu, mais très peu. Et au-delà, le régime de la micro-entreprise n'est plus possible... celui d'auto-entrepreneur non plus.

Si c'est votre cas, c'est bien, c'est que votre petite boîte commence à bien marcher. Maintenant, vous allez devoir plonger dans le grand bain de la création d'entreprise. Alors lisez la suite, on vous explique tout !

La responsabilité de l'entrepreneur sur ses biens propres

Puisqu'il n'a aucun associé et que son entreprise et lui ne font qu'un, tout entrepreneur individuel, et en particulier l'auto-entrepreneur, est responsable de ses dettes professionnelles, sans limite dans le temps et sur l'ensemble de son patrimoine. Le choix du régime matrimonial peut donc s'avérer important (cette question est étudiée au chapitre 3).

D'ailleurs, la loi prévoit que, lors de sa demande d'immatriculation au registre du commerce et des sociétés ou au répertoire des métiers, un commerçant ou un artisan marié sous le régime de la communauté légale ou universelle est tenu d'apporter la preuve que son conjoint a bien été informé des conséquences sur les biens communs, des dettes contractées au titre de son activité indépendante (une attestation sur l'honneur du conjoint permet de justifier le respect de cette obligation).

La loi autorise aussi l'entrepreneur à protéger son habitation individuelle, si elle n'est pas utilisée pour l'activité professionnelle. En effet, devant notaire, il a le droit de déclarer sa résidence principale insaisissable (coût : une centaine d'euros).

Le notaire fait enregistrer cette *déclaration d'insaisissabilité* au bureau des hypothèques, qui à son tour fait l'objet, selon les cas :

- D'une mention sur le registre du commerce et des sociétés pour un commerçant ;
- D'une mention sur le répertoire des métiers pour un artisan ;
- D'une publication dans un journal d'annonces légales du département où l'activité professionnelle sera exercée pour un professionnel libéral ou un agriculteur.

Si, par la suite, l'habitation principale ainsi protégée est vendue, le prix de cession ne peut pas non plus être saisi par les créanciers professionnels, à condition que cette somme d'argent soit réemployée à l'acquisition d'une nouvelle résidence principale dans un délai de un an.

L'entreprise individuelle à responsabilité limitée (EIRL)

Autre possibilité pour mettre son patrimoine personnel à l'abri d'un échec de son entreprise individuelle : adopter le statut d'entreprise individuelle à responsabilité limitée. C'est le dernier né des statuts juridiques d'entreprise français. Il a été créé par une loi du 15 juin 2010 et il est entré en vigueur le 1er janvier 2011. Il vise, lui aussi, à protéger encore mieux les biens non professionnels de l'entrepreneur, des poursuites des créanciers liés à l'activité de son entreprise.

Ce nouveau statut intéresse tous les « solos » : les nouveaux entrepreneurs individuels, les entrepreneurs individuels existants, y compris les auto-entrepreneurs, qu'ils exercent une activité commerciale, artisanale, libérale ou agricole.

Rappelons qu'un mineur émancipé a le droit de créer une EIRL, à condition d'avoir d'abord obtenu la capacité juridique à être commerçant.

Une entreprise en nom personnel

À mi-chemin entre l'entreprise et la société, l'EIRL permet à la fois :

- De dissocier le patrimoine privé de l'entrepreneur individuel et le patrimoine de son entreprise (actif et passif) ;
- Sans pour autant recourir à la création d'une personne morale nouvelle, par le biais d'une société.

C'est pourquoi, comme son nom l'indique, l'entreprise individuelle à responsabilité limitée est bien une entreprise individuelle et non pas une société. Autrement dit, la personnalité juridique de l'entreprise n'est pas dissociée de celle de l'entrepreneur. L'exploitation est toujours réalisée en nom propre, sans recourir à une structure dotée de la personnalité morale, ou à une organisation non personnifiée, qui ferait de l'entrepreneur individuel un entrepreneur « collectif ».

Le régime fiscal de l'EIRL reprend celui de l'EURL (entreprise unipersonnelle à responsabilité limitée, détaillé plus loin). L'entrepreneur reste propriétaire de ses deux patrimoines. C'est le régime de l'impôt sur le revenu qui s'applique donc par défaut, sachant que l'entrepreneur peut tout de même opter pour le régime fiscal des sociétés de capitaux (impôt sur les sociétés ou IS). Quant au régime de cotisations sociales, il dépend également de l'option exercée par l'entrepreneur pour l'IR ou pour l'IS. Tout cela est détaillé au chapitre suivant.

Le « patrimoine affecté » de l'EIRL

En créant son EIRL, l'entrepreneur individuel doit affecter à son activité professionnelle un patrimoine séparé de son patrimoine personnel, pour protéger ses biens personnels en cas d'échec de son entreprise. L'objectif de l'EIRL est bien de soustraire une partie des biens de l'entrepreneur individuel aux poursuites de ses créanciers éventuels.

Un certain patrimoine doit donc être affecté par l'entrepreneur à son entreprise. Ce « patrimoine affecté » est doté d'un contenu minimum et obligatoire. Il est composé de « l'ensemble des biens, droits, obligations ou sûretés dont l'entrepreneur individuel est titulaire, nécessaires à l'exercice de son activité professionnelle » (article L526-6 du Code de commerce).

Si certains biens sont obligatoirement inclus dans le patrimoine affecté à l'entreprise, d'autres peuvent l'être par choix. Ainsi, au-delà du patrimoine professionnel minimum imposé par la loi, l'entrepreneur individuel a le droit, en plus, de décider d'affecter d'autres biens, droits, obligations ou sûretés dont il est titulaire et qui lui semblent nécessaire à l'exercice de son activité professionnelle.

Il peut s'agir de biens à usage mixte, par exemple la voiture ou un immeuble à usage d'habitation et à usage commercial.

Un même bien, droit, une même obligation ou sûreté ne peut entrer dans la composition que d'un seul patrimoine affecté. À l'entrepreneur de décider s'il se l'attribue ou s'il l'affecte à son entreprise. Ce qui n'empêche pas, ensuite, d'avoir les deux utilisations, privées et professionnelles.

Notez aussi que, depuis le 1er janvier 2013, il est possible de déclarer plusieurs patrimoines d'affectation, notamment pour l'exercice de plusieurs activités professionnelles en même temps.

Par la suite, ce patrimoine affecté à l'entreprise pourra être repris par les héritiers de l'entrepreneur. Il pourra aussi faire l'objet d'une vente ou d'un don, ou encore servir d'apport à une société.

Enfin, si le patrimoine affecté est modifié après la création de l'EIRL, par l'ajout ou le retrait d'un bien, une déclaration modificative est obligatoire, mais uniquement si sa valeur dépasse 30 000 €.

Le dépôt de la déclaration d'affectation

Cependant, il faut tout de même penser à protéger aussi les intérêts des créanciers de l'EIRL. C'est pourquoi la composition du patrimoinc affccté fait l'objct d'un certain nombre de règles contraignantes : notamment le dépôt de la déclaration d'affectation du patrimoine et l'évaluation des biens affectés que nous allons voir ensuite.

Selon le nouvel article L526-6-1 du Code de commerce, la constitution du patrimoine affecté est conditionnée au dépôt d'une déclaration effectué au registre de publicité légale auquel l'entrepreneur individuel est tenu de s'immatriculer (par exemple, le registre du commerce ou le répertoire des métiers).

S'il est tenu de s'immatriculer à plusieurs registres, par exemple commerce et artisanat en même temps, il dépose sa déclaration de patrimoine affecté auprès d'un des registres. Mention en sera ensuite portée sur l'autre registre.

Quant aux exploitants agricoles et aux entrepreneurs qui ne sont pas tenus de s'immatriculer à un registre de publicité légale (par exemple un professionnel libéral non réglementé), ils doivent déposer leur déclaration à un registre tenu au greffe du tribunal de commerce ou du tribunal de grande instance statuant en matière commerciale du lieu dont relève leur établissement principal.

À défaut d'établissement, il s'agit de l'adresse du local d'habitation où l'entreprise est fixée. À noter aussi que, dans les départements du Bas-Rhin, du Haut-Rhin et de la Moselle, ce registre spécial est tenu au greffe des tribunaux d'instance de Colmar, Metz, Mulhouse, Sarreguemines, Saverne, Strasbourg et Thionville.

La déclaration d'affectation doit contenir les informations suivantes :

- » Les nom, nom d'usage, prénoms, date, lieu de naissance et domicile de l'entrepreneur individuel ;

- » La dénomination utilisée pour l'exercice de l'activité professionnelle à laquelle le patrimoine est affecté, comprenant au moins son nom ou son nom d'usage ; lorsque l'entrepreneur a procédé à plusieurs déclarations d'affectation, les dénominations utilisées pour chaque affectation de patrimoine doivent être distinctes ;
- » L'adresse de l'établissement principal où est exercée l'activité professionnelle à laquelle le patrimoine est affecté ou, à défaut d'établissement, l'adresse du local d'habitation où l'entreprise est fixée ;
- » L'objet de l'activité professionnelle à laquelle le patrimoine est affecté ;
- » La date de clôture de l'exercice comptable ;
- » Le cas échéant, la mention de l'opposabilité de la déclaration d'affectation aux créanciers dont les droits sont nés antérieurement à son dépôt ;
- » Un état descriptif des biens, droits, obligations ou sûretés affectés à l'activité professionnelle en nature, qualité, quantité et valeur. La valeur déclarée est la valeur vénale ou, en l'absence de marché pour le bien considéré, la valeur d'utilité ;
- » Le numéro unique d'identification de l'entreprise si la personne est déjà immatriculée.

La déclaration doit être accompagnée des pièces justifiant de l'identité de l'entrepreneur individuel et des documents attestant de l'accomplissement des formalités concernant l'évaluation des biens.

Et si l'entrepreneur est mineur, il doit aussi justifier d'avoir obtenu l'autorisation parentale (ou légale), nécessaire pour accomplir seul les actes de création et de gestion de son entreprise individuelle à responsabilité limitée.

Aucune redevance n'est due pour le dépôt de la déclaration d'affectation du patrimoine, lorsqu'elle intervient en même temps que la demande d'immatriculation au répertoire.

En revanche, si le dépôt se fait après l'immatriculation, celui-ci est payant :

- » 56,16 € au registre du commerce et des sociétés (commerçants) ;
- » 42 € au répertoire des métiers (artisans) ;
- » 42 € pour les exploitants agricoles ;
- » 56,16 € pour les professions libérales.

À titre d'exemple pour 2015, voici le tarif détaillé des actes déposés au répertoire des métiers, dans le réseau des chambres de métiers et de l'artisanat, pour l'établissement et le contrôle de conformité des actes :

Tableau 10-2 **Tarifs des actes déposés au répertoire des métiers dans le cadre de l'EIRL**

Nature des actes	Montant
Dépôt de la déclaration d'affectation du patrimoine comprenant le coût de la radiation	42 €
Inscriptions modificatives de la déclaration d'affectation du patrimoine et mentions	21 €
Dépôt des comptes annuels ou du document comptable simplifié	6,50 €
Notification à un autre registre en cas de double immatriculation	8 €
Copie des comptes annuels ou du document comptable simplifié	6 €
Extrait d'inscription de la déclaration	2,60 €

Les auto-entrepreneurs ne sont plus dispensés d'immatriculation. S'ils exercent une activité commerciale, ils doivent être immatriculés au RCS. S'ils exercent une activité artisanale, ils doivent également être immatriculés au Répertoire des métiers.

L'évaluation des biens affectés

Les nouveaux articles L526-9 à L526-11 du Code de commerce ajoutent que tout élément d'actif du patrimoine affecté, autre que des liquidités, d'une valeur déclarée supérieure à 30 000 euros (en 2011) doit aussi avoir préalablement fait l'objet d'une évaluation. Celle-ci doit être annexée à la déclaration d'affectation.

Cette évaluation doit être établie, au choix, par un commissaire aux comptes, un expert-comptable, une association de gestion et de comptabilité ou un notaire, désigné par l'entrepreneur. Sachant que l'évaluation par un notaire ne peut concerner qu'un bien immobilier.

Lorsque la valeur déclarée par l'entrepreneur est supérieure à celle évaluée par cet expert, l'entrepreneur est déclaré responsable à l'égard des tiers, et pendant cinq ans, sur la totalité de son patrimoine (affecté et non affecté) à hauteur de la différence entre la valeur évaluée par l'expert et la valeur déclarée par l'entrepreneur. *Idem* si l'entrepreneur ne recourt pas à un de ces experts (commissaire aux comptes ou autre) pour évaluer son patrimoine affecté.

La question des biens immobiliers

L'affectation d'un bien immobilier au patrimoine de l'EIRL (ou d'une partie de ce bien) doit être reçue par acte notarié et publiée au bureau des hypothèques.

Dans les départements du Bas-Rhin, du Haut-Rhin et de la Moselle, la publication se fait au livre foncier de la situation du bien.

Si l'entrepreneur n'affecte qu'une partie d'un ou de plusieurs biens immobiliers au patrimoine de son entreprise, il doit la désigner précisément dans un état descriptif de division.

Et si, par ailleurs, tout ou partie des biens affectés sont des biens communs au couple de l'entrepreneur, ou détenus en indivision avec d'autres personnes, dans sa déclaration, l'entrepreneur doit justifier avoir obtenu l'accord exprès, soit de son conjoint, soit des indivisaires. Il doit aussi prouver qu'il les a informés des droits des créanciers sur ce patrimoine, affecté à l'EIRL.

Rappelons qu'un même bien commun ou indivis (ou une partie de ce bien) ne peut entrer dans la composition que d'un seul patrimoine affecté : soit celui de l'entreprise, soit celui de l'entrepreneur.

Enfin, lorsque l'affectation d'un bien est postérieure à la constitution du patrimoine affecté, elle doit donner lieu au dépôt d'une déclaration complémentaire.

Les effets juridiques du dépôt

Une fois la déclaration d'affectation enregistrée, elle devient opposable :

- De plein droit aux créanciers dont les droits sont nés postérieurement à son dépôt ;
- Aux créanciers dont les droits sont nés antérieurement à son dépôt, à condition que l'EIRL le mentionne dans la déclaration d'affectation et en informe les créanciers. Dans ce cas, les créanciers concernés peuvent saisir la justice. Néanmoins, l'opposition formée par un créancier n'a pas pour effet d'interdire la constitution du patrimoine affecté.

La déclaration d'affectation déroge aux règles générales du Code civil, qui stipulent que les biens d'un débiteur sont le gage commun de ses créanciers. En effet, après la déclaration d'affectation :

- Les créanciers dont les droits sont nés à l'occasion de l'exercice de l'activité professionnelle à laquelle le patrimoine est affecté ont pour seul et unique gage le patrimoine affecté, et non le patrimoine personnel de l'entrepreneur ;

» Les autres créanciers, ceux de la vie privée de l'entrepreneur, ont pour seul et unique gage le patrimoine non affecté, et non le patrimoine affecté à l'entreprise.

L'activité professionnelle doit faire l'objet d'une comptabilité autonome (sauf les cas autorisés de comptabilité simplifiée). L'entrepreneur individuel à responsabilité limitée est donc tenu d'ouvrir un ou plusieurs comptes bancaires, exclusivement dédiés à l'activité de son entreprise, à laquelle le patrimoine a été affecté.

Chaque année, les comptes annuels (ou les documents résultant de la comptabilité simplifiée) doivent être déposés au registre auquel a été effectué le dépôt de la déclaration d'affectation pour y être annexés. À compter de leur dépôt, ils valent actualisation de la composition et de la valeur du patrimoine affecté.

L'entrepreneur reste évidemment responsable sur la totalité de ses biens, en cas de :

» Fraude ;

» Manquements graves dans la composition du patrimoine d'affectation, notamment une surévaluation ;

» Manquements graves ou manœuvres frauduleuses empêchant le recouvrement des impositions ou des cotisations sociales ;

» Absence de comptabilité autonome et d'ouverture d'un ou de plusieurs comptes bancaires exclusivement dédiés à l'activité à laquelle le patrimoine est affecté.

Les sociétés de capitaux

Créer une société, c'est créer une personne morale juridiquement distincte des associés fondateurs. Elle dispose d'une dénomination propre, d'un siège social, d'un capital social. Il existe deux grandes familles de sociétés de capitaux : les sociétés anonymes à responsabilité limitée (SARL) et les sociétés anonymes (SA), qui connaissent chacune plusieurs variantes.

La société anonyme à responsabilité limitée (SARL)

La SARL est une forme de société qui nécessite au minimum deux associés et en compte au maximum cent. Au-delà de ce nombre, créer une SARL n'est donc pas possible. Les associés peuvent être des personnes physiques, mais aussi des personnes morales, c'est-à-dire d'autres sociétés. En revanche, le ou les dirigeants doivent obligatoirement être des personnes physiques.

Ne vous y trompez pas : *anonyme* ne signifie pas que la société ne porte pas de nom. Au contraire, elle a un nom bien à elle. En revanche, elle ne porte pas le nom des personnes qui l'ont créée, la détiennent et la dirigent. C'est donc exactement l'opposé de l'entreprise en nom personnel que nous venons d'étudier. Et cela change pas mal de choses.

Les caractéristiques de la SARL

La SARL est la forme sociale la mieux adaptée à la petite entreprise, entre deux ou trois associés ou en famille (entre parents, grands-parents, enfants et petits-enfants, frères et sœurs et leurs conjoints). Sa souplesse lui permet aussi de s'adapter aux projets plus importants des moyennes entreprises.

Ses caractéristiques sont les suivantes :

- Les associés ne répondent des dettes de la société que dans la limite du montant de leurs apports respectifs. C'est la notion de *responsabilité limitée*. Attention cependant : la responsabilité n'est plus limitée si les associés se portent garants, sur leurs biens, d'un emprunt contracté au nom de la société. Elle ne l'est pas non plus en cas de violation des statuts ou de fautes de gestion par le ou les dirigeants de droit ou de fait ;
- Les statuts de la SARL fixent librement le montant du capital social, avec un minimum légal de départ de seulement 1 euro (voir encadré plus loin) ;
- Les cessions de parts sont libres entre associés, mais réglementées en cas de vente à des personnes extérieures ;
- Il n'y a pas obligation de nommer un commissaire aux comptes, sauf en cas de chiffre d'affaires de plus de 3 100 000 euros (ou de bilan supérieur à 1 550 000 euros) et d'embauche de plus de cinquante salariés ;
- Les associés d'une SARL n'ont pas la qualité de commerçant (ce qui est un avantage de plus, car cela cloisonne encore mieux le patrimoine privé et celui de la société). Ils n'ont donc pas non plus besoin d'avoir la capacité de faire du commerce. Mais ils doivent avoir la capacité civile (voir pages précédentes). Rappelons également que le statut de SARL n'est pas autorisé aux professions libérales juridiques et judiciaires et aux professions paramédicales, sauf aux pharmaciens et aux biologistes ;

» Les bénéfices de la société ne sont plus intégrés aux revenus des associés, mais soumis à l'impôt sur les sociétés, avec toutefois une exception, nous allons le voir, pour la SARL de famille, qui peut opter pour la catégorie fiscale du bénéfice industriel et commercial.

LE CAPITAL À 1 EURO MINIMUM

Ce capital de 1 euro ne signifie évidemment pas qu'il ne soit pas nécessaire d'avoir un capital social de départ pour créer une SARL. Ce chiffre est symbolique, il signifie que le niveau de capital social nécessaire est laissé au jugement des associés de la SARL. Il reste qu'il vaut toujours mieux avoir un capital social, et si possible à la taille du projet, car c'est une garantie pour les banques. C'est également un indice pour les partenaires commerciaux, qui auront tendance à préférer faire affaire avec une société dont le capital est important, la responsabilité des associés étant à hauteur de leur apport dans le capital.

Le fonctionnement d'une SARL

La direction de l'entreprise est obligatoirement assurée par une personne physique, c'est-à-dire :

» Soit par un gérant qui ne détient lui-même aucune part sociale ;

» Soit par un ou plusieurs des associés gérants majoritaires, égalitaires ou minoritaires selon le nombre de parts qu'ils détiennent par rapport aux autres.

Cette notion est importante, car elle entraîne des conséquences sur les possibilités de couverture sociale des gérants : les gérants minoritaires ou égalitaires peuvent être salariés, donc affiliés au régime général de la Sécurité sociale. En revanche, les gérants majoritaires sont affiliés au régime social des indépendants. Fiscalement, quel que soit leur statut, les rémunérations versées par la société aux gérants sont soumises à l'impôt sur le revenu.

L'assurance chômage des gérants salariés n'est pas possible. Sauf si le gérant cumule son mandat social de gestion de l'entreprise avec une véritable tâche salariée, assortie d'un contrat de travail précisant un horaire précis pour l'effectuer et d'une rémunération exclusive pour cet emploi (l'ensemble de cette question est étudié au chapitre 3).

Les prises de décisions générales concernant la société se font en assemblée générale par un vote à la majorité, à 51 % du capital pour les décisions ordinaires et à 75 % du capital pour les décisions extraordinaires. Les modifications de statuts sont soumises à des formalités de publicité légale.

La SARL entre époux

Un couple peut créer ensemble une SARL, à deux ou associé à d'autres personnes. Mais, quelle que soit la distribution des parts entre eux, on prend en compte l'ensemble des parts détenues par le couple.

Par exemple, le mari est déclaré gérant et détient 20 % des parts de la société, sa femme 60 % et un autre associé 20 %. Le mari n'est pas gérant minoritaire, mais majoritaire à 60 %, car ses parts sont additionnées à celles de sa femme.

Socialement, le mari et la femme ont un statut équivalent : l'un n'est pas juridiquement subordonné à l'autre. La protection sociale du couple dépend du statut choisi pour chacun et de son apport financier au capital de l'entreprise. Ainsi, si les conjoints sont associés participant tous les deux à la gestion de l'entreprise, ils relèvent du régime des indépendants. *Idem* s'ils sont gérants majoritaires. S'ils sont associés, mais que l'un des deux occupe un emploi salarié, même si sa participation au capital de l'entreprise est majoritaire, il cotise au régime général de la Sécurité sociale et bénéficie donc de la même protection sociale que les salariés. Enfin, s'ils sont gérants minoritaires rémunérés, leur régime est celui des salariés, sauf pour le chômage.

Lorsque l'un des deux conjoints participe à temps plein à l'activité de l'entreprise sans bénéficier d'aucun statut ni percevoir aucune rémunération, il s'agit de travail clandestin : le conjoint ne bénéficie en propre d'aucune protection sociale, ce qui est très déconseillé pour lui en cas de décès de son conjoint ou même de divorce (voir chapitre 3).

Les SARL de famille

Ce n'est pas un nouveau statut de société, mais une option fiscale proposée aux familles qui détiennent ensemble une même SARL exerçant une activité industrielle, commerciale, artisanale ou agricole.

Les activités libérales sont exclues de ce dispositif.

Pour avoir la dénomination de SARL de famille, les associés doivent être :

- Parents en ligne directe (enfants, parents, grands-parents) ;
- Frères et sœurs ;
- Conjoints, mais aussi compagnons de pacte civil de solidarité (pacs).

Dans ce cas, ils peuvent opter pour le régime fiscal des sociétés de personnes, c'est-à-dire ne plus payer l'impôt sur les sociétés obligatoire pour les SARL, mais l'impôt sur le revenu comme pour les entreprises individuelles. L'option doit être notifiée au service des impôts avant la date d'ouverture du premier exercice sur lequel elle porte. Elle est exercée sans limitation de durée, sauf si la société ne remplit plus les conditions requises (par exemple, à cause de la perte du caractère familial de la société). Dans ce cas, un retour à l'impôt sur les sociétés est possible.

Les principales différences fiscales entre le statut de SARL et celui de SARL de famille sont résumées dans le tableau suivant.

Tableau 10-3 **Les différences entre une SARL classique et une SARL de famille**

	SARL classique	SARL de famille
Imposition des bénéfices de l'entreprise	IS au nom de l'entreprise	IR dans la catégorie des BIC au nom de chaque associé (*), pour la partie des bénéfices qui leur revient, y compris la partie correspondant à leur rémunération.
Déductibilité fiscale de la rémunération versée aux gérants et aux associés	Oui	Non
Statut social du gérant minoritaire	Assimilé salarié Cotisations calculées sur sa rémunération.	Assimilé salarié Cotisations calculées sur sa rémunération.
Statut social du gérant majoritaire	Non salarié Cotisations calculées sur sa rémunération.	Non salarié Cotisations calculées sur l'ensemble de ses revenus non salariés (rémunération + part de bénéfices).
Statut social des associés exerçant une activité dans l'entreprise	Salariés (sauf en l'absence de lien de subordination) Cotisations calculées sur salaires.	Salariés (sauf absence de lien de subordination) Cotisations calculées sur salaires.
Statut social — Des associés n'exerçant pas d'activité dans l'entreprise — Du gérant minoritaire non rémunéré	Pas de couverture sociale obligatoire.	Pas de couverture sociale obligatoire.

** L'associé et/ou gérant d'une SARL de famille et d'une SNC imposée à l'impôt sur le revenu peut adhérer à un centre de gestion agréé et bénéficier des avantages fiscaux afférents si les conditions de leur application sont réunies.*
Source : APCE.

L'entreprise unipersonnelle à responsabilité limitée (EURL)

C'est en quelque sorte la SARL à un seul associé ou la société anonyme individuelle. Instituée par une loi du 11 juillet 1985, elle permet à l'entrepreneur en solo de créer une entité juridique différente et séparée de la sienne.

Un associé unique, deux personnes morales

Comme la SARL, pour avoir sa propre identité, l'EURL doit disposer :

- De statuts pour réglementer son activité ;
- D'une dénomination propre ;
- D'une domiciliation ;
- De son propre capital de départ fixé librement par les statuts (il n'y a pas de minimum) ;
- D'une comptabilité séparée, vérifiée par un professionnel indépendant de l'entrepreneur.

La loi du 19 octobre 2009 favorisant le crédit des petites et moyennes entreprises, a supprimé l'obligation, pour les EURL et les SASU (sociétés par action simplifiée unipersonnelle étudiées plus loin) d'établir un rapport de gestion, sous réserve de respecter les conditions de seuils suivantes :

- Total du bilan : 1 000 000 euros maximum ;
- Montant hors taxe du chiffre d'affaires : 2 000 000 euros maximum ;
- Nombre moyen de salariés permanents employés au cours de l'exercice : 20.

Car la grande différence avec la SARL, c'est que l'EURL n'a qu'un membre fondateur : l'entrepreneur lui-même, qui rédige les statuts de sa société et gère son activité comme il l'entend. La différence avec l'entreprise en nom personnel, c'est qu'il ne fait rien en son nom propre : toute son activité est faite au nom de sa société. Par ailleurs, l'associé unique de l'EURL n'a pas la qualité juridique de commerçant mais, pour exercer une activité commerciale, sa société doit évidemment être inscrite au registre du commerce et des sociétés, ou au répertoire des métiers pour les activités artisanales.

L'EURL a un autre grand avantage : elle facilite la transmission de la société. Sa vente ne nécessite pas, en effet, de vendre le fonds : il suffit de vendre les parts de la société.

Les professions juridiques et judiciaires et les professions de santé n'ont pas non plus le droit d'exercer en EURL, sauf les pharmaciens et les biologistes.

Responsabilité limitée, patrimoine personnel protégé

Comme dans la SARL, l'associé unique de l'EURL n'est pas responsable sur ses biens propres des dettes de la société et sa responsabilité est limitée au montant de son apport au capital. En cas de difficultés financières professionnelles, le patrimoine personnel de l'entrepreneur est donc en principe à l'abri des créanciers. Sauf évidemment si, en contractant un ou plusieurs crédits pour l'entreprise, il s'est porté garant sur son patrimoine personnel.

Si vous êtes marié sous le régime de la communauté de biens réduite aux acquêts et que vous avez l'intention d'apporter des biens communs à la société, pour conserver votre qualité d'associé unique, il faudra informer votre conjoint de cet apport. S'il s'agit d'immeubles ou de fonds de commerce, celui-ci devra même donner son consentement officiel. Si vous êtes marié sous le régime de la séparation des biens ou de la participation aux acquêts, chacun des époux disposant librement de ses biens, vous pouvez apporter tout ou partie de vos biens à votre EURL et en rester l'associé unique. Dans tous les cas, le conjoint doit déclarer ne pas vouloir être personnellement associé. À défaut de quoi, l'entrepreneur ne sera plus associé unique et l'EURL sera une SARL.

Soulignons pour finir que, à la différence de l'entrepreneur individuel, l'entrepreneur d'EURL ayant créé une entité juridique autonome, ne peut pas disposer comme il l'entend des biens de sa société. S'il contrevient à cette règle, il peut être poursuivi pour abus de bien social.

La société anonyme (SA)

La société anonyme est un statut de société instauré en France en 1867 en même temps que les sociétés coopératives que nous allons étudier plus loin. La société anonyme permet à des épargnants d'investir leur capital sans risquer plus que leur mise.

Les conditions pour créer une SA

Avec cette forme de société, on quitte le monde des petites entreprises pour entrer dans le monde de sociétés dont l'objet, exclusivement commercial, se veut d'une plus grande envergure et qui nécessitent des fonds plus importants. Car, contrairement à la SARL, la société anonyme a le droit de faire des appels publics à l'épargne et d'émettre des actions sur le marché. De ce fait, les associés sont appelés des *actionnaires*, car ils ne détiennent pas des parts sociales mais des *actions*.

Les caractéristiques de la SA sont les suivantes :

- Un minimum de sept associés et, fort logiquement, pas de maximum ;
- Ces associés sont responsables sur leurs biens dans la limite de leur apport ;
- Le capital social de départ doit être d'au moins 37 000 euros. 50 % du capital doivent être versés au moment de la constitution de la SA (soit 18 500 euros minimum), le reste dans un délai maximum de cinq ans à compter de l'immatriculation de la société. Les fondateurs doivent déposer la liste des souscripteurs (nom, prénom et domicile) et les sommes versées par chacun. Ces versements sont constatés par un certificat du dépositaire établi au moment du dépôt des fonds sur présentation de la liste des actionnaires mentionnant les sommes versées par chacun d'entre eux ;
- Les statuts de la société sont généralement complétés par des conventions baptisées *pactes d'actionnaires*, grâce auxquelles les actionnaires organisent à long terme le contrôle de la gestion de la société et celui de la composition de son capital ;
- Un commissaire aux comptes titulaire et un suppléant doivent être nommés dans les statuts, ainsi que les premiers administrateurs ou membres du directoire ;
- Les cessions d'actions sont faites librement à moins que les statuts ne prévoient des restrictions. Elles peuvent aussi être soumises à une clause d'agrément insérée dans les statuts, de manière à contrôler l'entrée de nouveaux actionnaires. Toutefois, ce type de clause ne peut s'appliquer ni à une cession entre actionnaires, ni à une succession, une liquidation de communauté entre époux, une cession à un conjoint, un ascendant ou un descendant ;
- La durée de vie de la SA ne peut pas excéder quatre-vingt-dix-neuf ans à compter de l'immatriculation.

Le fonctionnement de la SA

À l'image de la lourdeur de création de la société, son fonctionnement est aussi assez complexe. C'est ce qui fait de cette forme de société un statut difficile à adopter au démarrage d'une activité, à moins d'un projet conséquent ou de besoins financiers très importants. En revanche, ce côté très structuré des sociétés anonymes leur confère en général une bonne réputation auprès des investisseurs, banques, clients et fournisseurs, ainsi que sur le marché international.

Depuis 1966, les SA peuvent fonctionner selon deux modes : une structure classique, ou une structure à l'allemande.

LA STRUCTURE CLASSIQUE

La structure classique fonctionne avec un conseil d'administration, un président-directeur général (P-DG) et des assemblées générales. Le *conseil d'administration* est composé de trois à dix-huit membres (les *administrateurs*), qui doivent obligatoirement détenir un minimum d'actions dont le nombre est fixé par les statuts. Les premiers administrateurs sont désignés dans les statuts, les autres sont nommés par l'assemblée générale ordinaire des actionnaires. La durée de leurs fonctions ne peut excéder trois ans s'ils sont désignés dans les statuts, six ans pour ceux qui sont nommés par l'assemblée générale. Ils sont rééligibles, sauf clause contraire dans les statuts. Ils peuvent percevoir une somme fixe annuelle appelée *jetons de présence*, non cumulable avec un contrat de travail.

Une personne physique ne peut pas être administrateur dans plus de cinq conseils d'administration. En outre, sauf mention contraire dans les statuts, les administrateurs de plus de 70 ans ne peuvent représenter plus du tiers des administrateurs en fonction.

Le conseil d'administration est convoqué par son président, lui-même président-directeur général de la société. Le conseil se réunit en principe tous les deux mois et ne délibère valablement que si la moitié des administrateurs sont présents. Sauf clause contraire des statuts, les décisions se prennent à la majorité des membres présents.

Le *président-directeur général* est donc le président du conseil d'administration. Il est élu parmi ses membres pour six ans renouvelables afin d'assumer la direction générale de la société, de la représenter et d'engager sa responsabilité civile ou pénale dans le cadre de ses fonctions. Selon la taille de l'entreprise, il peut être secondé par un ou plusieurs directeurs généraux (choisis ou non parmi les membres du conseil d'administration). Chacun perçoit une rémunération déductible des bénéfices de la société, fixée par le conseil d'administration et soumise au régime fiscal des salaires. Le P-DG d'une SA et son directeur général relèvent donc du régime fiscal et social des salariés, hors assurance chômage, réservée aux salariés non dirigeants.

LA STRUCTURE À L'ALLEMANDE

La structure à l'allemande, elle, fonctionne avec un directoire, un conseil de surveillance et des assemblées générales. Le *directoire* est chargé de la gestion de la société. Il est composé de un à cinq membres au plus (au minimum deux si le capital est supérieur à 150 000 euros, sept dans les sociétés cotées en Bourse). Les membres du directoire doivent être des personnes physiques, actionnaires ou non de la société.

Un membre du directoire ne peut pas faire partie du conseil de surveillance de la même société, ni du directoire d'une autre société.

Les directeurs sont nommés par le conseil de surveillance, pour deux à six ans renouvelables si les statuts l'autorisent. Le président du directoire est également désigné par le conseil de surveillance pour représenter la société. C'est le directoire qui convoque les assemblées générales ordinaires et extraordinaires.

Le *conseil de surveillance* est un organe non exécutif. Il nomme et contrôle le directoire et son président, et veille à la bonne gestion de la société. Ses membres sont désignés par les actionnaires pour une durée maximum de six ans. Les premiers membres sont désignés pour trois ans lors de la création de la société. Tous sont rééligibles. Leur révocation peut se faire à tout moment par une assemblée générale des actionnaires. Le conseil de surveillance doit se réunir au moins tous les trois mois et fait des observations sur les agissements du directoire.

Un membre du conseil de surveillance est nécessairement actionnaire de la société, mais ne peut pas être en même temps membre du directoire. Il peut être salarié de la société, ou même être une personne morale représentée par un mandataire.

LE RÔLE DES ASSEMBLÉES GÉNÉRALES DES SA

L'assemblée générale ordinaire d'une société anonyme vote les décisions qui n'impliquent pas de modifications des statuts. Elle se réunit au moins une fois par an pour approuver les comptes de la société. Tout actionnaire peut y assister et voter, à moins que les statuts n'exigent pour cela de détenir un nombre minimum d'actions. Le droit de vote est proportionnel au nombre d'actions détenues par chacun des actionnaires. Chaque action donne droit à au moins une voix. Un ou plusieurs actionnaires qui représentent ensemble au moins 5 % du capital social peuvent aussi faire inscrire des projets de résolutions à l'ordre du jour de l'assemblée générale.

L'assemblée générale extraordinaire est seule compétente pour modifier les statuts de la société. Elle statue à la majorité des deux tiers des voix dont disposent les actionnaires présents ou représentés.

La société par action simplifiée (SAS)

C'est un statut particulier de société à mi-chemin entre la SARL et la SA, créé en 1994 et réformé en 1999 et 2009 pour être accessible aux plus petites entreprises. Ses caractéristiques sont les suivantes :

- » Elle peut être créée par une personne seule (physique ou morale) ;

- » Le capital minimum de départ est fixé librement par les associés. Elle peut avoir un capital variable. Les apports en industrie sont désormais autorisés, mais ils ne concourent pas à la formation du capital social et sont effectués en échange d'actions inaliénables ;
- » La moitié au moins du montant des apports en numéraire doit être libérée à la constitution, le reste dans les cinq ans ;
- » La rédaction des statuts est libre, ainsi que la nomination des dirigeants, la répartition du capital et les règles de fonctionnement ;
- » Un commissaire aux comptes titulaire et un suppléant sont requis.

La SAS fonctionne sans conseil d'administration, ni assemblée d'actionnaires. Elle désigne seulement un président, qui peut être une personne physique ou morale pour la représenter vis-à-vis des tiers.

La SAS ne peut pas procéder à une offre au public de titres financiers ou à l'admission aux négociations sur un marché réglementé de ses actions. Cependant, elle peut faire des offres de titres financiers si celles-ci s'adressent exclusivement à des investisseurs qualifiés agissant pour leur propre compte, ou à des sociétés de gestion de portefeuille agissant pour des tiers.

La société par action simplifiée unipersonnelle (SASU)

C'est une société par action simplifiée sans aucun autre associé que l'entrepreneur lui-même. En général, ce statut s'adapte bien aux projets dont le potentiel de développement s'annonce très rapide et très demandeur d'investissements en capitaux. Les caractéristiques sont les mêmes que celles de la SAS :

- » Un capital de départ fixé librement (depuis le 1er janvier 2009) ;
- » L'obligation de désigner un commissaire aux comptes ;
- » L'entrepreneur a le titre de président, et à lui seul il exerce les pouvoirs de l'assemblée des actionnaires. Ses décisions sont consignées sur un registre spécial. Sa responsabilité est théoriquement limitée au capital apporté, mais il peut être poursuivi pour faute de gestion grave.

La SASU bénéficie de règles de constitution et de fonctionnement allégées. Ainsi, le dirigeant est dispensé d'établir un rapport de gestion chaque année si, à la clôture d'un exercice social, l'activité ne dépasse pas deux des trois seuils suivants :

- » 1 million d'euros pour le total du bilan ;

- 2 millions d'euros pour le chiffre d'affaires hors taxe ;
- Vingt personnes pour le nombre moyen de salariés permanents employés au cours de l'exercice.

De même, si l'entrepreneur est tenu d'établir un rapport de gestion, il est dispensé de le déposer au greffe du tribunal de commerce. Néanmoins, il doit le tenir à la disposition de toute personne qui lui en fait la demande.

Enfin, le dirigeant d'une SASU est dispensé d'approuver les comptes sociaux, dans la mesure où il dépose ses comptes annuels et de son inventaire au greffe du tribunal de commerce. Et, après ce dépôt, il n'est pas tenu de mentionner sur le registre de la société le récépissé délivré par le greffe.

La société coopérative de production (SCOP)

À l'origine, la SCOP était une « société coopérative ouvrière de production ». Aujourd'hui, les SCOP ont conservé leur « o », mais ce sont des sociétés coopératives de production : des sociétés commerciales dont les associés majoritaires sont les salariés. Les décisions y sont prises collectivement selon un principe dit coopératif. Pour fonctionner, elles choisissent de prendre en plus une forme de SARL ou une forme de SA.

Une association peut, par exemple, se transformer en SCOP.

Les caractéristiques de la SCOP

C'est une forme juridique différente des sociétés capitalistiques traditionnelles, où l'entreprise fonctionne sur une logique de long terme plutôt que de rentabilité à court terme. Il y a aujourd'hui en France près de 2250 SCOP, qui emploient environ 46000 salariés coentrepreneurs, pour un chiffre d'affaires de près de 4 milliards d'euros. La taille moyenne d'une SCOP est de 21 personnes.

Les caractéristiques des SCOP sont les suivantes :

- **Des salariés-coopérateurs :** les salariés de la SCOP détiennent au moins 51 % du capital social et représentent au moins 65 % des droits de vote. Ils élisent parmi eux leurs mandataires chargés de la direction et de la gestion quotidienne de l'entreprise. Le dirigeant a un statut de salarié. Il doit rendre compte de sa gestion lors des assemblées d'associés ;

- **Une personne = une voix :** c'est le principe coopératif. Ainsi, quel que soit son apport au capital de la SCOP, chaque salarié dispose d'une voix. La SCOP peut par ailleurs accueillir des associés extérieurs. Quel que soit le montant du capital détenu, les voix sont attribuées selon le même principe : une personne = une voix. En revanche, pour que les coopérateurs conservent ensemble la majorité, les associés extérieurs ne peuvent entrer dans la SCOP que dans la limite de 49 % de son capital et de 35 % des droits de vote ;
- **La répartition des bénéfices :** les bénéfices constituent des réserves pour consolider les fonds propres, garantir la pérennité de l'entreprise et permettre de verser des participations aux salariés. Ils sont répartis en quatre parts :
  - Les réserves impartageables : au minimum 15 %, avec l'objectif de constituer un patrimoine commun et de garantir l'indépendance et la pérennité de la SCOP. Ces réserves ne peuvent pas être partagées entre les associés. Les bénéfices réinvestis restent donc propriété de la personne morale. Si la SCOP est dissoute, ses richesses sont attribuées à une autre SCOP ou à des œuvres d'intérêt général ;
  - Une fraction est affectée à une réserve statutaire, le fonds de développement, soit globalement 45 % en moyenne ;
  - Une part des bénéfices est destinée aux salariés, la part travail, représentant au minimum 25 %, principalement versée dans le cadre d'un accord de participation ;
  - Enfin, les dividendes versés aux associés extérieurs ne peuvent être supérieurs ni aux réserves, ni à la part travail ;
- **La variabilité du capital :** tous les salariés peuvent devenir associés selon les modalités définies par les coopérateurs et avec leur accord, en général à partir de deux ans de présence. Ils peuvent aussi quitter la SCOP mais, dans ce cas, ils ne peuvent prétendre à valoriser leurs parts par prélèvement sur les réserves. La SCOP leur rembourse seulement leurs parts sociales au taux nominal ou au plus réajusté de l'indice des prix. Ils peuvent aussi les céder, mais toujours pour leur valeur faciale.

Les SCOP peuvent consolider leur structure financière :

- Par des apports en capitaux de nouveaux salariés coopérateurs ;
- Par des prélèvements sur salaire de 1 % à 5 %, volontairement consentis par les associés-salariés pour augmenter le capital social ;
- Par la transformation en capital social de la part des bénéfices annuels reçus par les associés-salariés, au titre de la participation ou des dividendes.

Les SCOP peuvent être créées dans tous les secteurs d'activités : commerce, industrie, artisanat, services, multimédias et mêmes certaines professions libérales réglementées (par exemple, les architectes, les géomètres-experts).

LA SOCIÉTÉ COOPÉRATIVE D'INTÉRÊT COLLECTIF (SCIC)

Créée par une loi du 17 juillet 2001 (n°2001-624), la SCIC est une entreprise coopérative qui permet d'associer des acteurs multiples autour du même projet : salariés, producteurs, bénéficiaires, bénévoles, usagers, collectivités publiques, entreprises, associations, particuliers. Elle peut, par exemple, s'inscrire dans une logique de développement local et durable, ancrée dans un territoire, pour favoriser les actions de proximité et le maillage des acteurs d'un même bassin d'emploi en vue de l'intérêt collectif et de l'utilité sociale.

La SCIC respecte les règles de la société coopérative : la répartition du pouvoir sur la base du principe 1 personne = 1 voix ; l'implication de tous les associés dans la vie de l'entreprise et dans les principales décisions de gestion ; le maintien des résultats dans l'entreprise sous forme de réserves impartageables qui en garantissent l'autonomie et la pérennité.

Tout comme la SCOP, elle peut être associée à un statut de société commerciale (SA, SAS ou SARL). Dans cette hypothèse, elle fonctionne comme toute entreprise soumise aux impératifs de bonne gestion et d'innovation.

La SCOP-SARL

Comme son nom l'indique, c'est une société coopérative de production qui a choisi de fonctionner comme une SARL. Ses caractéristiques sont donc un mélange de SARL et de SCOP :

- Elle compte deux associés au minimum, cent au maximum ;
- Leur responsabilité est liée à leur apport ;
- Le capital de départ est fixé à 15 euros ;
- Le gérant est nommé pour quatre ans par la majorité de l'assemblée des associés, sur le principe des SCOP : une personne = une voix. Le gérant est lié à la société par un contrat de travail et, bien que sa responsabilité soit la même que dans les SARL, il bénéficie du régime général des salariés, y compris de l'assurance chômage de Pôle emploi ;
- Les parts sociales sont nominatives. Elles ne peuvent donc pas être cédées sans l'accord de la SCOP, et l'acquisition de parts sociales ne permet pas forcément de devenir coopérateur.

Les SCOP sont soumises à l'impôt sur les sociétés, mais puisqu'elles reversent au moins 25 % de leurs bénéfices sous forme de participation, elles réduisent d'autant le montant du bénéfice imposable. L'autofinancement s'en trouve donc favorisé. Autre avantage, en raison de ses règles démocratiques qui privilégient la solidarité entre salariés, elles sont exonérées de contribution économique territoriale (CET).

La SCOP-SA

Lorsque la SCOP choisit de fonctionner comme une société anonyme :

- Le nombre minimum d'associés est fixé à sept (pas de maximum) ;
- Le montant minimum de son capital de départ est fixé à 18 500 euros, avec un versement d'un quart à la souscription et le solde dans les trois ans (et non cinq comme sans une SA classique) ;
- Les membres du directoire et ceux du conseil de surveillance sont nommés pour six ans. Ils sont liés à la SCOP par un contrat de travail, et bénéficient donc du régime général des salariés, y compris de l'assurance chômage de Pôle emploi.

Tableau 10-4 **Spécificités des SCOP**

	SA classique	SA SCOP	SARL classique	SARL SCOP
Associés (minimum)	Sept	Sept parmi les salariés	Deux	Deux parmi les salariés
Capital minimum	37 000 €	18 500 €	Fixé librement	30 euros, soit au minimum une part de 15 euros par associé.
Capital fixe/ variable	Fixe	Variable	Fixe ou variable (rare)	Variable
Commissaire aux comptes	Oui	Oui	Non, sauf si deux seuils réglementaires sur trois sont atteints (1).	Non, sauf si : — Deux seuils réglementaires atteints sur trois (1) ; — Émission de parts sociales réservée aux salariés ; — Option de révision coopérative annuelle.
Révision coopérative	Non	Oui	Non	Oui

	SA classique	SA SCOP	SARL classique	SARL SCOP
Contribution économique territoriale	Oui	Non, si au moins 50 % du capital détenu par les associés salariés.	Oui	Non, si au moins 50 % du capital détenu par les associés salariés.
Participation aux résultats	Obligatoire si > 50 salariés, dans la proportion de 5 % du résultat.	Obligatoire si > 50 salariés, mais mise en place dans toutes les SCOP, souvent de 40 % à 50 % du résultat. Défiscalisée d'IS et non imposable au titre de l'IRPP (2).	Obligatoire si > 50 salariés, dans la proportion de 5 % du résultat.	Obligatoire si > 50 salariés, mais mise en place dans toutes les SCOP, souvent de 40 % à 50 % du résultat. Défiscalisée d'IS et non imposable au titre de l'IRPP (2).
Impôt sur les sociétés	Oui, au taux de droit commun.	Oui, au taux de droit commun. Possibilité de défiscalisation à 100 % sous quatre conditions : — Signature d'un accord de participation ; — Mise en réserves égale au montant mis en participation ; — Réserves affectées en PPI (3) à investir dans les quatre ans ; — Aucune distribution de dividendes.	Oui, au taux de droit commun.	Oui, au taux de droit commun. Possibilité de défiscalisation à 100 % sous quatre conditions : — Signature d'un accord de participation ; — Mise en réserves égale au montant mis en participation ; — Réserves affectées en PPI (3) à investir dans les quatre ans ; — Aucune distribution de dividendes.
Pouvoir des associés	Proportionnel au capital détenu.	Un associé = une voix, sauf application de dispositions particulières pour les associés extérieurs.	Proportionnel au capital détenu.	Un associé = une voix, sauf application de dispositions particulières pour les associés extérieurs.
Statut du P-DG ou du gérant	Salarié ou non. Pas d'assurance chômage.	Assimilé à un salarié, s'il est rémunéré. Assurance chômage.	Salarié ou non. Pas d'assurance chômage.	Assimilé à un salarié s'il est rémunéré. Assurance chômage.

	SA classique	SA SCOP	SARL classique	SARL SCOP
Réserves	Réserve légale 5 % du résultat obligatoire.	Réserve légale 15 % du résultat. Fonds de développement doté chaque année. Les réserves sont exonérées d'IS si accord de participation. Tiennent lieu de PPI (2). Leur montant est proche de 45 %.	Réserve légale 5 % du résultat obligatoire.	Réserve légale 15 % du résultat. Fonds de développement doté chaque année. Les réserves sont exonérées d'IS si accord de participation. Tiennent lieu de PPI (2). Leur montant est proche de 45 %.
Capital individuel	Pas de remboursement. Peut être vendu suivant valeur de l'entreprise sur le marché.	Remboursé en cas de départ.	Pas de remboursement (sauf si capital variable). Peut être vendu suivant valeur de l'entreprise sur le marché.	Remboursé en cas de départ.
Valorisation du patrimoine	La plus-value est distribuée aux associés lors de la cession de parts, de la liquidation ou d'une distribution de réserves.	La plus-value correspond aux réserves qui restent dans le patrimoine de la SCOP. Pas de plus-value aux associés à leur départ de la SCOP ou en cas de boni de liquidation, sauf constitution d'une réserve de revalorisation des parts.	La plus-value est distribuée aux associés lors de la cession de parts, de la liquidation ou d'une distribution de réserves.	La plus-value correspond aux réserves qui restent dans le patrimoine de la SCOP. Pas de plus-value aux associés à leur départ de la SCOP ou en cas de boni de liquidation, sauf constitution d'une réserve de revalorisation des parts.
Répartition du résultat	Libre, avec priorité à la rémunération du capital social. (dividendes).	Trois parts : — Salariés : part travail, sous forme de complément de salaire ou de participation bloquée pendant cinq ans ; — Entreprise : réserves ; — Associés : intérêts au capital.	Libre, avec priorité à la rémunération du capital social (dividendes).	Trois parts : — Salariés : part travail, sous forme de complément de salaire ou de participation bloquée pendant cinq ans ; — Entreprise : réserves ; — Associés : intérêts au capital.

(1) Seuils : total du bilan : 1,5 million d'euros, chiffre d'affaires HT : 3 millions d'euros, nombre moyen de salariés : 50.
(2) IRPP : impôt sur le revenu des personnes physiques.
(3) PPI : provision pour investissements.
Source : Confédération générale des SCOP.

La société européenne (SE)

Le statut de société européenne est entré en vigueur au niveau européen le 8 octobre 2004. Il a été transposé en droit français par la loi du 26 juillet 2005 pour la confiance et la modernisation de l'économie.

Les caractéristiques juridiques

Le statut de société européenne permet aux sociétés anonymes ayant des activités internationales de s'appuyer sur une structure juridique unique dans l'ensemble de l'Union européenne, pour organiser plus facilement leurs activités et réaliser des opérations de fusions transfrontalières, sans subir les contraintes liées aux différences de régime juridique national.

Une société européenne est constituée d'au moins deux sociétés situées dans au moins deux États membres différents et peut résulter :

- Soit d'une fusion de deux sociétés anonymes ou plus ;
- Soit de la création d'une holding à l'initiative de deux sociétés anonymes ou à responsabilité limitée ;
- Soit de la création d'une filiale commune ;
- Soit de la transformation d'une société anonyme possédant une filiale dans un autre État membre depuis au moins deux ans.

La société européenne doit avoir un capital social minimum de 120 000 euros. La rédaction de statuts est obligatoire. La création d'une société européenne doit faire l'objet d'une publication au Journal officiel des communautés européennes. Une immatriculation dans l'État où la société a son siège est nécessaire. Chaque État détermine le registre sur lequel celle-ci doit être effectuée. Pour la France, il s'agit du registre du commerce et des sociétés.

La société européenne peut exercer ses activités dans tous les États de l'Union européenne sous une forme juridique régie par le droit communautaire et commune aux différents États. Ainsi, lorsqu'elle est créée en France, c'est le droit français qui s'applique. La création d'une structure juridique dans un autre État membre pour l'exercice d'une activité économique n'est donc plus nécessaire. Le siège social de la société européenne peut être transféré dans un autre État membre de l'Union européenne, sans création d'une nouvelle structure.

Le mode de gestion de la société est fixé dans les statuts. La société européenne est dirigée :

- Soit par un organe d'administration (système moniste) ;
- Soit par un organe de direction et un organe de surveillance (système dualiste).

Dans le système dit moniste, l'organe d'administration cumule ces fonctions. Dans le système dit dualiste, c'est l'organe de direction qui assure la gestion de la société. Il a le pouvoir de l'engager à l'égard des tiers et de la représenter en justice. Ses membres sont nommés et révoqués par l'organe de surveillance. Les fonctions de membre de l'organe de direction et de membre de l'organe de surveillance ne peuvent être exercées simultanément dans la même société. Toutefois, l'organe de surveillance peut, en cas de vacance, désigner un de ses membres pour exercer les fonctions de membre de l'organe de direction. L'organe de surveillance donne son autorisation pour les opérations suivantes :

- Projet d'investissement dont le volume est supérieur au pourcentage du capital souscrit ;
- Création, acquisition, aliénation ou liquidation d'entreprises, d'établissements ou de parties d'établissements, lorsque le prix d'achat ou le produit de la vente est supérieur au pourcentage du capital souscrit ;
- Recours au crédit ou à l'octroi de crédits, émission d'obligations et reprise ou cautionnement d'engagements de tiers, lorsque l'opération globale est supérieure au pourcentage du capital souscrit ;
- Passation de contrats de livraison et de prestation lorsque le chiffre d'affaires global qui y est prévu est supérieur au pourcentage du chiffre d'affaires du dernier exercice commercial.

Lorsque la société européenne est créée en France, les règles de direction et d'administration sont celles régissant la société anonyme, sauf pour la détermination du quorum lors des conseils d'administration, conseil de surveillance ou directoire. De même, les règles applicables aux assemblées générales de la société européenne créée en France sont identiques à celles de la société anonyme.

Soulignons, pour finir, que la société européenne peut se transformer en société anonyme à condition qu'elle soit immatriculée depuis plus de deux ans et qu'elle ait fait approuver le bilan de ses deux premiers exercices. Lorsqu'elle a été créée en France, sa transformation en société anonyme est décidée selon les règles de quorum applicables aux assemblées générales extraordinaires et spéciales des sociétés anonymes.

Les caractéristiques fiscales

La société européenne est tenue d'établir des comptes annuels comprenant le bilan, le compte des profits et pertes ainsi que l'annexe et un rapport de gestion contenant un exposé sur l'évolution des affaires et la situation de la société et, le cas échéant, des comptes consolidés.

Elle est assujettie aux impôts et taxes des États dans lesquels elle dispose d'une structure. Une exception toutefois : les sociétés européennes constituées par voie de fusion peuvent être imposées dans l'État où elles ont leur siège social. Ainsi, leur bénéfice global est imposé dans l'État où se trouve leur siège, après compensation entre les pertes subies par un de leurs établissements situés dans un État membre et les profits réalisés par d'autres établissements situés dans d'autres États.

LE RAPPORT DE LA COMMISSION EUROPÉENNE

La Commission européenne se préoccupe depuis longtemps de l'impact du statut de la société européenne dans les économies nationales. Un rapport lui a été rendu à ce sujet, en date du 17 novembre 2010. Y sont consultées : chambres de commerce, institutions publiques et entreprises. Le bilan est plus que mitigé. Certes, l'image européenne est avantageuse, notamment pour les petites entreprises. Le statut de SE apporte aussi des avantages financiers, plaçant les sociétés dans une meilleure position, par exemple, lors des négociations avec les banques. De plus, la SE permet une organisation plus souple des entreprises. Elle facilite notamment les fusions transfrontalières et le déménagement du siège statutaire de l'entreprise dans un autre État membre. Il reste que le statut de SE ne répond pas pleinement aux attentes des entreprises. Le coût de constitution est trop élevé. Et les procédures à suivre sont complexes. Ces deux aspects sont d'autant plus problématiques pour les petites et moyennes entreprises, plutôt tentées par ce statut de société, indique le rapport. En outre, le manque d'uniformité du statut et les nombreux renvois aux législations nationales sont autant d'entraves supplémentaires qui découragent les entreprises de créer une SE. À une échelle plus globale, le rapport pointe le manque de cohérence géographique dans l'implantation des SE : début 2014, on comptait 2 115 SE dans l'Union européenne, dont 70 % basées en République tchèque ou en Allemagne. À l'inverse, on en trouve très peu dans les pays du Sud, tels que l'Italie, l'Espagne ou le Portugal, qui regroupent principalement des PME. Il y en a 23 en France.

La Commission a entamé une réflexion sur les modifications qui pourraient être apportées au statut de la SE. L'un des enjeux majeurs des débats repose sur la décision de la Commission d'accepter ou non la possibilité de séparer le siège statutaire et l'administration centrale de la SE. Cette modification « permettrait de mieux faire coïncider l'unité économique et l'unité juridique des groupes d'entreprises dans l'UE », explique le rapport.

Les sociétés de personnes

Les sociétés de personnes sont des structures juridiques où les associés comptent plus que les capitaux qu'ils peuvent apporter. Elles permettent une répartition des parts sans lien avec l'apport réel de chaque associé, répartition qui peut même être modifiée si besoin.

En revanche, contrairement aux sociétés de capitaux que nous venons de voir et dont on peut sortir facilement en revendant ses parts ou ses titres, les sociétés de personnes sont des entités fermées, c'est-à-dire qu'il est assez difficile d'en sortir. Les associés sont en effet titulaires de parts sociales qui ne sont pas librement cessibles et ne sont pas négociables : elles ne peuvent être cédées qu'avec l'agrément des autres associés et en respectant plusieurs formalités. Il est donc très difficilement envisageable d'y faire entrer des partenaires financiers.

La société en nom collectif (SNC)

Elle nécessite deux associés au minimum – y compris mariés – sans capital minimum. Sauf clauses statutaires contraires, tous les associés sont gérants et ont tous la qualité de commerçants individuels. Ils sont donc soumis au régime social et fiscal des travailleurs indépendants. Toutefois, ce ne sont pas eux, mais la société qui est immatriculée au registre du commerce et des sociétés.

Les cessions de parts, même entre associés, doivent être autorisées par les associés statuant à l'unanimité. Les bénéfices perçus par chaque associés, non déductibles des bénéfices de la société, sont imposables au titre des bénéfices industriels et commerciaux, proportionnellement aux droits qu'ils détiennent dans la société. Mais la société en nom collectif peut opter pour l'impôt sur les sociétés.

Les associés sont tenus solidairement et indéfiniment sur leur patrimoine personnel des dettes de la société en nom collectif. Par exemple, monsieur X détient 20 % des parts d'une société en nom collectif qui dépose son bilan. Les créanciers peuvent lui demander, et à lui seul, de solder entièrement les dettes de la société. C'est à lui de récupérer son argent auprès des autres associés. Par conséquent, pour les associés mariés, attention au régime matrimonial (voir chapitre 3).

À noter que les professions juridiques et judiciaires et les professions de santé n'ont pas le droit d'exercer en société en nom collectif, sauf les pharmaciens.

La société en commandite simple (SCS)

Elle ne nécessite pas de capital minimum et au moins deux associés, dont l'un est le *commandité*, qui, par vocation, détient la gérance de la société, et l'autre le *commanditaire*.

Ce type de statut permet aux fondateurs d'une entreprise de laisser entrer des investisseurs dans le capital sans céder leur pouvoir de contrôle. En effet, les commanditaires (les investisseurs) ne peuvent pas s'immiscer dans la gestion ni modifier la politique de l'entreprise, tandis que le commandité peut détenir tous les pouvoirs en ne possédant qu'une seule part.

Sauf convention statutaire, tous les associés commandités sont gérants. Ils ont le statut des associés en nom collectif (voir ci-dessus) et ils sont aussi indéfiniment et solidairement responsables des dettes sociales.

Les commanditaires ne sont responsables des dettes de la société en commandite simple que dans la mesure de leurs apports. À une condition : ne pas se mêler de la gestion de la société.

Les décisions modifiant les statuts nécessitent le consentement de l'unanimité des commandités et de la majorité en nombre et en capital des commanditaires.

Au plan fiscal et social, pour les commandités, les caractéristiques sont les mêmes que dans la société en nom collectif : les gérants ne sont pas salariés et leur rémunération ainsi que leur quote-part des bénéfices sont soumises à l'impôt sur le revenu. C'est par ailleurs l'impôt sur les sociétés qui est applicable sur la part des commanditaires.

La société en commandite par actions (SCA)

C'est un statut qui mêle celui de la société anonyme et celui la société en commandite simple. La SCA est donc relativement complexe, mais possède une structure souple en raison d'une grande liberté statutaire. Elle convient par exemple aux entreprises qui veulent assurer un pouvoir fort et stable, mais une ouverture aux capitaux extérieurs.

Pour créer une SCA, il faut un capital social minimum de 37 000 euros (ou 225 000 euros si la société fait appel public à l'épargne) et au moins quatre associés :

- Un commandité qui a la qualité de commerçant et répond des dettes sociales indéfiniment sur tous ses biens ;

» Trois commanditaires, responsables dans la limite de leurs apports.

En général, la gestion est assurée par un ou plusieurs commandités, personnes physiques ou morales. Les gérants commandités ont un statut fiscal et social identique à celui des gérants majoritaires de SARL, ils ne sont pas considérés comme des salariés.

Un conseil de surveillance comprenant au moins trois actionnaires est chargé de contrôler la gestion sociale. Comme les actions des sociétés anonymes, les actions qui composent le capital social sont librement cessibles. Au plan fiscal et social, la SCA est soumise à l'impôt sur les sociétés sur tout son résultat.

Les sociétés civiles

Le terme de *société civile* est ici compris par opposition à celui de société commerciale, dont nous venons d'étudier l'ensemble des statuts. L'objet d'une société civile n'est donc jamais le commerce, mais la gestion d'un patrimoine. Cela permet par exemple à des associés exerçant une profession libérale de partager des locaux ou du matériel pour exercer leur métier chacun de son côté. C'est l'objet des sociétés civiles de moyen (SCM) ou des sociétés civiles professionnelles (SCP), des structures qui ne nécessitent aucun capital minimum.

Les sociétés civiles permettent en effet d'isoler un bien par rapport à une activité professionnelle et d'en assurer la gestion. Au niveau de l'entreprise, quel que soit le statut adopté, il peut par exemple être intéressant de distinguer le patrimoine de l'activité et celui des locaux dans lesquels elle est exercée. On crée alors une société civile immobilière qui gère les bureaux ou les entrepôts indépendamment du reste de l'activité.

Autre possibilité de création d'une société civile : lorsque l'activité est exercée en société commerciale, une société civile permet d'associer des partenaires extérieurs ou de faciliter une transmission. La société civile offre en effet la possibilité d'organiser la transmission d'une entreprise en conservant la majorité sans remettre en question l'égalité entre les héritiers.

Enfin, l'option de la société civile permet d'écarter les risques d'une indivision et la menace d'un partage d'une entreprise au décès de son dirigeant : sa famille peut alors conserver une propriété qu'aucun de ses membres ne peut assumer.

Dans tous les cas, les associés sont solidairement et indéfiniment responsables des dettes de la société sur leurs biens propres.

Un impératif absolu : l'activité de la société doit absolument demeurer civile, sous peine de taxation au régime fiscal des sociétés commerciales.

La société civile de moyen (SCM)

La société civile de moyen est une structure juridique réservée aux professions libérales dont l'objet est la fourniture de moyens matériels (locaux, personnel, matériel) à ses membres afin de faciliter l'exercice de leur profession. Cette société ne permet pas l'exercice d'une activité.

Les caractéristiques de la SCM

La création d'une SCM se fait entre deux associés au minimum, sans maximum. Il peut s'agir de personnes physiques ou de personnes morales, mais la société est sans incidence sur la situation juridique de ses membres. Les associés mettent en commun certains moyens d'exploitation de leur activité afin d'en réduire le coût. Ils peuvent être membres de professions libérales réglementées ou non, mais conservent une totale indépendance au titre de leur activité professionnelle. L'exercice de professions libérales distinctes est possible, mais les activités doivent être voisines.

Aucun capital minimum n'est imposé. Les apports en espèces ou en nature sont autorisés. Les apports en industrie ne sont pas interdits, mais ils sont difficilement envisageables. En effet, la SCM ne peut avoir pour objet l'exercice d'une profession et ce type d'apports a généralement un caractère professionnel.

Les statuts déterminent librement les règles de fonctionnement de la société. Il est recommandé d'y prévoir les règles de répartition des dépenses entre la société et les associés, les conditions d'admission de nouveaux membres, les modalités de cession ou de transmission des parts sociales, la poursuite de la société en cas de décès ou d'incapacité d'un membre, etc.

Le fonctionnement d'une SCM

La société est dirigée par un ou plusieurs gérants, associés ou non, personnes physiques ou morales. À défaut de désignation d'un gérant dans les statuts, tous les associés sont réputés être gérants. En l'absence de limitation statutaire, les gérants ont tout pouvoir pour agir au nom et pour le compte de la société. Les décisions collectives sont prises en assemblée. Ce sont les statuts qui en fixent librement les modalités (majorité requise, quorum…).

D'un point de vue fiscal, les résultats sont déterminés au sein de la SCM selon les règles applicables aux bénéfices non commerciaux ou aux bénéfices industriels et commerciaux, puis ils sont répartis entre les associés. Ces derniers sont personnellement imposés pour la part de bénéfices correspondant à leurs droits à l'impôt dont ils sont passibles au titre de leur activité professionnelle. Ils peuvent déduire du bénéfice réalisé dans le cadre de leur activité professionnelle les sommes versées à la SCM au titre des dépenses engagées pour l'exercice de leur profession.

La société civile professionnelle (SCP)

La société civile professionnelle est une société dotée d'une personnalité morale, permettant aux associés (tous gérants, sauf statuts contraires) d'exercer en commun une même profession libérale réglementée. Vingt professions libérales sont à ce jour autorisées à exercer dans une SCP. Aucun capital minimum n'est obligatoire. Les bénéfices sont imposés au nom de chaque associé en fonction de sa participation à l'activité.

Les caractéristiques de la SCP

Les SCP ont été créées dans le but de permettre à des personnes physiques ayant une profession libérale réglementée d'exercer en commun cette activité. Elles sont régies par la loi du 29 novembre 1966 complétée pour chaque profession libérale de décrets d'application tenant compte des spécificités de leur activité. Il est recommandé de se rapprocher des organismes compétents dans la branche professionnelle concernée pour les connaître.

Seules les professions libérales soumises à un statut législatif ou réglementaire, ou dont le titre est protégé, et pour lesquelles un décret d'application a été publié, peuvent constituer une SCP. Cela regroupe :

- Les administrateurs judiciaires et les mandataires-liquidateurs ;
- Les architectes ;
- Les avocats, les avocats au conseil d'État et à la Cour de cassation ;
- Les chirurgiens-dentistes ;
- Les commissaires aux comptes ;
- Les commissaires-priseurs judiciaires ;
- Les conseils en propriété industrielle ;
- Les directeurs et directeurs adjoints de laboratoire d'analyses de biologie médicale ;
- Les experts agricoles et fonciers, ainsi que les experts forestiers ;

- Les géomètres-experts ;
- Les greffiers des tribunaux de commerce ;
- Les huissiers de justice ;
- Les infirmiers ou infirmières ;
- Les masseurs kinésithérapeutes ;
- Les médecins ;
- Les notaires ;
- Les vétérinaires.

Il n'est pas possible de constituer une SCP pluridisciplinaire.

Une SCP se crée avec deux associés au minimum, personnes physiques seulement. Il n'y a pas de nombre maximum d'associés, mais les décrets d'application propres à chaque profession limitent souvent ce nombre. Les associés sont responsables indéfiniment et solidairement sur l'ensemble de leurs biens personnels des dettes professionnelles. L'associé est également tenu sur l'ensemble de son patrimoine personnel des actes professionnels qu'il accomplit, la SCP étant solidairement responsable des conséquences dommageables de ces actes. Les gérants ont la responsabilité civile et pénale des dirigeants.

Aucun capital social minimum n'est exigé. Les conditions de libération du capital social sont propres à chaque profession : il peut être versé intégralement ou partiellement lors de la constitution de la société. Il peut être constitué d'apports en espèces ou en nature (apport de matériel, clientèle, droit au bail...). Ces derniers doivent être libérés entièrement lors de la constitution de la structure. Les apports en industrie sont possibles et constituent des éléments essentiels de la SCP dans la mesure où l'associé n'entre dans la société que pour y exercer sa profession et où l'objet de la société se confond avec l'activité de leurs membres. De tels apports ne peuvent concourir à la formation du capital social. Ils donnent cependant lieu à l'attribution de parts ouvrant droit au partage des bénéfices et à une participation aux décisions collectives.

Le fonctionnement d'une SCP

La société est dirigée par un ou plusieurs gérants désignés dans les statuts ou dans un acte séparé. À défaut, tous les associés sont considérés comme gérants. Ils doivent obligatoirement être choisis parmi les associés. Les modalités d'exercice de leur mandat sont déterminées dans les statuts. Dans le silence des statuts, les pouvoirs des gérants se limitent aux actes de gestion que demande l'intérêt de la société.

Les décisions collectives sont prises en assemblée. Ce sont les statuts qui en fixent librement les modalités (majorité requise, quorum...). En général, elles sont prises à la majorité des voix des associés présents ou représentés pour les décisions ordinaires, et à la majorité des trois quarts de l'ensemble des associés pour les décisions extraordinaires.

La société d'exercice libéral (SEL)

Les professions libérales peuvent aussi créer une société de capitaux (EURL, SARL, SA, société en commandite par actions, voir chapitre 2) tout en bénéficiant d'une structure qui leur est spécialement réservée : la société d'exercice libéral (SEL). Instituée en 1990, cette forme de société concerne les professions soumises à un statut législatif ou réglementaire (officiers ministériels et professions organisées en ordres) et celles dont le titre est protégé (conseils).

Seules les professions libérales soumises à un statut législatif ou réglementaire, ou dont le titre est protégé, et pour lesquelles un décret d'application a été publié, peuvent constituer une SEL. Cela regroupe la même liste que les professions libérales autorisées à créer des sociétés civiles professionnelles (SCP, voir pages précédentes) à quoi il faut ajouter :

- Les sages-femmes ;
- Les pharmaciens d'officines ;
- Les professions paramédicales en général : non seulement les infirmiers et les masseurs kinésithérapeutes, mais aussi les prédicures-podologues, orthophonistes, orthoptistes, diététiciens, psychomotriciens.

La SEL peut être créée par deux associés au minimum et cinquante au maximum. Selon le cadre juridique pour lequel elle opte, elle porte différents noms :

- Si elle se constitue en SARL, elle s'appelle société d'exercice libéral à responsabilité limitée (SELARL), sans capital de départ minimum ;
- Si elle se constitue en société anonyme, elle s'appelle société d'exercice libéral à forme anonyme (SELAFA) et doit disposer d'un capital de départ de 37 000 euros ;
- Si elle se constitue en SAS, elle s'appelle société d'exercice libéral par action simplifiée (SELAS), sans capital de départ minimum ;
- Si elle se constitue en société en commandite par actions, elle s'appelle société d'exercice libéral en commandite par actions (SELCA) et doit aussi disposer d'un capital de départ de 37 000 euros.

Les cessions de parts ou d'actions des SEL sont soumises à des clauses d'agrément précisées par les statuts et nécessitent l'accord des deux tiers des actionnaires.

Au niveau fiscal, la société est soumise à l'impôt sur les sociétés et les associés sont imposés sur leur rémunération ainsi que sur le montant des dividendes perçus.

Tableau 10-5 **Les différents types de SEL**

	SELARL	SELARL uniper-sonnelle	SELAFA	SELAS	SELCA
Associés	Deux au minimum cent au maximum	Un	Trois au minimum	Un au minimum	Quatre au minimum dont trois comman-ditaires au moins
Capital minimum	Pas de minimum	Pas de minimum	37 000 euros	Pas de minimum	37 000 euros
Responsabilité civile professionnelle	Oui person-nellement sur l'ensemble de leur patri-moine et la SEL solidaire-ment	Oui person-nellement sur l'ensemble de son patrimoine et la SEL soli-dairement	Oui person-nellement sur l'ensemble de leur patrimoine et la SEL soli-dairement	Oui person-nellement sur l'ensemble de leur patrimoine et la SEL soli-dairement	Oui person-nellement sur l'ensemble de leur patrimoine et la SEL soli-dairement
Responsabilité des dettes sociales	Limitée à leurs apports dans le capital social	Limitée à leurs apports dans le capital social	Limitée à leurs apports dans le capital social	Limitée à leurs apports dans le capital social	Commandités : responsables indéfiniment et solidairement des dettes sociales
Exercice des fonctions de direction	Par un associé exerçant sa profession libérale au sein de la SEL	Par un associé exerçant sa profession libérale au sein de la SEL	Par un associé exerçant sa profession libérale au sein de la SEL	Par un associé exerçant sa profession libérale au sein de la SEL	Par un associé exerçant sa profession libérale au sein de la SEL
Régime fiscal de la SEL	IS	IR sauf option pour l'IS	IS	IS	IS

	SELARL	SELARL unipersonnelle	SELAFA	SELAS	SELCA
Régime fiscal du gérant	— Gérant minoritaire ou égalitaire : à l'IR dans la catégorie des traitements et salaires (TS) — Gérant majoritaire : à l'IR dans la catégorie des traitements et salaires (TS)	Le gérant associé unique d'une SELARL unipersonnelle soumise à l'IR est imposé à l'IR dans la catégorie des BNC. (Si l'EURL est soumise à l'IS, il est imposé à l'IR dans la catégorie des TS.)	À l'IR dans la catégorie des traitements et salaires (TS)	À l'IR dans la catégorie des traitements et salaires (TS)	À l'IR dans la catégorie des traitements et salaires (TS)
Régime social du gérant	— Gérant minoritaire ou égalitaire : assimilé salarié* — Gérant majoritaire : TNS	TNS	Assimilé salarié*	Assimilé salarié*	TNS
Cession des droits sociaux	Décidée à la majorité des trois quarts des porteurs de parts exerçant leur profession au sein de la SEL	–	Les modalités sont déterminées dans les statuts de la SEL	Décidée à la majorité des deux tiers des porteurs de parts exerçant leur profession au sein de la SEL	Selon la qualité de l'associé

** Les gérants assimilés salariés peuvent, selon la nature de leur activité (par exemple : vétérinaires, experts comptables), être tenus au paiement d'une cotisation supplémentaire de retraite complémentaire auprès du régime des travailleurs non salariés.*
Source : APCE.

La société en participation (SEP)

La société en participation n'est pas immatriculée au registre du commerce et n'a donc pas de personnalité morale. Elle est composée d'au moins deux associés, personnes physiques ou personnes morales (SARL, SNC, etc.) ou les deux, physiques et morales. Ils signent ensemble un contrat répartissant les charges et les bénéfices. Les activités peuvent être civiles ou commerciales.

La SEP a pour vocation de rassembler des personnes pour réaliser un projet commun, le tester et passer ensuite éventuellement à une autre structure comme une SARL. Cette forme de société permet donc d'exploiter à peu près toutes les activités courantes, sauf celles strictement réglementées, nécessitant un diplôme, ou soumises à une mesure obligeant à une inscription au registre du commerce. Cependant, deux commerçants ou deux sociétés exerçant une activité réglementée, de la même famille d'activités, peuvent s'associer. Par exemple : deux ou plusieurs pharmacies, des bijoutiers entre eux, etc.

Il n'y a pas de capital minimum imposé, mais chaque associé, comme dans toutes formes de société, doit faire des apports. Les associés peuvent choisir d'apporter des biens en nature (matériel, baux commerciaux, etc.), mais dans tous les cas, ces biens restent la propriété de chaque apporteur.

Comme dans les autres formes juridiques, la responsabilité des associés est proportionnelle au nombre de parts dont chacun dispose. Les pertes ou les bénéfices sont donc répartis en fonction du nombre de parts.

La grande souplesse de la SEP lui confère un atout majeur : elle se crée et se dissout immédiatement, sans formalisme particulier. C'est la seule société de ce type en France…

QU'EST-CE QU'UNE SOCIÉTÉ DE FAIT ?

Une société de fait est un ensemble de personnes physiques ou morales qui n'ont pas exprimé leur volonté de constituer une société, mais se comportent « de fait » comme des associés : ils mettent en commun des apports, partagent des bénéfices ou des pertes, agissent en leur nom pour le compte de tous, mais n'ont pas de cadre juridique officiel. Puisque la société n'est pas immatriculée au registre du commerce, elle ne bénéficie pas de la personnalité morale.

Les statuts propres aux exploitations agricoles

Comme pour toutes les activités, les exploitations agricoles peuvent être gérées sous le statut d'entreprise individuelle ou sous forme de société. Dans le premier cas, les biens personnels et les biens professionnels de l'exploitant ne font qu'un, dans le second, ils sont séparés et la société est dotée d'une personnalité morale. Il y a toutefois plusieurs statuts spécifiques à l'agriculture.

L'exploitation agricole à responsabilité limitée (EARL)

L'exploitation agricole à responsabilité limitée est une société civile dont l'objet exclusif doit être une activité agricole et dont les associés doivent obligatoirement être des personnes physiques et majeures, mais pas forcément tous exploitants. Ils peuvent être jusqu'à dix. Ils ne sont responsables des dettes qu'à concurrence de leurs apports.

La surface de mise en valeur ne doit pas excéder dix fois la superficie minimum d'installation (SMI). Son capital doit être au minimum de 7 500 euros. Il peut être variable.

Les apports en nature doivent être évalués dans les statuts. En fonction de leur montant fixé par la réglementation, une évaluation doit être effectuée, ou non, par un commissaire aux apports. Ainsi, pour 2011, le recours à un commissaire aux apports n'est pas obligatoire lorsque la valeur individuelle de chaque apport en nature n'excède pas 30 000 euros.

L'EARL permet de s'installer :

- Entre époux ;
- Avec ses parents, ses enfants, ses petits-enfants, ses frères et sœurs ou tout autre cédant proche de la retraite.

Ce statut permet également à un seul associé exploitant avec des associés non exploitants de :

- Limiter la reprise de capital ;
- Permettre une reprise progressive de capital ;
- Maintenir un complément de revenus aux parents ayant conservé une partie de capital.

Le groupement agricole d'exploitation en commun (GAEC)

Le groupement agricole d'exploitation en commun est aussi une société civile de personnes permettant à des agriculteurs associés de réaliser un travail en commun dans des conditions comparables à celles des exploitations de caractère familial. Les GAEC peuvent également avoir pour objet la vente en commun du fruit du travail des associés.

La société bénéficie de la personnalité morale, mais ses membres conservent leur statut d'agriculteur en nom propre. Ils doivent participer à l'exploitation, ce qui, fiscalement, doit constituer leur activité principale. La participation à l'exploitation peut être très spécialisée, à temps partiel, voire tertiaire (comptabilité, administration, etc.).

Il n'est pas possible d'être à la fois agriculteur à titre personnel et dans un GAEC, ni dans plusieurs GAEC à la fois.

Les membres du GAEC reçoivent une rémunération :

- En tant qu'agriculteur ;
- En tant qu'apporteur de capital et de moyens de travail.

Les statuts du GAEC fixent la répartition entre les membres des bénéfices de l'exploitation : on compte le nombre de parts sociales, la quantité de travail apporté et le nombre d'exploitations réunies. C'est la formule la mieux adaptée :

- Pour deux jeunes souhaitant s'installer ensemble ;
- Pour créer une association avec des personnes loin de la retraite ;
- Pour faciliter la transmission progressive du capital au sein de GAEC familiaux ;
- Pour privilégier la rémunération du travail par rapport à celle du capital.

C'est aussi le régime fiscal le plus avantageux grâce à la prise en compte du nombre d'associés pour les seuils des bénéfices forfaitaires et de la taxation des plus-values. Les GAEC bénéficient de la transparence économique et fiscale : un associé = un exploitant.

La société d'exploitation agricole (SCEA)

La société civile d'exploitation agricole est une société de droit commun soumise aux règles du Code civil, comme la société civile immobilière (SCI, étudiée avant). Le nombre des associés, le mode de gestion, la répartition des bénéfices relèvent des statuts décidés par les associés dans la limite des règles de droit commun. Ses associés peuvent être des personnes morales, et même ne pas être agriculteurs.

Son objet est soit d'exploiter un domaine agricole, des forêts, soit de gérer des terres bâties ou non bâties, soit les deux à la fois. Généralement, la SCEA est constituée de personnes qui se connaissent bien, ou de personnes d'une même famille.

Dans tous les cas, les associés d'une SCEA peuvent être des personnes physiques, morales (sociétés, entreprises…), agriculteurs ou non. Contrairement à l'EARL, la SCEA peut comprendre un nombre d'associés illimité.

Les associés sont responsables indéfiniment mais sans solidarité des dettes de la société, proportionnellement à leur nombre de parts dans le capital.

En devenant associés, les agriculteurs perdent leur statut individuel de chef d'exploitation au titre des régimes fiscaux et sociaux.

Tableau 10-6 **Les différentes formes de sociétés agricoles**

	Type	Nombre d'associés	Capital social	Gestion
SCEA	Société civile	Minimum deux, maximum dix, pas d'époux ou concubins seuls et obligation de travail pour tous les associés	Fixe ou variable	Gérant associé ou non, nommé par les statuts associés
GAEC	Société civile	Minimum deux, pas de maximum	Minimum 1 €	Gérant obligatoirement associé exploitant et tous les associés doivent participer de façon égale aux travaux et à la gestion du groupement
EARL	Société civile	Minimum un, maximum dix	Minimum 1 €	Gérant obligatoirement associé exploitant, deux types d'associés : les associés exploitants et les associés simples apporteurs de capitaux
SARL	Société commerciale	Minimum deux, maximum cinquante	Minimum 1 €	Gérant associé ou non

Le changement de statut d'une entreprise

Un développement ou une évolution d'activité, un changement de personnes à la tête de l'entreprise peuvent nécessiter qu'une entreprise ou une société change de statut. Voici la marche à suivre dans les différents cas de figure.

Transformer une auto-entreprise ou une entreprise individuelle en EIRL

Auto-entrepreneur, ce n'est pas un statut juridique mais un régime fiscal simplifié. De ce fait, dès que l'activité se développe et commence à faire un bon chiffre d'affaires, elle va « crever » les plafonds fixés par le fisc et quitter quasi automatiquement le régime de l'auto-entreprise. En tant que chef d'entreprise individuelle, l'auto-entrepreneur va donc tout simplement devoir adopter un autre régime fiscal (cette question est détaillée au chapitre suivant).

Si, par ailleurs, il souhaite conserver le statut juridique d'entreprise individuelle, c'est peut-être le moment de la transformer en entreprise individuelle à responsabilité (EIRL, vue un peu plus haut dans ce chapitre). Pour cela, il suffit de remplir un simple formulaire (baptisé « P2-P4 Micro-entrepreneur » Cerfa n° 13905*03) et de le déposer au centre de formalité des entreprises.

Mais avant cela, il faut réfléchir au patrimoine qui va être affecté à l'entreprise, et à celui qui va être conservé par l'entrepreneur à son nom propre. Une fois cette question réglée, il faudra aller déposer la déclaration officielle du patrimoine d'affectation au registre spécial dont dépend l'entreprise.

Rappelons que si l'un des biens affectés dépasse la valeur de 30 000 euros, vous devez le faire évaluer par un professionnel. S'il s'agit d'un bien immobilier, vous devrez avoir recours à un notaire pour faire établir un acte notarié (relisez les pages concernant l'EIRL, tout cela y est bien expliqué).

Transformer une entreprise individuelle en société

Si l'activité de l'entreprise individuelle se développe, l'entrepreneur peut préférer adopter un statut de société. Outre la volonté de dissocier son patrimoine de celui de son entreprise, comme dans une EIRL, il peut aussi avoir besoin d'augmenter son capital autrement que par des emprunts bancaires. Le statut de société permet également les rapprochements avec d'autres entreprises, par exemple en créant des filiales communes ou en prenant des participations.

Autre inconvénient de l'entreprise individuelle : elle n'a pas d'autonomie fiscale ; les bénéfices qu'elle réalise s'ajoutent aux autres revenus de l'exploitant et sont soumis à l'impôt sur le revenu au titre des bénéfices industriels et commerciaux. Le chef d'une entreprise individuelle doit payer des impôts même s'il ne prélève pas les bénéfices pour assurer la trésorerie ou financer un investissement :

la progressivité de l'impôt sur le revenu fait donc obstacle à l'autofinancement de l'entreprise individuelle.

Le statut de société permet aussi une meilleure transmission de l'entreprise individuelle aux héritiers en cas de décès de l'exploitant, puisqu'il autorise les partages ou les montages afin d'assurer la pérennité de l'entreprise. À défaut, les héritiers se retrouvent en indivision et doivent se mettre d'accord pour gérer l'affaire familiale.

Pour passer de l'entreprise individuelle à la société, il y a plusieurs possibilités :

- L'apport de l'entreprise individuelle au capital de la société en création : apports purs et simples en échange de titres de la société (parts sociales ou actions), apports rémunérés soit par des obligations ou des espèces, soit par la prise en charge d'un passif ;
- La cession du fonds à une société d'exploitation créée spécialement pour cela ;
- La location-gérance.

L'apport de l'entreprise individuelle à une société entraîne la cessation de son activité.

À noter aussi qu'en cas de transformation d'une EIRL en société, le patrimoine affecté est considéré comme un apport en nature. Dans ce cas, les règles juridiques et fiscales concernant les apports en nature au capital d'une société sont applicables.

Enfin, n'oubliez pas qu'il faut en informer les tiers. Dans ce cas, les formalités sont les mêmes qu'en cas de cession à une société (notamment la publication d'un avis au *Bulletin officiel des annonces civiles et commerciales* – Bodacc).

Transformer une SARL en SA

Il peut y avoir plusieurs raisons à cette démarche, liées surtout à un développement important de la SARL. D'abord, la loi impose à une SARL de plus de cinquante associés de se transformer en SA dans un délai de deux ans, à défaut de quoi elle est dissoute. Ensuite, si la SARL a besoin de capitaux toujours plus importants, le statut de SA lui permet de faire appel à l'épargne publique. Enfin, la présence obligatoire dans une SA d'un commissaire aux comptes inspire confiance aux financiers et aux fournisseurs.

Le passage d'un statut à l'autre n'entraîne pas la création d'une nouvelle société. De ce fait, la SA conserve les mêmes biens, les mêmes droits et les mêmes obligations que la SARL : les contrats en cours continuent, de même que les baux et les créances. Fiscalement, si la SA conserve le régime fiscal de la SARL, il n'y a aucun changement. Si, au contraire, le régime fiscal doit être modifié, le changement de statut implique l'imposition immédiate des résultats de l'exercice en cours.

Pour passer de la SARL à la SA, il faut d'abord que la SARL dispose d'au moins sept associés et de 37 000 euros de capital. Une fois ces deux conditions remplies, un rapport doit être établi par un commissaire aux comptes sur la situation de la société. Ensuite, c'est un commissaire à la transformation qui doit être nommé pour apprécier la valeur des biens composant l'actif de la société ainsi que les avantages particuliers. Son rapport doit être déposé au greffe du tribunal de commerce huit jours au moins avant la réunion de l'assemblée appelée à se prononcer sur la transformation.

Le commissaire aux comptes peut faire office de commissaire à la transformation. Dans ce cas, un seul rapport suffit.

La décision de transformer une SARL en SA est prise par les associés réunis en assemblée générale extraordinaire. C'est aussi à cette occasion que :

- La date de prise d'effet est fixée ;
- La répartition des actions entre les associés est constatée ;
- Les nouveaux statuts sont établis ;
- Les premiers administrateurs et commissaires aux comptes sont désignés.

Ensuite, des formalités de publicité sont à accomplir dans le mois qui suit la signature du procès-verbal d'assemblée générale :

- L'enregistrement d'une copie certifiée conforme du procès-verbal ;
- La publication d'un avis dans un journal d'annonces légales indiquant la dénomination sociale, le sigle, la forme de la société, le montant du capital, l'adresse du siège, le numéro d'immatriculation de la société et les modifications intervenues ;
- Le dépôt d'un dossier au centre de formalités des entreprises comprenant deux exemplaires du procès-verbal décidant la transformation et deux exemplaires des nouveaux statuts.

Pour transformer une société anonyme en société d'une autre forme, la SA doit justifier d'au moins deux ans d'existence et avoir fait approuver le bilan de ses deux premiers exercices par les actionnaires.

Et pourquoi pas créer une association ?

Avec son siècle révolu, la réputation du statut associatif issu de la loi du 1er juillet 1901 n'est plus à faire. Pour les projets liés à la culture, l'humanitaire, le sport, l'art ou la religion, il est même pratiquement incontournable.

En la matière, un seul credo : pas de but lucratif, autrement dit pas de volonté de la part des membres de l'association de s'enrichir personnellement. Ce qui ne veut pas dire sans activité marchande ni bénéfices. Au contraire, les revenus financiers sont tout à fait autorisés, y compris bénéficiaires. Du moment qu'ils restent la propriété de l'association et qu'ils servent à consolider son activité. C'est là toute la différence avec les entreprises.

Ce que dit la loi de 1901

L'association loi 1901 est « une convention par laquelle deux ou plusieurs personnes mettent en commun, d'une façon permanente, leurs connaissances ou leur activité dans un but autre que de partager des bénéfices ». C'est donc un contrat passé, sans autorisation ni formalités préalables, entre plusieurs personnes civiles, deux au minimum (il n'y a pas de maximum). On ne peut rêver plus de liberté. Seule obligation importante, concernant l'objet de l'association : il ne doit pas être « illicite, contraire aux lois, aux bonnes mœurs », ni avoir « pour but de porter atteinte à l'intégrité du territoire national et à la forme républicaine du gouvernement ».

L'administration n'est pas habilitée à juger de la conformité d'un projet associatif à ces principes. Seule la justice en a le pouvoir.

En principe, l'objet de l'association n'est pas non plus d'avoir une activité exclusivement marchande. En ce sens, il est donc *civil*, par opposition au terme *commercial*. Cependant, rien dans la loi 1901 n'interdit à une association de se livrer à un commerce ou d'accomplir des actes lui permettant de gagner de l'argent. En effet, le législateur a instauré un garde-fou fondamental qui souligne bien la différence entre le monde de l'entreprise et celui des associations : la notion de désintéressement. Ainsi, la réalisation de bénéfices est possible et même tout à fait souhaitable, mais ce ne doit pas être le but premier de l'association.

De même, nous l'avons dit en commençant, il est absolument interdit de partager ces bénéfices entre les membres. Il peut y avoir des personnes qui travaillent pour l'association et qui, en retour, touchent un salaire, mais en aucun cas il ne peut s'agir de bénéfices.

Pour ce qui est des membres des associations, le seul mot d'ordre de la loi 1901 est encore la liberté. C'est d'ailleurs l'une des raisons de son extraordinaire succès depuis plus d'un siècle. Tout le monde est *a priori* concerné par la possibilité de créer ou de devenir membre d'une association, sans discrimination d'origine, de formation ou de niveau social. Ce qui ne veut pas dire que les associations peuvent admettre tout le monde. L'idée est plutôt de les laisser poser elles-mêmes leurs jalons et inscrire dans leurs statuts quels types de membres elles comptent accueillir et même, si besoin, prévoir plusieurs catégories (actifs, honoraires...). De leur côté, les membres d'une association peuvent à leur gré y adhérer ou s'en retirer sans contrainte particulière.

GARE AUX DÉRIVES !

La liberté inscrite dans la loi 1901 a souvent donné lieu à quelques dérives. Rappelons que l'association n'est pas :

- **Un moyen de s'enrichir ou de faire faire des travaux chez soi à moindre frais ;**
- **Un moyen d'échapper au fisc, à l'Urssaf ou à la justice ;**
- **Une pompe à subventions nationales ou locales ;**
- **Une possibilité de se soustraire aux obligations de la comptabilité publique ou du code des marchés publics.**

Après les nombreux abus commis par quelques élus locaux ou présidents de très importantes associations tristement célèbres, le contrôle des associations par des administrations comme le fisc ou l'Urssaf s'est considérablement renforcé. Difficile aujourd'hui de passer longtemps entre les mailles de leur filet. Ce qui, pour les adhérents et les donateurs, est plutôt réconfortant.

Les différents types d'associations loi 1901

Le titre d'association loi 1901 peut recouvrir plusieurs réalités.

L'association de fait, ou non déclarée

Comme son nom l'indique, l'association de fait, ou non déclarée, est un groupe de personnes qui s'associent dans un objectif commun sans formalité ni cotisation, juste pour le plaisir d'être ou de faire quelque chose ensemble. Même si elle est légale, juridiquement elle n'a aucune contrainte de fonctionnement : pas de président, pas de statut, pas de bureau, mais pas non d'existence officielle ni de personnalité morale. De ce fait, une telle association ne peut prétendre à aucune aide financière, ni à aucun don officiel. Elle ne peut pas non plus louer de locaux en son nom propre et ne peut rien commercialiser.

L'association déclarée

« Toute association qui voudra obtenir la capacité juridique devra être rendue publique par les soins de ses fondateurs. » La loi de 1901 est donc claire : pour disposer d'une personnalité morale, une association doit être déclarée comme telle à la préfecture et porter un nom. De cette manière, comme toute personne morale, elle peut, sans autorisation particulière, ouvrir un compte en banque, toucher des chèques, acheter et vendre des biens, saisir la justice, signer des contrats en son nom propre et donc embaucher des salariés ou louer des locaux.

L'association agréée

L'association agréée est une association déclarée qui obtient un agrément ministériel pour :

- Exercer une activité réglementée : tourisme, défense des consommateurs, pêche, sport ;
- Participer à certaines missions d'intérêt général ou de service public : enseignement, santé, formation, environnement ;
- Parfois obtenir en même temps des aides financières : subventions, libéralités, exonérations fiscales, garanties d'emprunt.

Pour être agréée, une association doit satisfaire à certaines conditions, comme la tenue d'une comptabilité, éventuellement l'intervention d'un commissaire aux comptes, la transmission régulière d'informations sur ses activités. D'autres activités doivent remplir des conditions de garantie financière ou de compétence du personnel (notamment être titulaire de certains diplômes).

Dans cette catégorie se classent aussi les associations intermédiaires, créées à la fin des années quatre-vingt pour mettre en relation des personnes en recherche d'emploi avec des employeurs (particuliers ou entreprises). L'idée est de favoriser l'emploi dans des secteurs où le marché économique normal ne peut pas l'assurer (travaux ménagers, aide à la dépendance…). Les associations intermédiaires disposent d'un agrément du ministère du Travail pour être officiellement employeurs de personnes en insertion ou réinsertion. Elles assurent la recherche d'emploi et la formation de ces salariés et les envoient effectuer des prestations de services facturées ensuite aux clients. Le salarié se réinsère progressivement, jusqu'à pouvoir par lui-même chercher un emploi sur le marché du travail. Les associations intermédiaires bénéficient d'exonérations d'impôt sur les sociétés et de cotisations patronales et salariales.

L'association reconnue d'utilité publique

Pour une association déclarée, la reconnaissance d'utilité publique a une conséquence très importante : elle lui permet d'accepter les donations et les legs, ce qui n'est pas autorisé aux autres associations, qui ne peuvent recevoir que des cotisations, des dons ou des subventions. La reconnaissance d'utilité publique concerne les associations dont la mission est philanthropique, sociale, sanitaire, éducative, scientifique, culturelle, liée à la qualité de la vie, l'environnement, la défense des sites et monuments, la solidarité internationale. Lorsque les conditions (draconiennes) sont remplies, elle est accordée par décret en Conseil d'État et permet en outre aux donateurs de bénéficier d'une réduction d'impôt.

Association ou entreprise ?

Les associations sont le plus souvent présentes dans des secteurs d'activités culturelles, sportives ou humanitaires, délaissées par les entreprises commerciales à cause de leur manque de rentabilité ou de productivité. C'est la raison pour laquelle, dans certains secteurs comme l'économie solidaire, le commerce équitable ou le tourisme social, commencer par créer une association pour s'installer et développer un projet, avec pour but de le transformer en entreprise par la suite, peut parfois être une bonne option. Pour passer du statut associatif au statut d'entreprise, il suffit de créer une société, par exemple une SARL. Celle-ci achète les actifs de l'association. De ce fait, l'association est dissoute.

Autre possibilité : conserver l'association, qui crée elle-même une ou plusieurs sociétés pour développer des activités commerciales plus importantes, s'exporter à l'étranger ou se diversifier. Ainsi, un cours de danse associatif peut créer des spectacles, acquérir ou louer une salle ou un café et y proposer des soirées dansantes. Une association intermédiaire peut développer une activité de traiteur.

L'objet de l'association peut aussi être de tester un produit ou un service avant de le diffuser *via* une structure commerciale classique. Ou, au contraire, on peut conserver le statut associatif pour accéder à des marchés plus ou moins fermés au secteur marchand, comme l'école ou l'hôpital.

Ce statut permet par ailleurs d'employer des bénévoles et de décrocher certaines aides ou subventions au démarrage, versées par une collectivité locale, un ministère, une institution ou une fondation, et qui ne sont pas accessibles aux entreprises.

Si votre objectif est de passer, à plus ou moins long terme, du statut associatif au statut d'entreprise ou de faire coexister les deux statuts, même si rien ne vous y oblige, prenez dès le départ de bonnes habitudes commerciales, qui donneront confiance à vos interlocuteurs, à votre banque et peut-être à vos futurs investisseurs : organigramme clair, gestion rigoureuse, comptabilité précise et transparente, fiscalité parfaitement aux normes.

Créer une association

Sans statuts, pas de déclaration : la rédaction de statuts est en effet une obligation si l'on veut donner à son projet associatif une existence juridique. Les statuts d'une association servent à définir à la fois sa forme, son contenu et les règles de son fonctionnement. Ce qui n'est pas rien. L'exercice mérite donc que les fondateurs s'y attardent très sérieusement. Et d'abord qu'ils soient tous bien d'accord entre eux sur l'objet de l'association et l'organisation générale de l'activité. À défaut de quoi ils risquent de voir très rapidement des litiges se créer entre eux, qui entraîneront à coup sûr le départ (ou l'éviction) de quelques-uns, voire la disparition pure et simple de l'association.

La rédaction des statuts

Les statuts d'une association doivent préciser :

- Le nom de l'association : nom, signe ou logo éventuel ;
- Son objet : le projet d'activité, le public à qui elle est destinée ;
- Sa durée : limitée à un projet précis ou illimité ;
- Ses fondateurs : noms, coordonnées, fonctions ;
- La composition du conseil d'administration : désignation des administrateurs, durée, fonctions, procédure de remplacement ;
- La désignation des membres et leur qualité : actifs, honoraires, fondateurs, bienfaiteurs ;
- Les conditions d'adhésion ;
- Les conditions d'exclusion et la procédure ;
- Le mode de financement : adhésions, cotisations, quêtes, etc. ;
- Le fonctionnement des assemblées générales ordinaires et extraordinaires : rythme, modalités, pouvoirs ;
- Les conditions de modification des statuts, de dissolution, de dévolution des biens associatifs.

Si la loi de 1901 laisse toute liberté aux fondateurs pour rédiger les statuts de leur association, il y a deux écueils à éviter. D'abord une trop grande précision : si tout est inscrit dans les statuts, le moindre changement entraînera l'obligation de modifier les statuts. Le mieux est donc d'y inscrire les dispositions principales et de laisser les détails à un éventuel règlement intérieur, un texte facultatif établi après les statuts pour préciser le fonctionnement de l'association (par exemple, la composition de l'assemblée, ses compétences, son mode de convocation...). Plus souple que les statuts, il est modifiable sans avoir à convoquer d'assemblée générale extraordinaire.

À l'inverse, il faut éviter une trop grande souplesse : si les statuts tracent des lignes directrices trop floues, elles risquent d'être ambiguës, donc interprétées différemment par les uns ou les autres et de provoquer confusions ou litiges.

Dernier conseil : pour que tout soit clair dès le départ, mieux vaut toujours désigner dans les statuts au moins un président pour représenter l'association et un trésorier pour gérer les fonds. De cette manière, même s'il n'y a que deux membres, les attributions sont claires pour tout le monde et chacun a son rôle.

Pour ne pas se tromper, il faut donc bien se renseigner : outre les nombreux sites internet qui proposent des modèles (notamment le site institutionnel `www.associations.gouv.fr`), les préfectures et sous-préfectures, chargées de recevoir les déclarations, sont aussi de bonnes sources d'informations.

Les modèles et les statuts types ne sont que des exemples. Chaque association ayant ses particularités et propres modalités de fonctionnement, la rédaction des statuts doit être faite sur mesure. De même, au fil du temps, il faut régulièrement vérifier qu'ils soient toujours adaptés et envisager de les modifier si nécessaire.

La déclaration

Les statuts doivent être établis en plusieurs exemplaires : un pour chaque membre, deux pour la préfecture. Ils doivent être datés et signés par les membres du conseil d'administration et les membres fondateurs.

La déclaration d'une association doit être faite par l'un des fondateurs ou dirigeants à la préfecture du département ou à la sous-préfecture de l'arrondissement où l'association détient son siège social. Pour les associations dont le siège social est à Paris, la déclaration se fait à la préfecture de police. Quant aux associations qui se créent en Alsace et en Moselle, c'est au tribunal d'instance qu'il faut se rendre.

Avant cela, les fondateurs doivent établir en double exemplaire une lettre sur papier libre, adressée selon le cas au préfet (ou sous-préfet, président du tribunal) et signée par les membres du bureau de l'association. Cette lettre doit mentionner :

- Le titre exact de l'association ;
- Son objet ;
- L'adresse de son siège social ;
- Le numéro de téléphone d'un responsable ;
- La liste des personnes chargées de son administration ou de sa direction (nom, prénom, date et lieu de naissance, nationalité, adresse complète, profession, fonction dans l'association).

À cette lettre, il faut joindre :

- Deux exemplaires des statuts datés et signés par au moins deux des membres du bureau ;
- Le formulaire de demande d'insertion au Journal officiel rempli et signé par celui qui va déclarer l'association (à retirer auprès des services administratifs) ;
- Une attestation justifiant l'établissement du siège social (une copie du bail ou un accord écrit du propriétaire, du locataire ou du responsable des locaux).

S'il s'agit de domicilier l'association dans une copropriété, il faut auparavant vérifier dans le règlement de copropriété si l'exercice d'une activité associative y est autorisé. Si ce n'est pas le cas, il faudra domicilier l'association ailleurs.

Si le dossier est complet, sous cinq jours, l'administration délivre gratuitement un récépissé de la déclaration ainsi qu'un numéro de dossier. Conservez-le bien ! Il resservira à chaque déclaration ultérieure. Le récépissé permet de faire paraître l'annonce au Journal officiel. La parution doit avoir lieu dans le mois qui suit la déclaration. C'est cette annonce qui marque la naissance officielle de l'association en tant que personnalité morale. Par conséquent, même déclarée en préfecture, une association dont l'annonce n'a pas encore été publiée n'a encore aucune existence juridique. La publication coûte 44 € si l'objet ne dépasse pas 1 000 caractères, 90 € s'il dépasse cette limite.

Conservez toujours au moins un exemplaire du Journal officiel où votre annonce est parue.

En Alsace et en Moselle, la publication paraît dans un journal d'annonces légales local.

RISQUES, RESPONSABILITÉS, ASSURANCES

Les associations déclarées sont des personnes morales. De ce fait, elles sont responsables civilement et pénalement de toutes les décisions prises tant par le bureau que par le conseil d'administration, l'assemblée générale ou même un administrateur qui commet une faute personnelle grave dans le cadre du fonctionnement de son association. Cela concerne les infractions relatives aux biens et les homicides ou blessures involontaires (notamment les accidents de travail). Les peines peuvent aller de la simple amende à la confiscation des biens, l'interdiction d'exercer une activité, voire la dissolution pure et simple de l'association. Par ailleurs, les personnes physiques peuvent aussi être déclarées responsables : civilement (non-respect des statuts, erreurs de gestion, dommages...) et pénalement (actes illicites, malversations financières, infractions...).

Pour garantir l'indemnisation de dommages, les associations doivent contracter une assurance responsabilité civile qui couvre à la fois la personne morale et les personnes physiques (dirigeants, membres, salariés, enfants...), mais aussi les risques liés à l'activité associative et à la présence de bénévoles. Pour les biens détenus par l'association et les locaux où elle est installée, elle peut aussi contracter une assurance multirisque.

Gérer une association

Si elles sont importantes et comptent de nombreux membres, les associations sont gérées par un conseil d'administration, qui élit un bureau composé d'un président, d'un trésorier et d'un secrétaire. Les toutes petites associations sont dirigées au minimum par un président et un trésorier.

Les membres de l'association se réunissent au moins une fois par an en assemblée générale pour approuver les comptes. Toutes les autres modalités de fonctionnement sont fixées dans les statuts.

Le bureau

C'est l'instance de direction de l'association. Il est composé d'un minimum de deux personnes désignées pour un ou deux mandats : le président et le trésorier. Si l'association le peut, le bureau compte un troisième membre : le secrétaire. Tous trois peuvent aussi siéger au conseil d'administration. Chacun joue un rôle bien précis dans le bureau. Pour chacun de ces trois postes, si la charge est trop lourde, les membres du bureau peuvent déléguer leurs responsabilités à un ou plusieurs adjoints, dont les statuts définissent l'étendue des pouvoirs, la durée du mandat et le mode de désignation. Généralement, voici comment se répartissent les fonctions de chacun :

- **Le président assume la direction et la représentation.** Il représente de plein droit celle-ci auprès de toute instance – et en premier lieu devant la justice, mais aussi auprès de toute autre personne. Par ailleurs, il organise, dirige et contrôle l'administration de l'association, signe les contrats, prend les décisions importantes, compte tenu des dispositions prises en assemblée générale ;
- **Le secrétaire s'occupe du fonctionnement administratif.** Son rôle est essentiellement administratif : il s'occupe de la correspondance, envoie les convocations pour les assemblées générales, établit la feuille de présence et les procès-verbaux des réunions. C'est aussi lui qui établit les cartes de membres et tient à jour les registres, et notamment le registre spécial et le cahier des adhésions (qui contient les coordonnées des adhérents, leur numéro d'enregistrement et le montant des cotisations versées) ;
- **Le trésorier assure la gestion financière.** Il gère les finances, encaisse les cotisations, signe les chèques (salariés, fournisseurs, loyer…), contrôle les comptes, effectue les placements. Il tient aussi les livres comptables (où sont enregistrées les opérations) et établit le bilan de fin d'exercice.

Conformément à la loi de 1901, un dirigeant d'association ne peut en aucun cas percevoir de salaire en contrepartie de l'exercice de son mandat social.

Dans les très grosses associations, le rôle de dirigeant nécessite pourtant une mobilisation et une énergie très importantes, qui méritent au moins une indemnité. C'est pourquoi, en 1998, une instruction fiscale a admis que le versement éventuel d'une rémunération aux dirigeants d'association ne remettait pas en cause le caractère désintéressé de leur gestion, si la somme brute mensuelle totale versée à chacun se limitait aux trois quarts du smic.

Depuis, la loi a maintenu cette autorisation pour les associations justifiant de ressources propres, suffisantes et pérennes. Cela veut clairement dire que ces associations ne doivent pas consacrer leurs subventions, notamment celles des collectivités publiques, au paiement de la rémunération de leurs dirigeants.

En outre, le nombre de dirigeants pouvant être rémunérés est désormais limité à trois personnes au maximum. Il est déterminé par le montant des ressources propres de l'association (apprécié par un commissaire aux comptes) sur les trois exercices clos précédant celui au cours duquel celle-ci souhaite rémunérer certains de ses dirigeants.

Tableau 10-7 **Seuils des ressources propres autorisant la rémunération des dirigeants d'association**

Montant des ressources propres à l'association	Nombre de dirigeants pouvant être rémunérés
Ressources propres égales ou inférieures à 200 000 €	0
Ressources propres entre 200 000 et 500 000 €	1
Ressources propres entre 500 000 et 1 000 000 €	2
Ressources propres supérieures à 1 000 000 €	3

Le conseil d'administration

À la naissance de l'association, les membres fondateurs forment le conseil d'administration. Si celui-ci doit s'élargir, les autres administrateurs sont élus par l'assemblée générale parmi les membres. Il est également possible d'y faire siéger des personnes non membres, des personnes morales (évidemment représentées) ou des étrangers, dans des conditions définies par les statuts. Ce sont aussi les statuts qui précisent le nombre d'administrateurs, la durée de leur mandat et le mode de leur renouvellement.

Le conseil est chargé de l'administration de l'association, et en particulier de l'application des décisions prises en assemblée générale. Pour être efficace, il peut donc se réunir autant de fois par an qu'il le faut, au fur et à mesure des problèmes qui se posent. Ces réunions peuvent faire l'objet d'un procès-verbal, mais ce n'est pas obligatoire. Toutefois, si les décisions prises sont importantes, mieux vaut prendre l'habitude d'en établir un.

Les salariés de l'association peuvent siéger au conseil d'administration, ponctuellement si nécessaire, par exemple comme observateurs, ou plus régulièrement en qualité de représentants élus des salariés dans le cadre d'un accord concernant la représentation du personnel. Toutefois, ils ne doivent pas représenter plus du quart des membres du conseil d'administration et ils n'ont pas le droit d'y jouer un rôle important, et notamment d'être membres du bureau.

Les membres

Outre les fondateurs de l'association, qui sont à la fois les premiers membres de l'association et les premiers membres du bureau, tout le dispositif associatif repose le plus souvent sur les membres dits *actifs* : ceux qui adhèrent, parfois en acquittant un droit d'entrée, puis cotisent régulièrement pour bénéficier des services que l'association procure (apprentissage, voyages, sport...). Rappelons en passant que les droits d'entrée et les cotisations ne sont pas obligatoires et que, pour être valables, ils doivent être expressément prévus par les statuts. En revanche, les dirigeants ont toute latitude pour en fixer les montants, qui doivent rester raisonnables mais peuvent être différents selon les catégories d'adhérents (et égaux pour les membres d'une même catégorie). Mieux vaut d'ailleurs les fixer dans le règlement intérieur, de manière à pouvoir les modifier sans avoir à utiliser la procédure lourde de modification des statuts.

Parallèlement, il y a aussi les membres *donateurs* (et même *bienfaiteurs* pour les plus généreux), qui versent des sommes d'argent dont ils décident le plus souvent eux-mêmes de l'importance et de la régularité, plus pour soutenir l'objet et les efforts de l'association que pour utiliser ses services (c'est le cas par exemple pour les associations reconnues d'utilité publique).

Certaines associations instituent aussi des membres *d'honneur* pour souligner leur parrainage par une personnalité, ce qui leur permet d'élargir leur champ d'action, d'augmenter les dons, de trouver de nouveaux donateurs.

Les membres qui effectuent des apports en nature peuvent en demander la restitution en cas de dissolution de l'association. Mais, pour cela, lors de la constitution de celle-ci ou au moment de l'acte d'apport, ils doivent avoir pris la précaution de le faire enregistrer par le service des impôts.

Les assemblées générales

L'assemblée générale ordinaire est la réunion de tous les membres de l'association. C'est l'instance la plus puissante : ses pouvoirs sont illimités. Elle attribue leurs mandats aux membres du bureau et aux administrateurs et les reconduit ou non dans leurs fonctions. En retour, ces derniers lui rendent compte de leur gestion humaine et financière. Elle approuve les comptes, sanctionne les erreurs, vote le budget et donne l'orientation pour l'année suivante. D'autres questions peuvent être mises à l'ordre du jour pour être discutées en commun.

Le rythme des convocations (au minimum une fois par an), l'organisation générale de l'assemblée, les droits de vote, les membres à convoquer et les modalités de convocation sont fixés dans les statuts et précisés par un éventuel règlement intérieur. Les votes en assemblée se font en général à main levée, parfois à bulletin secret, mais sans quorum (minimum d'adhérents présents) ni conditions de majorité.

Le procès-verbal d'assemblée générale n'est pas obligatoire mais fortement conseillé pour garder une trace écrite des débats, surtout en cas de conflit interne. Par ailleurs, si une question très importante survient (modification des statuts, problème grave d'organisation…) qui demande une réponse urgente de la part de l'assemblée, le bureau peut convoquer à n'importe quel moment de l'année une assemblée générale extraordinaire, organisée en principe selon les mêmes modalités que l'assemblée générale.

Les salariés

Ce sont les personnes qui travaillent au sein d'une association (évidemment déclarée, sinon elle n'a pas l'autorisation d'embaucher des salariés) comme au sein d'une entreprise. On en compte environ 2 millions en France. Comme tout salarié, les employés des associations doivent bénéficier d'un contrat de travail établi en bonne et due forme, d'un horaire précis, de conditions de travail correctes et d'une rémunération en rapport avec la qualification demandée et la tâche à accomplir.

Toutes les règles du Code du travail doivent donc être respectées : déclaration d'embauche, établissement de bulletins de salaire, versement de cotisations patronales et salariales, procédures concernant les emplois aidés, les licenciements... À temps partiel comme à temps complet, les salariés d'association sont affiliés au régime général de Sécurité sociale des salariés du secteur privé.

Concernant le nombre de salariés que peuvent employer les associations, s'il n'y a en principe qu'une limite budgétaire, soulignons que les associations reconnues d'utilité publique sont soumises à un contrôle pour éviter que le nombre de salariés prime l'activité désintéressée de l'association.

Les bénévoles

Les bénévoles sont les 12,5 millions de personnes qui travaillent ponctuellement ou plus régulièrement pour une association, sans statut particulier et sans percevoir de rémunération en retour. Puisqu'ils ne touchent aucun salaire, leur activité bénévole ne leur procure aucune couverture sociale, pas plus qu'une prise en charge au titre d'un accident du travail s'il leur arrive quelque chose durant leur activité au sein de l'association. D'où l'importance du contrat d'assurance contracté par celle-ci pour leur garantir une éventuelle indemnisation (voir plus haut).

Les bénévoles d'association ne bénéficient pas non plus d'un statut fiscal particulier du fait de leur engagement, sauf concernant les sommes qui peuvent leur être versées en remboursement de dépenses qu'ils ont réellement engagées et qui sont entièrement exonérées d'impôt même lorsqu'elles sont forfaitaires (par exemple, les frais kilométriques).

Les bénévoles ne sont pas forcément membres de l'association à laquelle ils collaborent.

LE SERVICE CIVIQUE

Le service civique a remplacé le volontariat associatif en 2010. C'est un engagement volontaire ouvert aux jeunes de 16 à 25 ans. Il s'agit pour eux de se mettre au service d'une mission d'intérêt général reconnue prioritaire pour la nation française. La mission doit se dérouler pendant au moins vingt-quatre heures par semaine durant six à douze mois maximum, auprès d'un organisme à but non lucratif ou de personnes morales de droit public, en France ou à l'international. Elle donne lieu à une indemnisation versée par l'État de 440 euros par mois, plus 100 euros versés par l'organisme de l'accueil. La protection sociale est intégralement prise en charge par l'État.

Pour accueillir un jeune, une simple association doit demander un agrément à la préfecture. Il est accordé pour deux ans. S'il s'agit d'une union ou d'une fédération d'associations, l'agrément est accordé par l'Agence du service civique, présidée par François Chérèque. Site internet : `www.service-civique.gouv.fr`.

Les ressources et la fiscalité associative

Si les entreprises doivent tenir une comptabilité transparente, les associations n'ont pas cette obligation, puisque la notion de capital n'existe pas dans le monde associatif. Ce qui pose aujourd'hui un problème, car les ressources de certaines associations sont quelquefois très importantes et proviennent souvent d'une part d'activités commerciales extrêmement lucratives (parfois en concurrence avec des entreprises commerciales), d'autre part de millions de particuliers auxquels elles se doivent tout de même de rendre des comptes. C'est la raison pour laquelle des dispositions ont récemment été prises pour garantir une meilleure transparence financière de la part des associations.

Les ressources et la comptabilité

Pour les quelque 800 000 associations françaises, les sources de revenus sont de plusieurs ordres. Il y a d'abord, nous l'avons vu, les cotisations des adhérents, les subventions, les quêtes, les dons et les legs pour les associations reconnues d'utilité publique ou agréées. Les associations peuvent ainsi se constituer des réserves qui leur permettent de fonctionner.

Si cela ne suffit pas, elles ont le droit de se procurer par ailleurs toutes les ressources utiles à la réalisation de leur objet, notamment par une ou plusieurs activités commerciales (vente, prestations de services) qui leur rapportent aussi des revenus. Elles peuvent enfin contracter des emprunts et faire des placements financiers.

Lorsqu'elles n'ont aucune activité lucrative, qu'elles ne vendent aucun bien ou aucun service, qu'elles ne perçoivent aucune subvention, les associations loi 1901 ne sont aucunement obligées de tenir une comptabilité – bien que cela leur soit tout de même fortement conseillé, ne serait-ce que pour une certaine transparence de gestion vis-à-vis des membres. En revanche, dès qu'elles font une demande de subvention, se livrent à une activité commerciale ou prennent des engagements financiers, elles peuvent éventuellement être soumises à une imposition et doivent par conséquent pouvoir justifier des recettes perçues et de leur utilisation et fournir le détail des opérations imposables à la TVA. Donc tenir une vraie comptabilité.

Les associations qui exercent une ou plusieurs activités lucratives ou qui présentent une gestion intéressée sont passibles des impôts commerciaux (impôt sur les sociétés, TVA et contribution territoriale des entreprises), ainsi que de l'imposition forfaitaire annuelle (IFA, voir chapitre 11). Dans cette hypothèse, elles sont soumises aux mêmes obligations comptables que les sociétés commerciales.

LES SUBVENTIONS

Les associations déclarées peuvent recevoir des subventions, en espèces ou en nature, de la part de l'État, des départements, des communes et des établissements publics. Ces subventions peuvent être accordées soit sans condition particulière d'utilisation, soit assorties de conventions, par exemple pour cibler une activité particulière (réalisation d'un projet, organisation d'une manifestation) ou parce que la somme accordée dépasse un seuil fixé par décret.

Rappelons que les associations à caractère cultuel ne sont pas autorisées à recevoir des subventions et que certaines associations ne peuvent recevoir une subvention de l'État que si elles ont été préalablement agréées (associations sportives, villages de vacances, associations de jeunesse et d'éducation populaire). Par ailleurs, la loi de 1901 interdit à toute association de posséder ou d'administrer des biens publics.

Objet non lucratif, activité lucrative

Les associations loi 1901 suivent trois règles fondamentales : l'absence de but lucratif, l'impossibilité de redistribuer d'éventuels bénéfices et le désintéressement direct ou indirect de leurs dirigeants aux résultats. Si ces trois principes sont scrupuleusement respectés, elles sont exonérées des trois impôts auxquels sont soumises les entreprises commerciales, au moins sur la part des recettes correspondant à leur activité non lucrative (cotisations, dons…).

Concernant la part des activités commerciales des associations, qui peuvent entrer en concurrence avec les entreprises présentes sur le même marché et devraient donc être également imposables, les services fiscaux reconnaissent qu'elles peuvent être lucratives sans pour autant entrer en contradiction avec l'esprit de la loi de 1901. Mais pour cela, il faut prouver que ces activités commerciales sont nécessaires à la réalisation de l'objet social. Autrement dit que si l'activité est lucrative, l'objet reste non lucratif.

De même, si des excédents sont dégagés, pour l'administration fiscale ils ne sont pas scandaleux et reflètent plutôt une gestion saine et prudente. Toutefois, outre le fait qu'ils ne doivent évidemment pas être redistribués entre les membres, ils ne doivent pas non plus être réalisés dans le but d'être placés. En revanche, ils peuvent être accumulés temporairement pour faire face à des besoins ultérieurs ou à des projets entrant dans le champ de l'objet non lucratif.

Enfin, les activités lucratives doivent rester inférieures à un plafond instauré en 2000. Ainsi, les associations dont la gestion est désintéressée, dont les activités non lucratives restent significativement prépondérantes et dont le montant des recettes d'exploitation est inférieur à 75 000 euros conservent leur statut fiscal d'organisme sans but lucratif et bénéficient de la franchise d'impôt.

Elles sont redevables de l'impôt sur les sociétés au taux réduit (24 % ou 10 %) sur leurs seuls revenus patrimoniaux : revenus fonciers, bénéfices agricoles et revenus de capitaux mobiliers.

LA RÈGLE DES 4 P

Pour apprécier la non-lucrativité et le désintéressement de la gestion associative, l'administration fiscale compare l'association aux entreprises ou organismes lucratifs exerçant une activité similaire dans le même secteur. C'est la règle dite des 4 P :

- **Public : ses activités commerciales visent une population justifiant l'octroi d'avantages particuliers au regard de sa situation économique, sanitaire ou sociale (chômeurs, malades, handicapés…) ;**
- **Produit : ses activités commerciales répondent à des besoins peu ou mal couverts par le marché ;**
- **Prix : ses tarifs sont nettement inférieurs à ceux du marché ;**
- **Publicité : l'association n'a pas recours à la publicité ou à d'autres procédés commerciaux auxquels ont recours les entreprises.**

L'imposition des activités lucratives

Il se peut aussi que la gestion d'une association ne soit plus considérée comme désintéressée, notamment si des rémunérations ou des avantages significatifs sont consentis aux dirigeants ou à des tiers, ou si elle mène une activité similaire à une entreprise commerciale et dans les mêmes conditions (selon la règle des 4 P – voir encadré). Dans cette hypothèse, pour ne pas défavoriser les entreprises commerciales concurrentes, l'association est considérée comme une société commerciale et se trouve soumise aux mêmes impôts.

Il reste les associations qui exercent des activités non lucratives prépondérantes et, en plus, des activités lucratives. Dès lors que le montant de leurs recettes d'exploitation est supérieur à 60 000 €, elles deviennent passibles de l'impôt sur les sociétés, de la contribution économique territoriale, de la TVA et de l'imposition forfaitaire annuelle. Et ce, sur l'ensemble de leurs activités, y compris non lucratives.

Pour éviter cet écueil et ne faire porter l'imposition que sur les activités lucratives, il est possible de dissocier les activités en deux secteurs. Cette sectorisation n'est envisageable que si la nature des prestations est totalement différente de celles proposées dans le cadre de l'activité non lucrative de l'association. L'association possède alors deux structures juridiquement distinctes, avec deux comptabilités différentes : un secteur prépondérant non lucratif et non imposable, et un secteur lucratif minoritaire et imposable. L'association peut alors à tout moment mettre fin à son secteur lucratif, puis le reconstituer si nécessaire. La fermeture du secteur lucratif revient à une cessation partielle d'entreprise.

Si les activités non lucratives ne sont pas significativement prépondérantes par rapport aux activités lucratives ou si l'association ne souhaite ou ne peut pas créer deux secteurs distincts, elle peut choisir l'option de la filialisation. Dans ce cas, l'association réalise un apport partiel d'actifs à une société commerciale nouvelle ou déjà existante. Autrement dit, elle devient détentrice du titre d'une société commerciale. Celui-ci lui permet de faire financer des actions non lucratives par des activités lucratives. Mais, vis-à-vis du fisc, cela peut aussi remettre en cause son caractère non lucratif.

Il existe alors trois possibilités :

- L'association se limite à un rôle d'actionnaire passif : son absence de but lucratif n'est alors pas remise en cause et elle reste non imposable ;
- Elle gère au contraire très activement sa filiale, dont elle est par exemple le seul actionnaire (EURL) ou l'actionnaire très majoritaire : le fisc considère alors qu'il y a deux secteurs, l'un lucratif, l'autre non, et applique une imposition au secteur lucratif représenté par la gestion des titres ;

» L'association et la société commerciale sont économiquement complémentaires : l'activité non lucrative tend à développer l'activité commerciale ou, dans l'autre sens, l'activité commerciale confère à l'association des avantages liés au recours au marché. Dans ce cas, le fisc ne fait pas dans le détail : toute sectorisation est impossible et l'association devient entièrement imposable au même titre que sa filiale commerciale.

Les directions départementales des finances publiques disposent désormais d'un correspondant dédié aux associations, qui aide celles qui éprouvent des difficultés à déterminer le régime fiscal qui leur est applicable. À leur demande, celui-ci leur envoie un questionnaire à partir duquel il leur fait une réponse écrite qui vaut prise de position de l'administration fiscale et lui est d'ailleurs opposable par la suite.

Chapitre 11

Le régime fiscal de l'entreprise et de l'entrepreneur

DANS CE CHAPITRE :

- **Impôt sur le revenu ou impôt sur les sociétés ?**
- **Toutes les taxes des entreprises**
- **Les possibilités d'exonération**

Le régime fiscal d'une entreprise repose surtout sur le mode d'imposition de ses bénéfices. Or celui-ci dépend d'une part de la catégorie juridique que l'on a choisie pour exercer son activité (l'entreprise ou la société), d'autre part de la nature des bénéfices réalisés (industriels, commerciaux, non commerciaux ou agricoles). Tout cela engendre quelques subtilités à connaître, avec des possibilités d'exonération à la clé.

Pour commencer, voici la liste des impôts et des taxes auxquels les entreprises sont soumises, qu'elles soient installées sous forme d'entreprise individuelle ou de société :

- L'impôt sur les bénéfices des entreprises, des sociétés et des exploitations agricoles (impôt sur le revenu ou impôt sur les sociétés) ;
- La taxe sur la valeur ajoutée (TVA), dont le taux normal est 20 %, le taux intermédiaire 10 % et le taux réduit 5,5 %, voire 2,1 % pour quelques produits (médicaments remboursables, redevance TV, presse) ;
- La contribution économique territoriale (CET), qui remplace la taxe professionnelle depuis le 1er janvier 2010 ;

- Les taxes foncières (pour les entrepreneurs propriétaires de leurs locaux) ;
- La taxe sur les véhicules de société, qui est désormais modulée en fonction des émissions de CO_2 ;
- La contribution à l'audiovisuel public.

À cela s'ajoutent les taxes imposées aux entreprises qui ont des salariés :

- La taxe sur les salaires, qui s'applique à tous les employeurs (personnes physiques ou morales) qui ne sont pas assujettis à la TVA sur la totalité de leur chiffre d'affaires ;
- La taxe d'apprentissage, qui concerne les entreprises commerciales, industrielles ou artisanales et les sociétés soumises à l'impôt sur les sociétés, quel que soit leur objet (les petites entreprises occupant un ou plusieurs apprentis avec contrat régulier d'apprentissage en sont exonérées) ;
- La participation à la formation continue, qui concerne tous les employeurs quelle que soit leur activité ;
- La participation à l'effort de construction, qui concerne les employeurs occupant au minimum vingt employés ;
- La taxe sur la consommation finale d'électricité (TCFE), instaurée le 1er janvier 2011 en remplacement de la taxe locale sur l'électricité, qui était calculée sur le prix du kWh et qui est désormais calculée sur les kWh consommés.

Depuis le 1er janvier 2015, les micro-entrepreneurs (ex auto-entrepreneurs) ne sont plus exonérés des taxes servant à financer les chambres consulaires (CCI et CMA). La taxation est proportionnelle au chiffre d'affaires généré par l'activité de l'auto-entrepreneur. Cette taxe sera recouvrée en même temps que les cotisations sociales dues par l'auto-entrepreneur sur le chiffre d'affaires réalisé à partir du 1er janvier 2015.

L'impôt sur le revenu

Lorsque l'entreprise est créée en nom personnel, nous l'avons vu, elle n'est pas juridiquement différenciée de l'entrepreneur : les revenus professionnels de l'une font partie intégrante des revenus de l'autre. C'est la raison pour laquelle une entreprise individuelle n'a pas non plus de fiscalité propre : elle dépend de celle de l'entrepreneur, à qui s'applique, comme à tout contribuable, le régime de l'impôt sur le revenu.

BIC, BNC ou BA

Pour savoir à quelle imposition est soumise une entreprise individuelle, il y a deux éléments à prendre en compte (et à ne surtout jamais confondre !) :

- **Le chiffre d'affaires**, qui désigne le total des ventes nettes et hors taxe des biens ou des services facturés par l'entreprise sur une année ;
- **Le bénéfice**, qui est l'excédent des recettes effectivement encaissées par rapport aux dépenses professionnelles acquittées au cours de l'année. Le bénéfice tient compte des gains et des pertes provenant de la cession d'éléments d'actif ou de charge, d'office et de clientèle (plus ou moins-values). Sur option, le bénéfice peut être déterminé selon une comptabilité faisant état, non des encaissements et décaissements, mais des créances acquises et des charges engagées.

De son côté, l'administration fiscale distingue les bénéfices en fonction de l'activité de l'entreprise individuelle :

- Si l'activité est commerciale ou artisanale, il s'agit de *bénéfices industriels et commerciaux* (BIC) ;
- S'il s'agit d'une entreprise de services ou d'une activité libérale, les bénéfices sont appelés *bénéfices non commerciaux* (BNC) ;
- Si l'activité est agricole, les bénéfices sont logiquement des *bénéfices agricoles* (BA).

C'est ainsi que, chaque année, pour déclarer ses revenus professionnels et en même temps ceux de son entreprise individuelle, l'entrepreneur doit reporter son bénéfice dans le cadre destiné à cet effet (BIC, BNC ou BA) dans le formulaire normal de déclaration de revenus (n° 2042). Ce bénéfice est ensuite ajouté aux autres revenus catégoriels imposables de l'entrepreneur, pour être soumis au barème progressif de l'impôt sur le revenu. Le taux d'imposition de l'entreprise individuelle dépend donc de la situation de famille de ce dernier.

En fonction du chiffre d'affaires réalisé par l'entreprise, il y a trois régimes d'imposition, qui eux-mêmes déterminent la manière de calculer le bénéfice imposable :

- **Le régime de la micro-entreprise**, réservé aux auto-entreprises et aux TPE ;
- **Le régime du bénéfice réel simplifié**, applicable aux chiffres d'affaires plus importants des entreprises, mais aussi des sociétés comme nous le verrons ;
- **Le régime du bénéfice réel**, pour les grosses entreprises individuelles et les sociétés.

Le régime de la micro-entreprise

C'est un régime fiscal exclusivement réservé aux micro-entrepreneurs, dont le nom a d'ailleurs été modifié en 2015 pour une meilleure cohérence, et à leurs toutes petites entreprises individuelles, qui exercent une activité industrielle et commerciale (réalisant des BIC) ou non commerciale (réalisant des BNC). Les exploitations agricoles, les sociétés et les organismes sans but lucratif en sont donc exclus, quels que soient leur taille et leur chiffre d'affaires.

Pour les toutes petites exploitations agricoles, l'administration fiscale applique un régime appelé ***régime du micro-bénéfice agricole (ou micro-BA)***, lorsque la moyenne du chiffre d'affaires des trois dernières années diminuée d'un abattement de 87 % (correspondant aux charges d'exploitation) est inférieure 82 200 € hors taxe. Le revenu imposable au titre de l'année 2016 (imposition 2017) sera la moyenne des assiettes des trois dernières années précédant l'année d'imposition, c'est-à-dire le micro-BA de l'année 2016 et les bénéfices forfaitaires agricoles des années 2015 et 2014. Le revenu imposable au titre de l'année de l'année 2017 (imposition 2018) sera la moyenne des assiettes des trois dernières années précédant l'année d'imposition, soit les micro-BA des années 2017 et 2016 et le bénéfice forfaitaire agricole de l'année 2015. Le montant du bénéfice imposable est obtenu en multipliant le bénéfice forfaitaire moyen à l'hectare par la superficie de l'exploitation.

Soulignons également que la nature de certaines activités, même restreintes, leur interdit de bénéficier du régime « micro » et les oblige à appliquer le régime réel (que nous étudions plus loin) : par exemple, les marchands de biens, les lotisseurs et agents immobiliers, certains constructeurs, les loueurs de matériel ou de biens de consommation durable (sauf si l'activité est vraiment accessoire), les opérateurs sur les marchés financiers, les officiers publics et ministériels.

Un régime ultra simplifié

Institué en 1992 et constamment révisé pour ne pas freiner la création et le développement des toutes petites activités, le régime de la micro-entreprise porte bien son nom. Il est réservé aux entreprises individuelles dont le chiffre d'affaires annuel hors taxe (au 1er janvier 2016) se limite à :

- 82 200 € hors taxe si l'activité est commerciale ou industrielle ;
- 32 900 € hors taxe pour les prestataires de services relevant des bénéfices industriels et commerciaux et les professionnels relevant des bénéfices non commerciaux.

Lorsqu'une même entreprise exerce à la fois une activité commerciale et une activité de prestations de services, relevant toutes deux des bénéfices industriels et commerciaux, l'entrepreneur ne peut bénéficier du régime de la micro-entreprise que si son chiffre d'affaires global pour les deux activités est inférieur ou égal à 82 200 € et si la part correspondant aux prestations de services n'excède pas 32 900 €.

Les entreprises du bâtiment et certains artisans entrent dans cette catégorie lorsqu'ils fournissent eux-mêmes les matériaux intégrant à titre principal l'ouvrage à exécuter (maçons, menuisiers, peintres, ébénistes, etc.). En revanche, les artisans qui ne fournissent que des produits accessoires (cordonniers, teinturiers, blanchisseurs, etc.) relèvent de la limite des 32 900 €.

Lorsque l'entreprise réalise un chiffre d'affaires entrant dans le cadre du régime de la micro-entreprise, ce régime est appliqué automatiquement. Et dans ce cas, les obligations comptables sont réduites au minimum : la tenue d'un livre-journal détaillant chronologiquement les recettes et d'un registre annuel récapitulatif, présentant le détail des achats et les factures.

L'entrepreneur doit joindre à sa déclaration un état simplifié indiquant le nombre de salariés de l'entreprise, le montant des salaires versés, le suivi des acquisitions et cessions d'immobilisations (prix, amortissement), le montant brut des immobilisations détenues.

À noter que si, en fin d'année, le chiffre d'affaires n'excède pas 56 000 €, l'entreprise est même dispensée de bilan et de compte de résultat.

Certains entrepreneurs sont exclus du régime « micro » :

- Ceux qui relèvent obligatoirement de la déclaration contrôlée (voir plus loin) ;
- Ceux dont les bénéfices sont imposés comme des salaires ;
- Les membres d'un groupement (d'entreprise, d'intérêt économique, etc.) ;
- Ceux qui exercent une activité dans le cadre d'une convention d'exercice conjoint qui fonctionne comme une société de fait (voir chapitre 10) où l'un des praticiens détient l'ensemble des moyens d'exercice alors que le « conjoint » (qui n'est pas l'époux ou l'épouse) n'apporte que son travail.

LE CALCUL DU SEUIL DE CHIFFRE D'AFFAIRES

Pour les bénéfices non commerciaux, le chiffre d'affaires correspond aux recettes perçues au cours de l'année. Pour les bénéfices industriels et commerciaux, il correspond à l'ensemble des recettes liées aux créances acquises au cours de l'année. L'entrepreneur a le droit de ne prendre en compte que les recettes effectivement perçues, à une condition : procéder de la même manière tous les ans.

Lorsque l'activité commence ou cesse en cours d'année, le seuil de chiffre d'affaires est ajusté au prorata du temps d'exercice de l'activité. Par exemple : une entreprise individuelle qui a démarré le 1er avril 2016 bénéficiera du régime de la micro-entreprise au titre de l'année 2016, si ses recettes n'excèdent pas :
(32 900 × 275 jours) / 365 jours = 24 787 €.

Seules les activités intermittentes ou saisonnières n'ont pas droit à cette proratisation.

L'abattement pour frais professionnels

Ce n'est pas l'entrepreneur, mais l'administration fiscale qui détermine le bénéfice imposable de l'entreprise, en appliquant à son chiffre d'affaires un abattement forfaitaire correspondant aux frais professionnels qu'elle estime avoir été engagés compte tenu de la taille et de l'activité de l'entreprise.

Depuis le 1er janvier 2011, les abattements forfaitaires sont les suivants :

- 71 % du chiffre d'affaires pour les activités de vente et pour les activités de fourniture de logement ;
- 50 % pour toutes les autres activités relevant des BIC ;
- 34 % pour celles relevant des BNC.

Le minimum d'abattement est fixé à 305 euros.

C'est donc l'application au chiffre d'affaires de ces abattements forfaitaires qui donne l'assiette d'imposition du régime « micro ». Il se peut toutefois que ces abattements forfaitaires ne soient pas forcément intéressants par rapport aux charges que l'entreprise doit supporter. De même, si l'entreprise fait de gros déficits, ils ne pourront pas être déduits des bénéfices. C'est pourquoi, après avoir bénéficié du régime « micro », l'entrepreneur peut finalement changer d'avis et opter, selon la nature de ses bénéfices, pour le régime réel d'imposition simplifié ou normal, ou pour la déclaration contrôlée (voir plus loin). L'option est valable pendant deux ans tant que l'entreprise reste de façon continue dans le champ d'application du régime de la micro-entreprise. Elle est ensuite reconduite tacitement par périodes de deux ans.

Les entreprises qui optent pour le régime réel d'imposition pour pouvoir déduire leurs frais réels peuvent en revanche continuer à bénéficier de la franchise de TVA (que nous allons expliquer tout de suite) tant que leur chiffre d'affaires demeure inférieur aux limites d'application du régime de la micro-entreprise.

Exonération de TVA… ou non

Les fiscalistes appellent cela *franchise en base de TVA*. Cela veut dire que l'entreprise est exonérée de collecter la TVA auprès de ses clients. Mais pas exonérée de la payer elle-même !

En effet, toutes les entreprises, quel que soit leur statut, sont soumises d'une part à la collecte de la TVA auprès de leurs clients et d'autre part au paiement de cette même taxe en acquittant les achats réalisés pour les propres besoins de leur activité. En échange, au moment de reverser le produit de la TVA au fisc, elles ont le droit de déduire le montant de la TVA qu'elles ont elles-mêmes acquittée.

Une seule exception à cette règle : les micro-entreprises (entendez les auto-entreprises et les entreprises individuelles soumises à ce régime d'imposition). Celles-ci sont en effet automatiquement exonérées de TVA : elles n'ont donc pas à la facturer à leurs clients, mais ne peuvent pas non plus récupérer la part de TVA qu'elles versent elles-mêmes.

Or il se peut que cela ne les avantage pas. Par exemple, si elles doivent supporter de gros achats et donc payer une forte TVA : dans ce cas, elles auraient intérêt à pouvoir la récupérer. C'est pourquoi, pour les micro-entreprises qui le souhaitent, il est possible d'opter pour le paiement de la TVA, c'est-à-dire pour l'obligation de facturer la TVA à leurs clients et, avant de la reverser au fisc, de déduire leur propre part de TVA.

Mais, dans ce cas, le régime de la micro-entreprise n'est plus possible : il faut alors passer au régime du bénéfice réel (pour cela, il suffit d'adresser une simple lettre d'option au centre des impôts). L'option est obligatoirement faite pour une durée minimale de deux ans. Elle prend effet le premier jour du mois au cours duquel elle est demandée.

Depuis le 1er octobre 2010, le seuil de l'obligation de télédéclarer et de télérégler la TVA est abaissé à 500 000 euros hors taxes. Ce seuil était auparavant fixé à 760 000 euros hors taxes. Puis, à compter du 1er octobre 2011, il a été de nouveau abaissé à 230 000 euros hors taxes. Si votre entreprise entre dans le cadre de cette obligation, vous devez déclarer et payer la TVA en ligne sur `www.impots.gouv.fr`, rubrique « Professionnels » puis « Espace abonné ».

ET SI L'ENTREPRISE DÉPASSE LES SEUILS DU RÉGIME « MICRO » EN COURS D'ANNÉE ?

Les entreprises exonérées de TVA restent placées sous le régime de la micro-entreprise pour l'année en cours et l'année suivante, à condition que leur chiffre d'affaires reste fixé, au 1er janvier 2015, entre :

» **82 200 et 90 300 € pour les livraisons de biens, les ventes à emporter ou à consommer sur place, ou les prestations d'hébergement ;**

» **32 900 et 34 900 € pour les autres prestations de services.**

En échange, durant la période, l'abattement pour frais s'applique sur la totalité du chiffre d'affaires, y compris sur la part entre les deux seuils. Et si l'entreprise continue à se développer et se met à dépasser les seuils maxima, elle perd le bénéfice de la franchise en base de TVA, et donc du régime « micro », à compter du premier jour du mois de dépassement.

À noter qu'une franchise spéciale est fixée pour les professions d'avocats, avoués, auteurs et artistes-interprètes : entre 42 600 et 52 400 € pour leurs activités spécifiques, et entre 17 500 et 21 000 € s'ils ont d'autres activités.

Le Conseil supérieur de l'ordre des experts-comptables, en partenariat avec l'Agence pour la création d'entreprise, a développé un simulateur de calcul de charges sociales et fiscales dédié aux entrepreneurs et notamment aux auto-entrepreneurs. Adresse : `www.experts-comptables.fr`.

Le régime du bénéfice réel

Comme son nom l'indique, ce régime est basé, non pas sur un bénéfice évalué forfaitairement par l'administration fiscale, mais sur le bénéfice réalisé réellement, net des charges. Ici, ce n'est plus le fisc, mais bien l'entrepreneur individuel qui a la responsabilité de déterminer lui-même le bénéficie imposable, compte tenu de ses recettes et de ses dépenses réelles.

Pour les BIC et les BA : les régimes du réel simplifié et normal

Pour les deux catégories d'activités relevant des bénéfices industriels et commerciaux et des bénéfices agricoles, il y a deux types de régimes réels : le *régime du réel simplifié* et le *régime du réel normal.*

Le régime du réel simplifié concerne les entreprises dont le chiffre d'affaires en 2011 est compris entre :

- 82 200 et 783 000 € pour le commerce relevant des BIC ;
- 32 900 et 236 000 € pour les services relevant des BIC ;
- 76 300 et 350 000 € pour les exploitations agricoles relevant des BA.

L'entrepreneur doit tenir une comptabilité régulière mais simplifiée : établir des factures, tenir une comptabilité de trésorerie au cours de l'année (détail des dépenses et recettes et établissement d'un bilan et d'un compte de résultat simplifiés en fin d'année).

Le régime du réel normal est réservé aux entreprises soumises aux BIC dont le chiffre d'affaires est supérieur à :

- 783 000 € hors taxe pour le commerce ;
- 236 000 € pour les services ;
- 350 000 € pour les exploitations agricoles.

L'entrepreneur doit tenir une comptabilité plus complète et régulière : factures, livre-journal, grand livre et livre d'inventaire, comptes annuels en fin d'année (bilan, compte de résultat et annexe).

Lorsque l'entrepreneur individuel opte pour un régime réel d'imposition (normal ou simplifié), le fisc lui impose une majoration de 25 % de son bénéfice imposable s'il n'adhère pas à un centre de gestion agréé (CGA, qui offre une aide en matière de gestion et de comptabilité – voir chapitre 3). L'entrepreneur adhérent d'un CGA ne subit donc pas à cette majoration.

L'entrepreneur est également dispensé de majoration s'il a recours à un expert-comptable ou une société d'expertise comptable, ou encore une association de gestion et de comptabilité, et s'il a conclu une convention avec l'administration fiscale.

Pour les BNC : la déclaration contrôlée

Pour les entreprises dont l'activité n'est pas commerciale et dont le chiffre d'affaires annuel dépasse les 32 900 euros du régime « micro », il y a un autre régime réel d'imposition, baptisé *déclaration contrôlée*, qui est d'ailleurs obligatoire pour certaines activités :

» Les officiers publics ou ministériels (notaires, huissiers de justice, avoués, etc.), quel que soit le montant de leurs recettes ;

» Les activités artistiques, littéraires, scientifiques ou sportives ;

» Les entrepreneurs qui réalisent dans une même entreprise des recettes commerciales et des recettes non commerciales, s'ils ont par ailleurs opté pour un régime réel d'imposition de leur bénéfice commercial ;

» Les cessions de valeurs mobilières ;

» Les associés d'une société de personnes exerçant une activité non commerciale, ainsi que les associés d'une société civile de moyens, dont les droits sont affectés à l'exercice de l'activité non commerciale, quel que soit le montant des recettes réalisées par la société ;

» Les entrepreneurs qui optent pour un régime réel de TVA ou qui sont exclus du régime de la franchise en base (voir les explications plus loin).

Le régime de la déclaration contrôlée peut également s'appliquer sur option : les entrepreneurs qui relèvent du régime « micro » peuvent préférer la déclaration contrôlée, par exemple lorsque leurs charges et leurs dépenses professionnelles déductibles dépassent 34 % de leurs recettes (c'est-à-dire l'abattement forfaitaire assorti au régime « micro »).

L'option pour le régime de la déclaration contrôlée est valable deux ans et reconductible tacitement pour une période de deux autres années.

Il existe bien sûr des obligations comptables. L'entrepreneur doit tenir :

» Un livre-journal détaillant ses recettes et ses dépenses (lorsque les recettes unitaires sont inférieures à 76 euros, elles peuvent être comptabilisées globalement en fin de journée et des justificatifs doivent alors être produits) ;

» Un registre des immobilisations et amortissements mentionnant la date d'acquisition des immobilisations (matériel, clientèle, immeubles, véhicules, etc.), leur nature et leur prix de revient, le détail des amortissements et, en cas de cession, la date et le prix de vente.

La déclaration de revenus de l'entreprise se fait d'abord au moyen d'un formulaire spécial (n° 2035), puis elle est reportée sur la déclaration générale des revenus (n° 2042).

Le bénéfice imposable est calculé sur un exercice comptable correspondant à l'année civile : il est égal à la différence entre les recettes encaissées effectivement au cours de l'exercice et les dépenses effectivement payées. Les déficits éventuels s'imputent sur les autres revenus et peuvent être reportés sur les six années suivantes.

Les dépenses qui peuvent être prises en compte sont celles dont le montant est réel et justifié, c'est-à-dire :

- Les frais d'installation ou de premier établissement ;
- Les achats de fournitures et produits revendus ;
- Les frais de locaux professionnels (en cas de bail mixte, seule la partie du loyer correspondant à l'activité professionnelle peut être déduite) ;
- Les frais de personnel ;
- Les honoraires rétrocédés, commissions et vacations (attention, il y a dans ce cas un formulaire spécial à remplir) ;
- Les achats de matériels et mobiliers ;
- Les frais de location de matériel ;
- Les impôts professionnels ;
- Les frais de déplacement, d'automobile ;
- Les frais de repas, de réception, d'assurances, de charges sociales, etc.

Les entrepreneurs qui font des bénéfices non commerciaux ont la possibilité d'opter pour la détermination de leur résultat selon le principe des créances acquises et des dépenses engagées jusqu'à la date de dépôt de la première déclaration de bénéfices, c'est-à-dire avant le 1er mai de l'année qui suit le début de l'activité.

La question de la TVA

Nous l'avons vu, toutes les entreprises, quel que soit leur statut, sont soumises à la collecte et au paiement de la TVA, excepté les micro-entreprises. Toutefois, elles peuvent préférer opter pour la collecte et la récupération de leur propre TVA, ce qui les fait passer au régime du bénéfice réel (simplifié ou normal).

Le paiement de la TVA prend effet le premier jour du mois au cours duquel l'option est formulée. Elle couvre obligatoirement une période de deux années civiles, y compris celle au cours de laquelle elle est formulée : une option déclarée le 1er avril 2016 produira ses effets jusqu'au 31 décembre 2016.

Depuis le 1er octobre 2014, toutes les entreprises soumises au régime réel d'imposition en matière de TVA, y compris les nouvelles, doivent télédéclarer et télérégler la taxe.

TROIS PARTICULARITÉS : L'EURL, LA SARL DE FAMILLE, LA SOCIÉTÉ EN NOM COLLECTIF

Dans le cas de l'EURL, puisque les revenus professionnels de l'associé unique correspondent au bénéfice net de l'entreprise, il n'est pas possible de dissocier les bénéfices de l'entrepreneur et ceux de son entreprise. C'est la raison pour laquelle, même si l'entreprise est installée en société, le régime fiscal de l'EURL n'est pas l'impôt sur les sociétés, mais l'impôt sur le revenu. Autrement dit, du point de vue fiscal, EURL et entreprises individuelles ont le même régime : l'impôt sur le revenu de l'entrepreneur.

Les SARL « de famille » (détenues par une même famille, nous l'avons vu au chapitre précédent) peuvent opter pour le paiement de l'impôt sur le revenu dans la catégorie des BIC au nom de chaque associé pour la partie des bénéfices qui leur revient, y compris la partie correspondant à leur rémunération.

La société en nom collectif, quant à elle, étant une société de personnes, n'est pas, en principe, assujettie à l'impôt sur les sociétés, puisque chaque associé est imposé sur les bénéfices qu'il perçoit personnellement, dans la catégorie des BIC. Par conséquent, la SNC est assujettie à l'impôt sur le revenu. Toutefois, les associés peuvent tout de même opter pour l'impôt sur les sociétés. Dans ce cas, la rémunération des associés se déduit des bénéfices de la société.

L'impôt sur les sociétés

À la différence de l'imposition des entreprises individuelles, qui ne sépare pas les revenus de l'entreprise et ceux de l'entrepreneur, lorsque l'entreprise prend un statut de société, elle est soumise à un impôt spécialement conçu à cet effet : l'impôt sur les sociétés, qui est un impôt sur les personnes morales et non plus sur les personnes physiques.

Le bénéfice net

Le régime de la micro-entreprise n'étant pas accessible aux sociétés, celles-ci sont automatiquement soumises au régime du bénéfice réel simplifié ou normal (voir pages précédentes).

Une distinction est faite entre le bénéfice dégagé par l'activité, qui est imposable en tant que tel au titre de l'impôt sur les sociétés, et la rémunération de ses dirigeants, qui est imposable au titre de l'impôt sur le revenu (les rémunérations entrent dans la catégorie des traitements et salaires, tandis que les dividendes entrent dans celle des revenus mobiliers).

Du bénéfice global réalisé par la société, on commence par déduire la rémunération des dirigeants, puisqu'elle est imposée par ailleurs. Le déficit se reporte également sur les bénéfices réalisés par la société les années ultérieures sans limitation de durée. En aucun cas, il ne peut s'imputer sur la déclaration d'impôt personnelle des dirigeants en déduction d'autres revenus éventuels. On obtient alors le bénéfice net, qui est le montant imposable au titre de l'impôt sur les sociétés.

L'imposition s'applique dans tous les cas, que les bénéfices soient redistribués ou non aux associés sous forme de dividendes. Les dividendes ne sont pas considérés comme une rémunération, mais comme des revenus de capitaux mobiliers. Comme les salaires, ils sont soumis aux prélèvements sociaux (15,5 %) sur leur montant brut. Ensuite, ils bénéficient d'un abattement de 40 % sans limitation de montant.

Une société n'est imposable sur ses bénéfices que si elle est exploitée en France. Le montant du bénéfice à déclarer chaque année est donc celui que la société réalise dans tous ses établissements français. Si la société est française mais qu'elle exerce une activité à l'étranger, elle n'est pas imposable sur les bénéfices qu'elle réalise à l'étranger.

Depuis le 1er janvier 2013, les personnes physiques qui perçoivent des dividendes doivent acquitter un prélèvement à la source, non libératoire et imputable sur l'impôt sur le revenu à venir, au taux de 21 %. Cependant, ce prélèvement n'est pas applicable quand le revenu fiscal de référence du foyer fiscal de l'entrepreneur, pour l'avant dernière année, est inférieur à 50 000 € pour une personne seule ou 75 000 € pour un couple

L'IMPOSITION « GROUPÉE »

En principe, chaque société paie l'impôt sur les sociétés sur ses propres bénéfices. Si une société est française et qu'elle a des filiales en France, elle peut opter pour un régime dit de groupe. Il permet à la société mère d'intégrer dans ses bénéfices imposables ceux de ses filiales françaises, à condition qu'elle contrôle au moins 95 % de leur capital. La société mère paie alors l'impôt sur les sociétés sur l'ensemble des bénéfices du groupe qu'elle forme avec ses filiales.

Le taux d'imposition de l'impôt sur les sociétés

À la différence de l'impôt sur le revenu dont le taux est progressif compte tenu de la situation familiale de l'entrepreneur, l'impôt sur les sociétés a deux taux fixes :

» **Un taux réduit de 15 % :** ce taux porte sur la fraction des bénéfices imposables inférieure à 38 120 euros, puis passe à 33,33 % pour le reste des bénéfices. Pour bénéficier de ce taux, l'entreprise doit réaliser un chiffre d'affaires hors taxes inférieur à 7 630 000 euros. En outre, le capital doit être entièrement libéré et détenu pour 75 % au moins par des personnes physiques ou par une société elle-même détenue à 75 % au moins, par des personnes physiques. Ce montant est apprécié par période de douze mois ;

» **Un taux normal de 33,33 % :** ce taux porte sur la part des bénéfices supérieure à 38 120 euros. Et si le capital de la société n'a pas entièrement été versé par les associés ou est détenu pour moins de 75 % par des personnes physiques, l'ensemble de ses bénéfices est imposé à 33,33 %.

L'impôt sur les sociétés est le régime de droit applicable aux sociétés de capitaux (SARL, SA, SAS, SCA, SEL, SELARL, etc. – voir chapitre 10), soit environ un tiers des entreprises françaises.

Compte tenu de la nature de leur activité, certaines personnes morales sont également assujetties à cet impôt, même si elles n'appartiennent pas aux sociétés de capitaux. C'est le cas des sociétés civiles qui ont une activité industrielle ou commerciale et des associations réalisant des opérations lucratives.

La déclaration de résultats

Les sociétés imposables sur leurs bénéfices doivent déposer chaque année une déclaration sur un formulaire spécial (n° 2065), accompagnée d'annexes correspondant soit au régime réel simplifié, soit au régime réel normal. Ces déclarations doivent être adressées (par courrier classique ou informatique) au service des impôts des entreprises dont dépend l'établissement principal ou à la Direction des grandes entreprises (DGE) pour les sociétés qui relèvent de ce service. Les délais de dépôt de déclaration sont les suivants :

- Soit dans les trois mois de la clôture de l'exercice, lorsque la date de clôture n'intervient pas le 31 décembre ;
- Soit au plus tard le 30 avril de l'année suivante, quand la date de clôture est intervenue le 31 décembre de l'année précédente, ou en l'absence de clôture d'un exercice au cours de l'année précédente (mais la limite légale du 30 avril est en général repoussée de quelques jours chaque année afin de faciliter les démarches des nombreuses entreprises qui doivent déposer à cette date).

Pour les sociétés ayant un chiffre d'affaires hors taxes supérieur à 15 millions d'euros ou qui dépendent de la Direction des grandes entreprises, cette procédure est obligatoire.

POUR LES SOCIÉTÉS NOUVELLES

Une société nouvelle imposable à l'impôt sur les sociétés doit déposer sa déclaration de résultats dans les trois mois de la clôture de son premier exercice. Elle choisit la date à sa convenance, à condition que la déclaration intervienne au plus tard le 31 décembre de l'année suivant celle de sa création. En règle générale, les sociétés nouvelles choisissent comme date de clôture de leur premier exercice :

- **Soit le 31 décembre de leur année de création (exercice de douze mois ou de moins de douze mois) ;**
- **Soit le dernier jour de leur douzième mois d'activité ;**
- **Soit le 31 décembre de l'année suivant celle de leur création (date limite de clôture d'un premier exercice de plus de douze mois).**

Un paiement spontané

Contrairement à d'autres impôts, l'impôt sur les sociétés n'est pas calculé par l'administration fiscale : aucun avis d'imposition ne sera donc adressé à votre société, c'est vous qui devez calculer et payer spontanément votre impôt.

Les acomptes

Le paiement est réparti sur l'année. Il s'effectue au moyen de relevés d'acompte (n° 2571) et de solde (n° 2572) déposés au service des impôts des entreprises du lieu de dépôt de la déclaration de résultats ou à la Direction des grandes entreprises. Au cours de chacun de vos exercices, vous devez verser quatre acomptes payables au plus tard les 15 mars, 15 juin, 15 septembre et 15 décembre de chaque année.

Chaque acompte, égal au quart de l'impôt payé sur les bénéfices de l'exercice précédent, est calculé sur un relevé d'acompte. Lorsque l'exercice servant de référence au calcul des acomptes est inférieur ou supérieur à douze mois, les acomptes sont calculés sur la base de bénéfices rapportés à une période de douze mois.

Le paiement de l'acompte est effectué à l'aide du relevé d'acompte de l'impôt sur les sociétés (n° 2571).

DISPENSES D'ACOMPTE

Il existe des cas de dispense de versement d'acomptes.

Si votre société est nouvellement créée ou si votre société est nouvellement soumise à l'impôt sur les sociétés, vous êtes dispensé de tout versement d'acompte au titre de votre premier exercice d'activité, ou de votre première période d'imposition relevant de l'impôt sur les sociétés. Cette période de dispense de versement d'acomptes ne peut excéder le 31 décembre de l'année suivant la date d'ouverture du premier exercice soumis à l'impôt sur les sociétés.

Par ailleurs, dans tous les cas, vous n'avez aucun acompte à payer si l'impôt sur les sociétés de votre dernier exercice clos est inférieur à 3 000 euros.

Des modalités particulières de calcul du dernier acompte à verser sont prévues pour les sociétés dont le montant du chiffre d'affaires (ramené, le cas échéant, sur une période de douze mois) est supérieur à 1 milliard d'euros et dont le bénéfice estimé de l'exercice en cours a augmenté d'au moins 25 % ou 50 % suivant leur taille par rapport à l'exercice précédent. Voici ces modalités :

» Pour les sociétés dont le chiffre d'affaires est compris entre 1 et 5 milliards d'euros et dont le bénéfice estimé a augmenté de plus de 50 % par rapport à l'exercice précédent, le montant de cet acompte est égal aux deux tiers du montant de l'impôt estimé sur le bénéfice de l'exercice en cours diminué du montant des acomptes déjà payés au titre de cet exercice ;

» Pour les sociétés dont le chiffre d'affaires est supérieur à 5 milliards d'euros et dont le bénéfice estimé a augmenté de plus de 25 % par rapport à l'exercice précédent, le montant de cet acompte est égal à 80 % du montant de l'impôt estimé sur le bénéfice de l'exercice en cours diminué du montant des acomptes déjà payés au titre de cet exercice.

Le paiement du solde

Le solde est égal à l'impôt sur les sociétés dû sur les bénéfices annuels réalisés, diminué des acomptes déjà versés. Lorsqu'il y a lieu, l'imposition forfaitaire annuelle (IFA), ainsi que les crédits d'impôt disponibles sont aussi retranchés. Vous devez payer ce solde au plus tard le 15 du quatrième mois qui suit la clôture de votre exercice ou, si aucun exercice n'est clos en cours d'année, le 15 mai de l'année suivante.

Le paiement du solde est effectué à l'aide du relevé de solde de l'impôt sur les sociétés (n° 2572).

Si vous ne réglez pas votre impôt dans ces délais, vous encourez un intérêt de retard et une majoration de 5 % sur les sommes non versées.

Les possibilités d'exonération d'impôt sur les bénéfices

Les entreprises nouvellement créées bénéficient d'exonérations d'impôt sur les bénéfices, si elles s'installent dans un bassin d'emploi prioritaire. Les dispositifs d'aides fiscales sont nombreux : zone d'aide à finalité régionale (ZAFR), zone franche urbaine, bassin d'emploi à redynamiser (BER), zone de revitalisation rurale (ZRR), quartier prioritaire de la politique de la ville (QPPV, qui se substituent aux 751 anciennes zones urbaines sensibles et aux 416 anciennes zones de redynamisations urbaines), zone de redynamisation de la défense (ZRD).

L'atlas des zones urbaines prioritaires est disponible sur le site du Système d'information géographique de la politique de la ville (`http://sig.ville.gouv.fr`), en lien avec le nouveau Commissariat général à l'égalité des territoires (www.cget.gouv.fr). Celui-ci est issu de la fusion de la Délégation à l'aménagement du territoire et à l'attractivité régionale (Datar), du Comité interministériel des villes et de l'Agence pour la cohésion sociale et l'égalité des chances.

L'installation dans une zone d'aide à finalité régionale (ZAFR)

L'aide à finalité régionale est un dispositif destiné à contribuer au développement des territoires en difficulté de l'Union européenne, parmi lesquels figurent les zones rurales. Les zones d'aide à finalité régionale donnent droit, pour les entreprises qui s'y implantent, à un ensemble d'exonérations fiscales.

Pour bénéficier de ce dispositif, l'entreprise doit se créer au plus tard le 31 décembre 2020.

Toutes les entreprises nouvelles sont concernées par l'exonération fiscale, si elles sont soumises à un régime réel d'imposition. Le siège social, mais aussi l'ensemble de l'activité et des moyens d'exploitation de l'entreprise, doivent être implantés dans la zone éligible.

Pour les activités non sédentaires (métiers du bâtiment, commerçants ambulants, activités immobilières, etc.), cette condition est considérée comme satisfaite si l'entreprise réalise au moins 85 % de son chiffre d'affaires en zone éligible. Sinon, l'entreprise bénéficie de l'exonération uniquement sur la partie de son chiffre d'affaires réalisé en zone éligible. Le chiffre d'affaires réalisé hors zone sera donc imposé normalement.

Par ailleurs, l'activité doit être réellement nouvelle. Cela exclut les entreprises créées dans le cadre d'une concentration, d'une restructuration, d'une extension ou d'une reprise d'activité existante.

Il y a extension d'une activité existante lorsque l'activité de l'entreprise créée prolonge celle d'une entreprise déjà existante. *Idem* en présence d'une communauté d'intérêts entre l'entreprise créée et une entreprise existante. Dans ce cas, les liens personnels, financiers ou commerciaux caractérisent une dépendance.

Les associations peuvent bénéficier de l'exonération, dès lors qu'elles exercent une activité lucrative les rendant passibles de l'impôt sur les sociétés (voir chapitre 10), et que leur activité satisfait aux conditions pour en bénéficier. En revanche, les GIE ne sont pas concernés.

Quelle exonération ?

Les bénéfices réalisés au cours des vingt-quatre premiers mois, à compter de la date de la création de l'entreprise sont exonérés à 100 %. Ensuite, voici le calendrier des abattements fiscaux :

- La troisième période de douze mois : abattement de 75 % ;
- La quatrième période de douze mois : abattement de 50 % ;
- La cinquième période de douze mois : abattement de 25 %.

Bien sûr, il y a un plafond : les avantages fiscaux dont bénéficie une entreprise nouvelle ne peuvent pas dépasser 200 000 euros sur une période glissante de trois exercices fiscaux. Et, pour une entreprise de transport, ce plafond est fixé à 100 000 euros.

La nature de l'activité

Il peut d'agir d'activités industrielles, commerciales ou artisanales sans exception. Pour que les activités libérales soit concernées, elles doivent être exercées sous forme de société soumise à l'impôt sur les sociétés. Et elles doivent employer au moins trois salariés, en CDI ou en CDD d'au moins six mois, à la clôture du premier exercice, puis au cours de chaque exercice de la période d'application du dispositif.

Certaines activités en sont exclues :

- Les activités de pêche maritime ;
- Les activités bancaires et financières ;
- Les activités d'assurances, sauf le courtage ;
- Les activités de gestion ou de location d'immeubles.

Néanmoins, il est possible de bénéficier quand même de l'exonération. Mais alors, il faut qu'elles soient exercées à titre accessoire et qu'elles soient le complément indispensable d'une activité principale, elle-même éligible à l'exonération.

La question du contrôle de la société

Lorsque l'entreprise est constituée sous forme de société, son capital ne doit pas être détenu, directement ou indirectement, pour plus de 50 % par d'autres sociétés. Sinon, pas d'exonération possible.

Ce seuil doit être respecté dès le démarrage de l'activité et pendant toute la période au cours de laquelle la société souhaite bénéficier de l'exonération.

Pour le calcul de ce seuil, on prend en compte les parts des associés qui :

- Exercent en droit ou en fait des fonctions de direction ou d'encadrement dans une autre entreprise, lorsque l'activité de cette entreprise est similaire à celle de l'entreprise nouvelle, ou lui est complémentaire ;
- Possèdent avec les membres de leur foyer fiscal plus de 25 % des droits sociaux dans une autre entreprise, dont l'activité est similaire à celle de l'entreprise nouvelle ou lui est complémentaire.

L'installation dans une zone franche urbaine (ZFU)

Un dispositif d'exonération d'impôt sur les bénéfices s'applique aux nouvelles entreprises qui s'installent dans l'une des cents zones franches urbaines (ZFU). L'exonération fiscale concerne à la fois les entreprises individuelles et les sociétés, quel que soit le régime d'imposition qu'elles ont choisi (régime de la micro-entreprise ou du réel).

Tous les secteurs d'activité sont concernés par l'exonération fiscale sauf la construction automobile, la construction navale, la fabrication de fibres textiles artificielles ou synthétiques, la sidérurgie, le transport routier de marchandises, l'agriculture, les activités de crédit-bail mobilier et de location d'immeubles à usage non professionnel.

QUELLE EXONÉRATION ?

Depuis le 1er janvier 2015, l'exonération d'imposition des bénéfices (soumis à l'impôt sur le revenu ou à l'impôt sur les sociétés) est totale pendant cinq ans. Elle s'applique dans la limite de 50 000 € par période de douze mois.

Ce montant peut être majoré de 5 000 € par nouveau salarié embauché à compter du 1er janvier 2015. Ce salarié doit être domicilié dans un quartier prioritaire de la politique de la ville ou dans une ZFU et employé à temps plein pendant au moins 6 mois.

Ensuite, l'exonération d'imposition des bénéfices devient partielle pendant encore trois ans. Elle s'élève à :

- 60 % au cours de la première année suivant la période d'exonération totale ;

- 40 % au cours de la deuxième année suivant la période d'exonération totale ;
- 20 % au cours de la troisième année suivant la période d'exonération totale.

Si des bénéfices sont réalisés hors zone franche urbaine, la fraction du chiffre d'affaires qui les a produits est soumise à l'impôt.

Pour les entreprises qui se créent à compter du 1e janvier 2016, l'exonération d'impôt est subordonnée à la signature d'un contrat de ville (loi de programmation pour la ville et la cohésion sociale du 21 février 2014).

À QUELLES CONDITIONS ?

Pour bénéficier de l'exonération fiscale en zone franche urbaine, il faut remplir plusieurs conditions :

- La jeune entreprise doit disposer d'une implantation matérielle en zone franche urbaine : bureau, cabinet, atelier, succursale, salariés, etc. ;
- Elle doit y exercer une activité effective : réception de clientèle, réalisation de prestations, réception et expédition de marchandises, négoce...) ;
- Cette implantation doit être susceptible de générer des bénéfices ou des recettes professionnelles ;
- L'entreprise n'emploie pas plus 50 salariés à la date de sa création ou de son implantation dans la zone franche ;
- Elle réalise un chiffre d'affaires ou un total de bilan inférieur à 10 millions d'euros.

Si d'autres sociétés détiennent directement ou indirectement des part du capital et des droits de vote dans le conseil d'administration de la jeune entreprise en zone franche, la limite est fixée à 25 % de son capital, s'il s'agit d'entreprises dont l'effectif dépasse 250 salariés et dont le chiffre d'affaires annuel (hors taxe) excède 50 millions d'euros ou dont le total du bilan annuel excède 43 millions d'euros. Ne comptent pas dans les 25 % : les sociétés de capital-risque, les sociétés unipersonnelles d'investissement à risque, les sociétés de développement régional, les sociétés financières d'innovation, les fonds communs de placement à risques et les fonds d'investissement de proximité.

Enfin, si l'entreprise exerce tout ou partie d'une activité non sédentaire (métiers du bâtiment, commerce ambulant, taxis...) hors zone franche, elle ne peut bénéficier de l'exonération d'impôt que sur la partie de son bénéfice issue de l'activité exercée dans la zone. Mais dans cette hypothèse, il faut tout de même qu'elle ait une implantation effective dans la zone franche et être l'une des deux situations suivantes:

- Employer au moins un salarié sédentaire à temps plein, ou équivalent, exerçant ses fonctions dans les locaux affectés à l'activité ;
- Ou réaliser au moins 25 % de son chiffre d'affaires auprès de clients situés dans la zone franche.

LA CLAUSE D'EMBAUCHE LOCALE

La loi de finances rectificative de décembre 2014 subordonne l'exonération d'impôt sur les bénéfices à une clause d'embauche locale pour les entreprises qui se créent à compter du 1er janvier 2015. Désormais, ces entreprises doivent également respecter une des deux conditions suivantes :

- **Au moins la moitié du total des salariés doit résider dans une zone franche urbaine ou un quartier prioritaire et doit être en CDI ou CDD d'au moins douze mois ;**
- **Au moins la moitié du total des salariés, remplissant ces conditions de contrat et de résidence, doit avoir été embauchée à compter de la création ou de l'implantation de l'entreprise dans la zone franche.**

Ces conditions s'apprécient à la clôture de l'exercice ou de la période d'imposition au titre desquels l'exonération d'impôt est susceptible de s'appliquer.

Si l'entreprise a été transférée, reprise ou fait partie d'une opération de concentration ou de restructuration, et qu'elle a bénéficié de l'exonération applicable en zone franche urbaine, elle continue à en bénéficier pour la période restant à courir.

L'installation dans une zone de revitalisation rurale (ZRR)

Une zone de revitalisation rurale est une zone présentant des difficultés accentuées de développement, avec une faible densité démographique et un handicap structurel sur le plan socio-économique. C'est pourquoi les pouvoirs publics essaient d'offrir aux entreprises qui s'y implantent des aides incitatives.

Quelle exonération ?

Les bénéfices réalisés au cours des cinq années, à compter de la date de la création ou de la reprise d'entreprise, sont exonérés à 100 %. Ensuite, l'exonération devient partielle et dégressive pendant les trois années suivantes. Elle porte sur :

» 75 % des bénéfices réalisés la première année suivant la période d'exonération totale ;

» 50 % la deuxième année suivant la période d'exonération totale ;

» 25 % la troisième année suivant la période d'exonération totale.

Là aussi, les avantages fiscaux dont bénéficie une entreprise nouvelle ne peuvent pas dépasser 200 000 euros sur une période glissante de trois exercices fiscaux (et 100 000 euros pour une entreprise de transport).

Les entreprises concernées

Toutes les entreprises nouvelles ou reprises sont concernées, qu'il s'agisse d'entreprises individuelles ou de sociétés soumises à l'impôt sur les sociétés ou à l'impôt sur le revenu.

Les entreprises individuelles doivent néanmoins répondre aux conditions suivantes :

» Exercer une activité industrielle, commerciale, artisanale ou libérale (sauf les activités bancaires, financières, d'assurance, de gestion ou de location d'immeubles ou de pêche maritime) ;

» Être soumises à un régime réel d'imposition : les micro et auto-entrepreneurs sont donc exclus ;

» Employer moins de dix salariés en CDI ou en CDD de six mois minimum, à la date de clôture du premier exercice et au cours de chaque exercice de la période d'application,

Quant aux sociétés, leur capital social ne doit pas être détenu, directement ou indirectement, pour plus de 50 % par d'autres sociétés.

L'exonération ne s'applique pas :

» Aux entreprises créées dans le cadre d'une extension d'activité préexistante ;

» Aux entreprises créées ou reprises à la suite du transfert d'une activité précédemment exercée par une entreprise ayant bénéficié d'un dispositif d'exonération ;

- À l'issue d'une opération de reprise ou de restructuration, si le cédant, son conjoint, le partenaire auquel il est lié par un pacs, leurs ascendants ou descendants, leurs frères et sœurs détiennent directement ou indirectement plus de 50 % des droits de vote ou des droits dans les bénéfices sociaux de la société ;
- Aux entreprises individuelles qui ont fait l'objet d'une opération de reprise ou de restructuration au profit du conjoint ou du partenaire lié par un pacs du cédant, ses ascendants ou descendants, ses frères et sœurs.

Les entreprises créées qui peuvent prétendre à un autre dispositif d'exonération d'impôt sur le bénéfice ont six mois, à compter de leur début d'activité, pour exercer une option pour ce régime d'exonération.

LES BASSINS D'EMPLOI À REDYNAMISER ET LES ZONES DE RESTRUCTURATION DE LA DÉFENSE

Deux régions sont actuellement intégrées au dispositif d'aide baptisé Bassins d'emploi à redynamiser (BER) :

- **Champagne-Ardenne : la zone d'emploi de la Vallée de la Meuse ;**
- **Midi-Pyrénées : la zone d'emploi de Lavelanet.**

Jusqu'au 31 décembre 2017, les entreprises qui s'implantent dans l'un ou l'autre de ces bassins d'emploi peuvent bénéficier, pendant cinq ans, d'une exonération d'impôt sur les bénéfices, d'une exonération de la cotisation foncière des entreprises et de la taxe foncière. Sont concernées :

- **les entreprises exerçant une activité commerciale, artisanale ou industrielle, quels que soient leur forme juridique et leur mode d'imposition (régime de la micro-entreprise, du réel simplifié ou du réel normal) ;**
- **les sociétés exerçant une activité non commerciale soumises à l'impôt sur les sociétés.**

Les activités de crédit-bail mobilier, agricoles, de la construction-vente ou de gestion de patrimoine mobilier ou immobilier sont exclues.

Quant aux Zones de restructuration de la défense (ZRD), les exonérations sont sensiblement les mêmes. Elles ont été reconduites jusqu'en 2019. Pour accompagner le redéploiement des armées en France, elles favorisent l'implantation d'activités industrielles, artisanales, commerciales, libérales (soumises à l'impôt sur les sociétés) et de location d'immeubles professionnels munis de leurs équipements.

Renseignements au service des impôts de l'un de ces bassins d'emploi.

Les jeunes entreprises innovantes (JEI)

Les jeunes entreprises innovantes sont des entreprises qui réalisent des projets de recherche et de développement. Pour être qualifiées de JEI, elles doivent remplir des conditions précises :

- Être une PME, c'est-à-dire employer moins de 250 personnes, et avoir réalisé un chiffre d'affaires inférieur à 50 millions d'euros au cours de l'exercice, ou disposer d'un total de bilan inférieur à 43 millions d'euros ;
- Être créée depuis moins de huit ans ;
- Être réellement nouvelle, c'est-à-dire ne pas avoir été créée dans le cadre d'une concentration, d'une restructuration, d'une extension d'activité préexistante ou d'une reprise ;
- Employer moins de 250 personnes au cours de l'exercice au titre duquel elle demande à bénéficier de ce statut ;
- Réaliser un chiffre d'affaires inférieur à 50 millions d'euros et disposer d'un total de bilan inférieur à 43 millions d'euros ;
- Avoir réalisé des dépenses de recherche représentant au moins 15 % des charges fiscalement déductibles au titre de cet exercice, à l'exclusion des charges engagées auprès d'autres jeunes entreprises innovantes réalisant des projets de recherche et de développement.

Côté capital, elle doit aussi être détenue de manière continue à hauteur d'au moins 50 % par :

- Des personnes physiques ;
- Une société dont le capital est détenu à hauteur d'au moins 50 % par des personnes physiques ;
- Une société qualifiée elle-même de jeune entreprise innovante réalisant des projets de recherche et de développement.

La jeune entreprise innovante peut aussi être détenue à au moins 50 % par :

- Des fondations ou associations reconnues d'utilité publique à caractère scientifique ;
- Des établissements publics de recherche et d'enseignement ou leurs filiales ;

- Des sociétés de capital-risque ;
- Des fonds communs de placement à risques ;
- Des sociétés de développement régional ;
- Des sociétés financières d'innovation ;
- Des sociétés unipersonnelles d'investissement à risque.

Il ne doit pas y avoir de lien de dépendance entre la jeune entreprise innovante et ces sociétés ou ces fonds.

Si toutes ces conditions sont remplies, la jeune entreprise innovante bénéficie de plusieurs avantages fiscaux jusqu'au 31 décembre 2016. D'abord, d'une exonération d'impôt sur les bénéfices sur deux exercices :

- Exonération totale sur le premier exercice bénéficiaire ;
- Exonération partielle à hauteur de 50 % sur l'exercice suivant.

Les conditions d'éligibilité doivent être réunies pour chaque exercice.

Cette exonération d'impôt n'est pas cumulable avec les autres avantages fiscaux, énoncés dans les pages précédentes (les zones franches urbaines, etc.). En revanche, durant toute la période d'exonération d'impôts, la jeune entreprise est également exonérée :

- De contribution économique territoriale (CET, détaillée après) et de taxte foncière pendant 7 ans sur délibération des collectivités territoriales ;
- De taxe foncière et/ou de la contribution économique territoriale sur décision des collectivités locales concernées, pendant sept ans ;
- D'imposition sur les plus-values, en cas de cession des titres de la jeune entreprise.

Le statut de Jeune entreprise innovante est cumulable avec le crédit d'impôt recherche (CIR, voir encadré).

Par ailleurs, la jeune entreprise innovante a également droit à des exonérations de charges sociales, étudiées au chapitre suivant.

LE CRÉDIT D'IMPÔT RECHERCHE

Le crédit d'impôt recherche (CIR) a pour but de soutenir les entreprises qui engagent des dépenses de recherche fondamentale et de développement expérimental. Sous certaines conditions, elles peuvent les déduire de leur impôt.

Le taux du CIR varie selon le montant des investissements :

- **30 % pour les dépenses de recherche jusqu'à 100 millions d'euros (50 % dans les départements d'outre-mer) ;**
- **5 % au-delà.**

Les subventions publiques reçues pour les mêmes projets doivent être déduites des bases de calcul du crédit. Les subventions remboursables sont ajoutées aux bases de calcul pour l'année de leur remboursement.

Le crédit d'impôt applicable aux dépenses d'innovation des PME est de 20 % (ou 40 % dans les départements d'outre-mer), sur des dépenses plafonnées à 400 000 € par an.

Les jeunes entreprises universitaires (JEU)

C'est une variante de la jeune entreprise innovante. Elle est entrée en vigueur le 1er janvier 2009 pour favoriser les créations d'entreprise dans le secteur universitaire. Toutes les formes juridiques et les régimes fiscaux sont admis.

Les conditions pour solliciter le statut de jeune entreprise universitaire sont exactement les mêmes que pour les jeunes entreprises innovantes : être une PME de moins de huit ans, créée et non reprise, au chiffre d'affaires réduit. Ses dirigeants doivent être étudiants, jeunes diplômés et/ou enseignants. Ils doivent avoir participé à des travaux de recherche au cours de leur scolarité ou dans l'exercice de leur fonction universitaire. L'activité principale de l'entreprise doit être la valorisation de ces travaux.

Les « travaux de recherche » sont des « travaux de création mis en œuvre en vue d'accroître la somme des connaissances, ainsi que l'utilisation de ces connaissances pour de nouvelles applications ». Tous les domaines de recherche peuvent être couverts : mathématiques, physique, chimie, informatique, biologie, médecine, sciences de la terre et de l'univers, sciences de l'ingénieur, sciences humaines, sciences politiques, économiques, financières. Ces travaux doivent avoir été réalisés au sein d'une unité de recherche relevant de l'établissement d'enseignement supérieur, ou dans le cadre d'une formation sanctionnée par un diplôme délivré par l'établissement, et conférant au moins le grade de master.

Les exonérations attachées au statut de jeune entreprise universitaire sont les mêmes que pour les jeunes entreprises innovantes :

- Pas d'impôt sur les bénéfices sur cinq exercices ;
- Pas de taxe foncière et/ou de contribution économique territoriale ;
- Pas d'imposition sur les plus-values, en cas de cession des titres de la jeune entreprise (avec les mêmes conditions de souscription de durée de détention) ;
- Des exonérations de charges sociales (étudiées au chapitre suivant).

La contribution économique territoriale

La taxe professionnelle a été supprimée le 1er janvier 2010 : les équipements et les biens mobiliers et les recettes des entreprises ne sont désormais plus assujettis à un impôt. Mais comme la nature a horreur du vide, la taxe a été remplacée par une nouvelle venue, baptisée *contribution économique territoriale*, qui comprend elle-même deux prélèvements : la *cotisation foncière des entreprises (CFE)* et *la cotisation sur la valeur ajoutée des entreprises (CVAE).*

La somme des deux cotisations correspond au montant global de la contribution économique territoriale à payer par l'entreprise, qui peut faire l'objet d'une réduction au titre du plafonnement de la valeur ajoutée ou de la réduction temporaire pour accroissement de taxe pour les entreprises.

La cotisation foncière des entreprises

Cette cotisation s'applique à toutes les personnes physiques et les sociétés qui exercent une activité professionnelle non salariée au 1er janvier de l'année. Les entreprises y sont assujetties dans chaque commune où elles disposent de locaux et de terrains.

Les communes sont désormais les seules bénéficiaires de cette taxe. L'État, les départements, les régions, les chambres de commerce et d'industrie et les chambres de métiers (qui font elles-mêmes l'objet d'une réforme) ne touchent pas un centime de la CFE.

Calcul et montant

La CFE est calculée sur la valeur locative des biens immobiliers passibles de la taxe foncière, utilisés par l'entreprise pour les besoins de son activité, au cours de l'avant-dernière année (en 2015, on s'appuie sur 2013).

La valeur locative correspond au montant retenu par l'administration fiscale pour le calcul de la taxe foncière.

Ensuite, le taux de la taxe est local : c'est la commune qui le fixe, avec une cotisation minimale (entre 210 et 6 500 euros). Il y a donc de fortes disparités d'une commune à une autre, y compris en matière de réductions et de crédit d'impôt.

Les possibilités d'exonérations

Les personnes exerçant une nouvelle activité commerciale, artisanale ou libérale sous le régime de la micro-entreprise et qui ont opté pour le régime microsocial (notamment les auto-entrepreneurs) sont exonérées de la cotisation foncière des entreprises l'année de création et les deux années suivantes. Mais il y a deux conditions :

- L'option pour le régime microsocial doit être formulée au plus tard le 31 décembre de l'année de création de l'entreprise ou, en cas de création après le 1er octobre, dans un délai de trois mois à compter de la date de création de l'entreprise ;
- L'auto ou le micro-entrepreneur, son conjoint, le partenaire auquel il est lié par un pacs, ses ascendants et descendants ne doivent pas avoir exercé, au cours des trois années qui précèdent la création, une activité similaire à celle de l'entreprise nouvellement créée.

Pour pouvoir bénéficier de cette exonération, il faut déposer, avant le 31 décembre de l'année de début d'activité, une demande (déclaration 1447-C-SD, formulaire n° 14187*01, téléchargeable depuis le site `www.impots.gouv.fr`). Le dépôt de la déclaration peut également intervenir dans les trois mois qui suivent la création de l'entreprise, si elle intervient à partir d'octobre.

Des exonérations temporaires peuvent également être accordées aux entreprises par certaines communes, en raison de leur lieu d'implantation.

Par ailleurs, certains métiers sont également exonérés de CFE :

- Les activités culturelles non commerciales : peintres, sculpteurs, graveurs, dessinateurs, photographes d'art, artistes lyriques et dramatiques, auteurs et compositeurs ;
- Les éditeurs de publications périodiques ;
- Les agences de presse agréées ;
- Les professeurs de lettres, sciences et arts d'agrément ;
- Les établissements d'enseignement privé répondant à certaines conditions ;
- Les sages-femmes et gardes-malades (sauf s'ils relèvent de la profession d'infirmière) ;
- Les sportifs pour la seule pratique de leur sport ;
- Les artisans qui pratiquent une activité où le travail manuel est prépondérant, qui travaillent seuls (ou avec une main-d'œuvre familiale ou des apprentis sous contrat), ils ne doivent pas « spéculer sur la matière première » (ce qui exclut les métiers de bouche : bouchers, charcutiers, boulangers, etc.) et ils ne doivent pas utiliser d'installations sophistiquées ;
- Les chauffeurs de taxis, de voiture de tourisme avec chauffeur (VTC) et d'ambulances sous certaines conditions (notamment pas plus de deux voitures en service en même temps et le respect des tarifs réglémentés) ;
- Les coopératives d'artisans ;
- Les pêcheurs et les sociétés coopératives maritimes ;
- Les SCOP ;
- Les vendeurs à domicile indépendants (VDI) s'ils perçoivent une rémunération inférieure à 16,5 % du plafond annuel de la Sécurité sociale ;
- Les activités agricoles : agriculteurs, éleveurs (y compris industriels), aviculteurs, apiculteurs, pisciculteurs, ostréiculteurs, sylviculteurs, dresseurs de chevaux ou d'ânes, exploitants de centres équestres.

L'exonération accordée aux agriculteurs ne s'applique pas aux activités d'hébergement et de restauration, aux travaux agricoles pour le compte de tiers ou encore à la vente ou la transformation de produits, s'ils ne proviennent pas de leur exploitation.

Une exonération temporaire est prévue pour les auto-entrepreneurs exerçant une nouvelle activité commerciale, artisanale ou libérale en micro-entreprise et sous le régime micro-social, au titre de l'année de création.

Enfin, les entreprises, pour leur activité de production de biogaz, d'électricité et de chaleur par la méthanisation, sont aussi exonérées de CFE pendant sept ans.

La cotisation sur la valeur ajoutée des entreprises

La CVAE est la seconde composante de la contribution économique territoriale. Elle remplace l'ancienne cotisation minimale de taxe professionnelle. Elle s'applique à toutes les personnes physiques et les sociétés qui :

- Exercent une activité professionnelle non salariée au 1er janvier de l'année d'imposition ;
- Sont imposables à la cotisation foncière des entreprises (CFE) ;
- Réalisent un chiffre d'affaires supérieur à 500 000 € hors taxe, quel que soit leur statut juridique ou fiscal : les auto- et micro-entreprises en sont donc exonérées d'office. Cependant, toutes les entreprises dont le chiffre d'affaires est supérieur à 152 500 € doivent effectuer la déclaration de valeur ajoutée et des effectifs salariés qui sert à en déterminer la base d'imposition, même si elles ne sont pas redevables de la CVAE .

Les sociétés civiles professionnelles et de moyens, les groupements sont redevables en leur nom de la CVAE et non pas au nom de chacun des membres.

La CVAE est répartie entre les communes (26,5 %), les départements (48,5 %) et les régions (25 %).

Calcul et montant

La CVAE est calculée en fonction de la valeur ajoutée produite, selon l'opération suivante :

(valeur ajoutée × taux effectif d'imposition) + [(valeur ajoutée × taux effectif d'imposition) × 1 %].

Le taux d'imposition effectif appliqué est obtenu selon un barème progressif, après dégrèvement pris en charge par l'État. Il varie selon le chiffre réalisé au moment du versement des acomptes et du solde.

La valeur ajoutée correspond à la différence entre le chiffre d'affaires réalisé et les achats de biens et charges déductibles. Seuls sont pris en compte les produits et les charges liés à des activités imposables, c'est-à-dire inclus dans le champ de la cotisation foncière des entreprises, et qui ne bénéficient pas d'une exonération.

Tableau 11-2 **Les taux d'imposition de la CVAE en fonction du chiffre d'affaires**

Chiffre d'affaires hors taxe	Taux effectif d'imposition
Moins de 500 000 €	0 %
Entre 500 000 € et 3 millions €	0,5 % × [(CA - 500 000 €) / 2,5 millions €]
Entre 3 millions € et 10 millions €	0,5 % + [0,9 % x (CA - 3 millions €) / 7 millions €]
Entre 10 millions € et 50 millions €	1,4 % + [0,1 % x (CA - 10 millions €) / 40 millions €]
Plus de 50 millions €	1,5 %

Les entreprises réalisant un chiffre d'affaires supérieur à 500 000 € et pour lesquelles le montant de la CVAE serait inférieur à 250 € doivent obligatoirement verser une contribution minimum de 250 €.

Les bases imposables et le montant de l'impôt sont arrondis à l'euro le plus proche. Les montants inférieurs à 0,50 € ne comptent pas et ceux supérieurs ou égaux à 0,50 € sont comptés pour 1.

Les possibilités d'exonérations

Le principe est très simple : toute entreprise qui n'est pas redevable de la cotisation foncière des entreprises est aussi exonérée de la cotisation sur la valeur ajoutée. De ce fait, si une commune exonère une entreprise de CFE, l'entreprise peut demander aux autres collectivités locales de l'exonérer de CVAE dans les mêmes proportions.

Par ailleurs, un département ou une région peuvent accorder une exonération de CVAE pour la part qui leur revient.

TÉLÉDÉCLARATION ET TÉLÉPAIEMENT DE LA CVAE

La déclaration de valeur ajoutée et des effectifs salariés doit être effectuée de façon dématérialisée, au plus tard entre le 3 et le 5 mai de l'année. Après quoi, le paiement de la contribution se fait aussi obligatoirement par voie électronique.

Deux acomptes de 50 % de la cotisation doivent être versés au plus tard les 15 juin et 15 septembre. Une exception : si la CVAE ne dépasse pas 3 000 €. Dans ce cas, elle se paye en une seule fois.

La taxe additionnelle à la CVAE

Outre la cotisation de base, une taxe additionnelle à la CVAE est calculée au profit des chambres de commerce et d'industrie de région. Son taux est fixé à 3,93 % (en 2015) + 1 % du montant de la CVAE et de la taxe additionnelle, destinés aux frais de gestion.

Certains actifs ou groupes d'actifs en sont exonérés :

- Les entrepreneurs exerçant exclusivement une activité non commerciale : professions libérales, professions réglementées, auteurs, etc. ;
- Les artisans inscrits au répertoire des métiers et non portés sur la liste électorale de la CCI ;
- Les artisans pêcheurs et les sociétés de pêche artisanale ;
- Les sociétés coopératives agricoles, unions de coopératives agricoles et les sociétés d'intérêt collectif agricole ;
- Les loueurs de chambres ou appartements meublés ;
- Les chefs d'institution et maîtres de pension ;
- Les sociétés d'assurance mutuelles ;
- Les caisses d'épargne et de prévoyance ;
- Les caisses de crédit agricole mutuel, les caisses de crédit mutuel adhérentes à la Confédération nationale du crédit mutuel, l'organe central du crédit agricole.

Par ailleurs, les entreprises totalement exonérées de CVAE ne sont pas redevables de la taxe additionnelle.

Les autres taxes

Plusieurs autres taxes sont prélevées sur les bénéfices des entreprises : sur les véhicules et le foncier bâti. Et, lorsque l'entreprise emploie des salariés, une taxe est prélevée sur les salaires, une autre pour l'apprentissage, ainsi que deux « participations » : la première pour la formation professionnelle continue, la seconde pour « l'effort de construction ».

Enfin, si vous détenez une télévision (ou tout autre dispositif permettant de la recevoir), vous êtes assujetti à la redevance audiovisuelle.

La taxe sur les véhicules de société (TVS)

La taxe sur les véhicules des sociétés (TVS) est une taxe annuelle due par toutes les sociétés possédant ou utilisant des voitures particulières. Son montant est déterminé en fonction des émissions de CO_2 ou de la puissance fiscale et du nombre de véhicules. La taxe est due par les sociétés ayant leur siège social (ou un établissement) en France, à raison des véhicules immatriculés dans la catégorie « voitures particulières » qu'elles utilisent, possèdent ou louent, qu'ils soient immatriculés en France ou dans un autre État.

Le nombre de véhicules est déterminé, au premier jour de chaque trimestre civil, dans la période qui s'étend du 1er octobre de chaque année au 30 septembre de l'année suivante (période d'imposition).

Si vous exercez votre activité sous forme de société et que vous utilisez une voiture, vous êtes donc susceptible de payer la TVS. Toute société doit en effet la payer quels que soient sa forme : civile ou commerciale, et son régime fiscal : impôt sur le revenu ou impôt sur les sociétés. Et cela, même si elle n'est pas propriétaire du véhicule. Dès lors qu'elle a en sa possession une voiture particulière ou l'utilise dans les faits, elle doit s'y soumettre.

En revanche, si vous exercez en tant qu'entreprise individuelle, c'est-à-dire aussi en tant qu'auto-entrepreneur, cette taxe ne vous concerne pas.

Les émissions de CO_2

Pour les véhicules récents, le fisc applique un barème dont le tarif dépend du taux d'émission de carbone, en grammes par kilomètre. Il s'agit des véhicules dont la première mise en circulation est intervenue après le 1er juin 2004 et qui n'étaient pas possédés ou utilisés par la société avant le 1er janvier 2006.

Tableau 11-3 **Le barème de la TVS selon le taux d'émission de CO_2**

Taux d'émission de carbone (en grammes par kilomètre)	Tarif applicable par gramme de dioxyde de carbone (en euros)
Inférieur ou égal à 50 g/km	0 €
De 51 à 100 g/km	2 €
De 101 à 120 g/km	4 €
De 121 à 140 g/km	5,5 €
De 141 à 160 g/km	11,5 €

Taux d'émission de carbone (en grammes par kilomètre)	Tarif applicable par gramme de dioxyde de carbone (en euros)
De 161 à 200 g/km	18 €
De 201 à 250 g/km	21,5 €
À partir de 251 g/km	27 €

La puissance fiscale

Les autres véhicules sont taxés en fonction de la puissance fiscale. Cela concerne :

- Les véhicules possédés ou utilisés avant le 1er janvier 2006 par la société, c'est-à-dire soumis à la taxe avant cette date ;
- Les véhicules possédés ou utilisés à compter du 1er janvier 2006 et dont la première mise en circulation est intervenue avant le 1er juin 2004 ;
- Les véhicules qui font l'objet d'une réception nationale ou à titre isolé (par exemple, les véhicules importés du marché américain où les informations sur les émissions de CO_2 ne sont pas nécessairement disponibles).

Pour ces véhicules, le barème est le suivant :

Tableau 11-4 **Le barème de la TVS selon la puissance fiscale (*suite*)**

Puissance fiscale (en chevaux-vapeur)	Tarif applicable (en euros)
Inférieure ou égale à 4	750
De 5 à 7	1 400
De 8 à 11	3 000
De 12 à 16	3 600
Supérieure à 16	4 500

La seconde composante

Les différences de niveaux de pollution émise par les véhicules sont également prises en compte selon leur type de motorisation et selon leur année de mise en service, notamment pour les véhicules diesel.

Tableau 11-5 **Tarifs en fonction des émissions de polluants atmosphériques**

Année de mise en circulation	Essence et assimilé	Diesel (gazole) et assimilé*
Jusqu'au 31 décembre 1996	70 €	600 €
De 1997 à 2000	45 €	400 €
De 2001 à 2005	45 €	300 €
De 2006 à 2010	45 €	100 €
À partir de 2011	20 €	40 €

* *véhicules combinant une motorisation électrique et une motorisation au gazole émettant plus de 110 g/km de CO_2.*

Lorsque ces véhicules sont possédés ou loués par le ou les dirigeants de la société (ou par les salariés) et qu'ils bénéficient du remboursement des frais kilométriques, chaque barème ci-dessus est modulé en fonction du nombre de kilomètres remboursés par la société :

Tableau 11-6 **Coefficient de réduction de la TVS**

Nombre de kilomètres remboursés par la société	Coefficient applicable au tarif liquidé (en %)
De 0 à 15 000	0
De 15 001 à 25 000	25
De 25 001 à 35 000	50
De 35 001 à 45 000	75
Supérieur à 45 000	100

Un abattement de 15 000 euros est appliqué au montant total de la taxe due au titre au titre des véhicules possédés ou loués par les dirigeants ou les salariés.

Les exonérations

D'abord, aucun véhicule électrique n'est soumis à la taxe s'il fonctionne uniquement à l'énergie électrique et émet moins de 50 g/km de CO_2.

Quant aux véhicules hybrides, ils sont temporairement exonérés s'ils combinent énergie électrique et motorisation à essence ou au gazole (diesel) et qu'ils émettent moins de 110 g/km de CO_2. L'exonération s'applique pendant deux ans, soit huit trimestres à partir du premier jour du trimestre en cours à la date de première mise en circulation du véhicule.

Un véhicule mis en circulation pour la première fois le 15 mai 2014 est soumis à la taxe à partir du 1er avril 2016.

Les véhicules de société concernés par cette exonération temporaire de taxe sont ceux dont le certificat d'immatriculation porte la mention (rubrique P3 de la carte grise européenne « source d'énergie ») :

- EE pour les véhicules rechargeables combinant énergie électrique et motorisation à l'essence ;
- EH s'ils sont non rechargeable ;
- GL pour les véhicules rechargeables combinant énergie électrique et motorisation diesel ;
- GH s'ils sont non rechargeables.

Enfin, certains secteurs liés à l'automobile sont dispensés du paiement de la taxe :

- Le service de transport mis à disposition du public : taxis, société de transports automobiles...) ;
- La location de véhicules ;
- La vente : les concessionnaires ;
- L'enseignement de la conduite automobile : les auto-écoles ;
- Les compétitions sportives.

Le nombre de véhicules

Le nombre de véhicules utilisés par la société est déterminé, au premier jour de chaque trimestre civil, dans la période qui s'étend du 1er octobre de chaque année au 30 septembre de l'année suivante (c'est-à-dire la période d'imposition).

LE CAS PARTICULIER DES VÉHICULES LOUÉS

Pour les véhicules loués, le calcul de la taxe ne retient pas la situation au premier jour du trimestre, mais la durée effective de chaque location. De ce fait, si à l'intérieur d'une même période annuelle d'imposition, la location est d'une durée supérieure à un mois civil ou à 30 jours consécutifs, vous devez payer la taxe. En revanche, si à l'intérieur d'une même période annuelle d'imposition, la location est à cheval sur deux trimestres, la taxe n'est due que pour un seul trimestre. À condition que la durée de location ne dépasse pas trois mois civils consécutifs ou 90 jours consécutifs.

Enfin, si à l'intérieur d'une même période annuelle d'imposition, la location est à cheval sur trois ou quatre trimestres, la taxe n'est due que pour deux ou trois trimestres. À condition que la durée de location ne dépasse pas respectivement six mois consécutifs ou 180 jours consécutifs, neuf mois consécutifs ou 270 jours consécutifs.

La taxe foncière

C'est une taxe locale qui finance le budget des communes, collectivités intercommunales, départements et régions. Elle ne s'applique qu'aux entreprises propriétaires de leurs locaux.

La « taxe sur les bureaux » ou taxe annuelle sur les locaux à usage de bureaux, les locaux commerciaux et les locaux de stockage (TSBCS) n'est applicable que dans les limites territoriales de la région Île-de-France Elle est payée par les propriétaires des locaux.

La taxe foncière concerne tous les propriétaires d'un immeuble bâti, c'est-à-dire d'une construction ou d'un bâtiment élevé au-dessus du sol ou construit en sous-sol.

Pour les entreprises, il s'agit donc essentiellement des bâtiments commerciaux, industriels ou professionnels. Les immeubles doivent :

- Être fixés au sol : on ne doit pas pouvoir les déplacer sans les démolir ; c'est le cas si la construction repose sur des fondations ou qu'elle est reliée à une assise en maçonnerie incorporée au sol ;
- Présenter le caractère de véritables constructions : c'est pourquoi les caravanes et baraquements mobiles sont le plus souvent exonérés, sauf s'ils sont fixés par des attaches en maçonnerie.

D'autres biens sont soumis à la taxe foncière sur les propriétés bâties :

- Les installations industrielles ou commerciales : hangars, ateliers, cuves, silos... ;
- Les terrains et sols formant les dépendances immédiates des constructions et des immeubles d'habitation ;
- Les terrains à usage commercial ou industriel : chantiers, lieux de dépôt de marchandises, ou utilisés dans certaines conditions pour la publicité ;
- Les bateaux utilisés en un point fixe et aménagés pour l'habitation, le commerce ou l'industrie.

En revanche, certains bâtiments sont exonérés de taxe sur le foncier bâti :

- Les bâtiments ruraux affectés de manière exclusive et permanente à un usage agricole : granges, écuries, celliers, pressoirs... ;
- Les bâtiments qui ne servent plus à une exploitation rurale, et qui ne sont pas affectés à un autre usage : ils sont exonérés même s'ils sont destinés, par exemple, à la production d'électricité d'origine photovoltaïque.

La base d'imposition de l'immeuble est le revenu cadastral, égal à la valeur locative cadastrale (ce qui correspond à un loyer annuel théorique que le propriétaire pourrait tirer du bien s'il était loué) moins un abattement de 50 %, pour tenir compte des frais de gestion, d'assurance, d'amortissement, d'entretien et de réparation.

La taxe est établie dans la commune où est situé l'immeuble, selon un taux voté par les collectivités territoriales concernées. Vous recevez donc des avis d'imposition différents pour chaque commune où vous êtes propriétaire et pour chaque trésorerie dont vous dépendez.

Elle est établie pour l'année entière, d'après la situation au 1er janvier de l'année d'imposition, même si l'entreprise vend le bien en cours d'année.

Si vous avez apporté des améliorations à votre bâtiment, ce qui en principe a pour effet d'augmenter sa valeur locative en cours d'année, elles ne seront prises en compte que le 1er janvier de l'année suivante.

La taxe sur les salaires

Elle est due par les employeurs qui ne sont pas soumis à la TVA sur la totalité de leur chiffre d'affaires. Elle est calculée sur les rémunérations versées au cours de l'année par application d'un barème progressif.

Selon son montant, elle peut être versée mensuellement, trimestriellement ou annuellement.

Pour leurs démarches de déclaration et de paiement de cette taxe, les employeurs concernés ont un interlocuteur unique : le Service des impôts des entreprises (SIE).

La taxe d'apprentissage

Elle a pour but de financer le développement des premières formations technologiques et professionnelles. Elle est due principalement par les entreprises employant des salariés et exerçant une activité commerciale, industrielle ou artisanale. Son montant est calculé sur la base des salaires versés.

La contribution au développement de l'apprentissage (CDA) créée en 2005 est assise sur la même base que la taxe d'apprentissage. Elle est destinée à abonder les fonds régionaux de l'apprentissage et de la formation professionnelle. Elle est due par les entreprises redevables de la taxe d'apprentissage.

La contribution à la formation professionnelle continue

La loi n°2014-288 du 5 mars 2014 sur la formation professionnelle institue une contribution à la formation unique de 1 %, pour les entreprises à partir de dix salariés (auparavant, le seuil était fixé à vingt salariés). Calculée sur les rémunérations versées en 2015, elle s'applique aux contributions recouvrées en 2016.

Si l'employeur finance le compte personnel de formation à hauteur de 0,2 %, le pourcentage de la taxe est abaissé à 0,8 %. Il y a une condition : il faut conclure un accord collectif de trois ans.

La participation des employeurs à l'effort de construction

Enfin, si vous employez vingt salariés et plus, sachez que vous allez être tenu chaque année de participer au financement de la construction de logements ou d'opérations de ce type.

Le montant de cette participation sera fixé sur la base des rémunérations versées au sein de votre entreprise.

Elle doit être effectuée sous forme d'investissements directs en faveur du logement. À défaut, elle est remplacée par une cotisation forfaitaire majorée à 2 %.

Les aides fiscales aux transmissions d'entreprises

Pour faciliter les transmissions d'entreprises, notamment les petites activités artisanales, commerciales ou les exploitations agricoles, plusieurs exonérations fiscales sont en vigueur en permanence. Elles concernent notamment le ou les salariés qui souhaitent prendre la suite de leur parton, ou encore ses enfants ou un membre de sa famille.

La reprise par un salarié de l'entreprise ou un membre de sa famille

Une entreprise est une entité économique qu'il est toujours de bon de maintenir, de manière à préserver le tissu économique qui l'entoure. C'est la raison pour laquelle plusieurs dispositions fiscales ont été prises pour faciliter à la fois :

- La transmission d'une entreprise par un chef d'exploitation qui souhaite cesser son activité ;
- La reprise par un membre de son entourage proche : salarié ou membre de sa famille.

L'abattement de 300 000 euros

Un abattement de 300 000 euros est appliqué aux droits de mutation à titre onéreux, c'est-à-dire aux taxes à payer au fisc au moment du rachat en pleine propriété de l'entreprise par l'un de ses salariés ou un membre de la famille du patron. Évidemment, pour y avoir droit, le repreneur doit s'engager à poursuivre son activité professionnelle dans l'entreprise pendant au moins cinq ans.

Cet abattement ne peut s'appliquer qu'une seule fois entre un même cédant et un même acquéreur.

Il s'applique à toute entreprise ou société exerçant une activité industrielle, commerciale, artisanale, agricole ou libérale. Le dispositif concerne donc les fonds de commerce, les fonds artisanaux, les fonds agricoles et les clientèles de professions libérales, qu'ils soient cédés directement ou indirectement *via* la cession des parts de la société concernée.

La seule activité exclue du dispositif est la gestion du propre patrimoine mobilier ou immobilier du cédant.

L'achat de parts de société est aussi exonéré de droits d'enregistrement, s'il est effectué par une société créée en vue de racheter une autre société. Mais il y a trois conditions : que les deux sociétés soient soumises à l'impôt sur les sociétés, qu'elles ne fassent pas partie du même groupe et qu'au moins quinze salariés de la société rachetée détiennent des parts de la société acheteuse. L'opération de reprise doit aussi faire l'objet d'un accord d'entreprise.

Les allègements de droits de donation et de succession

Rappelons également que la loi allège toujours les taxes fiscales dues par les bénéficiaires de donations et les héritiers. L'idée est, là aussi, de favoriser non seulement les transmissions de patrimoine, mais aussi les transmissions d'entreprises.

Ainsi, tout héritier ou donataire en ligne directe, par exemple les enfants ou petits-enfants (si leur parent est décédé), bénéficient d'un abattement de 100 000 euros sur sa part.

Tableau 11-7 **Le montant des abattements selon le lien de parenté**

Lien de parenté	Donation	Succession
Entre époux et partenaire de Pacs	80 724 €	Exonération
Entre parents et enfants (et réciproquement)	100 000 €	100 000 €
Entre frères et sœurs	15 932 €	15 932 €
Entre tantes, oncles et neveux et nièces	7 967 €	7 967 €
Entre grands-parents et petits-enfants	31 865 €	Les petits-enfants et arrière-petits-enfants ne sont pas héritiers si leur parent est héritier.
Entre arrière-grands-parents et arrière-petits-enfants	5 310 €	
Entre concubins et entre personnes sans aucun lien de parenté	Aucun abattement	1 594 €

La reprise d'entreprise industrielle en difficulté

Une société créée avant le 31 décembre 2020 pour reprendre une autre entreprise en difficulté peut bénéficier d'une exonération d'impôt sur les sociétés pendant deux ans. Le montant de l'exonération est soumis à un plafond qui varie selon la taille de l'entreprise et son implantation (par exemple, il est majoré pour les PME dans une zone d'aide à finalité régionale, voir pages précédentes).

L'entreprise peut, par exemple, avoir fait l'objet d'une cession totale ou partielle ordonnée par le tribunal dans le cadre d'une procédure de sauvegarde, ou être en situation de redressement ou liquidation judiciaire.

Son activité doit être industrielle : transformation de matières premières ou de produits semi-finis en produits fabriqués et rôle prépondérant du matériel ou de l'outillage...

Certaines activités sont exclues : les transports, la fabrication de fibres synthétiques, la sidérurgie, la pêche.

Le capital de la société créée ne doit pas être détenu directement ou indirectement par les personnes qui ont été associées ou exploitantes ou qui ont détenu plus de 50 % du capital de l'entreprise en difficulté l'année précédant la reprise.

Les collectivités territoriales peuvent également y ajouter des exonérations de cotisation foncière des entreprises et de taxe foncière sur les propriétés bâties pour une durée comprise entre deux et cinq ans.

La reprise d'entreprise en ZRR

Les entreprises industrielles, commerciales, artisanales ou libérales implantées dans les zones de redynamisation rurale (ZRR, voir pages précédentes) bénéficient d'exonérations d'impôt sur les bénéfices et de la contribution économique territoriale. Pour cela, elles doivent être reprises avant le 31 décembre 2015.

Les exonérations de plus-values

Enfin, les chefs d'entreprise qui transmettent leur affaire, qu'elle soit commerciale, industrielle, artisanale, libérale ou agricole, bénéficient d'une exonération totale d'impôt, s'ils la cèdent en réalisant une plus-value.

L'exonération porte aussi bien sur l'impôt sur le revenu – pour les entrepreneurs individuels – que sur l'impôt sur les sociétés, à condition que l'entrepreneur ait exploité son activité pendant au moins cinq ans avant de la céder. Quant à la transmission, elle doit concerner l'ensemble de l'entreprise individuelle, ou au moins une branche complète de l'activité. Pour les sociétés, l'intégralité des droits ou des parts de sociétés de personnes doit être cédée, en tant qu'éléments de l'actif professionnels.

Si toutes ces conditions sont remplies, l'exonération fiscale est :

- Totale lorsque la valeur des éléments transmis est inférieure à 300 000 euros ;
- Partielle lorsque la valeur des éléments transmis est comprise entre 300 000 et 500 000 euros.

Ces dispositions s'appliquent aux transmissions réalisées depuis le 1er janvier 2006, à la demande express du contribuable. Autrement dit, s'il ne sollicite pas cette exonération lors du dépôt de sa déclaration de cessation ou de cession, le fisc ne la lui accorde pas automatiquement. Et c'est aussi à lui de justifier qu'il respecte bien toutes les conditions prévues pour en bénéficier.

Chapitre 12

La sécurité sociale de l'entrepreneur et de sa famille

DANS CE CHAPITRE :

- **La sécurité sociale des travailleurs non salariés**
- **Le nouveau régime social des indépendants**
- **La protection des dirigeants salariés**
- **La protection du conjoint collaborateur**

Sur toutes les questions de sécurité sociale, on continue à définir les travailleurs indépendants par opposition aux travailleurs salariés : on parle ainsi des « TNS », travailleurs non salariés. Il faut dire que, jusqu'à ces dernières années, la protection sociale des indépendants était presque totalement libre. Autant dire très mauvaise. Sans parler de celle des conjoints collaborateurs, totalement inexistante. Les commerçantes à la retraite en savent quelque chose : après une vie entière de travail aux côtés de leur mari, elles n'ont aucune retraite personnelle. Une situation tout à fait incohérente avec la volonté de voir se multiplier le nombre d'entrepreneurs en France.

Sous l'impulsion forte des pouvoirs publics, la protection sociale obligatoire des entrepreneurs s'est progressivement étendue, assortie de coups de pouce fiscaux pour qu'ils ne croulent pas sous le poids de leurs propres charges sociales. Elle s'améliore donc d'année en année, nous allons le voir, et vient même de connaître une petite révolution en voyant s'instituer un nouveau régime unifié pour tous les travailleurs indépendants (sauf pour les exploitants agricoles, qui ont leur propre régime de sécurité sociale depuis plus d'un siècle, nous le verrons plus loin).

Le régime social des indépendants (RSI)

Le régime social des indépendants (RSI) est le dernier-né des régimes sociaux français. C'est en quelque sorte le volet social de la démarche générale de simplifications administratives, destiné à favoriser la création de nouvelles entreprises, et surtout leur développement dans les meilleures conditions.

De l'ancien au nouveau système

Avant la réforme intervenue en 2005, la protection sociale des travailleurs indépendants s'articulait en deux branches : d'un côté la maladie (et à peine la maternité) gérée par la Canam (Caisse d'assurance maladie des professions indépendantes), de l'autre la retraite, l'invalidité et le décès, gérés :

- **Pour les industriels et les commerçants :** par Organic (Organisation autonome nationale de l'industrie et du commerce) ;
- **Pour les artisans :** par la Cancava (Caisse autonome nationale de compensation de l'assurance vieillesse artisanale) ;
- **Pour les professions libérales :** par la CNAVPL (Caisse nationale d'assurance vieillesse des professions libérales), qui regroupe elle-même onze sections professionnelles différentes : notaires, médecins, chirurgiens-dentistes, pharmaciens, etc.

À partir de 2002, l'idée s'est imposée que, pour être plus efficaces et surtout pour mutualiser les risques, tous ces régimes devaient concentrer leurs efforts, décloisonner les corporations et travailler tous ensemble. C'est ainsi que, en décembre 2004, la loi de simplification du droit portant création du RSI a été adoptée et que, le 31 mars 2005, une instance nationale provisoire du RSI a été créée pour préparer la mise en place de ce nouveau régime social.

Canam, Organic, Cancava et CNAVPL ont donc fini par fusionner : le régime social des indépendants est opérationnel depuis le 1er janvier 2006 et concerne désormais près de 4,4 millions d'assurés sociaux, ainsi que leurs ayants droit, c'est-à-dire leur conjoint (mais aussi concubin ou compagnon de pacs) et enfants.

Chaque région dispose de sa caisse régionale, qui gère :

- Le recouvrement des cotisations d'assurance maladie et maternité et d'assurance vieillesse, invalidité et décès ;
- Le versement des prestations maladie, des indemnités journalières, des pensions de retraite et des pensions d'invalidité ;

» L'action sanitaire et sociale.

Les dirigeants d'entreprise ne sont pas automatiquement couverts pour le chômage. S'ils veulent une assurance, il leur faut adhérer individuellement à une assurance spécifique (voir encadré).

L'objectif principal de la réforme étant seulement de simplifier la gestion administrative de la couverture sociale des indépendants, les droits acquis dans chaque régime (Organic, Cancava, CNAVPL) avant 2005 sont évidemment intégralement conservés. Quant au calcul des cotisations et au versement des prestations, ils ne subissent aucune modification. Enfin, l'Urssaf continue à collecter les cotisations pour les allocations familiales, la contribution sociale généralisée (CSG), la contribution au remboursement de la dette sociale (CRDS) et la formation professionnelle.

L'ASSURANCE CHÔMAGE DES DIRIGEANTS D'ENTREPRISE

S'ils le souhaitent, les chefs d'entreprise ont la possibilité de s'assurer contre le risque du chômage. Trois organismes d'assurance proposent en effet ce type de contrat :

- **La Garantie sociale des chefs d'entreprise (`www.gsc.asso.fr`);**
- **April Assurances (`www.april.fr`);**
- **L'Association pour la protection des patrons indépendants (APPI – `www.appi-asso.fr`).**

Avec ce nouveau régime et le développement des assurances sociales obligatoires, on peut presque dire aujourd'hui que, hormis pour l'assurance chômage et tout de même encore la retraite – qui continuent à leur coûter plus cher tout en étant moins intéressante –, la situation des travailleurs non salariés commence à ressembler à celle des travailleurs salariés.

Les taux de cotisation des travailleurs indépendants

Toutes les cotisations sociales des travailleurs indépendants sont calculées sur le bénéfice de l'entreprise avant impôt et sont déductibles de ce bénéfice, excepté les primes versées au titre des contrats individuels.

Au cours de sa première année d'activité, l'entrepreneur verse des cotisations provisionnelles calculées sur une assiette forfaitaire. L'assiette de calcul des cotisations correspond donc au revenu professionnel imposable avant application :

- De la majoration de 25 % appliquée sur le revenu professionnel en cas de non-adhésion à un centre de gestion ou à une association agréée ;
- Des allègements fiscaux éventuels ;
- De la déduction des cotisations sociales facultatives.

Pour le calcul de la CSG et de la CRDS, toutes les cotisations sociales obligatoires et facultatives doivent être réintégrées.

Pour les entrepreneurs individuels soumis au régime fiscal de la micro-entreprise, l'assiette correspond aux revenus déduction faite de l'abattement forfaitaire représentatif de frais (voir chapitre 11). Par ailleurs, dans l'assiette de calcul des cotisations sociales, on compte également les dividendes qui dépassent 10 % du capital de l'entreprise (ou 10 % du patrimoine affecté pour les EIRL). De cet ensemble, on déduit aussi 10 % d'abattement professionnel.

Les taux de cotisation sont :

- **CSG et CRDS :** 8 % sur la totalité du revenu professionnel ;
- **Maladie et maternité :** 6,5 % sur la totalité du revenu professionnel ;
- **Indemnités journalières :** 0,7 % dans la limite de cinq fois le plafond de la Sécurité sociale ;
- **Allocations familiales :** entre 2,15 % et 5,25 % sur la totalité du revenu professionnel ;
- **Formation professionnelle :** 0,15 % (ou 0,25 % pour les artisans) du plafond annuel de la Sécurité sociale ;
- **Assurance vieillesse de base :** 17,65 % pour les commerçants et artisans dans la limite du plafond de la Sécurité sociale, 8,23 % pour les professions libérales dans la limite de 0,85 fois le plafond de la Sécurité sociale, et 1,87 % entre 0,85 et 5 fois le plafond de la Sécurité sociale ;
- **Assurance vieillesse complémentaire :** 7 % pour les commerçants dans la limite du plafond de la Sécurité sociale, 7,2 % pour les artisans jusqu'à 37 546 € annuels et 8 % entre ce plafond et 4 fois ce plafond annuels (pour les professions libérales, il n'y a pas de retraite complémentaire obligatoire) ;
- **Prévoyance :** 1,2 % pour l'invalidité et 0,1 % pour le décès chez les commerçants, 1,8 % pour les artisans dans la limite du plafond de la Sécurité sociale, et 76 €, 228 € ou 380 € pour les professions libérales suivant la classe choisie.

Lorsque les revenus annuels générés par l'entreprise sont faibles ou déficitaires, l'entrepreneur cotise sur la base d'assiettes minimales :

- **Indemnités journalières :** 40 % du plafond annuel de la Sécurité sociale ;
- **Retraite de base et complémentaire :** 200 fois le Smic horaire, ce qui permet, depuis 2016, de valider 3 trimestres de retraite (seulement 2 en 2015 et 1 seul encore avant) ;
- **Invalidité et décès :** 800 fois le Smic horaire ;
- **Allocations familiales, CSG et CRDS, Maladie-Maternité, Retraite complémentaire :** il n'y a pas d'assiette minimale.

Pour les entrepreneurs bénéficiaires du RSA ou de la prime d'activité, toutes les cotisations sont calculées sur le revenu réel. Sur demande, il est possible de payer les cotisations minimales. Quant aux entrepreneurs salariés ou retraités, depuis le 1er janvier 2016, les cotisations sont calculées comme les indépendants avec l'application des cotisations minimales.

Tableau 12-1 Les cotisations minimales au RSI en cas de ressources faibles (en 2016)

Cotisations	Base de calcul	Taux	Montant minimum annuel
Indemnités journalières	15 446 euros	0,7 %	108 euros
Retraite de base	4 441 euros	17,65 %	784 euros
Invalidité Décès	4 441 euros	1,3 %	58 euros
Formation professionnelle	38 040 euros	0,25 %	95 euros

Source : RSI.

Plusieurs sites Internet permettent d'effectuer une simulation du calcul des cotisations sociales, par exemple : `www.urssaf.fr` et `www.rsifr`.

La couverture sociale des travailleurs indépendants

Depuis le 1er janvier 2001, les taux de remboursement de soins du régime d'assurance maladie des professions indépendantes sont alignés sur ceux du régime général des salariés (que nous étudions plus loin). Ainsi, en cas de maladie, l'hospitalisation est prise en charge à 80 %, les gros risques sont entièrement remboursés (cancer, maladies cardiaques, affections de longue durée, par exemple), les petits entre 70 % et 35 % selon les maladies. En revanche, seuls les artisans et les commerçants touchent des indemnités journalières : les professions libérales n'en touchent pas.

Le système de sécurité sociale des travailleurs indépendants ne prévoit pas de couverture obligatoire contre les accidents du travail. Ce risque est donc à prendre en compte selon le métier que vous exercez. Si vous souhaitez vous assurer, comme pour le chômage, ce sera *via* un contrat de droit privé (commencez par exemple par contacter votre assureur).

En cas de maternité, les indépendantes toutes professions confondues, ainsi que les conjointes d'entrepreneur, bénéficient d'indemnités journalières comme les salariées. De même, les pères bénéficient d'un congé paternité indemnisé de onze jours pour une naissance simple.

Enfin, à partir de deux enfants, toute famille touche également des allocations familiales versées par la Caisse d'allocations familiales. De toute façon, le versement de cette allocation ne dépend aucunement du statut de salarié ou d'indépendant, mais du fait d'avoir des enfants et de les élever.

La retraite des artisans, commerçants et industriels

Une retraite de base par trimestre et une pension complémentaire par points : à durée d'assurance égale, la retraite de ces travailleurs indépendants est désormais identique à celle des salariés. À la différence près qu'en tant qu'indépendant l'ensemble des cotisations repose sur l'entrepreneur et son entreprise.

Les réformes des retraites successives concernent tous les actifs : les travailleurs indépendants ne font donc pas exception. C'est pourquoi, à compter du 1er juillet 2011, l'âge légal de leur départ en retraite, jusque-là fixé à 60 ans, va passer progressivement passer à 62 ans. Le calendrier dépend de l'année de naissance :

Tableau 12-2 **Le calendrier de passage de l'âge de la retraite à taux plein entre 60 et 62 ans**

Date de naissance	Âge de départ avant la réforme	Âge après la réforme	Date de départ en retraite
1er juillet 1951	60 ans le 1er juillet 2011	60 ans et 4 mois	1er novembre 2011
1952	60 ans en 2012	60 ans et 8 mois	1er septembre 2012
1953	60 ans en 2013	61 ans et 2 mois	1er mars 2014

Date de naissance	Âge de départ avant la réforme	Âge après la réforme	Date de départ en retraite
1954	60 ans en 2014	61 ans et 7 mois	1er août 2015
1955	60 ans en 2015	62 ans	1er janvier 2017
Années suivantes	60 ans	62 ans	

La retraite de base des artisans, commerçants et industriels

Pour les commerçants, les industriels et les artisans, il y a la retraite de base d'avant et la retraite de base d'après le 1er janvier 1973. En effet, à cette date, leur régime s'est aligné sur celui des salariés du secteur privé.

Avant 1973, on compte les points acquis jusqu'au 31 décembre 1972, en fonction des classes de cotisation choisies à cette époque, et on les multiplie par la valeur du point à la date de liquidation de la retraite. Par exemple, en 2016, ce point vaut 12,58032 €.

Jérôme est né en 1950. Il s'est installé à son compte en 1972. Entre son installation et le 31 décembre 1972, il a acquis 30 points : 30 × 12,58032 € = 377,40 € de pension de base par an, pour cette partie de sa carrière.

À partir du 1er janvier 1973, comme pour le régime général des salariés, le montant de la retraite dépend de trois éléments :

- Le revenu annuel moyen des meilleures années de la carrière ;
- Le taux de liquidation : au maximum 50 %, minoré en cas de durée d'assurance insuffisante (la « décote »), majoré en cas de dépassement de l'âge de la retraite (la « surcote ») ;
- La durée d'assurance tous régimes de retraite confondus.

Pour calculer la retraite de base, on applique donc la formule suivante :

revenu annuel moyen × taux × nombre de trimestres d'assurance après 1972 / durée d'assurance, compte tenu de l'année de naissance.

Difficulté supplémentaire : compte tenu des réformes des retraites successives, ces éléments changent progressivement. Pour savoir ce que le régime va exiger, il faut regarder son année de naissance :

Tableau 12-3 **Les éléments à prendre compte selon l'année de naissance**

Année de naissance	Nombre de meilleures années retenues pour calculer le revenu annuel moyen	Durée d'assurance minimale requise
1948	20	160
1949	21	161
1950	22	162
1951	23	163
1952	24	164
1953 à 1954	25	165
1955 à 1957	25	166
1958 à 1960	25	167
1961 à 1963	25	168
1964 à 1966	25	169
1967 à 1969	25	170
1970 à 1972	25	171
À partir de 1973	25	172

Reprenons l'exemple de Jérôme, travailleur indépendant depuis 1970. D'abord, il est né en 1947, il n'est donc pas concerné par la réforme des retraites de 2010, qui allonge la carrière, pour les générations nées à partir de 1951.

Au 1er septembre 2010, date de sa retraite, il avait cotisé durant les 158 trimestres requis pour les personnes nées en 1947 (regardez le tableau ci-dessus). Il avait donc droit au calcul à taux plein : 50 %. Entre le 1er janvier 1973 et le 1er septembre 2010, il a acquis 147 trimestres. Son revenu annuel moyen, calculé sur ses 19 meilleures années de cotisation, est fixé à 35 000 euros.

Sa retraite RSI se calcule comme suit : 35 000 × 50 % × 147 / 158 = 16 281,64 € par an, ajoutés à sa retraite par points acquise avant 1973 (377 €) : Jérôme touchera un peu plus de 16 659 € par an de retraite de base.

Au calcul de la retraite principale peuvent s'ajouter :

» Une majoration de 10 % si le retraité a eu ou élevé trois enfants pendant neuf ans avant leur 16e anniversaire ;

» Une majoration pour tierce personne si le retraité est reconnu inapte au travail et que son état de santé nécessite, avant 65 ans, l'aide constante d'une tierce personne pour effectuer les actes ordinaires de la vie.

La retraite complémentaire des industriels, commerçants et artisans

Depuis 2004, pour les commerçants, les patrons de l'industrie et tous les autres indépendants (par exemple, ceux qui travaillent dans les activités de service), la retraite complémentaire s'apparente au régime Arrco des salariés non cadres : un nombre de points est acquis chaque année en fonction des revenus professionnels. Elle remplace l'ancien « régime des conjoints », fermé le 31 décembre 2003.

Quant aux artisans, ils disposaient d'un régime de retraite complémentaire obligatoire par points depuis 1979. Un régime qui a fusionné avec celui des commerçants en 2013, au sein du RSI.

Quoi qu'il en soit, au moment de liquider la retraite de base d'un indépendant, tous les points acquis sont additionnés et multipliés par la valeur du point à cette date.

Pour une retraite liquidée jusqu'au 30 septembre 2016 par un commerçant ou un artisan, le point de retraite complémentaire vaut 1,178 €.

La retraite des professions libérales

Si les professions libérales ont rejoint le RSI pour protéger leur santé, pour la retraite elles restent entre elles : leurs caisses professionnelles sont réunies au sein de la Caisse nationale d'assurance vieillesse des professions libérales (CNAVPL).

Il reste que les réformes des retraites successives les concernent aussi. Pour elles, le calendrier de l'âge de la retraite est le même que celui des autres indépendants (voir pages précédentes). Quant à la durée d'assurance minimale pour avoir droit à la retraite à taux plein, elle passe elle aussi à 166 trimestres minimum à compter de 2015 (pour les personnes nées entre 1955 et 1957).

Depuis le 1er janvier 2004, les professionnels libéraux peuvent demander leur retraite de base à partir de 60 ans à taux plein et sans décote s'ils totalisent une durée minimale d'assurance ou de périodes équivalentes reconnues.

Pour les professions libérales, il n'y a pas de retraite complémentaire obligatoire (voir encadré).

LES CONTRATS MADELIN

Applicable aux non-salariés non agricoles, ainsi qu'à leurs conjoints collaborateurs (voir plus loin), la loi Madelin d'octobre 1994 autorise, sous certaines conditions et, le cas échéant, dans certaines limites, la déductibilité des versements effectués volontairement par les entrepreneurs :

» **Au titre d'un régime de retraite complémentaire ;**

» **Au titre d'un régime de prévoyance complémentaire ;**

» **Pour garantir la perte d'emploi.**

Auparavant, ces versements étaient considérés comme une dépense personnelle, librement acceptée par l'entrepreneur, par conséquent non déductible. Désormais, la déduction des cotisations est donc autorisée pour des contrats d'assurance de groupe facultatifs, ayant pour objet de garantir les risques de maladie, décès, invalidité ou chômage, ainsi que le versement d'une retraite complémentaire.

Les exonérations de charges sociales

Pour soutenir le démarrage des jeunes entreprises, des exonérations de charges sociales sont prévues.

Depuis 2016, la dispense des cotisations d'allocation familiales, de CSG et de CRDS a été supprimée en cas de revenus professionnels faibles en début d'activité. Seule la dispense de la contribution à la formation professionnelle au titre de 2014 et 2015 est maintenue. Les revenus d'activité inférieurs à 390 € sont exonérés de cotisations sociales, sauf les CSG-CRDS et la contribution à la formation professionnelle, qui restent dues.

Les jeunes entreprises innovantes ou universitaires

Les jeunes entreprises innovantes et les jeunes entreprises universitaires sont des entreprises qui réalisent des projets de recherche et de développement scientifiques ou autres (le détail de ces deux statuts figure au chapitre précédent).

Elles bénéficient de plusieurs exonérations d'impôts, mais aussi d'une exonération de cotisations sociales patronales. Cela concerne les salariés et les mandataires sociaux participant à des projets de recherche et développement de l'entreprise :

- Les chercheurs : les cadres, les scientifiques, les ingénieurs (et assimilés) qui travaillent à la conception ou à la création de connaissances, produits, procédés, méthodes ou systèmes nouveaux ;
- Les techniciens qui travaillent en étroite collaboration avec les chercheurs, pour assurer le soutien technique indispensable aux travaux de recherche et de développement : ceux qui préparent les substances, les matériaux, les appareils destinés à réaliser les essais et les expériences, ceux qui prêtent leur concours aux chercheurs pendant le déroulement de ces essais ou qui les effectuent eux-mêmes sous le contrôle des chercheurs, ceux qui ont la charge de l'entretien et du fonctionnement des équipements nécessaires à la recherche et au développement ;
- Les gestionnaires de projet de recherche et développement : les cadres qui ont en charge l'organisation, la coordination et la planification du projet dans ses aspects administratif, financier et technologique ;
- Les personnels chargés de tests préconcurrentiels qui conçoivent, réalisent ou font réaliser des tests techniques nécessaires au développement ou à la mise au point du produit ou procédé.

Cette exonération couvre aussi les rémunérations versées aux mandataires sociaux relevant du régime général de sécurité sociale. En effet, le mandataire social est réputé participer à titre principal au projet de recherche et de développement de l'entreprise, s'il exerce en son sein une activité de recherche ou une activité de gestion de ce projet. Il peut s'agir du :

- Gérant minoritaire de SARL ou de SELARL ;
- Président-directeur et directeur général de SA ;
- Dirigeant de SAS.

L'exonération porte sur les cotisations patronales d'assurance maladie, maternité, invalidité, décès, vieillesse, et allocations familiales.

Les cotisations pour indemniser les accidents du travail et les maladies professionnelles de ces salariés ne sont pas incluses dans l'exonération. Pas plus que les cotisations à la retraite complémentaire. Celles-ci doivent donc être intégralement payées.

Les plafonds d'exonération

Depuis le 1er janvier 2011, l'exonération de charges patronales est soumise à un double plafond :

- » Un plafond de rémunération mensuelle brute par personne, fixé à 4,5 Smic, soit 6 599,79 € en 2016 ;
- » Un plafond de cotisations éligibles par établissement, fixé par année civile, à cinq fois le plafond annuel de la Sécurité sociale, soit 193 080 € pour 2016.

L'exonération s'applique à taux plein jusqu'au dernier jour de la septième année suivant celle de la création de l'entreprise innovante ou universitaire. Cette disposition s'applique aux cotisations dues sur les rémunérations versées à compter du 1er janvier 2014 (auparavant, l'aide était dégressive, elle ne l'est plus depuis cette date). L'exonération est applicable aux rémunérations versées à compter du premier jour du mois civil de la création d'entreprise pour les entreprises ayant le statut de JEI qui se créent entre le 1er janvier 2014 et le 31 décembre 2016 au plus tard.

Le crédit d'impôt compétitivité emploi (CICE)

Créé le 1er janvier 2013, le crédit d'impôt pour la compétitivité et l'emploi (CICE) est un avantage fiscal qui équivaut à une baisse de charges sociales de 6 % des rémunérations versées lorsque l'entreprise emploie des salariés. Le CICE concerne les entreprises :

- » Soumises à un régime réel d'imposition (cela exclut les entreprises au forfait, les micro-entreprises et les auto-entrepreneurs) ;
- » Quelle que soit leur forme : entreprise individuelle, société de personnes, société de capitaux, etc. ;
- » Pour tout secteur d'activité : agricole, artisanal, commercial, industriel, de services, etc. ;
- » Pour tout régime d'imposition de leur résultat : impôt sur le revenu ou impôt sur les sociétés ;
- » Même si l'entreprise bénéficie d'une exonération fiscale temporaire ou d'encouragement à la création et à l'innovation (jeunes entreprises innovantes, entreprises nouvelles).

Les travailleurs indépendants (entrepreneur individuel, commerçant, artisan...), travaillant seul ou avec un conjoint collaborateur non salarié, et n'employant pas de salarié, ne peuvent donc pas en bénéficier.

L'assiette du crédit d'impôt est constituée par les rémunérations :

- Brutes soumises aux cotisations sociales, versées au cours d'une année civile, sur la base de la durée légale du travail (151,67 heures pour un mois ou 1 820 heures annuelles) ;
- Qui servent au calcul des cotisations patronales de sécurité sociale : salaires de base, paiement des heures supplémentaires ou complémentaires, primes, indemnités de congés payés, avantages en nature ;
- Qui ne dépassent pas 2,5 fois le Smic (3 666,55 € brut par mois en 2016) ; les salaires annuels qui dépassent le plafond de 2,5 Smic sont également exclus de l'assiette du crédit d'impôt, et cela en totalité.

Les gratifications versées aux stagiaires sont exclues.

Le CICE s'impute en priorité sur l'impôt sur le revenu ou l'impôt sur les sociétés dû au titre de l'année au cours de laquelle les rémunérations ont été versées. Ensuite, il peut être imputé sur les trois années suivantes. Au-delà, il est restitué.

Dans les départements d'outre-mer, le taux est de 9 % en 2016.

L'aide aux chômeurs créateurs ou repreneurs d'entreprise (Accre)

L'Accre est une exonération de charges sociales pendant un an. Les bénéficiaires doivent créer ou reprendre une entreprise, quel que soit le secteur d'activité, sous forme d'entreprise individuelle ou de société (associations, groupements d'intérêt économique et groupements d'employeurs sont donc exclus) et en exercer effectivement le contrôle.

En cas de création ou reprise sous forme de société, le bénéficiaire doit exercer le contrôle effectif de l'entreprise, c'est-à-dire :

- Soit détenir plus de 50 % du capital, seul ou en famille (on prend en compte les parts détenues par le conjoint, les ascendants et descendants de l'intéressé, avec au moins 35 % à titre personnel) ;

- Soit être dirigeant dans la société et détenir au moins un tiers du capital, seul ou en famille (*idem*, avec au moins 25 % à titre personnel) sous réserve qu'un autre associé ne détienne pas directement ou indirectement plus de la moitié du capital.

Les bénéficiaires

Dans le cadre d'un projet de création ou de reprise d'entreprise, les bénéficiaires de l'Accre sont :

- Les demandeurs d'emploi indemnisés ou susceptibles de l'être ;
- Les demandeurs d'emploi non indemnisés, ayant été inscrits à Pôle emploi six mois au cours des dix-huit derniers mois ;
- Les bénéficiaires de l'allocation d'insertion ou de l'allocation temporaire d'attente (qui a remplacé l'allocation d'insertion) ;
- Les bénéficiaires de l'allocation de solidarité spécifique (ASS) ;
- Les bénéficiaires de l'allocation parent isolé (API) ;
- Les bénéficiaires du revenu de solidarité active (RSA) ou leur conjoint ou concubin ;
- Les personnes remplissant les conditions pour bénéficier de contrats nouveaux services-emplois jeunes, ainsi que celles embauchées dans le cadre de ce dispositif et dont le contrat de travail a été rompu avant le terme de l'aide. Il s'agit :
  - Des jeunes âgés de 18 à moins de 26 ans sans autre condition ;
  - Des jeunes âgés de 26 à moins de 30 ans qui n'ont pas travaillé pendant une période suffisamment longue pour s'ouvrir des droits à Pôle emploi ou qui sont reconnus handicapés ;
- Les salariés repreneurs de leur entreprise en difficulté, dans le cadre d'une procédure de redressement ou de liquidation judiciaire ;
- Les titulaires d'un contrat d'appui au projet d'entreprise (CAPE, voir chapitre 4) ;
- Les bénéficiaires du complément de libre choix d'activité, l'allocation versée aux personnes qui interrompent totalement ou partiellement leur activité professionnelle pour s'occuper de leur enfant de moins de 3 ans ;
- Enfin, l'Accre est aussi accessible aux entrepreneurs qui créent une entreprise dans une zone urbaine sensible (ZUS). Attention, dans ce cas, la reprise d'entreprise est exclue.

L'ACCRE À PLUSIEURS

Plusieurs associés peuvent obtenir séparément l'Accre pour un seul et même projet à condition :

- **Qu'ils détiennent collectivement plus de 50 % du capital ;**
- **Qu'un ou plusieurs d'entre eux ai(en)t la qualité de dirigeant ;**
- **Et que chaque demandeur détienne au moins un dixième de la fraction du capital détenue par la personne qui possède la plus forte.**

Exemple : si l'associé principal détient 50 % des parts sociales, chaque bénéficiaire de l'Accre doit détenir au moins 5 % des parts. Attention : en cas de reprise d'entreprise par rachat de parts sociales, le bénéficiaire de l'aide doit obligatoirement être dirigeant. Enfin, ces conditions doivent être réunies au minimum pendant deux ans.

La demande d'Accre

Le demandeur doit déposer un formulaire Cerfa (n° 13584*02, téléchargeable sur `www.formulaires.modernisation.gouv.fr/gf/cerfa_13584.do`) auprès du centre de formalité des entreprises dont il dépend. Le dépôt peut avoir lieu :

- Lors du dépôt de la déclaration de création ou de reprise de l'entreprise ;
- Dans les quarante-cinq jours suivants.

Le dossier doit aussi comporter un justificatif de situation, qui permet de demander l'Accre :

- Pour les salariés qui reprennent leur entreprise : toute pièce ou document présentant le projet de reprise ;
- Pour les personnes qui créent leur entreprise en ZUS : l'adresse de l'établissement mentionnée dans le formulaire de déclaration de l'entreprise ou extrait Kbis ;
- Pour les jeunes de 18 à 25 ans révolus : une pièce d'identité ;
- Pour les jeunes de 26 à 30 ans sans droits aux allocations chômage : une attestation sur l'honneur de non-indemnisation au titre de l'assurance chômage ;
- Pour les jeunes de 26 à 30 ans reconnus travailleurs handicapés : une attestation de la commission départementale des droits et de l'autonomie ;
- Pour les demandeurs d'emploi indemnisés en ARE, ATA, ASS : la notification d'ouverture de droits ou le justificatif du paiement de leur prestation ;

» Pour les demandeurs d'emplois susceptibles d'être indemnisés en ARE : la lettre de licenciement et les quatre derniers bulletins de paie ;

» Pour les demandeurs d'emploi bénéficiaires d'une convention de reclassement personnalisé (CRP) : la lettre de licenciement, les quatre derniers bulletins de paie et la copie du bulletin d'acceptation de la CRP ;

» Pour les demandeurs d'emploi non indemnisés : un historique d'inscription à Pôle emploi ;

» Pour les bénéficiaires du complément libre choix d'activité : la notification de l'ouverture des droits ou du dernier paiement de la prestation ;

» Pour les bénéficiaires du RSA : la notification du bénéfice de la prestation ou le justificatif de paiement de la prestation ;

» Pour les bénéficiaires d'un emploi jeune dont le contrat est rompu : leur contrat de travail et le justificatif de rupture.

Et, en cas de création ou de reprise d'une société, il faudra aussi fournir une copie des statuts, pour justifier le contrôle effectif de l'entreprise par le demandeur.

Si le dossier est complet, le CFE délivre un récépissé mentionnant l'enregistrement de la demande Accre. Après quoi, il informe les organismes sociaux de l'enregistrement de la demande et transmet le tout à l'Urssaf dans les vingt-quatre heures.

Celle-ci dispose d'un mois pour statuer. Si elle donne son accord, elle délivre une attestation d'admission au bénéfice de l'Accre.

L'absence de réponse dans un délai de un mois vaut décision implicite d'acceptation.

Si l'Urssaf refuse l'aide, elle doit motiver et notifier sa décision de rejet. En cas de désaccord, l'entrepreneur peut porter une contestation auprès de la commission de recours amiable de l'Urssaf.

Dans tous les cas, l'entrepreneur ne pourra pas faire de nouvelle demande d'Accre avant l'expiration d'un délai de trois ans suivant la précédente décision d'attribution de l'aide.

Les modalités d'exonération de charges

L'Accre consiste en une exonération de charges sociales pendant un an à compter, soit du début d'activité de l'entreprise si l'assuré est dirigeant salarié, soit de la date de l'affiliation au régime des travailleurs non salariés. Pour informer les organismes sociaux qu'il est exonéré des cotisations sociales, le créateur ou le repreneur d'entreprise doit ensuite joindre à ces organismes le bordereau transmis par la Direction départementale du travail, de l'emploi et de la formation professionnelle (DDTEFP) justifiant du bénéfice de cette aide.

L'exonération porte sur la partie des revenus ne dépassant pas 120 % du smic (21119,32 € en 2016). Toutes les cotisations sont comprises dans l'exonération, quel que soit le statut de l'entrepreneur, salarié ou non salarié :

- Assurance maladie, maternité, invalidité, décès ;
- Prestations familiales ;
- Assurance vieillesse de base et assurance veuvage ;

L'exonération de la cotisation d'assurance vieillesse permet la validation de quatre trimestres maximum d'assurance de vieillesse de base. En revanche, comme l'entrepreneur ne verse pas de cotisations durant l'exonération, les trimestres sont considérés comme non cotisés. Ceci signifie que, pendant l'année d'Accre, le revenu procuré par l'activité professionnelle ne sera pas pris en compte dans le revenu qui permet de calculer la pension de retraite.

Les cotisations relatives à la CSG-CRDS, au risque accident du travail, à la retraite complémentaire, au fonds national d'aide au logement, à la formation professionnelle continue et au versement transport ne sont pas exonérées.

Pour les micro-entrepreneurs

Les micro-entrepreneurs ayant créé leur entreprise depuis le 1er mai 2009 bénéficient automatiquement et obligatoirement du régime microsocial si leur activité entre dans le champ de ce régime (il est expliqué au chapitre suivant).

Dans ce cas, des taux de cotisations sociales spécifiques réduits s'appliquent durant la période d'Accre.

Pour eux, la période d'Accre se poursuit jusqu'à la fin du onzième trimestre civil, suivant le trimestre au cours duquel l'activité de l'entreprise a commencé. Elle s'applique dans la limite d'un revenu professionnel correspondant au bénéfice forfaitaire (chiffre d'affaires – abattement).

Cette limite est proratisée en fonction de la date de création de l'entreprise.

La prolongation peut durer vingt-quatre mois maximum. Jusqu'à 6 290 € de revenus professionnels annuels (en 2016), elle est totale. Et de 6 290 à 17 599 € de revenus professionnels annuels, elle se limite à 50 %. L'autre moitié des cotisations sociales doit être payée.

Pour demander la prolongation de l'Accre, il faut adresser une demande écrite aux organismes sociaux chargés de recouvrer les cotisations.

Faites-le à la date d'échéance du premier appel des cotisations, qui se situera le douzième mois après la date de l'exonération initiale. Et recommencez douze mois après.

Les cotisations en début d'activité

Le problème de tout entrepreneur qui démarre, c'est de devoir verser des charges sans avoir commencé à gagner de l'argent. C'est pourquoi un dispositif est prévu pour éviter les angoisses des premières années.

Les premières cotisations sont dues à compter de la date de début d'activité pour l'assurance maladie et maternité, pour les allocations familiales quelle que soit l'activité et pour l'assurance vieillesse des artisans et commerçants. Pour l'assurance vieillesse des professions libérales, elles sont dues à compter du premier jour du trimestre suivant le début de l'activité.

Les deux premières années d'activité

Puisqu'il ne peut pas encore y avoir de revenu professionnel de référence, les cotisations sociales de l'entrepreneur sont calculées sur une base forfaitaire sur laquelle on applique ensuite les taux de cotisations (voir en début de chapitre).

Tableau 12-4 **La base de calcul des cotisations au RSI pour les deux premières années d'activité***

Cotisations	Première année	Deuxième année
Maladie, Maternité	7 337 €	10 426 €
Indemnités journalières	15 446 €	15 446 €
Retraites de base et complémentaire Allocations familiales, CSG-CRDS	7 337 €	10 426 €
Invalidité, Décès	7 337 €	10 426 €

**Pour les artisans, commerçants et industriels en 2016 (source RSI).*

Rappelons que les professions libérales n'ont rejoint le RSI que pour l'assurance maladie maternité. Elles ne cotisent pas pour percevoir des indemnités journalières. Pour la retraite, elles cotisent auprès de la caisse qui gère leur propre section professionnelle. De ce fait, en début d'activité, les cotisations d'assurance maladie sont calculées sur une base forfaitaire de 7 337 € la première année et 10 426 la deuxième (en 2016).

Les cotisations calculées provisoirement sur des bases forfaitaires sont ensuite recalculées, une fois le revenu réalisé en 2016 connu, et font l'objet d'une régularisation en 2017 dès que la déclaration du revenu professionnel est effectuée.

En cas de début d'activité après le 5 août, le paiement des cotisations de la première année est reporté l'année suivante. Le montant de ces cotisations est intégré alors dans les échéances mensuelles ou trimestrielles de la deuxième année.

Si vous estimez que votre revenu professionnel sera différent de ces bases forfaitaires (à la hausse ou à la baisse), vos cotisations provisionnelles peuvent être calculées sur demande sur des bases différentes. Mais elles ne pourront pas être inférieures à celles des cotisations minimales. La demande peut se faire en ligne à l'adresse : `www.rsi.fr` (rubrique : « Mon compte »).

Dans un délai de 30 jours après l'inscription au CFE, vous pouvez demander par écrit le report de vos cotisations des 12 premiers mois d'activité à votre centre de paiement RSI. À l'issue de ce report, vous pouvez régler vos cotisations définitives tout de suite ou demander un étalement du paiement sur une durée maximale de 5 ans.

En cas de cessation d'activité professionnelle, les cotisations qui ont fait l'objet d'un report ou d'un étalement restent dues. Elles sont exigibles dans les 60 jours qui suivent la cessation d'activité.

Un report ou un étalement ne sont pas des exonérations. Les cotisations restent dues dans tous les cas. Vous devez les prévoir dans votre trésorerie.

La deuxième année d'activité

Les cotisations sont calculées provisoirement sur les bases forfaitaires pour les premières échéances. À la fin de la première année d'activité, l'entrepreneur déclare les revenus réalisés et effectue sa déclaration du revenu professionnel auprès du RSI. C'est sur cette base de revenus réels que les cotisations sont régularisées et que les cotisations provisionnelles de l'année suivante sont calculées. Le montant est provisoire en attendant les résultats de la deuxième année.

Si la première année d'activité est encore incomplète, le revenu est annualisé pour le calcul des cotisations provisionnelles de la deuxième année.

Le régime des dirigeants salariés

Il reste que le statut de salarié est l'un des plus protecteurs du monde. Il est donc très attractif – « pour se protéger des aléas de la vie, mieux vaut être salarié », pensent beaucoup d'indépendants. Or, il se trouve que plusieurs formes juridiques d'entreprise permettent à leur chef, non seulement de se verser un salaire mensuel, mais aussi, même s'ils sont dirigeants, de profiter de ce régime social ultra privilégié.

Les dirigeants protégés par le régime général

Voici les catégories de dirigeants de société qui, s'ils sont salariés et rémunérés comme tels, ont le droit d'être rattachés au régime général de la Sécurité sociale :

» Les gérants associés minoritaires ou égalitaires et les associés minoritaires rémunérés de SARL et de SELARL (les statuts de sociétés sont détaillés au chapitre 10). Rappelons qu'un gérant est majoritaire s'il détient avec son conjoint (quel que soit le régime matrimonial) et ses enfants mineurs plus de 50 % du capital de la société. S'il y a plusieurs gérants, chaque gérant est considéré comme majoritaire dès lors que les cogérants détiennent ensemble plus de la moitié des parts sociales ;

» Les gérants rémunérés, non associés d'EURL, de SARL, de SELARL, de société civile professionnelle, de société en nom collectif ou de société en commandite ;

» Les P-DG rémunérés, les directeurs généraux rémunérés et les membres du directoire salariés de sociétés anonymes et de sociétés d'exercice libéral à forme anonyme ;

» Les présidents de société par action simplifiée.

Tableau 12-4 **Répartition du régime social des entrepreneurs selon le statut de société**

Statut juridique	Régime social des indépendants	Régime social des salariés
Entreprise individuelle	RSI : auto-entrepreneur, entrepreneur individuel, EIRL, profession libérale, artisan, commerçant MSA : exploitant agricole	
EURL	Gérant associé unique Associé unique non gérant mais exerçant une activité au sein de l'entreprise	Gérant non associé rémunéré
SARL SEL SELARL	Gérant majoritaire Associé majoritaire rémunéré non gérant	Gérant associé minoritaire ou égalitaire rémunéré Gérant non associé rémunéré Associé minoritaire salarié
SA SELAFA		P-DG rémunéré Directeur général rémunéré Membre du directoire salarié
SAS SASU		Président Dirigeant
SCOP		Gérant rémunéré Directeur général rémunéré Associé
Société civile professionnelle	Associé	Gérant non associé rémunéré
Société civile de moyens	Associé	Gérant non associé rémunéré
Société en nom collectif ou en commandite	Gérant associé Associé	Gérant non associé rémunéré

La couverture sociale des dirigeants salariés

Hormis pour l'assurance chômage, qui reste litigieuse, la couverture sociale des dirigeants salariés est en tous points celle des travailleurs salariés du secteur privé français.

En cas de maladie, de maternité, ils touchent des indemnités journalières versées par la caisse primaire d'assurance maladie (CPAM) du lieu d'habitation. Pour ce qui est des remboursements de soins, l'hospitalisation est prise en charge à 80 %, les gros risques sont entièrement remboursés, les petits entre 70 % et 35 % selon les maladies. En cas d'accident du travail ou d'invalidité, la même caisse primaire d'assurance maladie les prend en charge entièrement : elle rembourse les soins et verse des indemnités journalières.

L'assurance vieillesse de base est gérée par les caisses régionales d'assurance maladie (CRAM) dans toutes les régions, sauf en Île-de-France, où la retraite de base des salariés est gérée directement par la Caisse nationale d'assurance vieillesse (CNAV).

Pour la retraite complémentaire, l'entreprise (pour la part patronale) et le dirigeant salarié (pour la part salariale) versent une cotisation aux caisses Arrco (la caisse qui gère la retraite complémentaire obligatoire de tous les salariés) et Agirc (la caisse qui gère la retraite complémentaire des cadres, une catégorie à laquelle appartient de fait le dirigeant d'entreprise salarié).

À partir de deux enfants, toute famille touche également des allocations familiales versées par la Caisse d'allocations familiales.

Pour ce qui est de l'assurance chômage des dirigeants salariés, gérée par Pôle emploi, nous l'avons vu au chapitre 10, la question est problématique, car Pôle emploi n'admet de prendre en charge que des salariés non dirigeants, c'est-à-dire subordonnés à un employeur. C'est pourquoi ce n'est qu'exceptionnellement qu'elle accepte de les indemniser et uniquement sur la partie de leur rémunération correspondant à un contrat de travail « technique » dans l'entreprise, distinct du mandat social. Et cela, bien sûr, sous réserve de la reconnaissance de ce contrat de travail par Pôle emploi.

Lorsqu'ils savent qu'ils n'auront jamais droit à l'assurance chômage de Pôle emploi parce qu'ils ne peuvent justifier d'un véritable contrat de travail de salarié dans leur entreprise, les dirigeants salariés peuvent s'assurer auprès d'organismes privés, dont nous examinons les conditions plus loin. Dans ce cas, l'assurance chômage est entièrement facultative.

L'assiette de calcul et les taux de cotisations

Les cotisations sociales obligatoires sont versées à l'Urssaf. Elles dépendent du montant de la rémunération du dirigeant salarié.

Les assiettes de cotisations

La rémunération est divisée en *tranches* correspondant au plafond de la Sécurité social en vigueur (pour 2016, il s'élève à 3 218 € par mois) :

- Tranche A du salaire (sous le plafond de la Sécurité sociale) : les cotisations s'échelonnent de 0 à 3 218 € par mois ;
- Tranche B du salaire (entre un et quatre plafonds de la Sécurité sociale : les cotisations s'échelonnent de 3 218 à 12 872 € par mois ;
- Tranche C du salaire : les cotisations s'échelonnent de 12 872 à 25 744 € par mois.

Les dividendes versés aux dirigeants de société ne sont pas soumis aux cotisations sociales, mais aux prélèvements sociaux, soit 15,5 % en 2016.

Les taux de prélèvements

Dans les entreprises de moins de dix salariés, les taux de cotisations du régime des cadres (part patronale + part salariale) sont les suivants (en 2016) :

- CSG-CRDS : 8 % (à noter que le calcul se fait sur seulement 98,25 % de la rémunération) ;
- Maladie et maternité : 13,59 % sur la totalité du salaire ;
- Allocations familiales : 5,25 % sur la totalité du salaire ; cependant, depuis le 1er janvier 2015, le taux est de 3,45 % pour les salariés dont les rémunérations ou gains n'excèdent pas 1,6 Smic ;
- Formation professionnelle : 0,55 % sur la totalité du salaire ;
- Assurance vieillesse de base : 15,45 % sur la tranche A du salaire et 2,10 % sur la totalité du salaire ;
- Association pour la gestion du fonds de financement de l'Agirc et de l'Arrco (AGFF) : 2 % sur la tranche A du salaire, 2,20 % sur la tranche B ;
- Retraite des cadres : 7,75 % sur la tranche A, 20,55 % sur les tranches B et C, auxquels s'ajoute une contribution de 0,35 % sur les tranches A, B, C ;

- Prévoyance : 1,5 % sur la tranche A du salaire ;
- Accidents du travail : variable selon le risque de l'entreprise ;
- Aide au logement : 0,10 % sur la totalité du salaire ;
- Agence pour l'emploi des cadres (APEC) : 0,06 % sur l'ensemble du salaire depuis le 1er janvier 2011 (et non plus seulement sur la tranche B).

Les possibilités d'exonération sont les mêmes que pour les travailleurs non salariés (détaillées dans les pages précédentes).

Les régimes des exploitants agricoles

Il y a plus d'un siècle que les agriculteurs se sont organisés collectivement pour faire face aux risques sur leurs exploitations. Ils ont d'abord créé de petites mutuelles locales, sans vrai statut jusqu'à une loi de 1900 qui leur a donné une existence légale. C'est ainsi qu'est apparue la branche des Assurances mutuelles agricoles (AMA), branche aînée de la future Mutualité agricole.

La naissance de la MSA

Les premières assurances sociales agricoles ont été instituées entre 1928 et 1930, grâce à plusieurs lois qui rendaient obligatoires la protection des salariés agricoles et la participation de leurs employeurs, pour les risques de maladie, maternité, décès et vieillesse : la Mutualité sociale agricole (MSA), l'actuel organisme de sécurité sociale des agriculteurs et de leurs salariés, a pris forme à cette époque.

À partir de 1940, la MSA se voit attribuer la mission de gérer l'ensemble des risques sociaux des assurés agricoles, salariés comme exploitants. Puis, l'ordonnance du 4 octobre 1945 affirme le principe de l'universalité de la Sécurité sociale et prévoit le maintien de la pluralité des régimes. La MSA poursuit donc son action dans le milieu agricole et met en place, en 1949, un système électif. La retraite des exploitants agricoles date, elle, de 1952, l'action sanitaire et sociale de 1960, l'assurance maladie de 1961 et l'assurance accidents de 1966.

Sur toutes les questions de sécurité sociale obligatoire, la MSA est donc le seul et unique interlocuteur des exploitants agricoles, ainsi d'ailleurs que de toute la population agricole (salariés, conjoints, enfants, aides familiales). C'est à la fois un organisme d'assurance maladie, de prestations familiales et d'assurance vieillesse, et un organisme de recouvrement chargé d'appeler et d'encaisser les cotisations nécessaires au paiement des prestations. Ce qui en fait le deuxième régime de sécurité sociale français (site internet : `www.msa.fr`).

L'assiette de calcul et les taux de cotisation des agriculteurs

Pour être affilié à la MSA, il faut exercer une activité agricole non salariée sur une superficie au moins égale à la moitié de la surface minimum d'installation, définie pour le département ou la région naturelle où se situe l'exploitation. Si celle-ci remplit cette condition, l'exploitant est assujetti de droit au régime agricole de protection sociale.

Dans certains cas, l'affiliation peut se faire en fonction du temps consacré à l'activité.

Les cotisations sont assises sur le revenu professionnel. L'assiette varie selon le régime fiscal (forfait ou réel – voir chapitre 11) et le choix de l'exploitant quant aux revenus à prendre en considération (moyenne triennale ou option annuelle). Ce choix est fait pour cinq ans minimum. Les contributions sociales sont calculées sur le revenu professionnel et le revenu du capital (le revenu du foncier, etc.). Les cotisations MSA sont calculées sur le revenu professionnel.

Pour l'appel des cotisations, la qualité de chef d'exploitation doit être effective au 1er janvier de l'année. En cas d'installation en cours d'année, aucune cotisation n'est due cette année-là, mais les droits aux prestations maladie et famille sont ouverts.

Il y a quatre cotisations et une assurance obligatoires :

- L'assurance maladie des exploitants agricoles (Amexa) : 3,04 % à compter du 1er janvier 2016 (au lieu des 10,04 % prévus. Cette baisse de 7 points est destinée à aider les exploitants en grande difficulté ces derniers mois. Les agriculteurs les plus en difficulté peuvent aussi demander à la MSA un report de leurs cotisations) ;
- L'assurance contre les accidents du travail (Atexa) : elle est forfaitaire et fixée annuellement, son montant est calculé proportionnellement à la durée d'affiliation pendant l'année considérée ;
- L'assurance vieillesse individuelle (AVI) et l'assurance vieillesse agricole (AVA) : 3,30 % et 11,47 % sous le plafond SS + 2,04 % au-delà ;
- Les allocations familiales : 5,40 % ;
- L'assurance veuvage : 0,10 %.

S'ajoutent à cela les cotisations qui financent l'action sociale et la gestion de la MSA : la CSG (7,50 %, dont 5,10 % déductibles) et la CRDS (0,50 %), ainsi que la contribution au fonds de formation des acteurs du vivant (VIVEA), fixée à 0,61 %.

Les exonérations accordées aux jeunes agriculteurs

Souvent, le jeune installé ne peut fournir de revenus la première année. Les cotisations sont alors calculées sur une assiette forfaitaire d'installation. Les jeunes agriculteurs bénéficient ainsi d'une exonération partielle de leurs cotisations sociales pendant les cinq premières années de leur installation. L'exonération est accordée selon un taux dégressif :

- Première année : 65 % ;
- Deuxième année : 55 % ;
- Troisième année : 35 % ;
- Quatrième année : 25 % ;
- Cinquième année : 15 %.

Pour y avoir droit, trois conditions doivent être réunies : être âgé de 18 à 40 ans, bénéficier des prestations Amexa, être agriculteur à titre exclusif et principal.

La couverture sociale des exploitants agricoles

Elle est obligatoire et comprend plusieurs volets, compte tenu des risques.

L'assurance maladie : Amexa

Elle est obligatoire et permet le remboursement d'une partie des frais médicaux en cas de maladie ou d'accident de la vie privée de l'exploitant, de son conjoint et de sa famille. L'Amexa comprend :

- L'assurance maladie ;
- L'assurance maternité ;
- L'assurance invalidité.

Comme tout assuré social, l'exploitant agricole et sa famille ont droit aux prestations maladie (remboursement des frais médicaux et pharmaceutiques). Les taux sont les mêmes que dans le régime général.

Les accidents du travail : Atexa

La couverture des accidents du travail et des maladies professionnelles est obligatoire depuis le 1er avril 2002. Une loi a en effet instauré une véritable branche accidents du travail au sein du régime de sécurité sociale des exploitants agricoles. Elle se substitue au régime obligatoire d'assurance accidents créé en 1966 et au régime complémentaire créé en 1972. Le nouveau régime de l'Atexa prévoit notamment une forte revalorisation des prestations offertes, un renforcement du contrôle de l'obligation d'assurance, la mise en place d'opérations de prévention, le maintien de la pluralité d'assureurs gestionnaires et un financement par des cotisations forfaitaires.

La retraite des exploitants agricoles

La retraite des exploitants agricoles comprend la retraite de base, elle-même composée d'une retraite forfaitaire et d'une retraite proportionnelle, et la retraite complémentaire désormais obligatoire.

La retraite forfaitaire des agriculteurs est une somme fixe, versée à tous les chefs d'exploitation dont la carrière est complète, quel que soit leur niveau de cotisation. Son montant est égal à 3181,67 euros par an (jusqu'au 1er avril 2011). Elle correspond à une activité non salariée agricole exercée à titre exclusif ou principal, cotisée ou assimilée. Elle est attribuée au chef d'exploitation, à son conjoint ou aux membres de la famille.

À la suite des différentes réformes des retraites, le calcul de la retraite forfaitaire s'effectue compte tenu de la date de naissance du chef d'exploitation et de la durée de la carrière. Elle lui est attribuée intégralement, lorsqu'il justifie d'une carrière non salariée agricole au moins égale à ces durées :

- 165 trimestres si vous êtes né en 1953 et 1954 ;
- 166 trimestres si vous êtes né entre 1955 et 1957 ;
- 167 trimestres si vous êtes né entre 1958 et 1960 ;
- 168 trimestres si vous êtes né entre 1961 et 1963 ;
- 169 trimestres si vous êtes né entre 1964 et 1966 ;
- 170 trimestres si vous êtes né entre 1967 et 1969 ;

» 171 trimestres si vous êtes né entre 1970 et 1972 ;

» 173 trimestres si vous êtes né à partir de 1973.

À défaut de quoi, la retraite est « proratisée » selon la formule suivante :

Retraite forfaitaire entière × nombre d'années non salariées agricoles / durée d'assurance selon la date de naissance.

Quant à la retraite proportionnelle, c'est une retraite par points, acquise par cotisation, y compris pour une activité secondaire. La retraite complémentaire obligatoire (appelée RCO) est également une retraite par points, instituée depuis le 1er avril 2003.

Dans les deux cas, à la fin de la carrière, on additionne les points et on les multiplie par la valeur du point l'année de la liquidation de la retraite.

Les prestations familiales

Toute famille qui attend un enfant ou qui assure l'éducation et l'entretien d'un ou plusieurs enfants peut bénéficier d'une ou plusieurs prestations familiales. Ces aides, soumises pour la plupart à des conditions de ressources, peuvent être complétées par une aide au logement. Les prestations familiales permettent de bénéficier d'allocations familiales et d'aides pour l'entretien des enfants.

Lorsque le conjoint participe à l'entreprise

Après avoir travaillé bénévolement dans l'entreprise familiale pendant des décennies, le conjoint qui travaille aux côtés de l'entrepreneur a enfin une place à sa mesure.

Le conjoint associé

Lorsque deux conjoints décident de créer ensemble une entreprise, se pose tout naturellement le problème de leur statut.

Si les deux époux souhaitent se placer sur un pied d'égalité

Dans cette situation, les époux peuvent envisager la création d'une société dans laquelle ils détiendront chacun un certain nombre de parts sociales, ce qui leur donnera droit à une partie des bénéfices. Ils seront ainsi conjoints associés, rémunérés ou non. Mais attention : en cas de mésentente ou même de divorce, l'entreprise pourrait être mise en péril, surtout s'ils sont associés à 50/50 (voir aussi chapitres 3 et 10).

Si un seul des époux est porteur du projet

Si le porteur de projet souhaite simplement associer son conjoint à l'exploitation ou à la gestion de l'entreprise, il y a deux possibilités : soit le conjoint intervient dans l'entreprise en qualité de conjoint collaborateur, soit l'entrepreneur emploie son conjoint en tant que salarié.

Rappelons que la loi impose au conjoint participant d'une manière régulière à l'activité d'opter pour le statut de conjoint collaborateur, de conjoint associé ou de conjoint salarié. Ce statut est étendu au conjoint du gérant majoritaire de SARL ou de société d'exercice libéral à responsabilité limitée (SELARL), à condition que ces sociétés respectent certains seuils.

Le conjoint collaborateur doit aussi cotiser obligatoirement au régime d'assurance vieillesse de base, de retraite complémentaire et d'invalidité et décès du chef d'entreprise.

Le conjoint collaborateur

Dans le régime des commerçants, des artisans et des professions libérales, les conjoints qui participent à l'activité de l'entreprise sans percevoir de rémunération ont des droits en matière de protection sociale : maladie, maternité, invalidité, vieillesse, décès.

Les entreprises et les couples concernés

Le statut de conjoint collaborateur est autorisé si l'entreprise :

- Est commerciale, artisanale ou libérale ;
- A adopté le statut de SARL, d'entreprise unipersonnelle à responsabilité limitée (EURL) ou d'entreprise individuelle ;
- N'a pas plus de vingt salariés.

Concernant le conjoint, pour avoir droit au statut de conjoint collaborateur, il ne doit pas être associé et il doit être marié ou pacsé à l'entrepreneur. Ce statut n'est donc ouvert aux couples concubins.

En outre, le conjoint doit être inscrit au registre du commerce ou au répertoire des métiers et participer à l'activité sans percevoir de rémunération. Les conjoints qui exercent, en plus, une activité non salariée ou une activité salariée au moins égale à un mi-temps sont présumés ne pas exercer une activité régulière dans l'entreprise. Cependant, s'il leur est possible d'apporter la preuve qu'ils participent régulièrement à l'entreprise, ils ont le droit d'opter pour le régime de conjoint collaborateur.

L'option pour adopter ce statut

C'est au moment de l'immatriculation de l'entreprise au registre du commerce ou au répertoire des métiers que le conjoint peut se faire inscrire comme conjoint collaborateur. C'est une formalité gratuite, résiliable à tout moment. L'option se fait sur papier libre auprès du centre de formalité des entreprises, soit lors du dépôt du dossier unique de déclaration de création d'entreprise, soit au cours de la vie de l'entreprise, lorsque la participation du conjoint à l'activité de l'entreprise intervient après l'immatriculation de celle-ci au CFE. Dans ce cas, une déclaration modificative doit être effectuée auprès du CFE dans les deux mois suivant le début de la participation du conjoint.

Les avantages du statut de conjoint collaborateur

Les avantages ne concernent pas seulement les assurances sociales.

LE MANDAT SOCIAL

Dans le régime des commerçants et des artisans, dès que le conjoint est officiellement enregistré comme conjoint collaborateur, il peut accomplir à la place et au nom du chef d'entreprise tous les actes administratifs relatifs à l'exploitation de l'entreprise. Il est présumé avoir reçu un mandat de son époux exploitant. (Attention : cet avantage ne concerne pas les professions libérales.)

Par ailleurs, si les époux sont mariés sous le régime de la communauté de biens et que l'entreprise est intégrée à cette communauté, le conjoint collaborateur est également habilité à accomplir des actes officiels comme une vente ou une donation. Ce qui n'empêche pas de respecter les règles de cogestion concernant la vente du fonds de commerce et des immeubles appartenant à la communauté. Précisons également que le chef d'entreprise est seul responsable vis-à-vis des tiers : la responsabilité personnelle du conjoint collaborateur ne peut être engagée si les actes de gestion et d'administration sont accomplis pour les besoins de l'entreprise.

L'ASSURANCE MATERNITÉ ET MALADIE

En cas de maternité, l'épouse collaboratrice a droit à une allocation forfaitaire de repos maternel (3170 € versés en deux fois) et à une allocation de remplacement (pendant vingt-huit jours ou, sur demande, pendant cinquante-six jours pour un montant maximal de 52,05 € par jour en 2015) si elle choisit de se faire remplacer dans son travail ou à la maison par du personnel salarié.

Pour l'assurance maladie, le conjoint, n'étant pas rémunéré et ne payant pas de cotisation personnelle, est couvert en qualité d'ayant droit du chef d'entreprise.

L'ASSURANCE VIEILLESSE

Le conjoint collaborateur est tenu de cotiser au régime d'assurance vieillesse de base, de retraite complémentaire et d'invalidité-décès du chef d'entreprise. Le conjoint d'un artisan, d'un industriel ou d'un commerçant doit choisir l'assiette de calcul de sa cotisation d'assurance vieillesse de base, qui s'appliquera pour calculer ses cotisations de retraite complémentaire et d'invalidité-décès.

LES COTISATIONS SOCIALES FACULTATIVES

La loi autorise la déduction des cotisations et primes versées par le conjoint collaborateur au titre de sa protection sociale facultative, dans les mêmes conditions et limites que celles applicables à l'exploitant (contrats d'assurance groupe). Le conjoint collaborateur peut, le cas échéant, participer au plan d'épargne entreprise.

LA FORMATION DU CONJOINT COLLABORATEUR

Le conjoint collaborateur bénéficie d'un droit personnel au titre de la formation professionnelle continue. La cotisation due par le dirigeant d'une entreprise commerciale ou artisanale au titre de la formation professionnelle continue est alors au moins égale à 0,24 % du plafond annuel de la Sécurité sociale (soit un peu plus de 90 € pour 2015).

Dans les entreprises de moins de cinquante salariés, une aide financière peut être accordée en cas d'embauche d'un salarié pour remplacer le conjoint collaborateur absent pour cause de formation.

Le calcul des cotisations

La cotisation d'assurance vieillesse de base est calculée sur la base :

- » Soit d'un revenu forfaitaire égal au tiers du plafond de la Sécurité sociale ;

- Soit du tiers du revenu professionnel du chef d'entreprise ;
- Soit de la moitié du revenu professionnel du chef d'entreprise.

Autre possibilité, avec l'accord du chef d'entreprise, la cotisation peut être calculée sur une fraction de son revenu professionnel égale soit au tiers de celui-ci, soit à la moitié de celui-ci. Dans ces deux derniers cas, la fraction du revenu servant de base de calcul à la cotisation vieillesse du conjoint collaborateur est déduite du revenu professionnel pris en compte pour la cotisation vieillesse du chef d'entreprise.

Le conjoint doit formuler son choix par écrit au cours des soixante jours précédant la date limite de paiement de la première échéance de cotisations suivant le début de son activité.

Lorsque le conjoint choisit de faire calculer sa cotisation sur une fraction déduite du revenu professionnel du chef d'entreprise, sa demande doit être contresignée par le chef d'entreprise.

L'option choisie s'applique en principe au titre de l'année civile correspondant au début d'activité du conjoint.

Les conjoints ayant choisi de faire calculer leurs cotisations sur une fraction déduite du revenu professionnel de l'entrepreneur (l'un des deux dernières options ci-dessus) peuvent toutefois demander à ce que l'option s'applique à compter de la deuxième année civile de leur activité. Dans ce cas, les cotisations de la première année civile d'activité sont calculées soit sur un revenu forfaitaire égal au tiers du plafond de la Sécurité sociale, soit sur le tiers ou la moitié du revenu professionnel du chef d'entreprise.

La base de calcul de la cotisation de retraite complémentaire ne peut excéder quatre fois le plafond de la Sécurité sociale pour les conjoints collaborateurs d'artisans, ou trois fois ce plafond pour les conjoints collaborateurs d'industriels et de commerçants.

La base de calcul de la cotisation d'assurance invalidité-décès ne peut être inférieure à 800 fois le montant horaire du smic en vigueur au 1er janvier de l'année considérée (7 200 € en 2011).

Des modalités spécifiques sont prévues pour calculer les cotisations de retraite complémentaire et d'invalidité-décès dues au titre des deux premières années d'activité des conjoints collaborateurs d'artisans qui débutent leur activité au cours des deux premières années d'activité du chef d'entreprise, et qui n'ont pas choisi de faire calculer leurs cotisations d'assurance vieillesse de base sur un revenu forfaitaire.

Par ailleurs, les conjoints collaborateurs qui peuvent justifier par tous moyens d'avoir participé directement et effectivement à l'activité de l'entreprise peuvent, jusqu'au 31 décembre 2020, racheter des périodes d'assurance vieillesse dans la limite de six ans.

RENOUVELLEMENT OU CHANGEMENT D'OPTION

L'option est en principe reconduite pour une durée d'un an tacitement renouvelable. En revanche, lorsque le conjoint a choisi de faire calculer sa cotisation sur une fraction déduite du revenu professionnel du chef d'entreprise, ou s'il souhaite choisir une autre option pour l'année suivante, il doit formuler par écrit une demande de renouvellement ou de changement d'option.

Cette demande doit parvenir à la caisse compétente :

- **Au titre de la deuxième année d'activité du conjoint : soit avant le 1er décembre de sa première année d'activité, s'il a débuté l'activité avant le 1er août, soit au cours des soixante jours précédant la date limite de paiement de la première échéance de cotisations, s'il a débuté son activité après le 1er août ;**
- **Au titre des années suivantes : avant le 1er décembre de l'année précédente.**

Le conjoint salarié

Dans ce cas, l'un des membres du couple est l'entrepreneur, l'autre est son employé. Ce dernier doit donc disposer d'un contrat de travail établi en bonne et due forme (fonctions, horaires de travail, salaire...) et qui le place comme subordonné de l'entrepreneur.

Les conditions du salariat

Pour que le conjoint soit admis dans le statut de salarié de l'entreprise, il doit :

- Participer effectivement à l'activité de l'entreprise à titre habituel et professionnel ;
- Être titulaire d'un contrat de travail correspondant à un emploi effectif ;
- Percevoir un salaire normal, c'est-à-dire proportionnel à sa qualification (au minimum, il doit être égal au smic).

Dès lors que ces conditions sont réunies, il n'est pas nécessaire de démontrer l'existence d'un lien de subordination entre le chef d'entreprise et son conjoint salarié.

Le mieux est ainsi d'établir le contrat de travail par écrit et d'y indiquer :

- Les fonctions du conjoint ;
- Ses horaires de travail ;
- Le salaire qui lui sera versé.

Faites enregistrer le contrat de travail au service des impôts. Ce n'est pas obligatoire, mais cela permet de justifier la réalité du statut de conjoint salarié. La formalité de l'enregistrement donne en effet *date certaine*, c'est-à-dire une date incontestable au contrat de travail.

Les avantages du statut de conjoint salarié

Ce sont les avantages consentis à tous les salariés français, un des régimes les plus protecteurs...

L'AFFILIATION OBLIGATOIRE AU RÉGIME GÉNÉRAL DE LA SÉCURITÉ SOCIALE

Le conjoint bénéficie de l'ensemble des prestations du régime salarié : indemnités journalières en cas de maladie, de maternité, d'accident du travail, etc.

LA PROTECTION EN CAS DE LICENCIEMENT

En cas de cessation de l'entreprise, le conjoint salarié peut également prétendre aux versements d'allocations chômage, à condition d'en remplir toutes les conditions : inscription à Pôle emploi, affiliation minimale et recherche active d'emploi.

Il peut également bénéficier des mesures applicables aux demandeurs d'emploi (stages de formation, etc.).

LE STATUT FISCAL

Le conjoint salarié est assujetti à l'impôt sur le revenu dans la catégorie des traitements et salaires. De son côté, lorsque l'entreprise est soumise à l'impôt sur les sociétés, elle peut déduire intégralement le salaire du conjoint, s'il n'est pas excessif. Lorsque l'entreprise est soumise à l'impôt sur le revenu, elle peut aussi déduire intégralement le salaire du conjoint :

- S'il est marié sous un régime de séparation de biens ou s'il est marié sous un autre régime matrimonial et que l'entreprise a adhéré à un centre de gestion (ou association) agréé, dans la limite annuelle de 13 800 euros ;

» S'il est marié sous un régime matrimonial de communauté ou de participation aux acquêts et que l'entreprise n'est pas adhérente d'un centre de gestion 'ou association) agréé.

Quant aux charges sociales, elles sont toujours déductibles intégralement.

LE SALAIRE DU CONJOINT EST-IL À L'ABRI DES CRÉANCIERS ?

L'article 1414 du Code civil prévoit que les gains et salaires d'un époux ne peuvent être directement saisis (par une procédure de saisie-arrêt auprès de l'employeur) que lorsque la dette a pour objet l'entretien du ménage ou l'éducation des enfants. Les créanciers de l'exploitant ne pourront donc avoir recours à cette procédure. Cependant, une fois que les salaires ont été payés, ils entrent dans la catégorie de la masse commune des époux et il devient difficile de les distinguer. C'est pourquoi l'article 1414 du Code civil prévoit que, dans ce cas, une partie des sommes figurant sur un compte courant ou de dépôt alimenté en tout ou partie par les gains et salaires de l'autre époux est insaisissable.

5

Démarrez et développez votre activité

DANS CETTE PARTIE . . .

Les formalités de création de votre entreprise sont une autre démarche incontournable : choisir un nom, vérifier qu'il n'est pas déjà utilisé par une autre entreprise, s'inscrire au registre du commerce et des sociétés ou au répertoire des métiers, effectuer les déclarations multiples et variées, demander les justificatifs, puis les retransmettre aux uns et aux autres. Mais pas de panique ! Grâce aux efforts accomplis par l'ensemble des administrations françaises, notamment en matière de transmission électronique des informations et de diffusion d'une administration à l'autre, créer son entreprise est aujourd'hui beaucoup moins long et moins compliqué qu'il y a quelques années. Il reste que vous vous apprêtez à créer une nouvelle personne morale. On comprend que cela mérite quelques précautions et des enregistrements officiels.

Votre activité démarre enfin. Dès le départ, il faut penser à l'avenir : embaucher des collaborateurs, prévoir votre développement, trouver de nouveaux partenaires, peut-être vous ouvrir à l'international. Vous trouverez au chapitre 14 toutes les informations qui vous permettront de réfléchir à ces questions et à quelques autres.
Et peut-être à prendre vos premières décisions de chef d'entreprise.

Chapitre 13

Le grand saut… ou presque !

DANS CE CHAPITRE :

- **Le choix d'un nom pour votre entreprise**
- **Les formalités pour créer une entreprise individuelle**
- **Tout ce qu'il ne faut pas oublier**

Que l'on crée une auto-entreprise, une entreprise individuelle ou une société, les démarches se concentrent au centre de formalités des entreprises, le « guichet unique » mis en place en 1981 pour faciliter les démarches administratives des entrepreneurs. Et, depuis le 1er janvier 2010, les démarches peuvent même se faire entièrement en ligne, quel que soit le statut choisi pour l'entreprise et quelle que soit son activité : agricole, artisanale, commerciale, industrielle ou de services. Bien sûr, nous allons le voir, ils peuvent aussi continuer à se présenter au CFE correspondant à leur activité.

Mais avant toute chose, il s'agit de commencer par réfléchir au nom à donner à sa nouvelle entreprise.

Choisir un nom

Officiellement, les auto-entreprises et des entreprises individuelles portent le même nom que leur créateur, tandis qu'une société, étant une personne morale différente, peut porter un autre nom. C'est ce qu'on appelle la *dénomination sociale* et c'est elle qui fera l'objet d'une déclaration obligatoire lors de la création de l'entreprise, nous allons le voir. Il reste que rien n'oblige l'entrepreneur individuel à inscrire son nom de famille au fronton de sa boutique ou sur la porte de ses bureaux : il peut choisir un autre nom, que l'on appelle *nom commercial*, lui adjoindre un logo, une enseigne ou un signe distinctif.

À quoi sert un nom commercial ?

Décider de donner un autre nom que le sien à son entreprise, c'est lui donner une identité propre, de manière à :

- » Plaire : c'est vraiment le premier impératif ;
- » Préciser son activité ;
- » Donner une image forte de l'entreprise et de ses produits ;
- » Se démarquer de ses concurrents en évoquant son originalité ;
- » Être plus attractif ;
- » Avoir un nom facile à mémoriser ;
- » Pouvoir signer les produits.

C'est ainsi qu'un nom et/ou un logo bien choisis peuvent très vite devenir une marque, voire, pour certains produits, passer à la postérité en intégrant le langage courant. Les exemples sont célèbres : le Frigidaire, la Soupline, le Sopalin, le Coca, le Post-it, le Caddy de supermarché, la fermeture Éclair, les biscuits BN. Et aujourd'hui, chacun parle aussi de son « BlackBerry », de son « iPhone » ou de son « Facebook » !

Comment trouver un nom commercial ?

Si vous n'avez aucune idée de la direction dans laquelle chercher, reprenez votre étude de marché, vos notes, même votre business plan. Recensez les noms de vos concurrents les plus proches, les plus lointains, les plus connus, les moins connus. Relisez aussi les points forts que vous avez notés, les remarques que vous avez faites. Cela va peut-être vous conduire à trouver un nom auquel il vous semble que personne n'a encore pensé, au moins à première vue.

Si cette première recherche ne vous paraît guère concluante, essayez de « jouer » avec votre nom : voyez s'il peut se décliner, si vous pouvez lui apposer un préfixe ou un suffixe, enlever ou ajouter une lettre, de manière à évoquer soit votre secteur d'activité (la communication, la création artisanale, l'informatique, les voyages, la technologie, la téléphonie, etc.), soit votre activité propre, votre originalité, votre savoir-faire, etc.

Autre piste de recherche : vos clients. Là encore, votre étude de marché va vous aider : sont-ils plutôt particuliers, professionnels, jeunes, vieux, hommes, femmes, citadins, ruraux, banlieusards, cadres, ouvriers, employés, etc. ? Recensez les mots ou les noms qui vont particulièrement les interpeller.

Même si vous démarrez modestement, envisagez toujours un développement de votre activité dans un autre pays que la France, prochain ou lointain. Vous allez peut-être signer des accords avec des fournisseurs étrangers ou d'autres partenaires commerciaux hors de l'Hexagone (voir chapitre 14). Même si vous ne l'imaginez pas encore, pensez-y tout de même : essayez d'éviter les dénominations imprononçables ou incompréhensibles par un Anglais, un Allemand, un Espagnol, un Japonais, un Chinois, un Algérien, etc. Inversement, évitez aussi que vos clients français ne comprennent pas du tout votre nom ou ne sachent même pas comment le prononcer.

La protection des noms commerciaux

Vous avez trouvé un nom qui vous semble satisfaisant. Faites de petits tests autour de vous pour voir ce que vos proches en pensent. S'ils sont concluants, il faut à présent vérifier si personne d'autre ne l'utilise déjà, ou si l'on vous autorise à l'employer aussi. Cela relève de votre responsabilité.

La protection de la dénomination sociale et du nom commercial ne s'acquiert pas par un dépôt. Le droit naît du premier usage. En revanche, les marques et les logos doivent être déposés pour être protégés.

En France, un nom commercial ne s'utilise pas à tort et à travers : il doit être libre, sinon celui qui l'aura utilisé avant vous risque de vous demander d'une part de changer de nom, d'autre part de lui verser des dommages et intérêts. Par ailleurs, vous devez vérifier si le nom que vous avez choisi n'est pas trop proche de marques déjà déposées dans des secteurs d'activité identiques ou similaires ou de marques connues. Le nom que vous allez employer ne doit pas non plus prêter à confusion avec le nom d'une autre société d'un secteur d'activité proche du vôtre.

Enfin, il ne faut pas porter atteinte à des droits antérieurs : droits d'auteurs, droits de la personnalité d'un tiers, droit au nom, renommée d'une collectivité territoriale, nom géographique constituant une indication géographique protégée (IGP) ou une appellation d'origine, nom de domaine internet ou d'association.

Le rôle de l'Institut national de la propriété industrielle

Les noms et les dénominations commerciales ne se déposent pas, mais l'Institut national de la propriété industrielle se charge de les recenser. C'est donc là que se font toutes les recherches d'antériorité.

Vous pouvez d'abord effectuer une première vérification sur Internet, grâce au site `www.inpi.fr`, afin de faire un tri sélectif des noms que vous envisagez. La démarche est gratuite et instantanée : vous obtenez la liste des marques qui utilisent déjà le nom qui vous intéresse. Si cette recherche s'avère insuffisante, l'INPI peut faire d'autres vérifications, plus approfondies, pour affiner la disponibilité du nom choisi en définitive. Cette recherche « sur mesure » est payante. L'INPI propose un devis (tous les tarifs sont accessibles sur Internet).

Après cette recherche, il y a trois possibilités :

- **Le nom n'est pas utilisé :** vous pouvez déclarer votre entreprise sous ce nom et, comme vous en aurez l'antériorité, il vous appartiendra définitivement ;
- **Le nom est utilisé par une autre entreprise qui évolue dans un tout autre domaine :** dans ce cas, prenez contact avec elle et demandez-lui l'autorisation d'utiliser le même nom qu'elle. Si elle accepte, établissez un contrat de manière à fixer l'accord sur le long terme ;
- **Le nom est utilisé par une entreprise qui refuse de vous autoriser à l'utiliser aussi :** vous devez en chercher un autre.

Depuis le 1er juillet 2014, les délégations régionales de l'INPI ne sont plus habilitées à recevoir des dépôts. De même, elles ne peuvent plus apposer une date de dépôt ou de réception officielle. Désormais, les dépôts de titres et les pièces de procédure doivent être remis ou envoyé au siège de l'INPI (voir les coordonnées en Annexe A).

LE REGISTRE DES MARQUES DE L'INPI

Contrairement à la dénomination sociale et au nom commercial, les marques, les logos, les emballages et les étiquettes sont des titres de propriété industrielle : pour les protéger, il faut donc les déposer. Mais avant, il faut savoir si d'autres signes similaires sont déjà protégés. À cet effet, l'INPI tient également une base de données des marques, consultable via le site Internet : `www.bases-marques.inpi.fr` en accès libre. Ensuite, les coûts des recherches d'antériorité de marques sont les suivants : 50 euros pour une recherche sur 3 classes ou 3 groupements d'activités similaires (GAS, dont

LE REGISTRE DES MARQUES DE L'INPI (SUITE)

les codes NAF ont des intitulés similaires) ; 80 euros pour une recherche conjointe jusqu'à 3 classes + 3 GAS ; et 10 € par classe ou GAS supplémentaire, avec une limite de 5 classes ou 5 GAS. Cependant, il est également possible de demander une recherche portant sur toutes les classes + tous les GAS pour 500 €. Enfin, une recherche de similarité conjointe sur 3 classes et 3 GAS + une recherche de nom de domaine internet identique en « .fr », «.eu » et «.gTLD » (les noms de domaine génériques en « .com » ou « .org ») est tarifée à 150 €. Les demandes se font sur la boutique électronique, par courrier ou sur place au siège.

Le nom de domaine sur Internet

Votre entreprise a trouvé un nom, et vous souhaitez maintenant créer son site internet. Or, le nom que vous allez donner à ce site, qui sera aussi son adresse électronique, n'est peut-être pas libre. En effet, lorsqu'ils sont en « .fr », les noms de site, que l'on appelle *noms de domaine*, sont protégés par un organisme à but non lucratif : l'Association française pour le nommage internet en coopération (Afnic – `www.afnic.fr`).

Le Conseil constitutionnel a été saisi d'une question prioritaire de constitutionnalité, au sujet justement de l'attribution française des noms de domaine sur Internet. Il s'agissait précisément de l'article L45 du Code des postes et des communications électroniques, qui ne fixait qu'un cadre législatif minimal et laissait, semble-t-il, une latitude excessive à cette autorité administrative. Elle seule détient le pouvoir d'encadrer les conditions dans lesquelles les noms de domaine sont attribués, ou peuvent être renouvelés, refusés ou retirés. Pour ses détracteurs, cela peut entraver la liberté d'entreprendre ou la liberté de communication.

Cette position a d'ailleurs été confirmée par le Conseil constitutionnel : le 6 octobre 2010, il a déclaré l'article non conforme aux droits et libertés garantis par la Constitution. Son abrogation a été fixée au 30 juin 2011.

À compter de cette date, l'article 19 de la loi n° 2011-302 du 22 mars 2011 modifie l'article L45 du Code des postes et des communications électroniques. Néanmoins, le principe reste le même : « premier arrivé, seul servi ». Un nom de domaine ne pouvant être attribué qu'une seule fois, le demandeur éligible est celui qui fait parvenir sa demande le premier.

Autre principe inchangé : l'enregistrement d'un nom de domaine se fait sur la base des déclarations du demandeur et sous la responsabilité de celui-ci.

Ce qui change à la suite de la décision du Conseil constitutionnel, c'est que les règles d'attribution et de gestion des noms de domaine doivent garantir à la fois le respect des droits de propriété intellectuelle, mais aussi celui de la liberté de communication et de la liberté d'entreprendre (nouvel article L45-1). La nouvelle loi instaure également un contrôle *a priori* de la validité du nom de domaine. Le nouvel article L45-2 prévoit que le refus d'enregistrement, de renouvellement, ou la suppression du nom de domaine ne peuvent intervenir que si l'office d'enregistrement a mis le demandeur en mesure de présenter ses observations et, le cas échéant, de régulariser sa situation.

Le nouvel article L45-3 ne réserve plus aux personnes de nationalité française ou résidant en France la possibilité de demander l'enregistrement d'un nom de domaine français. À compter du 31 décembre 2011, ce droit sera ouvert :

- » Aux personnes physiques résidant sur le territoire de l'Union européenne ;
- » Aux personnes morales ayant leur siège social ou leur établissement principal sur le territoire de l'un des États membres de l'Union européenne.

Enfin, la loi du 22 mars 2011 organise une véritable procédure pour les tiers qui s'estimeraient lésés par l'enregistrement d'un nom de domaine (nouvel article L45-6).

Le mandat de l'Afnic reste valable jusqu'à la désignation de nouveaux offices d'enregistrement, qui devront intervenir avant le 30 juin 2012. Dans l'attente de cette désignation, les offices et bureaux d'enregistrement déjà désignés se verront imposer, à compter du 31 décembre 2011, les nouvelles dispositions L45 à L45-8 du Code des postes et des communications électroniques.

Les formalités de création d'entreprise

Nous l'avons vu au chapitre 10, l'entreprise individuelle est la forme juridique la plus simple pour le créateur d'entreprise, puisque lui-même et son entreprise ne font qu'un : ils ont le même nom, la même personnalité juridique, leurs revenus se confondent, ainsi que leurs impôts.

Le centre de formalités des entreprises

Vous avez baptisé votre entreprise, vient maintenant l'étape de son inscription administrative. C'est le centre de formalités des entreprises qui centralise toutes les pièces nécessaires à la création de l'entreprise, puis qui les transmet aux autres administrations concernées par la nouvelle activité. Cela épargne, on le comprend, des dizaines de démarches, courriers, demandes, appels téléphoniques, etc.

À quel CFE vous adresser ?

Pour commencer, sachez que toutes les chambres consulaires disposent d'un CFE. Par conséquent, si vous créez une entreprise individuelle dont l'activité sera commerciale ou industrielle, vous devez vous adresser au CFE de votre chambre de commerce et d'industrie (`www.cfenet.cci.fr`). Si vous créez une activité artisanale, c'est le CFE de votre chambre des métiers et de l'artisanat qu'il faut contacter (site internet : `www.cfe-metiers.com`). Si votre activité est agricole, vous aurez affaire au CFE de votre chambre d'agriculture. Enfin, pour les métiers qui ne disposent pas de chambres consulaires, plusieurs types d'administrations font office de centre de formalités des entreprises, là encore selon l'activité :

- Pour les professions libérales, c'est l'Urssaf ;
- Pour les agents commerciaux, c'est le greffe du tribunal de commerce (qui gère aussi le registre du commerce et des sociétés et se charge de la création de certaines formes de sociétés, voir plus loin) ;
- Pour les artistes et les auteurs, c'est le centre des impôts.

Par la suite, s'il y a lieu, c'est à ce même CFE que se déposent les demandes de modification ou de cessation d'activité.

Quand contacter le CFE ?

Tout dépend de la nature de l'activité. Toutes les personnes assujetties à la TVA, ainsi que les exploitants agricoles et forestiers doivent contacter leur CFE dans les quinze jours qui suivent le début de l'activité. Les professions libérales doivent le faire au cours du premier mois d'activité, et les agents commerciaux, avant le début de l'activité.

L'absence volontaire de déclarations fiscales ou sociales constitue un délit de travail dissimulé, sanctionné pénalement. En outre, en la matière, la bonne foi ou l'ignorance peuvent difficilement être invoquées.

Que devez-vous demander au CFE ?

Il s'agit de vous procurer le dossier que tout entrepreneur doit remplir pour demander son immatriculation, d'une part au CFE lui-même, d'autre part au registre du commerce et des sociétés ou au répertoire des métiers si l'activité l'exige. Le centre fournit aussi la liste des pièces nécessaires à ces immatriculations (extrait d'acte de naissance, extrait d'acte de mariage, copie de votre bail commercial, etc.).

Prévoyez un délai d'au moins trois semaines pour rassembler ces pièces.

Grâce au développement d'Internet, nul besoin désormais de vous déplacer dans les locaux du CFE pour retirer ce dossier. Vous pouvez le contacter sur son site (voir le carnet d'adresses en annexe A). Dans la rubrique « Formalités en ligne », vous remplissez un questionnaire qui génère automatiquement le formulaire de demande d'immatriculation de l'entreprise, ainsi qu'un numéro de référence et la liste des pièces justificatives à fournir. Vous n'aurez plus qu'à imprimer tout cela en trois exemplaires, à remplir les formulaires et à réunir les pièces nécessaires.

Mieux : depuis la publication, le 9 mai 2007, d'un décret autorisant la dématérialisation complète de l'immatriculation des entreprises, il est désormais possible de :

- Remplir le formulaire en ligne ;
- Numériser toutes les pièces justificatives demandées ;
- Payer les frais de dossier par carte bancaire.

Autrement dit, fini les papiers : vous pouvez tout faire de chez vous ! En retour, vous recevez un accusé de réception électronique du dossier et vous pouvez même suivre en ligne l'accomplissement de votre immatriculation en vous connectant à un module prévu à cet effet. Et si le dossier comporte une erreur, vous serez directement informé par e-mail.

En revanche, les autorisations ministérielles concernant la signature électronique sont encore en attente : les formalités de modification du registre du commerce ne sont donc pas encore entièrement dématérialisées.

Et ensuite ?

Une fois qu'il est en possession du dossier, le CFE vérifie d'abord qu'il ne manque aucune pièce. Si c'est le cas, il transmet la déclaration de création de la nouvelle entreprise aux différentes administrations concernées :

- Au greffe du tribunal de commerce pour l'immatriculation au registre du commerce et des sociétés, qui concerne les personnes physiques dont l'activité professionnelle consiste en des actes de commerce et les personnes morales (voir plus loin). En retour, le greffier du tribunal envoie un document attestant l'immatriculation (l'extrait K pour les entreprises individuelles et Kbis pour les sociétés) ;
- Au répertoire des métiers pour les personnes indépendantes, physiques ou morales n'employant pas plus de dix salariés et exerçant une activité de production, de transformation ou de prestation de services, à l'exclusion de l'agriculture et de la pêche. Une fois le numéro d'identification définitif connu, la chambre des métiers délivre une carte d'identification qui prouve l'immatriculation. Les démarches peuvent se faire directement sur le site ;
- Au fisc, à l'Urssaf, à la caisse d'assurance maladie et aux caisses de retraite pour les taxes et les contributions sociales.

C'est aussi le CFE qui déclare la nouvelle entreprise à l'Insee, de manière à la faire inscrire au répertoire national des entreprises (RNE) et ainsi obtenir :

- **Un numéro Siren**, qui consiste en trois groupes de trois chiffres attribués en fonction de l'ordre d'inscription et qui identifie l'entreprise auprès des organismes publics et des administrations ;
- **Un numéro Siret**, qui se compose du numéro Siren et de cinq autres chiffres, pour identifier cette fois non plus l'activité mais l'établissement auprès des organismes sociaux, du fisc ou de l'Assedic (de ce fait, si l'entreprise comporte plusieurs établissements, elle aura autant de numéros Siret) ;
- **Un code dit APE (activité principale exercée)**, qui identifie le secteur d'activité de l'entreprise.

Si des salariés sont embauchés dès le départ, le CFE se charge également de contacter leurs caisses sociales et l'inspection du travail.

LA CRÉATION D'ENTREPRISE EN LIGNE

Un nouveau portail unique a été mis en place le 1er janvier 2010, destiné à l'ensemble des créateurs dans toutes les activités, qu'elles soient agricoles, artisanales, commerciales, industrielles ou de services. Il a mobilisé l'ensemble des réseaux qui assurent actuellement la gestion des déclarations : les CFE, les chambres consulaires (commerçants, artisans, agriculture) mais aussi l'Urssaf et les greffes de tribunaux de commerce. C'est « le » guichet unique électronique de la création d'entreprise, accessible depuis l'adresse : `www.guichet-entreprises.fr`.

Il permet aux créateurs d'entreprises de réaliser l'ensemble des démarches administratives par voie électronique :

- **Accéder à une information adaptée, actualisée et pertinente pour ce qui concerne la création et l'exercice d'activités professionnelles ;**
- **Identifier les pièces à produire pour chaque formalité et demande d'autorisation ;**
- **Effectuer en ligne le dépôt de dossier de formalités et de demande d'autorisations, dans toutes ses composantes ;**
- **Suivre leur dossier avec un engagement de délai et de résultat des opérateurs.**

Les entrepreneurs peuvent ainsi accomplir par Internet l'ensemble des procédures et des formalités nécessaires à l'exercice de leur activité, et disposer de toutes les informations les concernant.

Ce portail entraîne bien sûr la dématérialisation de toutes les démarches que nous venons d'énumérer, liées à la création de l'entreprise, quels que soient sa nature et son statut.

LA CRÉATION D'ENTREPRISE EN LIGNE (SUITE)

Un décret du 1er mars 2010 (nº 2010-210) a également modifié le Code de commerce, pour permettre au centre de formalité des entreprises de recevoir, en plus des déclarations relatives à la création, aux modifications de la situation ou à la cessation d'activité des entreprises, les dossiers de demandes concernant les autorisations que l'entreprise doit obtenir pour l'accès à certaines activités et leur exercice. Par exemple : la carte professionnelle d'agent immobilier ou la déclaration d'ouverture auprès des services vétérinaires pour une boulangerie.

L'achat des livres

Parmi les formalités impératives, il y a ensuite l'acquisition des registres et livres réglementaires dont l'entrepreneur va avoir besoin pour gérer son entreprise. La tenue de ces documents est obligatoire, sans altération, ni rature, ni blanc. Ils doivent être conservés pendant dix ans par les commerçants et sociétés commerciales, et pendant six ans pour les artisans et professions libérales. Voici quels sont les livres comptables indispensables :

» **Le livre inventaire :** c'est le registre sur lequel sont relevés tous les éléments d'actif et de passif, en regard desquels sont mentionnées la quantité et la valeur de chacun d'eux à la date d'inventaire (immobilisations, créances, dettes, stocks). Il est obligatoire pour les entreprises commerciales soumises à un régime réel d'imposition ;

» **Le livre-journal :** c'est le registre sur lequel sont enregistrés, de manière chronologique, tous mouvements affectant le patrimoine de l'entreprise, opération par opération et jour par jour. Tout enregistrement précise l'origine de l'opération et les références de la pièce justificative correspondante. Il est obligatoire pour les commerçants soumis à un régime réel d'imposition, les sociétés commerciales et les artisans assujettis à la TVA, et conseillé pour les autres ;

» **Le registre du personnel :** c'est un livre obligatoire pour tous les employeurs, répertoriant principalement les nom, prénom, nationalité, date de naissance, sexe, emploi, qualification, dates d'entrée et de sortie, date d'autorisation d'embauche ou de licenciement ;

» **Le livre de paie :** ce registre reproduit les mentions figurant sur les bulletins de paie.

Tous ces documents sont en vente dans les papeteries spécialisées.

Ces livres doivent aussi être cotés et paraphés par le tribunal de commerce. Vous devez donc les apporter ou les envoyer au greffe du tribunal dont dépend votre société. Celui-ci se chargera de les faire coter et parapher et de vous les retourner – à vos frais – par courrier. Selon le poids du colis lors du dépôt, il faudra donc joindre un chèque (entre 3 et 7 euros). Renseignez-vous auprès du greffe.

Les démarches à faire vous-même

S'il se charge de beaucoup de choses, le CFE ne s'occupe pas de tout : plusieurs démarches doivent être faites par l'entrepreneur lui-même.

Pour les professions réglementées : l'inscription auprès de l'ordre

Si votre profession est réglementée par un ordre (des médecins, des notaires, des avocats, etc. – voir chapitre 1), diplôme en main, vous devez y effectuer vous-même votre inscription et faire une demande de carte professionnelle ou de licence.

Un décret paru le 14 avril 2007 a créé un nouvel ordre national, sur le modèle des autres professions médicales : celui des infirmiers. Le texte subordonne dorénavant l'exercice de la profession d'infirmier à l'inscription au tableau de cet ordre, dont l'adhésion se fera par cotisation. L'ordre des infirmiers a la responsabilité d'élaborer un code de déontologie, de défendre les intérêts de la profession et sera l'interlocuteur des pouvoirs publics. Il comprend cinquante-deux membres, dont douze représentants des infirmiers libéraux, seize représentants des infirmiers du secteur privé et vingt-quatre représentants du secteur public. Précisons que le Journal officiel du même jour a publié un arrêté autorisant les infirmiers à prescrire certains dispositifs médicaux, sans que les patients soient obligés de retourner consulter leur médecin traitant.

L'inscription à une caisse de retraite de l'Arrco et de l'Agirc

L'Arrco est l'organisme qui fédère toutes les caisses de retraite complémentaire des salariés cadres et non cadres. L'Agirc fédère les caisses de retraite complémentaires des cadres. Même si l'entreprise individuelle ne prévoit pas tout de suite d'embaucher des salariés, l'adhésion à une caisse Arrco et une caisse Agirc est obligatoire. Le délai pour s'inscrire est fixé à trois mois après l'immatriculation de l'entreprise. S'il n'y a pas de salarié, l'entreprise sera adhérente, mais n'aura aucune cotisation à verser.

Pour savoir à quelle caisse vous adresser, il y a deux possibilités :

- » Si l'activité principale de votre entreprise relève du domaine professionnel, c'est-à-dire que votre secteur d'activité est visé par une convention collective professionnelle qui désigne une caisse de retraite complémentaire, vous devez obligatoirement adhérer auprès des caisses Arrco et Agirc en charge de ce secteur ;
- » Si votre entreprise relève de plusieurs domaines professionnels, c'est-à-dire que votre secteur d'activité n'est pas visé par une convention collective professionnelle désignant une caisse de retraite complémentaire, vous disposez de trois mois suivant la date de création de votre entreprise pour faire votre choix entre les deux groupes de protection sociale compétents dans chaque département. Au-delà, l'adhésion s'effectuera d'office auprès des caisses d'un des deux groupes, chargé des adhésions tardives.

Dans les deux cas de figure, vous devez obligatoirement adhérer, même si vous n'employez pas encore de salariés. Si vous omettez de procéder à cette inscription, une caisse de retraite interprofessionnelle sera de toute façon imposée à l'entreprise. Mieux vaut donc vous en occuper vous-même.

Pour connaître l'institution de retraite Agirc et Arrco compétente pour recevoir votre adhésion, munissez-vous de votre code Naf et consultez le site internet `www.services.agirc-arrco.fr`.

La médecine du travail

L'adhésion à un centre de médecine du travail est aussi une obligation légale, mais cette fois, seulement si vous embauchez un ou plusieurs salariés (voir chapitre 14).

L'assurance

Enfin, parmi les formalités, quelle que soit l'activité, il faut aussi penser à assurer, soit votre propre responsabilité professionnelle, soit celle de votre entreprise, voire les deux. Pour cela, si votre activité n'est pas particulièrement risquée, commencez par prendre tout simplement rendez-vous avec votre assureur personnel pour voir quel type de contrat professionnel il peut proposer. Vous aurez une base qui vous permettra de comparer avec d'autres compagnies. Si au contraire vous avez besoin d'une couverture très spécifique, en lien à une particularité de votre secteur d'activité, le Centre de documentation et d'information de l'assurance (CDIA) est une bonne source d'informations (`www.cdia.fr`), ainsi que le site internet de la Fédération française des sociétés d'assurance (`www.ffsa.fr`).

PENSEZ AU NOTAIRE !

Rappelons que, en tant qu'entrepreneur individuel, tous les risques financiers vont se trouver à votre charge. Par conséquent, avant même la création de l'entreprise, un rendez-vous chez le notaire semble judicieux pour évaluer ce que vous risquez réellement vous-même et votre conjoint, et limiter les risques le mieux possible. Pensez-y très tôt, car si un changement de régime matrimonial s'impose, la procédure, bien qu'allégée aujourd'hui, peut prendre plusieurs semaines.

Prenez aussi rendez-vous avec La Poste pour y faire connaître votre nouvelle société et vous informer sur les dispositions concernant le courrier des entreprises.

Les formalités de création d'une société

Comme la création d'une entreprise individuelle, la création d'une société nécessite d'abord de lui trouver une dénomination commerciale, voire un nom. Ensuite, les démarches passent également par le centre de formalités des entreprises installé à la chambre consulaire dont dépend le siège social de l'entreprise : la chambre de commerce et d'industrie pour les activités commerciales et industrielles, la chambre des métiers pour les professions artisanales, la chambre d'agriculture pour les activités agricoles. Mais, avant cela, vous aurez à effectuer plusieurs démarches.

Les démarches à faire avant le CFE

Avant d'immatriculer la société, il faut lui donner sa forme définitive : rédiger ses statuts, nommer son gérant, réunir le capital social, installer son siège à une adresse précise.

Rédiger les statuts de la société

Une société est organisée selon ses statuts. Compte tenu du statut juridique que vous avez choisi (SARL, SA, SAS, etc. – voir chapitre 10), il faut à présent les rédiger. Si vous n'êtes pas un spécialiste, vous ne pouvez pas faire cela sans aide. Il existe toutefois de nombreux modèles dont vous pouvez vous inspirer (surfez sur Internet, vous trouverez de nombreux sites qui en proposent).

Il faut également nommer son gérant (vous-même ? votre associé ? une autre personne ?), mais aussi déterminer ses fonctions, la durée de son mandat et sa rémunération. Cette nomination peut se faire soit dans les statuts, soit par acte séparé.

Tout cela, évidemment, ne se fait pas au pied levé : les enjeux pour l'entreprise et son dirigeant sont tels à ce niveau qu'il ne faut brûler aucune étape et surtout veiller à maîtriser parfaitement chaque décision et sa « traduction » en termes juridiques. Autrement dit, il faut prendre le temps de demander conseil. En la matière, le CFE, les chambres consulaires et l'Agence pour la création d'entreprise fournissent non seulement de multiples informations, mais peuvent aussi donner des contacts de juristes spécialistes de ces questions.

Si vous avez besoin d'une aide plus soutenue dans vos démarches, le CFE peut vous la fournir, moyennant finances (entre 30 et 60 euros selon l'importance de l'aide demandée).

Une fois que les statuts sont rédigés, les associés apposent leurs initiales sur chacune des pages et, en fin d'acte, font figurer leur signature précédée de la mention « Lu et approuvé ». Les statuts doivent être accompagnés d'un état des actes accomplis pour le compte de la société (conclusion d'un bail, embauche du personnel, etc.) et d'une déclaration de conformité dans laquelle figurent les opérations effectuées en vue de la constitution de la société. Ces deux actes doivent aussi être signés par tous les associés.

Réunir les fonds

Selon le statut choisi pour la société, vous devez également réunir tout ou partie des fonds composant le capital social de l'entreprise et déposer ces fonds auprès d'une banque, d'un notaire ou de la Caisse des dépôts et consignations. En échange, on vous remettra un récépissé de dépôt de fonds qu'il faudra présenter au CFE. Le compte sera bloqué jusqu'à ce que vous obteniez l'attestation qui prouve que votre société a bien été immatriculée. C'est alors qu'il sera viré sur le compte courant de l'entreprise.

Voici un bref rappel des minima à verser au moment de la création de la société (voir chapitre 10) :

- SA, SAS, SASU : 18 500 euros sur 37 000 euros ;
- SARL, EURL : 20 % de ce que l'entrepreneur a déterminé, puisque le montant du capital social est libre.

Lorsque les associés apportent des biens autres que de l'argent au capital de la société, il faut faire intervenir un commissaire aux apports.

Trouver des locaux

Nous avons vu au chapitre 5 les différentes possibilités d'installation d'une nouvelle entreprise. Si vous n'avez pas encore arrêté une installation définitive, il faut en trouver une provisoire. En effet, les formalités de création d'entreprise imposent de justifier d'une domiciliation.

Mais il se pose généralement un problème : les bailleurs demandent souvent un extrait Kbis (l'attestation d'inscription au registre du commerce) pour signer le contrat de location. Or, ce document ne peut pas être apporté tant que la société n'est pas immatriculée. Pour contourner cette difficulté, sachez que, pendant les cinq premières années, l'entrepreneur a le droit de domicilier sa société chez lui sans changer la destination du bail, à condition évidemment, s'il n'est pas propriétaire, d'en avoir obtenu l'autorisation auprès de son bailleur ou de sa copropriété. Ce qu'il obtiendra s'il ne provoque pas de gêne pour ses voisins (voir chapitre 5). Si cela n'est pas possible, il existe d'autres solutions : la domiciliation dans une société spécialisée, l'installation dans une pépinière d'entreprises, la sous-location dans les locaux d'une autre entreprise. L'important est de pouvoir prouver que l'entreprise dispose d'un siège (voir chapitre 5).

Les dépôts et les enregistrements officiels

Dès qu'ils sont prêts, l'entrepreneur date et signe les statuts de sa nouvelle entreprise. Ensuite, trois démarches sont à faire immédiatement : le dépôt des statuts au centre des impôts, la publication dans un journal d'annonces légales et l'immatriculation au registre du commerce et des sociétés.

Déposer les statuts au centre des impôts

Les statuts de la société doivent être enregistrés par le fisc dans le mois qui suit leur signature. Après les avoir reproduits en quatre exemplaires (plus un exemplaire pour chaque associé), vous devrez les présenter au centre des impôts du siège de la future société, où un exemplaire original sera conservé. Cette formalité peut être effectuée avant ou après le dépôt du dossier d'immatriculation au CFE, l'essentiel étant de respecter impérativement le délai d'un mois suivant la signature des statuts.

Depuis la loi de finances pour l'année 2000, les créateurs d'entreprise sont exonérés des droits d'enregistrement.

La publication au journal d'annonces légales

La constitution de la nouvelle société doit faire l'objet d'un avis qui doit être publié dans un journal d'annonces légales. Pour cela, l'entrepreneur peut s'adresser à un journal spécialisé ou plus simplement à un journal habilité à publier des annonces légales dans son département : le CFE ou la préfecture fournit une liste.

Concernant la nouvelle société, l'annonce indique :

- Sa dénomination ;
- Sa forme ;
- Son objet ;
- L'adresse de son siège ;
- Sa durée ;
- Son capital social et la nature des apports ;
- Les nom et adresse du dirigeant ;
- Le registre du commerce auprès duquel la société sera immatriculée.

La publication d'une annonce légale coûte environ 150 euros.

Pensez à commander plusieurs exemplaires du journal, car de nombreux organismes peuvent vous en demander.

L'immatriculation au registre du commerce et des sociétés

La demande d'immatriculation au centre de formalités des entreprises ne peut se faire qu'après la publication de l'annonce légale, puisque le dossier doit contenir un exemplaire du journal où elle a été publiée. Si le temps presse et que l'annonce n'est pas encore parue, l'entrepreneur peut toutefois présenter une copie de la demande d'insertion de l'annonce.

Le dossier d'immatriculation comprend aussi :

- Deux exemplaires des statuts de la société (évidemment, les mentions indiquées dans les statuts et sur la demande d'immatriculation doivent correspondre exactement) ;
- L'acte de nomination du gérant si ce n'est pas mentionné dans les statuts eux-mêmes ;

- Le certificat de domiciliation de l'entreprise ;
- Une attestation sur l'honneur de non-condamnation du gérant ;
- Une photocopie de la carte d'identité de l'entrepreneur.

Lorsque toutes ces démarches sont accomplies, la société est en cours d'immatriculation. Le dossier est transmis par le CFE aux différentes administrations.

Vous pouvez désormais tout faire en ligne à l'adresse `www.guichet-entreprises.fr` (voir encadré pages précédentes).

Combien ça coûte ?

Selon les professions, les frais d'immatriculation ne sont pas les mêmes.

Les commerçants

Les sociétés commerciales (SARL, SA, EURL, SNC, etc.) n'ayant pas un objet artisanal dépendent de la chambre de commerce et d'industrie. L'immatriculation au registre du commerce et des sociétés (y compris le dépôt d'actes) coûte environ 75 euros. Pour les SA (capital minimum de 37 000 euros), il faut compter environ 230 euros pour les frais de publication dans un journal d'annonces légales et 76,19 euros pour l'immatriculation au registre du commerce et des sociétés (y compris le dépôt d'actes).

Les entreprises artisanales

Pour les personnes physiques et les sociétés assujetties à l'inscription au répertoire des métiers dépendant de la chambre des métiers et de l'artisanat, l'inscription coûte environ 130 euros. Il faut ajouter à cela les frais d'un stage de quatre jours (200 euros environ, prix variable selon les régions).

Les sociétés dépendant du greffe du tribunal de commerce

Un certain nombre de sociétés dépendent du greffe du tribunal de commerce. C'est le cas des sociétés d'exercice libéral (SELARL, SELAFA, SELCA), pour qui l'inscription coûte environ 75 euros. Pour les agents commerciaux (personnes physiques), l'immatriculation au registre spécial des agents commerciaux coûte environ 30 euros. Pour les établissements publics industriels (EPIC) et les groupements d'intérêt économique, le coût de constitution d'une société (EURL, SNC, sociétés civiles) comprend les frais de publication dans un journal d'annonces légales (environ 150 euros) et l'immatriculation au registre du commerce et des sociétés (y compris le dépôt d'actes), pour environ 76 euros.

Les membres d'une profession libérale

Les professions libérales (réglementées ou non) dépendant de l'Urssaf. Pour les employeurs dont l'entreprise n'est pas immatriculée au registre du commerce et des sociétés ou inscrite au répertoire des métiers (c'est le cas par exemple des syndicats professionnels), l'inscription est gratuite.

Les artistes-auteurs

Les artistes-auteurs dépendent de leur centre des impôts. Pour les non-salariés assujettis à la TVA, à l'impôt sur le revenu au titre des bénéfices industriels et commerciaux ou à l'impôt sur les sociétés et qui ne relèvent pas des catégories ci-dessus (sociétés en participation, associations, loueurs en meublé…), l'inscription est gratuite.

Les associations

Pour les associations – qui ne dépendant d'aucune administration –, il n'y a guère que les frais d'inscription au Journal officiel, s'élevant à environ 40 euros.

Chapitre 14
Le développement de l'activité

DANS CE CHAPITRE :

- **Faire ses premiers pas de chef d'entreprise**
- **Recruter ses premiers collaborateurs**
- **Envisager très tôt son avenir**
- **Entreprendre à l'étranger**

Les démarches sont effectuées, les formalités terminées : vous avez le feu vert pour démarrer. Votre carnet de commandes est plein et vous passez à l'action. Mais avez-vous un peu réfléchi à la manière dont vous allez vous organiser, surtout si votre nouvelle activité connaît un succès immédiat ? Si votre projet est solide, cela risque fort d'arriver. Vous devez donc vous y préparer.

Organisez votre temps de travail… et de repos

Durant la phase de création de votre entreprise, vous avez démarché vos premiers clients, conclu peut-être vos premières ventes. Maintenant que toutes les formalités administratives sont au point, vous pouvez faire des devis, effectuer les premières livraisons, émettre les premières factures. Autrement dit, vous êtes maintenant chef d'entreprise.

Peaufinez votre planning

Démarchage des clients, production, gestion commerciale, gestion comptable... Si vous faites tout cela au jour le jour, sans anticiper, vous n'allez pas tenir longtemps : il y aura forcément un moment où la fatigue vous fera faire une erreur qui pourrait bien mettre votre jeune entreprise en danger. Vous pouvez éviter cela, d'une part en vous organisant, d'autre part en prenant le temps de faire quelques prévisions à plus long terme.

Faites le tri dans vos activités

Vous le savez, même si vous n'avez pas d'associé et pas encore de salarié, vous ne pouvez pas tout faire en même temps tout seul. Personne ne le peut. Même avec une très grande capacité de travail, même avec une santé exceptionnelle, même avec une motivation à toute épreuve, vous ne faites sûrement pas exception. Par conséquent, si vous ne l'avez pas encore envisagé, vous devez réfléchir à la manière dont vous allez vous organiser. Pour cela, faites un premier exercice : ouvrez votre agenda, regarder votre planning et recensez toutes les activités que vous y avez notées. Que constatez-vous ?

- Vous avez des rendez-vous très importants et d'autres qui le sont moins ;
- Vous avez des choses à faire que vous n'aimez pas tellement et que vous avez repoussées à plus tard ;
- Vous aviez prévu de longue date de voir un ami et vous avez annulé ce rendez-vous ;
- Vos journées de travail commencent très tôt et se terminent très tard ;
- Plusieurs réunions de travail sont prévues, parmi lesquelles certaines sont longues, peu importantes, voire inutiles.

Tout cela vous semble-t-il homogène, organisé, logique ? Ou est-ce l'image d'une mauvaise organisation, qui va vous faire perdre un temps précieux ? Si vous avez choisi la seconde réponse, pour remédier à cela, prenez une feuille et, parmi toutes les activités de votre planning, distinguez ce qui est essentiel pour votre entreprise et pour vous-même de ce qui est accessoire (décisions non urgentes, rencontres inutiles pour l'instant, etc.). Ensuite, classez les points essentiels par ordre d'importance. Enfin, reprenez votre planning et essayez de le réorganiser pour donner la priorité à ce qui, au vu de votre liste, le mérite.

Quant aux points accessoires, ne les réintégrez pas dans votre planning. Laissez-les à part, sur une autre page. De cette manière, vous ne serez pas distrait de vos priorités et vous ne passerez à l'accessoire que si l'essentiel est fait.

Tenez vos objectifs

Parmi vos multiples activités, vous avez appris maintenant à faire le tri entre ce qui est essentiel et ce qui est accessoire. Lorsque vous travaillerez à une tâche que vous avez définie comme essentielle, ne vous laissez déranger par rien ni personne tant que vous n'avez pas terminé. Laissez le téléphone sur répondeur, ou passez vos appels à quelqu'un d'autre, fermez votre porte.

Même si votre entreprise tout entière dépend de vous, vous ne devez pas vous laisser envahir par les multiples questions quotidiennes qu'un chef d'entreprise a en général à régler. Si ce que vous faites pour le moment est vraiment essentiel, tout le reste doit pouvoir attendre que vous ayez fini.

Entretenez vos relations familiales et sociales

C'est le plus souvent ce dont se plaignent les nouveaux chefs d'entreprise : le manque de contacts, la solitude face à leurs responsabilités. Certes, vous êtes peut-être seul à bord, mais vous n'êtes jamais seul dans la vie, ne l'oubliez pas.

Ne délaissez pas votre vie privée

Même si vous êtes célibataire, même si vous avez déjà vingt ans de mariage, même si vos enfants sont grands et n'ont plus besoin de vous, même si vos parents sont eux-mêmes occupés, votre nouvelle entreprise ne doit pas vous faire oublier que vous n'êtes pas seul et que vous avez aussi droit à une vie privée. Tout à l'euphorie et à la fierté de monter votre société, vous ne vous êtes peut-être pas rendu compte que vous avez un peu délaissé votre entourage. Maintenant que l'activité démarre, repensez à votre vie sociale d'avant :

- » Qu'aviez-vous l'habitude de faire et que vous ne faites plus parce que vous pensez que vous n'en avez plus le temps ? Des soirées entre amis devant le foot, une sortie au cinéma, un repas de famille ?
- » À qui avez-vous pensé durant le démarrage de votre activité et que vous n'avez pas pris le temps d'appeler ou de voir ?

Pensez aussi à vous

Votre entreprise est un vrai projet de vie, c'est une chose. Mais votre vie ne peut pas se réduire à n'être que celle d'un chef d'entreprise. Puisque vous réorganisez votre planning, réorganisez donc aussi vos journées pour qu'elles se terminent à une heure raisonnable. Accordez-vous du temps pour souffler, le soir et en fin de semaine. Cela vous donnera l'occasion de voir d'autres gens, d'entendre parler d'autre chose, de vous changer les idées, d'avoir d'autres perspectives. Votre équilibre physique et moral en dépend. Et vous verrez que votre activité ne s'en portera que mieux.

Préparez votre développement financier

En bon gestionnaire, gardez toujours un œil sur votre trésorerie : l'état de ses disponibilités, les besoins, les excédents.

Trois conseils pour gérer au mieux votre entreprise

Gestion du stock, gestion des comptes clients, gestion des comptes fournisseurs : si vous voulez limiter vos besoins en fonds de roulement, et donc vos besoins en trésorerie, vous devez agir en même temps sur ces trois postes.

Équilibrez votre stock

Surveillez le niveau de vos stocks, qui doivent toujours conserver une juste proportion : ni trop pour limiter vos frais de gestion, ni trop peu pour ne pas risquer la rupture. Pour cela, vous devez procéder à des inventaires réguliers de manière à mettre à jour ces évaluations le plus souvent possible.

Surveillez vos comptes clients

Limitez les délais de règlement et les crédits de vos clients. Favorisez par exemple le paiement comptant et le versement d'acompte à la commande. De votre côté, avant de les livrer, vérifiez que votre produit est parfaitement conforme à ce que vos clients attendent, pour limiter le service après-vente. Ne tardez pas non plus à envoyer votre facture : préparez-la en même temps que la livraison. Vérifiez régulièrement que tous les comptes clients sont à jour et qu'aucun retard ne s'accumule. De même, dès qu'un client fait défaut, relancez-le systématiquement par écrit et par téléphone (un conseil : appelez le service de comptabilité du client, ça ira plus vite !).

Négociez vos comptes fournisseurs

Là, c'est l'inverse : essayez de négocier des délais de paiement assez souples, de manière à conserver une trésorerie flexible. Si votre gestion est attentive, elle sera saine. Et si elle est saine, d'une part vos besoins financiers seront limités, de même que vos frais de gestion, d'autre part vos relations avec votre banque seront excellentes !

Anticipez votre développement financier

Votre activité se développe, votre chiffre d'affaires augmente, votre besoin en fonds de roulement (voir chapitre 6) aussi, vous devez songer à le financer. Avant de prendre rendez-vous à la banque pour demander une rallonge de crédit à long terme, voyez si vous ne pouvez pas financer tout ou partie de cette augmentation, d'une part par de nouveaux apports personnels, d'autre part par une partie de vos bénéfices nets. À défaut, il faudra peut-être préférer réduire un peu la croissance de votre activité plutôt que de la financer par des crédits.

Vous devrez discuter l'ensemble de ces questions et l'accompagnement financier de votre développement avec votre expert-comptable.

Préoccupez-vous très tôt des ressources humaines

Vous le savez bien : un chef d'entreprise ne peut pas tout faire. Vous devez donc très vite envisager de déléguer certaines tâches, y compris celles qui correspondent à votre métier de départ et que vous allez peut-être quitter avec un peu de peine.

Définissez votre besoin

Grâce à votre étude de marché et à votre business plan, vous savez combien de temps il vous faut pour dépasser la phase de démarrage, stabiliser votre activité et envisager de déléguer certaines tâches. Mais avez-vous songé à ces tâches ? À y regarder de près, certaines sont plus évidentes que d'autres.

L'embauche de collaborateurs peut avoir plusieurs types de raisons :

- Vous décharger de toutes les activités que vous avez déterminées comme moins essentielles, voire accessoires, et qui vous prennent beaucoup de temps ;
- Vous permettre de vous concentrer sur certaines tâches plus que sur d'autres ;
- Augmenter votre chiffre d'affaires ;

- Réorganiser entièrement votre activité, compte tenu d'un nouveau procédé, d'un marché à conquérir ou d'un objectif à atteindre.

Définissez des fonctions

Vous avez circonscrit votre besoin. Sur cette base, vous devez maintenant définir une ou plusieurs fonctions : secrétaire, commercial, technicien, administrateur, etc.

Avant de créer le poste et d'embaucher quelqu'un, vous devez :

- Définir la fonction générale et les attributions principales ;
- Lui attribuer des responsabilités, un rayon d'action et des moyens ;
- Préciser l'étendue de pouvoir de cette fonction (son autonomie de décision et ses limites) ;
- Déterminez sa place dans l'organisation hiérarchique (qui est placé sous sa responsabilité, qui la contrôle, mais aussi ses liens avec les autres fonctions) ;
- Prévoir la gestion des informations (qui transmet quoi ? à qui ? quand ?) ;
- Établir le profil du candidat (formation, diplôme, compétences, expérience professionnelle) ;
- Ajuster le salaire en fonction de l'ensemble des responsabilités.

Pour déterminer le salaire, vous devez tenir compte de la convention collective à laquelle l'entreprise et la fonction appartiennent : verser le salaire minimum conventionnel est une obligation légale absolue. À noter que de nombreuses aides financières existent aujourd'hui pour aider les entrepreneurs à embaucher leurs premiers salariés (aide dégressive de l'Assedic, contrat de professionnalisation, revenu minium d'activité, etc.).

Dernier point : réfléchissez au type de contrat de travail que vous allez proposer à ces nouveaux collaborateurs (CDD ou CDI). Rappelons que les motifs de CDD sont strictement définis par la loi. Là aussi, votre expert-comptable peut vous épauler.

DÉLÉGUER LES RESSOURCES HUMAINES ?

À partir d'un certain niveau d'embauche, la gestion du personnel représente une charge à part entière, que vous, chef d'entreprise, n'aurez sûrement plus le temps d'assumer pleinement. Par conséquent, ne tardez pas à vous poser la question de déléguer cette charge à un responsable du personnel. Le directeur des ressources humaines d'une entreprise est non seulement celui qui embauche et gère la paie, mais aussi celui qui applique la réglementation et son suivi, maintient l'ordre, gère le quotidien (les absences, les congés, etc.) et surveille les conditions de travail. Il faut donc le choisir pour ses compétences et son expérience, mais aussi pour ses valeurs, qui doivent être les mêmes que les vôtres. Avant tout, vous devez donc évaluer vous-même quelles valeurs vous semblent les plus importantes, pour vous et pour votre entreprise : la créativité, la fiabilité, l'efficacité, etc. Un collaborateur clé qu'il ne faut pas choisir à la légère.

Conservez les fonctions stratégiques

En vous déchargeant des questions techniques et/ou commerciales et de la gestion quotidienne de vos salariés, vous allez dégager du temps, de l'énergie et de la réflexion pour vous projeter dans l'avenir de votre entreprise, à court, moyen et plus long terme. Cela va vous permettre de fixer de nouveaux objectifs (conquête de nouveaux marchés, développement de nouveaux produits, etc.) et de réfléchir à l'organisation et les ressources à mettre en œuvre pour les réaliser.

Envisager l'avenir de l'entreprise

Vous savez gérer cent questions à la fois, c'est normal, c'est vous le patron ! Mais accordez-vous un peu de temps pour continuer à sentir l'air du temps, celui qui vous annonce l'avenir. Peut-être même *votre* avenir...

L'analyse stratégique

L'*analyse stratégique* est une analyse qui consiste à faire un audit de son positionnement par rapport à son environnement et à ses concurrents.

Où en êtes-vous ?

Votre entreprise se situe au sein d'un secteur d'activité, c'est-à-dire d'un ensemble regroupant la totalité des entreprises qui participent directement ou indirectement à la production et/ou à la commercialisation de biens et services pour satisfaire un type de besoin. Étudier l'environnement de votre entreprise, c'est comprendre les conditions de lutte entre acteurs d'un même secteur d'activité, compte tenu des évolutions de l'environnement.

Quelles sont vos forces et vos faiblesses ?

Il s'agit d'évaluer les chances qu'aura l'entreprise d'obtenir un positionnement favorable sur son secteur d'activité. L'objectif de cette analyse est de vous fournir un ensemble d'informations à partir desquelles vous pourrez décider d'une orientation stratégique viable.

Quelle stratégie avez-vous pour l'avenir ?

Deux voies traditionnelles s'ouvrent à vous :

- **La spécialisation :** vous allez chercher une « niche », c'est-à-dire que, avec peu de produits très spécialisés, vous allez devoir satisfaire un marché précis. Pour cela, l'entreprise doit déployer des efforts de conception, de production, de distribution et de promotion non pas vers un marché de masse mais vers un segment de clientèle particulier dans un domaine plus étroit. Le but est d'occuper une importante part de marché, voire de bénéficier d'une certaine exclusivité, et d'obtenir des marges bénéficiaires plus avantageuses grâce à des prix de vente supérieurs à ceux des produits courants ;
- **La diversification :** l'entreprise étend son activité avec de nouveaux produits ou de nouveaux marchés. Là, les efforts de l'entreprise porteront donc sur la conquête de nouveaux marchés, la satisfaction de nouveaux besoins. Cela implique d'étudier les tendances, les nouveaux clients, les nouvelles habitudes de consommation, et de faire varier les gammes de produits en fonction de ces études.

Et pourquoi pas un développement à l'international ?

Grâce au Web, n'importe quel partenaire étranger peut aujourd'hui s'intéresser à votre activité et vous proposer une collaboration. Il reste qu'on ne se lance pas dans le commerce international sans préparation.

Entreprendre à l'étranger

Comme le lancement d'une activité en France, le développement à l'international est une étape qui comprend plusieurs volets, tous fondamentaux :

- » **Technique :** l'étude de marché, l'évaluation des besoins financiers, le business plan, les clients, les fournisseurs, etc. ;
- » **Juridique :** le choix du cadre légal à donner à l'entreprise ;
- » **Administratif :** les formalités de création ou de reprise de l'activité, la recherche de locaux ou de domiciliation, l'équipement, les assurances.

Le greffe du tribunal de commerce de Paris a édité un *Guide des formalités légales de 36 pays à travers le monde*, qui recense et explique les démarches administratives des pays européens au sens large, mais aussi de quelques autres, comme l'Algérie, le Canada, Gibraltar, le Mali ou la Moldavie.

Où trouver des conseils ?

Les réseaux d'organismes français ou internationaux de soutien aux entreprises locales, étrangères et internationales sont très denses et très actifs. Pour les entrepreneurs français, deux sont particulièrement importants à connaître.

CCI FRANCE INTERNATIONAL

CCI France International (`www.ccifrance-international.org`) est le prolongement à l'international du réseau français des chambres de commerce et d'industrie. Elle compte 112 chambres françaises de commerce et d'industrie dans 82 payes de tous les continents. C'est le premier réseau privé d'entreprises françaises dans le monde, regroupant plus de 20 000 entreprises adhérentes de toutes nationalités et plus de 600 collaborateurs permanents parlant français. Elle propose, entre autres, des informations économiques, juridiques, administratives et sociales sur les pays où ses entreprises sont installées et, sur le marché local, des domiciliations, des actions de promotion (foires, manifestations...), des stages de formation et des aides à la croissance externes.

LE RÉSEAU DES AMBASSADES ET CONSULATS DE FRANCE

Le réseau des ambassades et consulats de France (`www.diplomatie.gouv.fr`) peut également vous être d'une grande aide. Les ambassades et les consulats de France sont de petits gouvernements français à l'étranger, avec autant de services que de ministères en France. Les consulats des principaux pays du monde qui hébergent des expatriés français disposent également de comités consulaires pour l'emploi et la formation professionnelle (CCPEFP), qui informent sur la législation locale du travail (voir chapitre 3).

6

La partie des Dix

DANS CETTE PARTIE . . .

Voilà, vous avez lu les cinq parties précédentes et vous savez désormais absolument tout sur la création d'entreprise. Si vous êtes un peu effrayé par toutes les démarches qui vous attendent, par ce que vous allez devoir mettre en œuvre et ce que vous devez ne pas oublier pour réussir, voici la traditionnelle « partie des Dix », bien connue des amateurs de la collection. Plus légère, plus synthétique, celle-ci résume en seulement dix points l'essentiel de ce qu'il faut garder en tête pour connaître le succès.

Chapitre 15
Les dix clés du succès

DANS CE CHAPITRE :

- **Dix points synthétiques pour réussir**
- **Les objectifs prioritaires**
- **Des conseils pour ne pas se noyer**

Créer une entreprise, c'est s'engager dans une aventure de longue haleine qui ne s'improvise pas. Testez, validez, écoutez les conseils, réfléchissez, bref : prenez votre temps pour monter votre projet. Vous éviterez ainsi les mauvaises surprises *a posteriori*, les questions à régler dans l'urgence alors que vous auriez eu largement le temps d'y penser avant le démarrage de votre activité.

Définissez bien vos compétences par rapport à votre projet

Comparez votre formation initiale, vos compétences et votre expérience professionnelle avec la formation « idéale » pour lancer une entreprise comme celle que vous projetez de créer. De cette manière, vous saurez si cet ensemble est homogène et correspond plutôt bien aux qualités que votre projet nécessite.

Si ce n'est pas le cas, trois possibilités s'offrent à vous :

- Acquérir les compétences qui vous manquent avant de démarrer votre activité ;
- Configurer votre projet en intégrant d'emblée l'idée de vous adjoindre une ou plusieurs autres personnes pour vous seconder : associées ou salariés, il faudra aussi le définir précisément ;

- Externaliser les activités que vous ne savez ou ne pouvez pas faire vous-même, peut-être seulement au démarrage, le temps pour vous d'acquérir ce savoir-faire.

Ne brûlez pas les étapes : testez et validez correctement votre idée

Votre projet commence à prendre forme. Dressez le plus honnêtement possible la liste de vos atouts et de vos freins. Si certains freins se révèlent être des obstacles insurmontables (par exemple, un défaut de diplôme alors que la profession l'exige), mieux vaut songer à abandonner le projet ou à le recadrer, pourquoi pas en vous associant avec une personne titulaire du diplôme en question.

Par ailleurs, quel que soit votre projet, y compris un cabinet libéral dans un contexte et avec un savoir-faire qui vous semblent bien connus, ne faites pas l'économie d'une étude de marché. Car c'est elle qui vous permettra :

- **Soit de confirmer ce que vous savez déjà :** si les conclusions de l'étude corroborent entièrement votre intuition de départ, cela ne peut que vous affermir dans votre démarche de création et vous donner de l'assurance pour trouver des investisseurs. Vous allez pouvoir vous lancer sur un terrain déjà parfaitement connu ;
- **Soit d'infirmer certains *a priori* que vous aviez :** la situation n'est pas exactement celle que vous imaginiez et vous allez devoir remettre en question partiellement ou même complètement votre projet. Dans ce cas, il faudra le retravailler pour lui donner de meilleures chances.

Or, sans l'avoir menée, vous ne pouvez pas savoir de quel côté l'étude de marché va faire pencher votre projet. Même si elle aboutit à la seconde solution – tout revoir – compte tenu des enjeux, peut-être cela vaut-il mieux que de devoir fermer boutique au bout d'un an ou deux.

Sachez évaluer les risques et mettez votre patrimoine privé à l'abri

Se lancer dans la création ou la reprise d'une entreprise est toujours une prise de risques. Ne négligez aucun des problèmes qui peuvent se poser, car passer outre ne les éliminera pas et ce n'est pas le démarrage de l'activité qui les résoudra, au contraire. Mieux vaut donc faire une liste de vos contraintes personnelles et commencer tout de suite à chercher des solutions durables qui les prennent en compte. Ces risques s'évaluent aujourd'hui très bien et de nombreuses aides existent pour soutenir le démarrage de l'activité. Par conséquent, si le travail préparatoire de toute la partie financière de votre projet est fait avec beaucoup de rigueur, vous devriez pouvoir vous préparer correctement à la charge financière que cela représente.

Vous devez aussi envisager très tôt la manière dont vous allez protéger votre patrimoine privé, pour le mettre à l'abri des éventuelles difficultés financières de votre future entreprise. Et cela, que vous soyez célibataire, marié, concubin ou pacsé. En effet, lorsque le patrimoine privé et le patrimoine professionnel se confondent, les difficultés financières professionnelles peuvent se répercuter sur la vie privée et réciproquement. Les difficultés de l'entreprise peuvent se solder au moyen des biens privés et, dans l'autre sens, les problèmes financiers privés peuvent mettre l'avenir de l'entreprise en péril.

Si vous êtes marié, la question qui se posera également à vous est celle de votre régime matrimonial, qui organise la répartition de vos biens dans votre ménage. S'il n'y a pas eu de contrat de mariage, ce qui est le cas pour 80 % des couples, le régime légal de la communauté de biens réduite aux acquêts s'applique automatiquement. Autrement dit, tous les biens et tous les revenus acquis après le mariage sont communs. Si vous créez une entreprise individuelle, vous serez responsable des dettes de votre entreprise sur vos biens propres, ce qui peut mettre votre famille en danger.

Autre question à envisager : un divorce éventuel. Il s'agit cette fois de protéger l'entreprise, dont la structure et l'organisation générale peuvent être ébranlées par la liquidation du régime matrimonial par le juge.

Dans tous les cas, une visite chez le notaire s'impose, pour mettre à plat toutes ces questions et choisir les protections les mieux adaptées à la situation présente, mais aussi à venir.

Modérez votre enthousiasme et restez lucide

Dès le départ, ne soyez pas du tout indulgent envers vous-même et votre projet. Essayez d'être le plus impartial possible. Dressez sans vous mentir la liste des contraintes professionnelles et personnelles qui seront autant de freins. Pour plus d'objectivité, vous pouvez vous faire aider par un proche, parent, conjoint ou ami, dont le sérieux et les conseils sont sûrs en matière de création d'entreprise. À défaut, des spécialistes sont là pour ça (voir le carnet d'adresses en annexe A).

Et si vous avez la baraka, que tout marche comme sur des roulettes, tant mieux ! Mais attention à ne pas attraper la grosse tête. Au moment de passer brillamment chaque étape de la création de votre entreprise, essayez toujours de rester réaliste. De cette manière, même si votre succès est immédiat, vous conserverez la tête froide pour envisager l'avenir.

Sachez vous entourer et écoutez les conseils des anciens

Avoir un entourage solide est un atout pour la pérennité de l'entreprise : selon l'Insee, 70 % des entreprises qui se font accompagner par des soutiens sont toujours en activité cinq ans après leur démarrage. Tandis que, parmi les entreprises créées sans soutien, seulement la moitié est encore en activité après la même période. Les chiffres montrent que la consultation d'un ou plusieurs conseillers avant de créer l'activité aide les entrepreneurs à passer le cap des deux premières années.

Et, tout au long de votre parcours, continuez à écouter les conseils des différents interlocuteurs que vous allez croiser : non seulement les experts et les techniciens, mais aussi les clients, le conjoint, la famille, les amis. Leurs conseils sont gratuits, donnés en toute amitié et souvent avec beaucoup de bon sens. Un bon sens dont vous-même, pris dans les responsabilités, n'arriverez peut-être plus à faire preuve. Une bonne dose d'humilité et de remise en cause régulière permet de continuer à avancer sereinement et d'envisager l'avenir efficacement.

Réunissez vous-même le plus d'argent possible

Sachez-le : si vous-même n'avez aucun capital personnel à investir au démarrage de votre entreprise, vous risquez fort de ne pas trouver de banques ou d'investisseurs pour vous aider à réunir les capitaux dont vous avez besoin. Au contraire, lorsque le créateur d'entreprise s'engage lui-même financièrement dans son projet, pour les banques, c'est le signe d'un projet solide. Pour les partenaires commerciaux également, c'est un point positif : ils ont tendance à préférer faire affaire avec une société dont le capital propre est important, la responsabilité des associés dépendant de leur apport.

Par conséquent, la première chose à faire est de réunir vous-même autant d'argent que vous le pouvez : vos économies, celles de vos parents, de vos frères, sœurs, cousins, oncles, tantes amis, voisins, connaissances... Autrement dit, n'hésitez pas à faire le tour de toutes les opportunités familiales, amicales, relationnelles et professionnelles que vous avez. Et, en réfléchissant bien, vous allez voir que ce n'est pas si difficile à trouver. Surtout si votre projet repose sur des bases solides.

Pensez à l'avenir en choisissant le statut de votre entreprise

Choisir un statut juridique pour son entreprise, c'est choisir le cadre légal dans lequel elle va évoluer. Ce choix n'est pas anodin : les formalités de création de l'activité ne sont pas les mêmes pour les entreprises individuelles ou pour les sociétés. Le statut fiscal de l'entreprise et de l'entrepreneur non plus. Parfois, le statut juridique s'impose : une activité exercée seul chez soi depuis un simple ordinateur sera plutôt une entreprise individuelle, une activité artisanale ou un commerce seront plutôt des SARL, l'installation d'un cabinet libéral pourra être une société d'exercice libéral, un projet culturel, sportif ou humanitaire se développera peut-être mieux en association.

Et puis, il faut aussi songer à l'avenir de l'entreprise, à son développement. Y compris à une croissance rapide, voire exponentielle, pourquoi pas ? Pour ne pas freiner cet élan éventuel, il faut savoir choisir le statut qui l'accompagnera le mieux.

Les formules juridiques qui se proposent à vous sont relativement nombreuses et diversifiées. Par conséquent, pour faire votre choix, n'attendez pas la dernière minute. Faites d'abord un état des lieux approfondi, interrogez les spécialistes, envisagez plusieurs solutions. Et surtout, donnez-vous du temps : rien ne peut se décider au pied levé. Car votre choix est crucial et doit – en principe – être définitif.

Si tout va mal, tenez bon !

Validation de votre projet, étude de marché, business plan, banques, investisseurs, formalités, locaux, matériel, voire embauche des premiers salariés... Vous le savez, la création d'entreprise ne s'annonce pas de tout repos : il faut vous y préparer. Et, comme toujours, vous allez peut-être trouver sur votre route des obstacles plus difficiles à franchir : des questions administratives qui se superposent et retardent votre démarrage, des investisseurs qui vous font faux bond, des réticences chez vos premiers fournisseurs ou vos partenaires commerciaux.

Mais si vous sentez que votre idée est bonne et que vous avez confiance, vous avez certainement raison d'y croire. Et si par ailleurs vous avez correctement préparé votre projet, que vous l'avez sérieusement validé, que votre étude de marché est prometteuse, que votre business plan est en béton, vous n'avez rien à craindre. Allez de l'avant, tenez bon. Prenez le temps qu'il faut pour y arriver, mais surtout ne vous découragez pas : foncez ! La plupart des réussites sont moins dues à un coup de bol qu'à cette intuition fondamentale que ça va marcher et qui force le destin.

Car se mettre à son compte, c'est accepter de prendre des risques, notamment financiers et professionnels. Mais, aux dires des entrepreneurs qui se sont lancés, cette part de risque est plutôt un élément déclencheur. L'adrénaline qu'elle engendre est parfois un excitant hors pair, qui donne l'énergie de se lancer dans l'aventure.

Ne vous laissez pas envahir par votre projet : il y a une vie après le travail

Si vous êtes seul à bord, pour y arriver, il va falloir énormément travailler, peut-être même nuit et jour, surtout au début, le temps que tout se mette en place. Vous le savez sûrement déjà, d'autres entrepreneurs vous ont prévenu. Si vous étiez aux trente-cinq heures hebdomadaires, attendez-vous donc à passer au double, à y consacrer vos samedis et souvent vos dimanches. Si le courage ne vous manque pas, vous ne le regretterez pas.

Attention tout de même à conserver un certain équilibre de vie, à préserver votre santé et à maintenir votre vie privée. Si votre projet vous tient à cœur, que vous êtes pris dans le tourbillon de l'activité et l'excitation de la liberté, sans vous en rendre compte, vous allez enchaîner les heures de travail, les nuits courtes, les problèmes à régler les uns après les autres, sans relâche. Sachez malgré tout vous ménager des moments de détente morale et physique : du sport, un repas de famille, un week-end dépaysant, une soirée entre amis, une sortie au cinéma, un foot avec vos enfants. Vous allez voir que faire un break, parler d'autre chose, penser à autre chose, écouter d'autres gens qui évoluent dans d'autres sphères vous aideront à reprendre la préparation de votre projet avec d'autant plus d'entrain, l'esprit plus frais.

Sachez déléguer

Une fois accomplies les formalités administratives, votre entreprise va démarrer : si vous n'avez pas d'associé, vous allez prendre toutes vos décisions seul, votre liberté d'action va être totale, vous n'allez avoir de comptes à rendre à personne, sauf à vous-même. Or, vous le savez, si le succès est au rendez-vous, vous allez vite être débordé par les multiples tâches à accomplir dans tous les domaines : production, distribution, gestion, démarchage commercial, etc.

Avant de vous noyer complètement sous le travail, réfléchissez à toutes les tâches que vous pourriez, voire que vous pouvez tout de suite déléguer, notamment celles pour lesquelles votre intervention n'est aucunement nécessaire. D'autres, qui requièrent une décision de votre part, peuvent ensuite être réalisées par n'importe quelle autre personne, peut-être même mieux que vous ne le feriez vous-même. Recensez donc tout cela et déterminez les tâches pour lesquelles vous êtes absolument indispensable et celles que vous souhaitez accomplir vous-même, étant expert de ces questions. Viendra ensuite le temps de trouver la ou les personne(s) qu'il vous faut pour assumer les responsabilités que vous souhaitez déléguer. Là encore, si ce n'est pas votre spécialité, faites appel à un recruteur, vous gagnerez du temps… et le temps, c'est de l'argent !

Chapitre 16

Les dix sites internet incontournables

DANS CE CHAPITRE :

» **L'essentiel pour la création et la reprise d'entreprise sur le Web**

» **Les sites à consulter en priorité**

On vous avait prévenu : cet ouvrage vous livre de très nombreuses adresses internet, et tant mieux, puisque cela signifie que les informations et, de plus en plus, les formalités sont accessibles à tout moment de chez soi. Voici une sélection des dix sites internet incontournables lors de la création ou de la reprise de votre entreprise, qui sont autant de bons points de départ. Vous trouverez les coordonnées complètes de ces organismes dans le carnet d'adresses de l'annexe A.

Agence France entrepreneur (AFE) : www.afecreation.fr

Le 13 avril 2016, l'Agence pour la création d'entreprise (APCE) est devenue l'Agence France entrepreneur. Elle en reprend les missions d'information et d'orientation des porteurs de projet et entrepreneurs et de promotion de l'entrepreneuriat. Ses membres fondateurs sont l'État, la Caisse des Dépôts, l'Association des Régions de France, le Conseil supérieur de l'Ordre des experts-comptables, CCI France et l'Assemblée permanente des Chambres de métiers et de l'artisanat. Elle est présidée par Mohed Altrad, dirigeant du groupe éponyme et homme d'affaires au parcours exceptionnel.

Désormais, elle doit aussi renforcer l'accompagnement de ceux qui désirent créer et développer leur entreprise dans les territoires fragiles, où l'offre d'aide et de financement est plus difficile. Elle a donc développé des outils à l'attention des personnes issues des quartiers prioritaires de la politique de la ville (QPPV) et des territoires ruraux (ou qui souhaitent s'y installer). L'objectif est aussi de contribuer à la revitalisation de ces quartiers et territoires.

Les chambres de commerce et d'industrie : www.cci.fr

En matière de création, de reprise ou de transmission d'entreprise, pour tous les secteurs du commerce et de l'industrie, les chambres de commerce et d'industrie sont aussi des interlocuteurs très précieux. Ce sont des partenaires très avertis pour un créateur ou repreneur d'entreprise, quelle que soit l'activité dans laquelle il s'engage.

Le centre de formalités des entreprises : www.cfenet.cci.fr ; www.cfe-metiers.com

C'est le centre de formalités des entreprises qui centralise toutes les pièces nécessaires à la création de l'entreprise, puis qui les transmet aux autres administrations concernées par la nouvelle activité.

Sachez que toutes les chambres consulaires disposent d'un CFE. Par conséquent, si vous créez une entreprise individuelle dont l'activité sera commerciale ou industrielle, vous devez vous adresser au CFE de votre chambre de commerce et d'industrie (`www.cfenet.cci.fr`). Si vous créez une activité artisanale, c'est le CFE de votre chambre des métiers et de l'artisanat qu'il faut contacter (`www.cfe-metiers.com`). Si votre activité est agricole, vous aurez affaire au CFE de votre chambre d'agriculture. Enfin, pour les métiers qui ne disposent pas de chambres consulaires, plusieurs types d'administrations font office de centre de formalités des entreprises, là encore selon l'activité.

Le guichet unique pour la création d'entreprise : www.guichet-entreprises.fr

Un nouveau portail unique a été mis en place le 1er janvier 2010, destiné à l'ensemble des créateurs dans toutes les activités, qu'elles soient agricoles, artisanales, commerciales, industrielles ou de services. Il a mobilisé l'ensemble des réseaux qui assurent actuellement la gestion des déclarations : les CFE, les chambres consulaires (commerçants, artisans, agriculture) mais aussi l'Urssaf et les greffes de tribunaux de commerce. C'est « le » guichet unique électronique de la création d'entreprise, il permet aux créateurs d'entreprises de réaliser l'ensemble des démarches administratives par voie électronique.

Association Cédants et repreneurs d'affaires : www.cra.asso.fr

Depuis 1985, l'objet de l'association Cédants et repreneurs d'affaires est de favoriser les cessions et transmissions de PME et PMI de cinq à cent salariés (valorisation entre 300 000 et 500 000 euros). L'association dispose de soixante-douze délégations régionales et épaule les cédants et les repreneurs pour finaliser leur transaction. Le site publie aussi plusieurs centaines d'offres.

Urssaf : www.urssaf.fr

L'Urssaf est l'organisme de recouvrement du régime général de la Sécurité sociale. Il collecte les cotisations pour les allocations familiales, la contribution sociale généralisée (CSG), la contribution au remboursement de la dette sociale (CRDS) et la formation professionnelle.

Plusieurs sites internet permettent d'effectuer une simulation du calcul des cotisations sociales, par exemple `www.calcul.urssaf.fr`, `www.canam.fr` ou `www.organic.fr`.

L'Urssaf est aussi le centre de formalités des entreprises compétent pour les professions libérales (`www.cfe.urssaf.fr`).

Mutualité sociale agricole : www.msa.fr

Sur toutes les questions de sécurité sociale obligatoire, la MSA est donc le seul et unique interlocuteur des exploitants agricoles, ainsi d'ailleurs que de toute la population agricole (salariés, conjoints, enfants, aides familiales). C'est à la fois un organisme d'assurance maladie, de prestations familiales et d'assurance vieillesse, et un organisme de recouvrement chargé d'appeler et d'encaisser les cotisations nécessaires au paiement des prestations. Ce qui en fait le deuxième régime de sécurité sociale français.

Business France : www.export.businessfrance.fr

En 2015, Ubifrance et l'Agence française pour le développement international des entreprises (AFII) ont fusionné pour donner l'agence Business France, qui se veut un réseau mondial au service des entreprises qui souhaitent se lancer dans l'exportation. Son objectif est de valoriser l'attractivité de l'offre de la France, de ses entreprises et de ses territoires.

Son réseau compte environ 1 500 professionnels en France et dans 85 bureaux installés dans 70 pays. L'agence propose d'intervenir depuis le montage opérationnel des actions jusqu'au suivi à long terme.

La Bpi France, la banque publique d'investissement : www.bpifrance.fr

Issue de la fusion en 2012 de plusieurs organismes publics d'aide à la création et au financement des entreprises (notamment Oseo), Bpi France a mis au point un site simple et interactif pour résumer ses missions et piloter les porteurs de projets dans la définition de leurs objectifs et des moyens dont ils ont besoin.

L'Institut national de la propriété industrielle : www.inpi.fr

L'INPI gère les brevets. C'est un établissement public, entièrement autofinancé, placé sous la tutelle du ministère de l'Économie, des Finances et de l'Industrie. Il délivre les brevets, marques, dessins et modèles et donne accès à toute l'information sur la propriété industrielle et les entreprises. Il participe également à l'élaboration et à la mise en œuvre des politiques publiques dans le domaine de la propriété industrielle et de la lutte anticontrefaçons.

Si les noms et dénominations commerciales ne se déposent pas, l'Institut national de la propriété industrielle se charge de les recenser. C'est donc là que se font toutes les recherches d'antériorité lorsque vous êtes en phase de nommage de votre entreprise.

7 Annexes

CHÉRIE ? LES JAPONAIS SONT LÀ ! SI TU POUVAIS LIBÉRER LE BUREAU DANS 5 MINUTES CE SERAIT PARFAIT !!
HEIN, LES QUOI ?...
CHALVIN

DANS CETTE PARTIE . . .

Avant de nous quitter, voici quelques éléments d'informations complémentaires qui vous seront certainement d'une grande utilité. D'abord, un carnet d'adresses regroupant les coordonnées des principaux organismes qui prendront le relais de ce livre pour vous aider dans vos démarches. Ensuite, une série de modèles de lettres, de factures, de bons de commande... bref, tout ce qu'il faut pour les entrepreneurs débutants en mal d'inspiration lors de la rédaction de tous ces documents.

Annexe A
Carnet d'adresses

Voici quelques adresses utiles qui vous aideront à compléter votre information et obtenir les documents et pièces nécessaires à la création de votre entreprise. Pour chacune des organisations, nous indiquons le moyen le plus pratique de les contacter ou d'obtenir des informations directement : adresse postale, téléphone, site internet ou adresse électronique.

Se renseigner

Agence pour la création d'entreprises (APCE)
Adresse : 14, rue Delambre
75014 Paris
Tél. : 01 42 18 58 58
Site : `www.apce.com`

Centre d'information et de défense des franchisés (CIDEF)
Adresse : 21, rue Mademoiselle
75015 Paris
Tél. : 01 40 56 97 27
Site : `www.lecidef.com`

Centre de recherche pour l'étude et l'observation des conditions de vie (CREDOC)
Adresse : 142, rue du Chevaleret
75013 Paris
Tél. : 01 40 77 85 10
Site : `www.credoc.fr`

Confédération générale des SCOP (CGSCOP)
Adresse : 37, rue Jean-Leclaire
75017 Paris
Tél. : 01 44 85 47 00
Fax : 01 44 85 47 10
Site : www.les-scop.coop/sites/fr/

Conseil national des barreaux
Adresse : 22, rue de Londres
75009 Paris
Tél. : 01 53 30 85 60
Site : www.cnb.avocats.fr

Conseil supérieur du notariat
Site : www.notaires.fr

Direction générale des entreprises (DGE)
www.entreprises.gouv.fr.

Fédération des réseaux européens de partenariat et de franchise (IREF)
Adresse : 104-110, boulevard Haussmann
75008 Paris
Site : www.franchise-iref.fr

Groupement des greffes de tribunaux de commerce
Site : www.infogreffe.fr

Institut français pour le développement du libre-service
Site : www.ifls.net

Institut national de la statistique et des études économiques (Insee)
Site : www.insee.fr

Portails dédiés aux entreprises : www.insee.entreprises.insee.fr et www.creation-entreprise.insee.fr

Sites internet institutionnels de documentation et d'information

- Sites généraux : www.industrie.gouv.fr, www.travail.gouv.fr, www.minefi.fr, www.finances.gouv.fr, www.impots.gouv.fr, www.agreste.agriculture.gouv.fr
- Site sur la réglementation : www.service-public.fr
- Site sur les textes officiels, les codes, les conventions collectives : www.legifrance.gouv.fr

Trouver de l'aide

Assemblée des chambres françaises de commerce et de l'industrie (ACFCI)
Adresse : 46, avenue de la Grande-Armée
75858 Paris Cedex 17 CS 50071
Site : `www.cci.fr`

Assemblée permanente des chambres d'agriculture
Adresse : 9, avenue George-V
75008 Paris
Site : `www.chambres-agriculture.fr`

Association des avocats conseils d'entreprises
Adresse : 5, rue Saint-Philippe du Roule
75008 Paris
Tél. : 01 45 61 94 42
Site : `www.avocats-conseils.org`

BGE
Adresse : 168 bis, rue Raymond Losserand
75014 Paris
Tél. : 01 43 20 54 87
Site : `www.bge-asso.fr`

CCI-Entreprendre en France
Adresse : 46, avenue de la Grande-Armée CS 50071
75858 Paris cedex 17
Site : `www.entreprendre-en-france.fr`

CCI France International
Adresse : 37, rue de Liège
75008 Paris
Tél. : 01 53 89 11 00
Site : `www.ccifrance-international.org`

Cédants et repreneurs d'affaires (CRA)
Association nationale pour la transmission d'entreprise
Adresse : 45, rue Vivienne
75002 Paris
Tél. : 01 40 26 74 16
Site : `www.cra.asso.fr`

Cercle Magellan
(réseau professionnel de rencontre, d'échange et d'information destiné aux responsables des ressources humaines internationales et de la mobilité internationale)
Adresse : 14, rue Delambre
75014 Paris
Tél. : 01 42 34 75 75
Site : www.magellan-network.com

Chambres des métiers et de l'artisanat (CMA)
Adresse : 12, avenue Marceau
75008 Paris
Tél. : 01 44 43 10 00
Site : www.artisanat.fr

Compagnie nationale des conseils en fusions et acquisitions (CNCFA)
Adresse : 128, rue de La Boétie
75008 Paris
Site : www.cncfa.fr

Conseil supérieur de l'ordre des experts-comptables
Adresse : 19, rue Cognacq Jay
75017 Paris
Tél. : 01 44 15 60 00
Site : www.experts-comptables.fr
À noter qu'en collaboration avec le ministère de l'Économie et des Finances, les experts-comptables proposent un site internet spécialement dédié au nouveau statut d'entreprise individuelle à responsabilité limitée
Site : www.eirl.fr

Fédération des centres de gestion agréés
Adresse : 2, rue Meissonnier
75017 Paris
Tél. : 01 42 67 98 09
Site : www.fcga.fr

Fédération européenne de la franchise (EFF)
Site : www.eff-franchise.com

Fédération française de la franchise (FFF)
Adresse : 29, boulevard de Courcelles
75008 Paris
Tél. : 01 53 75 22 25
Site : www.franchise-fff.com

Institut national de la propriété industrielle (INPI)
Adresse : 15, rue des Minimes CS 50001
92677 Courbevoie Cedex
Tél. : INPI Direct 0 820 210 211 (0,09 €/min)
Site : www.inpi.fr

Ubifrance
(Agence française pour le développement international des entreprises)
Tél. : 01 40 73 30 00
Site : www.ubifrance.fr

Accomplir les démarches administratives

Centres de formalités des entreprises (CFE)

CFE des chambres de commerce
Site : www.cfenet.cci.fr

CFE des chambres des métiers et de l'artisanat
Sites : www.artisanat.info
(et pour les formalités : www.cfe-metiers.com;
pour les centres de gestions : www.ffcgea.fr;
pour les problèmes de cautionnement : www.siagi.com).

CFE des tribunaux de commerce
Site : www.infogreffe.fr

CFE de l'Urssaf
Site : www.cfe.urssaf.fr

Guichet unique de la création d'entreprise
Site : www.guichet-entreprises.fr

Financements et assurances

April Assurances
Adresse : 27, rue Maurice-Flandin
BP 3261 69403 Lyon Cedex 03
Site : www.april.fr

Association pour la protection des patrons indépendants (APPI)
Adresse : 25, boulevard de Courcelles
75008 Paris
Tél. : 01 45 63 92 02
Site : www.appi.asso.fr

Association pour les droits à l'initiative économique (ADIE)
Site : www.adie.org

France active
Site : www.franceactive.org

Fonds social européen en France
Délégation générale à l'emploi et à la formation professionnelle
Sous-direction du Fonds social européen
Adresse : 7, square Max-Hymans
75741 Paris Cedex 15
Tél. : 01 43 19 30 15
Site : www.fse.gouv.fr

France Angels
Fédération des réseaux de business angels
Adresse : 16, rue Turbigo
75002 Paris
Tél. : 01 44 82 77 77
Site : www.franceangels.org

Garantie sociale des chefs d'entreprise (GSC)
Adresse : 42, avenue de la Grande-Armée
75017 Paris
Tél. : 01 45 72 63 10
Site : www.gsc.asso.fr

Mutualité sociale agricole (MSA)
Adresse : Les Mercuriales 40, rue Jean-Jaurès
93547 Bagnolet Cedex
Tél. : 01 41 63 77 77
Site : www.msa.fr

BPI France
Adresse : 27-31, avenue du Général-Leclerc
94710 Maisons-Alfort Cedex
Site : www.bpifrance.fr

Réseau Entreprendre

Site : www.reseau-entreprendre.org

Régime social des indépendants (RSI)

Adresse : 264, avenue du Président-Wilson
93457 La Plaine-Saint-Denis Cedex
Tél. : 01 77 93 00 00
Site : www.rsi.fr

Annexe B
Modèles de documents

Certaines lettres et certains documents indispensables ne permettent pas beaucoup de fantaisie... Voici différents modèles pour vous aider dans l'exercice très formel de la rédaction de ces éléments.

Vos nom, prénoms
Votre adresse
Votre téléphone

Nom du propriétaire du logement

Adresse

LAR*

À *(lieu)*, le *(date)*

Monsieur (*ou* Madame),

Je suis sur le point de créer une entreprise individuelle dont l'activité est *(décrire l'activité).*

Cette activité ne provoquera aucune gêne pour mes voisins, car elle ne nécessite l'envoi ou la livraison d'aucune marchandise ou le passage d'aucun coursier.

Mon contrat de bail ne faisant aucune mention de la possibilité d'exercer une activité professionnelle dans le logement que je vous loue, je vous demande par la présente de bien vouloir m'y autoriser officiellement.

Dans cette attente, veuillez agréer, Monsieur (ou Madame), l'expression de mes salutations distinguées.

Signature

MODÈLE B-1 : Demande d'installation d'une entreprise individuelle au propriétaire du domicile loué.

Je soussigné(e) *(nom, prénom)*, propriétaire demeurant à *(adresse complète)* autorise M. *(ou* Mme *ou* Mlle*)* *(nom de l'entrepreneur)*, responsable de l'entreprise *(nom de l'entreprise)* à domicilier son siège social et à exercer son activité dans le logement situé *(adresse complète)* dont je suis propriétaire et dont il est locataire.

Fait à *(lieu)*, le *(date).*

Signature

MODÈLE B-2 : Autorisation de domiciliation par le propriétaire.

*Lettre recommandée avec accusé de réception

Vos nom, prénoms
Votre adresse
Votre téléphone

Nom du syndic de copropriété

Adresse

LAR

À *(lieu)*, le *(date)*

Monsieur (*ou* Madame) le syndic,

Je suis sur le point de créer une entreprise individuelle dont l'activité est *(décrire l'activité).*

Cette activité ne provoquera aucune gêne pour mes voisins, car elle ne nécessite l'envoi ou la livraison d'aucune marchandise ou le passage d'aucun coursier.

Conformément au règlement de copropriété*, je vous demande de bien vouloir solliciter les autres copropriétaires pour qu'ils m'autorisent à domicilier cette entreprise dans mon logement.

Dans cette attente, veuillez agréer, Monsieur (*ou* Madame), l'expression de mes salutations distinguées.

Signature

MODÈLE B-3 : Demande d'installation d'une entreprise individuelle au conseil syndical d'une copropriété.

Je soussigné *(nom, prénom du président)*, président du conseil syndical de la copropriété sise à *(adresse complète)*, autorise M. *(ou* Mme *ou* Mlle*)* *(nom de l'entrepreneur)*, responsable de l'entreprise *(nom de l'entreprise)* à domicilier son siège social et à exercer son activité dans le logement dont il est propriétaire (*ou* locataire).

Fait à *(lieu)*, le *(date).*

Signature

MODÈLE B-4 : Autorisation de domiciliation par la copropriété.

* Lorsque le logement est en copropriété, l'accord des autres copropriétaires est obligatoire. Parfois, cette éventualité est prévue dans le règlement de copropriété.

Je soussigné(e) *(nom du représentant légal)*, représentant légal de l'entreprise en création *(nom de l'entreprise)* demeurant à *(adresse de l'entreprise)*, donne pouvoir à *(nom du mandataire)* demeurant à *(adresse du mandataire)* à l'effet d'effectuer toutes les démarches nécessaires à l'immatriculation de cette entreprise, notamment la formalité auprès du registre du commerce et des sociétés, de signer tout document ou pièce nécessaire à cet effet, et, d'une façon générale, de faire tout ce qui sera nécessaire pour l'exécution des présentes.

Fait à *(lieu)*, le *(date)*.

Signature

MODÈLE B-5 : Pouvoir pour les démarches d'immatriculation*.

Dénomination sociale, suivie le cas échéant de son sigle

Forme sociale (SARL-EURL)

Montant du capital social

Adresse du siège social

Objet social (indiqué sommairement)

Durée de la société

Noms, prénoms et adresses des dirigeants et des personnes ayant le pouvoir d'engager la société envers les tiers.

Registre du commerce et des sociétés auprès duquel la société sera immatriculée (1)

Signature (2)

MODÈLE B-6 : Avis à faire paraître dans un journal d'annonces légales (SARL-EURL).

(1) Toutes ces mentions sont obligatoires.

(2) Cet avis doit être signé par l'un des fondateurs ou des premiers associés, sous réserve qu'ils aient reçu un pouvoir spécial à cet effet.

* Pour les entrepreneurs qui n'effectuent pas eux-mêmes les formalités.

Je soussigné(e) *(nom et prénoms, nom de jeune fille suivi du nom d'épouse pour les femmes mariées)*, demeurant à *(adresse)*, né(e) le *(date)* à *(lieu)*, fils *(ou* fille) de *(nom et prénoms du père)* et de *(nom de jeune fille et prénoms de la mère)* déclare sur l'honneur, conformément à l'article 17 de l'arrêté du 9 février 1988 relatif au registre du commerce et des sociétés, n'avoir fait l'objet d'aucune condamnation pénale, ni de sanction civile ou administrative de nature à m'interdire de gérer, d'administrer ou de diriger une personne morale ou d'exercer une activité commerciale ou artisanale.

Fait à *(lieu)*, le *(date)*.

Signature

MODÈLE B-7 : Déclaration de non-condamnation.

Je soussigné(e) *(nom, prénom)* demeurant à *(adresse)*, possédant des parts de la société *(nom de la société)*, donne pouvoir à *(nom, prénom du mandataire)* demeurant à *(adresse du mandataire)*, à l'effet de me représenter à l'assemblée générale ordinaire du *(date)* et, par suite, d'examiner tous les documents, d'intervenir dans tous les débats, de prendre part à tous les votes et plus généralement de faire le nécessaire.

Fait à *(lieu)*, le *(date)*.

Bon pour pouvoir

Signature

MODÈLE B-8 : Pouvoir pour une assemblée générale.

Nom, prénoms de l'associé
Son adresse

LAR (2)

À *(lieu)*, le *(date)*

Objet : Convocation à l'assemblée générale ordinaire du *(date)*

Monsieur (*ou* Madame),

J'ai l'honneur de porter à votre connaissance que la prochaine réunion des associés en assemblée générale ordinaire est prévue le *(date)* à *(heure)*, au siège social de notre société.

Je vous prie de bien vouloir vous y joindre.

L'ordre du jour de cette assemblée sera le suivant :

— Approbation des comptes de l'exercice clos le *(date)* ;
— Affectation des résultats et quitus à la gérance ;
— Approbation de la rémunération du gérant ;
— Pouvoir pour formalités.

En application des dispositions légales et réglementaires, je joins à la présente :

— Le rapport de la gérance sur la situation et l'activité de la société au cours de l'exercice ;
— Le compte de résultats, l'annexe et le bilan relatifs à cet exercice ;
— Le texte des résolutions proposées à l'assemblée.

Sachez aussi que, à compter de ce jour, les documents ci-dessus et l'inventaire sont aussi tenus à votre disposition au siège social.

Si vous ne pouvez pas vous joindre à cette assemblée, je vous prie de bien vouloir vous faire représenter par un autre associé, en remplissant le pouvoir ci-joint et en lui remettant signé. Vous pouvez aussi envoyer ce pouvoir à notre siège.

Dans cette attente, veuillez agréer, Monsieur (*ou* Madame), l'expression de mes salutations distinguées.

Signature du gérant

MODÈLE B-9 : Convocation des associés (SARL) (1).

(1) À rédiger sur une feuille à en-tête de la société.

(2) Le courrier doit être adressé aux associés quinze jours au moins avant la date de l'assemblée générale.

.... (*dénomination sociale*)
Société anonyme à responsabilité limitée au capital de .... euros
Siège social .... (*adresse*)
RCS n°............... (et lieu)

Procès-verbal d'assemblée générale en date du ....
L'an deux mille ...., le .... à .... heures.

Assemblé présidée par .... (*nom, prénom usuel et qualité du président de l'assemblée*), convoquée conformément aux dispositions de l'article ...... des statuts.

Sont présents ou représentés :
.... (*énumérer les nom et prénom des associés présents ou représentés par des mandataires*), détenant .... (*indiquer pour chacun le nombre de parts sociales détenues*).
Cet ensemble représentant plus de la moitié des parts sociales, l'assemblée est habilitée à prendre toutes décisions ordinaires, conformément aux dispositions de l'article ...... des statuts.

Si l'Assemblée est réunie sur un ordre du jour relevant d'une assemblée extraordinaire, remplacer par :
Cet ensemble représentant la majorité des trois quarts des parts sociales, l'assemblée est habilitée à prendre les décisions extraordinaires, conformément aux dispositions de l'article ...... des statuts.

Les documents et rapports soumis à l'assemblée :
Le Président dépose sur le bureau et met à la disposition de l'assemblée :
.... (*énumérer les documents : récépissés des convocations, pouvoirs des associés représentés, rapport de gestion du gérant, rapport spécial du gérant ou du commissaire aux comptes, texte des résolutions soumises à l'approbation de l'assemblée, comptes annuels, questions écrites posées par les associés*).
Il déclare que ces mêmes pièces ont été communiquées aux associés non gérants plus de quinze jours avant la date de la présente réunion, et qu'ils ont eu la possibilité de poser, pendant ce même délai, toutes questions au gérant, ce dont l'assemblée lui donne acte.

Rappel de l'ordre du jour
Le président indique que l'assemblée est appelée à délibérer sur l'ordre du jour suivant : .... (*rappeler l'ordre du jour tel qu'il figure dans les statuts*).

MODÈLE B-10 : SARL – Procès-verbal d'assemblée générale.

Lecture est donnée du rapport du gérant et ouvre la discussion :
.... (*résumer objectivement l'intégralité les débats*)

Réponses aux questions écrites posées par les associés :
.... (*énumérer les questions et résumer les réponses)*
Personne ne demandant plus la parole, le président met aux voix les résolutions inscrites à l'ordre du jour :

Première résolution
L'assemblée générale des associés, après avoir entendu la lecture du rapport du gérant, approuve les comptes annuels arrêtés à la date du .... (*date de clôture de l'exercice*) tels qu'ils ont été présentés, ainsi que les opérations traduites dans ces comptes ou résumées dans ces rapports.
En conséquence, elle donne quitus entier et sans réserve au gérant dans l'exécution de son mandat pour ledit exercice.
Mise aux voix, cette résolution est .... (adoptée/rejetée).
Pour : .... voix
Contre : ....voix

Deuxième résolution
L'assemblée générale des associés, après avoir entendu la lecture du rapport spécial du gérant (*ou du Commissaire aux comptes*) relatif aux conventions dites réglementées prévues par l'article L 223-19 du Code de commerce, prend acte de ce rapport et en approuve les termes.
Mise aux voix, cette résolution est .... (adoptée/rejetée).
Pour : .... voix
Contre : ....voix

Troisième résolution
L'Assemblée générale des associés prend acte que le résultat de l'exercice fait apparaître (un bénéfice/une perte) de .... euros, que les associés décident d'affecter :

1) En cas de perte
en totalité au compte « report à nouveau » qui de la somme de .... euros, se trouve porté à la somme de .... euros.

2) En cas de bénéfice
en totalité au compte « report à nouveau » qui de la somme de .... euros, se trouve porté à la somme de .... euros.

Autre possibilité : la réserve légale. En effet, la loi impose aux SARL nouvellement créées de constituer une « réserve légale ». Chaque année, au moins 5 % du bénéfice doit y être affecté jusqu'à ce que celle-ci atteigne 10 % du capital social. Dans ce cas indiquer :
en totalité à la réserve légale qui de la somme de .... euros se trouve porté à la somme de .... euros.

Si l'assemblée générale préfère affecter un pourcentage du bénéfice à la réserve légale, indiquer :
.........% à la réserve légale soit la somme de .... euros, qui de la somme de ... .euros se trouve porté à la somme de .... euros.

Autre possibilité : distribuer des dividendes ; dans ce cas indiquer :
en totalité à la distribution d'un dividende de .... euros (*indiquer le montant du dividende par part sociale*) pour chaque part sociale, ce dividende devant être payé au siège social à compter du .... (*indiquer la date d'exigibilité du dividende*).

Si des dividendes ont été versés au cours des trois derniers exercices (même si pour l'exercice clos aucun dividende n'est distribué), indiquer :
Il est précisé qu'au cours des trois derniers exercices, des dividendes ont été versés aux associés, de la manière suivante :
pour 2012 : .... euros, soit ....euros,
pour 2013 : .... euros, soit .... euros,
pour 2014 : .... euros, soit .... euros.

Il est également possible d'affecter une partie du bénéfice à la réserve légale et une partie au report à nouveau, ou encore une partie au report à nouveau et une autre partie sous forme de dividendes. Dans ce cas, précisez le montant du bénéfice ou de la perte (pour le report à nouveau) qui sera affecté à chaque poste.

Après affectation du résultat de l'exercice, les capitaux propres de la société s'établiront de la manière suivante :
capital social : .... euros,
report à nouveau : ..... euros,
réserve légale : ...... euros,
soit des capitaux propres de ..... euros.

Mise aux voix, cette résolution est .... (adoptée/rejetée).
Pour : .... voix
Contre : .... voix

Quatrième résolution
L'Assemblée générale des associés, après avoir entendu la lecture du rapport de gestion, prend acte que le Gérant a perçu une rémunération de .... euros et l'approuve purement et simplement.
Par ailleurs, l'assemblée générale prend acte que le Gérant a bénéficié des avantages en nature suivants : .... (*donner une liste détaillée*).

Mise aux voix, cette résolution est .... (adoptée/rejetée).
Pour : .... voix
Contre : .... voix

Autres résolutions
Ajouter d'autres résolutions selon les informations contenues dans le rapport de gestion. À la fin de chaque résolution, ajouter :
Mise aux voix, cette résolution est .... (adoptée/rejetée).
Pour : .... voix
Contre : .... voix

Résolution finale
L'assemblée ordinaire des associés donne tous pouvoirs au porteur d'un original, d'une copie ou d'un extrait du procès verbal de la présente Assemblée, pour accomplir toutes les formalités nécessaires.
Mise aux voix, cette résolution est .... (adoptée/rejetée).
Pour : .... voix
Contre : .... voix

L'ordre du jour étant épuisé, la séance est levée à .... heures. De tout ce que dessus, il a été dressé le présent procès-verbal qui a été signé par le président de séance et par le gérant.

Fait à ....

Le ....

Résolution d'approbation des comptes annuels

Première résolution

L'assemblée générale des associés, après avoir entendu la lecture des rapports du Gérant, approuve les comptes annuels arrêtés à la date du .... (*indiquer la date de clôture de l'exercice social*) tels qu'ils ont été présentés, ainsi que les opérations traduites dans ces comptes ou résumées dans ces rapports.

En conséquence, elle donne quitus entier et sans réserve au Gérant dans l'exécution de son mandat pour ledit exercice.

Deuxième résolution

L'assemblée générale des associés après avoir entendu la lecture du rapport spécial du Gérant relatif aux conventions dites réglementées prévues par l'article L 223-19 du Code de commerce, prend acte de ce rapport et en approuve les termes.

Troisième résolution

Le résultat de l'exercice fait apparaître (un bénéfice/une perte) de....... euros, que les associés décident d'affecter :

1) *En cas de perte*
en totalité au compte « report à nouveau » qui de la somme de .... euros, se trouve porté à la somme de .... euros.

2) *En cas de bénéfice*
en totalité au compte « report à nouveau » qui de la somme de .... euros, se trouve porté à la somme de .... euros.

Autre possibilité : la réserve légale. En effet, la loi impose aux SARL nouvellement créées de constituer une « réserve légale ». Chaque année, au moins 5 % du bénéfice doit y être affecté jusqu'à ce que celle-ci atteigne 10 % du capital social. Dans ce cas indiquer :
en totalité à la réserve légale qui de la somme de .... euros se trouve porté à la somme de .... euros.

Si l'assemblée générale préfère affecter un pourcentage du bénéfice à la réserve légale indiquer :
.........% à la réserve légale soit la somme de .... euros, qui de la somme de .... euros se trouve porté à la somme de .... euros.
Autre possibilité : distribuer des dividendes, dans ce cas indiquer :
en totalité à la distribution d'un dividende de .... euros (*indiquer le montant du dividende par part sociale*) pour chaque part sociale, ce dividende devant être payé au siège social à compter du .... (*indiquer la date d'exigibilité du dividende*).

MODÈLE B-11 : SARL – Exemple de texte des résolutions (approbation des comptes).

Si des dividendes ont été versés au cours des trois derniers exercices (même si pour l'exercice clos aucun dividende n'est distribué), indiquer :
Il est précisé qu'au cours des trois derniers exercices, des dividendes ont été versés aux associés, de la manière suivante :
pour 2012 : .... euros, soit ....euros,
pour 2013 : .... euros, soit .... euros,
pour 2014 : .... euros, soit .... euros.

Il est également possible d'affecter une partie du bénéfice à la réserve légale et une partie au report à nouveau, ou encore une partie au report à nouveau et une autre partie sous forme de dividendes. Dans ce cas, précisez le montant du bénéfice ou de la perte (pour le report à nouveau) qui sera affecté à chaque poste.

Après affectation du résultat de l'exercice, les capitaux propres de la société s'établiront de la manière suivante:
capital social : .... euros,
report à nouveau : ..... euros,
réserve légale : ...... euros,
soit des capitaux propres de ..... euros.

Quatrième résolution
L'Assemblée générale des associés, après avoir entendu la lecture du rapport de gestion, prend acte que le Gérant a perçu une rémunération de .... euros et l'approuve purement et simplement.
Par ailleurs, l'assemblée générale prend acte que le Gérant a bénéficié des avantages en nature suivants : .... (*donner une liste détaillée*).

Autres résolutions
Ajouter d'autres résolutions selon les informations contenues dans le rapport de gestion. Par exemple, le vote des travaux réalisés en cours d'exercice, les dépenses en matières de recherche développement, le renouvellement du mandat des commissaires aux comptes s'il en existe.

Résolution finale
L'assemblée ordinaire des associés donne tous pouvoirs au porteur d'un original, d'une copie ou d'un extrait du procès verbal de la présente Assemblée, pour accomplir toutes les formalités nécessaires.

...... (*dénomination sociale*)
Société anonyme à responsabilité limitée au capital de .... euros
Siège social .... (*adresse*)
RCS n°............... (et lieu)

Procès-verbal d'assemblée générale extraordinaire en date du ....
L'an deux mille ...., le .... à .... heures.
Assemblée présidée par .... (*nom, prénom usuel et qualité du président de l'assemblée*), convoquée conformément aux dispositions de l'article ...... des statuts.

Les associés de la SARL ....(*dénomination sociale*) réunis en assemblée générale extraordinaire conformément aux prescriptions légales et statutaires, ont voté à l'unanimité les résolutions suivantes :

Première résolution
Les associés décident d'augmenter le capital social de .... euros, afin de le porter à la somme dc .... curos, par la création de .... parts nouvelles de .... euros chacune, numérotées de .... à .... inclus, souscrites par les associés de .... parts nouvelles pour .... parts anciennes.

L'assemblée constate que les associés ont versé le montant de leur souscription respective, à savoir :
.... (*énumérer les nom et prénom de chaque associé et pour chacun le montant et la référence de son versement*).
Soit au total .... euros.

Elle constate également que cette somme a été intégralement déposée avant ce jour au crédit d'un compte bloqué spécialement ouvert par la Banque ...., sous le n° ...., au compte de la société.
Elle donne tous pouvoirs à M. ...., gérant, à l'effet d'effectuer le retrait de cette somme conformément à l'article L. 223-32 du Code de commerce[1].
Les parts nouvelles ont été réparties entre les associés conformément aux statuts tels qu'ils sont modifiés par la deuxième résolution ; elles sont intégralement libérées.
Les parts nouvelles participeront à la distribution des bénéfices à compter du premier jour de l'exercice en cours.

Mise aux voix, cette résolution est .... (adoptée/rejetée).
Pour : .... voix
Contre : .... voix

MODÈLE B-12 : SARL – Procès-verbal d'assemblée générale extraordinaire d'augmentation de capital.

Deuxième résolution
En conséquence de cette augmentation de capital, les associés décident de modifier les articles ...... et ...... des statuts qui seront ainsi rédigés :
Article ......

Il a été fait un apport supplémentaire en numéraire de la somme de ...... euros à compter du .... En conséquence, le capital social est fixé à la somme de .... euros.

Article ......
Le capital social est divisé en .... parts sociales, de .... euros chacune, numérotées de .... à ....

Article ......
Ce capital social est réparti de la façon suivante :
.... *(énumérer les nom et prénom de chaque associé et pour chacun le nombre de parts et leur n° de référence)*
Soit au total .... parts.

Mise aux voix, cette résolution est .... (adoptée/rejetée).
Pour : .... voix
Contre : .... voix

Résolution finale
L'assemblée extraordinaire des associés donne tous pouvoirs au porteur d'un original, d'une copie ou d'un extrait du procès-verbal de la présente Assemblée, pour accomplir toutes les formalités nécessaires.
Mise aux voix, cette résolution est .... (adoptée/rejetée).
Pour : .... voix
Contre : .... voix

1) Depuis le 24 mars 2012, la libération échelonnée des apports en numéraire est possible lors d'une augmentation de capital. Dans ce cas, un quart au moins des apports en numéraire doit être libéré le jour de l'opération. Le surplus doit être versé dans un délai maximum de 5 ans à compter du jour de l'augmentation de capital.
Si l'augmentation de capital n'est pas réalisée dans le délai de six mois à compter du premier dépôt de fonds, les apporteurs peuvent individuellement demander en justice l'autorisation de retirer le montant de leurs apports.

.... (*dénomination sociale*)
Entreprise unipersonnelle à responsabilité limitée au capital de .... euros
Siège social .... (*adresse*)
RCS n°.............. (*et lieu*)

Procès-verbal de la décision ordinaire en date du ....
L'an deux mille ...., le .... à .... heures.

Je soussigné .... (*prénom et nom)* agissant en qualité de gérant et seul associé de l'entreprise unipersonnelle à responsabilité limitée susnommée au capital de .... euros, a pris la décision ordinaire suivante concernant :
....

Prise de décision
Décision unique :
L'associé décide ....

L'associé unique gérant
(signature)

MODÈLE B-13 : EURL – Procès-verbal de décision ordinaire.

.... (*dénomination sociale*)
Société......... (*statut*) au capital de .... euros
Siège social .... (*adresse*) ;
N° de téléphone .... Adresse du courrier électronique ....
RCS (*ou Répertoire des métiers*) de .... (*lieu*) n°...............
N° individuel d'identification fiscal
Conditions générales de vente des produits vendus sur .... *(nom du site Internet)*
Date de dernière mise à jour .... (*mettre à jour à chaque changement d'une condition de vente*)

Article 1 - Objet

Les présentes conditions régissent les ventes par la société .... (*dénomination sociale et adresse)* de .... (*catégories ou nature des produits commercialisés par le site Internet*).

Article 2 - Prix

Les prix de nos produits sont indiqués en euros toutes taxes comprises (TVA et autres taxes applicables au jour de la commande), sauf indication contraire et hors frais de traitement et d'expédition.

En cas de commande vers un pays autre que la France métropolitaine, vous êtes l'importateur du ou des produits concernés. Des droits de douane ou autres taxes locales ou droits d'importation ou taxes d'état sont susceptibles d'être exigibles. Ces droits et sommes ne relèvent pas du ressort de la société .... (*dénomination sociale).* Ils seront à votre charge et relèvent de votre entière responsabilité, tant en termes de déclarations que de paiements aux autorités et organismes compétents de votre pays. Nous vous conseillons de vous renseigner sur ces aspects auprès de vos autorités locales.

Toutes les commandes, quelle que soit leur origine, sont payables en euros.

La société .... (*dénomination sociale)* se réserve le droit de modifier ses prix à tout moment, mais le produit sera facturé sur la base du tarif en vigueur au moment de la validation de la commande et sous réserve de disponibilité.

Les produits demeurent la propriété de la société .... (*dénomination sociale)* jusqu'au paiement complet du prix.

Attention : dès vous prenez possession physiquement des produits commandés, les risques de perte ou d'endommagement des produits vous sont transférés.

MODÈLE B-14 : Conditions générales de vente en ligne.

Article 3 - Commandes
Vous pouvez passer commande :
Détailler les modalités choisies, par exemple :
Sur Internet : .... (*adresse du site*)
Par téléphone au .... (au tarif de .... € TTC/min) du .... (*jours d'ouverture au public*) de .... (*horaires*).
Les informations contractuelles sont présentées en langue française et feront l'objet d'une confirmation au plus tard au moment de la validation de votre commande.
La société .... (*dénomination sociale*) se réserve le droit de ne pas enregistrer un paiement, et de ne pas confirmer une commande pour quelque raison que ce soit, et plus particulièrement en cas de problème d'approvisionnement, ou en cas de difficulté concernant la commande reçue.

Article 4 - Validation de votre commande
Toute commande figurant sur le site Internet .... suppose l'adhésion aux présentes Conditions Générales. Toute confirmation de commande entraîne votre adhésion pleine et entière aux présentes conditions générales de vente, sans exception ni réserve.
L'ensemble des données fournies et la confirmation enregistrée vaudront preuve de la transaction.
Vous déclarez en avoir parfaite connaissance.
La confirmation de commande vaudra signature et acceptation des opérations effectuées.
Un récapitulatif des informations de votre commande et des présentes Conditions Générales vous sera communiqué en format PDF *via* l'adresse e-mail de confirmation de votre commande.

Article 5 - Paiement
Le fait de valider votre commande implique pour vous l'obligation de payer le prix indiqué.
Le règlement de vos achats s'effectue par carte bancaire grâce au système sécurisé ....
Le débit de la carte n'est effectué qu'au moment de l'expédition de la commande. En cas de livraisons fractionnées, seuls les produits expédiés sont débités.

Article 6 - Rétractation
Conformément aux dispositions de l'article L.121-21 du Code de la Consommation, vous disposez d'un délai de rétractation de 14 jours à compter de la réception de vos produits pour exercer votre droit de rétraction sans avoir à justifier de motifs ni à payer de pénalité.
Les retours sont à effectuer dans leur état d'origine et complets (emballage, accessoires, notice). Dans ce cadre, votre responsabilité est engagée. Tout dommage subi par le produit à cette occasion peut être de nature à faire échec au droit de rétractation.
Les frais de retour sont .... *(à votre charge/gratuits).*
En cas d'exercice du droit de rétractation, la société .... *(dénomination sociale)* procédera au remboursement des sommes versées, dans un délai de 14 jours suivant la notification de votre demande et *via* le même moyen de paiement que celui utilisé lors de la commande.

EXCEPTIONS AU DROIT DE RÉTRACTATION
Conformément aux dispositions de l'article L.121-21-8 du Code de la Consommation, le droit de rétractation ne s'applique pas à :
- La fourniture de services pleinement exécutés avant la fin du délai de rétractation et dont l'exécution a commencé après accord préalable exprès du consommateur et renoncement exprès à son droit de rétractation.
- La fourniture de biens ou de services dont le prix dépend de fluctuations sur le marché financier échappant au contrôle du professionnel et susceptibles de se produire pendant le délai de rétractation.
- La fourniture de biens confectionnés selon les spécifications du consommateur ou nettement personnalisés.
- La fourniture de biens susceptibles de se détériorer ou de se périmer rapidement.
- La fourniture de biens qui ont été descellés par le consommateur après la livraison et qui ne peuvent être renvoyés pour des raisons d'hygiène ou de protection de la santé.
- La fourniture de biens qui, après avoir été livrés et de par leur nature, sont mélangés de manière indissociable avec d'autres articles ;
- La fourniture de boissons alcoolisées dont la livraison est différée au-delà de trente jours et dont la valeur convenue à la conclusion du contrat dépend de fluctuations sur le marché échappant au contrôle du professionnel.
- La fourniture d'enregistrements audio ou vidéo ou de logiciels informatiques lorsqu'ils ont été descellés par le consommateur après la livraison.
- La fourniture d'un journal, d'un périodique ou d'un magazine, sauf pour les contrats d'abonnement à ces publications.
- Les transactions conclues lors d'une enchère publique.
- La fourniture d'un contenu numérique non fourni sur un support matériel dont l'exécution a commencé après accord préalable exprès du consommateur et renoncement exprès à son droit de rétractation.

Article 7- Disponibilité
Nos produits sont proposés tant qu'ils sont visibles sur le site .... et dans la limite des stocks disponibles. Pour les produits non stockés, nos offres sont valables sous réserve de disponibilité chez nos fournisseurs.
En cas d'indisponibilité de produit après passation de votre commande, nous vous en informerons par mail. Votre commande sera automatiquement annulée et aucun débit bancaire ne sera effectué.
En outre, le site Internet .... n'a pas vocation à vendre ses produits en quantités importantes. Par conséquent, la société .... *(dénomination sociale)* se réserve de le droit de refuser les commandes de .... (*nombre*) articles identiques.

Article 8 - Livraison
Les produits sont livrés à l'adresse de livraison indiquée au cours du processus de commande, dans le délai indiqué sur la page de validation de la commande.
En cas de retard d'expédition, un mail vous sera adressé pour vous informer d'une éventuelle conséquence sur le délai de livraison qui vous a été indiqué.
Conformément aux dispositions légales, en cas de retard de livraison, vous bénéficiez de la possibilité d'annuler la commande dans les conditions et modalités définies à l'article L 138-2 du Code de la Consommation. Si, entre temps, vous recevez le produit, nous procéderons à son remboursement et aux frais d'acheminement dans les conditions de l'article L 138-3 du Code de la Consommation.
En cas de livraison par un transporteur, la société .... *(dénomination sociale)* ne peut être tenue pour responsable de retard de livraison dû exclusivement à une indisponibilité du client après plusieurs propositions de rendez-vous.

Article 9 - Garantie
Tous nos produits bénéficient de la garantie légale de conformité et de la garantie des vices cachés, prévues par les articles 1641 et suivants du Code civil. En cas de non-conformité d'un produit vendu, il pourra être retourné, échangé ou remboursé.
Toutes les réclamations, demandes d'échange ou de remboursement doivent s'effectuer par .... (*mail/téléphone/voie postale*) dans le délai de 30 jours à compter de la livraison.
Les produits doivent nous être retournés dans l'état dans lequel vous les avez reçus avec l'ensemble des éléments (accessoires, emballage, notice...).

Les frais d'envoi vous seront remboursés sur la base du tarif facturé et les frais de retour vous seront remboursés sur présentation des justificatifs.
Les dispositions de cet Article ne vous empêchent pas de bénéficier du droit de rétractation prévu à l'article 6.

Article 10 - Responsabilité
Les produits proposés sont conformes à la législation française en vigueur.
La responsabilité de la société .... (*dénomination sociale*) ne saurait être engagée en cas de non-respect de la législation du pays où le produit est livré. Il vous appartient de vérifier auprès des autorités locales les possibilités d'importation ou d'utilisation des produits ou services que vous envisagez de commander.
Par ailleurs, la société .... (*dénomination sociale*) ne saurait être tenue pour responsable des dommages résultant d'une mauvaise utilisation du produit acheté.
Enfin, la responsabilité de la société .... (*dénomination sociale*) ne saurait être engagée pour tous les inconvénients ou dommages inhérents à l'utilisation du réseau Internet, notamment une rupture de service, une intrusion extérieure ou la présence de virus informatiques.

Article 11 – Droit applicable en cas de litiges
La langue du présent contrat est la langue française. Les présentes conditions de vente sont soumises à la loi française. En cas de litige, les tribunaux français seront les seuls compétents.

Article 12 - Propriété intellectuelle
Tous les éléments du site .... sont et restent la propriété intellectuelle et exclusive de la société .... (*dénomination sociale*). Nul n'est autorisé à reproduire, exploiter, rediffuser, ou utiliser à quelque titre que ce soit, même partiellement, des éléments du site qu'ils soient logiciels, visuels ou sonores. Tout lien simple ou par hypertexte est strictement interdit sans un accord écrit exprès de la société .... (*dénomination sociale*).

Article 13 - Données personnelles
La société .... (*dénomination sociale*) se réserve le droit de collecter les informations nominatives et les données personnelles vous concernant.
Elles sont nécessaires à la gestion de votre commande, ainsi qu'à l'amélioration des services et des informations que nous vous adressons.
Elles peuvent aussi être transmises aux sociétés qui contribuent à ces relations, telles que celles chargées de l'exécution des services et commandes pour leur gestion, exécution, traitement et paiement.

Ces informations et données sont également conservées à des fins de sécurité, afin de respecter les obligations légales et réglementaires. Conformément à la loi du 6 janvier 1978, vous disposez d'un droit d'accès, de rectification et d'opposition aux informations nominatives et aux données personnelles vous concernant, directement sur le site Internet.

Article 14 - Archivage Preuve
La société .... (*dénomination sociale*) archivera les bons de commandes et les factures sur un support fiable et durable constituant une copie fidèle conformément aux dispositions de l'article 1348 du Code civil.
Les registres informatisés de la société .... (*dénomination sociale*) seront considérés par toutes les parties concernées comme preuve des communications, commandes, paiements et transactions intervenus entre les parties.

MODÈLE B-15 : Contrat de bail commercial de neuf ans.

La loi votée en juin 2014, relative à l'artisanat, au commerce et aux très petites entreprises, dite loi « Pinel », a réformé le bail commercial. L'ensemble de ces règles figure aux articles L 145-1 à L 145-60 et R 145-1 à R 145-37 du Code de commerce.

ENTRE LES SOUSSIGNÉS

.... (*nom, prénoms*), né(e) le ....à........., domicilié(e) ...., exerçant la profession de ....

Si le bailleur est marié, ajouter :

marié(e) depuis le .... à .... (*nom de l'époux ou de l'épouse*), né(e) le .... à ...., sous le régime matrimonial de ....

Si le bien est détenu en indivision, tous les membres de l'indivision doivent être cités.

Si le bien est démembré, citer le nu-propriétaire et l'usufruitier.

S'il s'agit d'une personne morale :

.... (*dénomination sociale)*

Société .... (*forme sociale*) au capital de .... euros

ayant son siège social à ....

immatriculée au Registre du Commerce et des Sociétés de .... sous le numéro ....

représentée par M. ...., en qualité de .... dûment habilité à l'effet des présentes,

ci-après dénommé « le bailleur », d'une part.

ET

.... (*nom, prénoms*), né(e) le .... à ...., domicilié(e) ...., exerçant la profession de ....

Si le locataire est marié, ajouter :

marié(e) depuis le .... à ....(*nom de l'époux ou de l'épouse*), né(e) le .... à ...., sous le régime matrimonial de ....

Si le locataire est une personne morale :

.... (*dénomination sociale*)

Société .... (*forme sociale*) au capital de .... euros

ayant son siège social à ....

immatriculée au Registre du Commerce et des Sociétés de .... sous le numéro ....

représentée par M. ...., en qualité de .... dûment habilité à l'effet des présentes,

ci-après dénommé « le preneur », d'autre part.

Il a été convenu ce qui suit :
Par les présentes, ... (*identité complète du bailleur*) fait bail et donne à loyer à .... (*identité complète du locataire*) preneur qui accepte, les lieux ci-après désignés, dépendant d'un immeuble dont il est .... (*propriétaire/usufruitier/...*).

Article 1- Désignation
Le bailleur donne par les présentes au preneur qui accepte, les locaux dont la désignation suit dépendant d'un immeuble sis à .... (*adresse*) qui comprennent :
.... (*désignation complète des locaux, avec mention des dépendances, cave, grenier, cour, parking, etc.*)
et des annexes dont le preneur aura la jouissance commune :
.... (*désignation complète des parties communes*).
Ainsi que le tout existe et comporte, sans aucune exception ni réserve, le preneur déclarant bien connaître les lieux pour les avoir vus et visités en vue du présent acte.

Article 2 - Durée
Le présent bail est consenti et accepté pour une durée de neuf années entières et consécutives qui commencent à courir le .... pour se terminer le ....
Toutefois le preneur aura la faculté de donner congé à l'expiration de chaque période triennale.
Le bailleur jouira de la même faculté, s'il entend invoquer les dispositions des articles L 145-18, L 145-21 et L 145-24 du Code de commerce, afin de construire, de reconstruire l'immeuble existant, de le surélever ou d'exécuter des travaux prescrits ou autorisés dans le cadre d'une opération de restauration immobilière.
Dans l'un et l'autre cas, conformément à l'article L. 145-9 du Code de commerce la partie qui voudra mettre fin au bail devra en donner avis par .... (*lettre recommandée avec accusé de réception*[1]*/acte extrajudiciaire*), six mois au moins avant l'expiration de la période triennale en cours ou d'une demande de renouvellement.
À défaut de congé ou de demande de renouvellement, le bail fait par écrit se prolonge tacitement au-delà du terme fixé par le contrat. Au cours de la tacite prolongation, le congé doit être donné au moins six mois à l'avance et pour le dernier jour du trimestre civil, par .... (*lettre recommandée avec accusé de réception/acte extrajudiciaire*).

Article 3 - Loyer

Article 3.1. Montant du loyer

Le présent bail est consenti et accepté moyennant un loyer annuel hors taxe de .... par mètre carré, que le preneur s'oblige à payer au bailleur par trimestre d'avance, à la demande du bailleur.
Le premier paiement aura lieu le .... pour la période du ...., les termes étant payables les .... Le preneur réglera au bailleur, en même temps que le loyer principal, la participation à toutes les taxes, impôts, charges et prestations afférentes aux locaux loués existantes ou qui viendraient à être créées, notamment la taxe foncière et les taxes additionnelles à la taxe foncière, dont est redevable le bailleur.

Article 3.2. Droit d'entrée

Lors de la conclusion du bail, le preneur s'engage à payer un droit d'entrée de ...... euros, correspondant à .... (*un supplément de loyer/à une indemnité*)[2] destiné à dédommager le bailleur de la perte de la jouissance de son local.

Article 3.3. Modalités de paiement et intérêts de retard

Toutes sommes dues par le preneur au bailleur au titre des loyers, charges et impôts seront payées par .... (*virement/chèque*) à terme .... (*à échoir/échu*).
En cas de non-paiement à échéance du loyer dû par le preneur ou de toute autre somme due en vertu du présent bail et qui n'aurait pas été réglée dans les délais requis, le bailleur percevra de plein droit un intérêt de retard de 10 % sur les sommes dues.
Tous frais de recouvrement d'honoraires d'huissiers, engagés par le bailleur seront à la charge exclusive du preneur.

Article 3.4. TVA

Le bailleur s'engage expressément à opter pour l'assujettissement à la taxe à la valeur ajoutée du loyer ci-dessus fixé, afférent aux locaux loués.
Le preneur s'oblige en conséquence à rembourser au bailleur, en sus du loyer, le montant de la TVA qui figurera sur les factures de loyer qui lui seront adressées, le premier jour de chaque trimestre à échoir.

Article 3.5. Révision annuelle

Le loyer ci-dessus fixé à .... euros HT sera soumis à révision annuelle et sera augmenté ou diminué de plein droit et sans l'accomplissement d'aucune formalité judiciaire ou extrajudiciaire, proportionnellement à la variation de l'indice INSEE des loyers .... (*commerciaux/des activité tertiaires*)[3].

Sera tenu comme indice de référence initial l'indice du .... trimestre 201..., soit ....
L'indice de comparaison servant au calcul de la révision du loyer sera celui du .... trimestre 201...
Le loyer est révisé automatiquement lors de l'échéance prévue au présent contrat, sans intervention du bailleur et sans que l'augmentation qui en résulte puisse être, pour une année, supérieure à 10 % du loyer acquitté l'année précédente.

Article 4 - Dépôt de garantie

Le preneur versera au bailleur au moment de la signature du présent bail la somme de .... euros HT correspondant à .... mois[4] de loyer pour garantir la bonne exécution des clauses et conditions du présent bail, des réparations locatives et des sommes dues par le preneur, dont le bailleur pourra être rendu responsable.
La différence en plus ou en moins sera payée ou restituée après vérification desdites réparations, déménagements, remise des clés et production par le preneur de l'acquit de ses contributions et taxes ou droits quelconques, d'enregistrement notamment.
En aucun cas ce dépôt de garantie ne sera productif d'intérêts au profit du preneur, le loyer ayant été fixé en tenant compte de cette disposition.
À chaque réajustement de loyer, ce dépôt de garantie sera diminué ou majoré, de façon à toujours correspondre à trois mois de loyer. Il est expressément convenu que le preneur ne pourra compenser ce dépôt de garantie avec le dernier terme du loyer dû.

Article 5 - Charges et conditions

Article 5.1. Charges

Le preneur s'engage à acquitter toutes les charges, impôts, taxes et redevances dont l'inventaire est annexé au présent contrat (annexe 1)[5], de manière que le bailleur ne soit jamais inquiété ni recherché à ce sujet et qu'en toute hypothèse le loyer ci-dessus fixé soit perçu net de toutes charges locatives quelconques.

Article 5.2. Travaux d'entretien et de réparation

Le preneur fera, à ses frais pendant le cours du bail, tous travaux d'entretien, de réfection et de remplacement de toute nature qui seront nécessaires, excepté les dépenses relatives aux grosses réparations mentionnées à l'article 606 du Code civil, et les dépenses relatives aux travaux ayant pour objet de remédier à la vétusté ou de mettre en conformité avec la réglementation le bien loué ou l'immeuble dans lequel il se trouve, dès lors qu'ils relèvent des grosses réparations mentionnées ci-dessus.

Le preneur s'engage à souscrire tous abonnements à l'eau, au gaz, à l'électricité et au téléphone, en payer régulièrement les primes et cotisations à leurs échéances, de façon que le bailleur ne soit pas inquiété à ce sujet. Le preneur ne pourra demander aucune indemnisation en cas d'arrêt des fournitures d'eau, de gaz et d'électricité ou pour tout autre cas de force majeure.

Article 5.3. Conditions générales de jouissance

Le présent bail est consenti et accepté sous les conditions générales suivantes que le preneur s'oblige à exécuter et accomplir, notamment :
a) D'exploiter personnellement dans les lieux loués, de façon continue, un fonds de commerce de ....
Il devra obtenir tous agréments ou autorisations nécessaires à l'exercice de son activité s'il y a lieu.
b) De tenir constamment garnis les lieux loués de meubles meublants, objets mobiliers, marchandises et matériel, en qualité et valeur suffisantes pour répondre en tout temps du paiement des loyers et de l'exécution de toutes les conditions de la présente convention.
c) De ne rien faire qui puisse nuire à la tranquillité ou à la jouissance paisible des autres occupants ou des voisins de l'immeuble, tant en raison de son activité qu'à l'occasion des livraisons ou des allées et venues du personnel employé.
d) De ne pouvoir installer : stores extérieurs, tentes, marquises, auvents ou dispositifs analogues sans une autorisation écrite et préalable du bailleur ainsi que du syndicat des copropriétaires et de l'administration concernée, à charge de veiller à leur solidité et de les entretenir en bon état : leur responsabilité civile sera engagée, à l'exclusion de celle du bailleur, de la copropriété et de l'administrateur, du fait de la mise en place, de l'existence et du fonctionnement desdites installations.
e) De ne pouvoir établir ni faire établir aucun étalage extérieur qui soit en contradiction avec les autorisations administratives ou le règlement de copropriété ni salir et dégrader l'environnement.
Toutefois, le preneur jouira du droit d'enseigne sur les surfaces qui seront délimitées en accord avec le bailleur. Une enseigne lumineuse ne pourra être utilisée qu'après approbation expresse du bailleur, sous réserve des autorisations administratives et de l'assemblée générale des copropriétaires.
Le preneur sera seul responsable des accidents occasionnés par les enseignes placées par lui. Il devra s'assurer à ce titre et en justifier au bailleur.

f) De laisser, lors de l'abandon des lieux, à quelque époque et pour quelque cause que ce soit, toutes installations, toutes améliorations, augmentations et embellissements, sans indemnité et en bon état, à moins que le bailleur ne réclame le rétablissement de tout ou partie des lieux dans leur état primitif. Les travaux de rétablissement, s'ils doivent avoir lieu, seront effectués sous le contrôle de l'architecte du bailleur, aux frais du preneur.

Article 6 - Droit du bailleur

Le preneur s'engage à respecter le droit du bailleur, notamment :
a) Laisser le bailleur, ou toutes personnes qu'il déléguera, pénétrer dans les lieux loués, toutes les fois que bon lui semblera, pour juger de leur état et aussi pour assurer l'entretien périodique de toutes les installations.
b) Le laisser faire exécuter dans les lieux loués, aux frais du preneur, tous travaux de réparation mis à la charge de ce dernier et qui s'avéreraient nécessaires, sans pouvoir prétendre à aucune indemnité ou diminution de loyer, quelle que soit la durée des travaux.
c) Ne pouvoir invoquer la responsabilité du bailleur en cas de vol, cambriolage ou tout autre acte délictueux commis par un tiers dans les lieux loués ou leurs dépendances.

Article 7 - Assurances

Article 7.1. Couverture des risques

a) L'ensemble immobilier sera assuré dans sa totalité en valeur de reconstruction à neuf, contre les risques d'incendie, d'explosion, tempête, ouragan, dégâts des eaux, cyclone, chute d'appareils de navigation aérienne, contre les risques de grèves, émeutes, mouvements populaires, actes de terrorisme et de sabotage.
b) Le preneur déclare faire son affaire personnelle de la couverture des risques précités et du paiement régulier des primes y afférentes, dont il justifiera auprès du bailleur.
Le preneur adressera au bailleur un exemplaire des conditions particulières de la police.
c) Le preneur assurera les risques propres à son exploitation à une compagnie notoirement solvable. Il fera garantir les conséquences pécuniaires des responsabilités qu'il pourrait encourir à l'égard des voisins et des tiers en général. Ces polices devront comporter une clause de renonciation à recours contre le bailleur.
Il fera son affaire personnelle de tous dommages causés aux aménagements qu'il effectuera dans les locaux loués ainsi que ceux causés au mobilier, matériel, marchandises et tous objets lui appartenant ou dont il sera détenteur à quelque titre que ce soit, en renonçant à tous recours contre le bailleur.

d) Le preneur souscrira également un Abonnement Prévention et Contrôle Incendie auprès d'un organisme agréé par l'Assemblée plénière des sociétés d'assurance contre l'incendie.
Il devra justifier de l'ensemble de ces contrats ou de notes de couvertures dans le mois de son entrée en jouissance.

Article 7.2. Sinistres Reconstruction

Le preneur devra déclarer immédiatement à l'assureur d'une part, au bailleur d'autre part, tout sinistre, quelle qu'en soit l'importance, même s'il n'en résulte aucun dégât apparent.
Dans le cas où, à la suite d'un incendie, d'une explosion, quelle qu'en soit l'origine, d'un sinistre quelconque, les locaux donnés à bail viendraient à être détruits, partiellement ou en totalité, ou rendus inutilisables, la présente convention, par dérogation aux dispositions de l'article 1722 du Code civil, ne serait pas résiliée et continuerait à produire tous ses effets.
En conséquence, le bailleur s'engage à procéder à la reconstruction à neuf du bâtiment et à affecter à cette fin la totalité de l'indemnité qui lui serait versée par l'assureur.
Le bailleur devra effectuer cette reconstruction en surface développée équivalente, dans le respect des règlements d'urbanisme en vigueur, à l'aide de matériaux de qualité équivalente.
Pendant toute la durée de la reconstruction des locaux totalement ou partiellement détruits, le preneur acquittera régulièrement le montant de son loyer, en principal et accessoires s'il en existe. À cet effet, il devra justifier de la souscription d'une police d'assurance à une compagnie notoirement solvable garantissant cette éventualité et déléguer au profit du bailleur le versement du montant des loyers jusqu'à réintégration dans les lieux.
Pour le cas où, dans un délai d'un an, la reconstruction à l'équivalent s'avérerait impossible en raison de causes étrangères au bailleur, et même dans le cas où elle ne le serait que partiellement, le présent contrat de bail se trouvera résilié sans indemnité pour le preneur, l'entier bénéficie des indemnités d'assurances immobilières restant acquis au bailleur.

Article 8 - Cession

Article 8.1. Conditions générales

Le preneur ne pourra céder, sous quelque forme que ce soit, ses droits au présent bail sans le consentement exprès par écrit du bailleur, si ce n'est à son successeur dans le même commerce et tout en restant garant et répondant solidaire de son cessionnaire, tant pour le paiement des loyers que pour l'exécution des conditions du bail.
Aucune cession ne sera autorisée si le preneur doit une quelconque indemnité au bailleur.

Un original enregistré ou une grosse de la cession du bail devra être remis au bailleur, sans frais, dans le mois de la cession à peine de nullité de ladite cession.
Il y aura solidarité et indivisibilité entre tous les preneurs successifs pendant trois ans à compter de la cession. Conformément à l'article L 145-16-1 du Code de commerce, le bailleur informera le cédant de tout défaut de paiement du locataire, dans le délai d'un mois à compter de la date à laquelle la somme aurait dû être acquittée par celui-ci.

Article 8.2. Fusion ou scission de sociétés

En cas de fusion ou de scission de sociétés, la société issue de la fusion ou la société désignée par le contrat de scission ou, à défaut, les sociétés issues de la scission, sont substituées à celle au profit de laquelle le présent contrat était consenti dans tous les droits et obligations découlant de ce contrat.
Il est de même en cas de transmission universelle de patrimoine d'une société réalisée dans les conditions prévues à l'article 1844-5 du Code civil, ou encore en cas d'apport d'une partie de l'actif d'une société réalisé dans les conditions prévues aux articles L. 236-6-1, L. 236-22 et L. 236-24 du Code de commerce.

Article 9 - Sous-location

Le preneur .... (*pourra/ne pourra pas*) sous-louer tout ou partie des locaux donnés à bail ou les prêter, même à titre gratuit, ... (*y compris/sauf*) à une société de son groupe.
Il .... (*pourra/ne pourra pas*) donner son fonds en location-gérance, ou se substituer ou y domicilier qui que ce soit.
En toute hypothèse, le bailleur doit donner son consentement exprès par écrit.

Article 10 - Clause résolutoire

À défaut de paiement à son échéance d'un seul terme de loyer, y compris de l'indexation, d'indemnité d'occupation, taxes, impôts ou d'une manière générale de toute somme d'argent due au titre du présent bail ou en cas d'inobservation de l'une quelconque des clauses du présent contrat, et un mois après un simple commandement de payer ou une mise en demeure adressée par acte extrajudiciaire resté sans effet, et exprimant la volonté du bailleur de se prévaloir de la présente clause, le bail sera résilié immédiatement et de plein droit, sans qu'il soit besoin de remplir aucune formalité judiciaire et nonobstant toutes offres ou consignations ultérieures.

Si, au mépris de cette clause, le preneur refusait de quitter immédiatement les lieux, il y serait contraint en exécution d'une ordonnance rendue par M. le Président du tribunal de grande instance, statuant en matière de référé qui, après avoir constaté la résolution du bail, prononcerait l'expulsion du preneur sans délai. En outre, une indemnité d'occupation mensuelle et indivisible égale à la valeur d'un quart d'une annuité du loyer alors en vigueur sera due au bailleur.
En cas de résiliation du présent bail pour une quelconque cause imputable au preneur, le dépôt de garantie restera acquis au bailleur à titre d'indemnité de résiliation sans préjudice du paiement des loyers dus et tous autres droits et actions en dommages et intérêts. Cette disposition constitue une condition essentielle et déterminante du présent bail, sans laquelle il n'aurait pas été consenti.

Article 11 - Évaluation et réquisition pour l'enregistrement
Le bailleur ayant opté pour la TVA applicable en la matière et le preneur s'étant engagé à lui en payer le montant en sus du loyer principal des lieux loués, suivant la réglementation en vigueur, le présent bail sera enregistré en droit fixe.

Article 12 - État des lieux
Un état des lieux sera établi contradictoirement et amiablement par le bailleur et le preneur ou par un tiers mandaté lors de la prise d'effet du bail et au moment de son départ.
L'état des lieux est joint au présent contrat de location (annexe 2)[6].
Si l'état des lieux ne peut être établi dans les conditions prévues, il est établi par un huissier de justice, sur l'initiative de la partie la plus diligente, à frais partagés par moitié entre le bailleur et le preneur.

Article 14- Droit au renouvellement
Le preneur bénéficiera du droit au renouvellement et du droit à se maintenir dans les lieux à l'expiration du bail, sous réserve du respect des présentes, de telle sorte que le statut des baux commerciaux sera applicable au présent bail.
Six mois avant l'expiration du bail, le bailleur adressera au preneur par voie extrajudiciaire, un congé avec offre de renouvellement.
À défaut de congé avec offre de renouvellement de la part du bailleur dans le même délai, le preneur devra, dans les six mois précédant l'expiration du bail, former une demande de renouvellement, et ce exclusivement par voie extrajudiciaire.

À défaut de congé de la part du bailleur et de demande de renouvellement de la part du preneur dans les délais et formes ci-dessus, le bail continuera par tacite prorogation pour une durée indéterminée, aux clauses et conditions du bail expiré.

Article 15 - Restitution des locaux

Avant de déménager, le preneur devra justifier au bailleur du paiement des contributions à sa charge et de tous les termes de son loyer et de ses accessoires.

Il devra rendre les lieux loués en parfait état ou, à défaut, régler au bailleur le coût des travaux de remise en état sur devis.

Il sera procédé, en la présence du preneur, dûment convoqué, à l'état des lieux au plus tard un mois avant l'expiration du bail. Cet état des lieux comportera le relevé des réparations à effectuer incombant au preneur. Le preneur sera tenu d'effectuer, avant son départ, toutes les réparations à sa charge.

L'état des lieux sera vérifié contradictoirement après complet déménagement et avant remise des clefs. Le règlement des sommes dues par le preneur aura lieu à première demande du bailleur.

Article 16 - Réglementation

Le présent bail est soumis aux articles L. 145-1 à L. 145-60 et R. 145-1 à R. 145-37 du Code de commerce.

Article 17 - Information du preneur

Le bailleur informe le preneur que le bien objet des présentes n'est pas situé dans une zone géographique préemptable ou que la commune a renoncé à exercer son droit urbain de préemption à la suite de la déclaration d'intention d'aliéner adressée par le bailleur (annexe 3).

Par arrêté n° ...., le préfet de .... a déterminé comme applicable à la commune de .... les risques majeurs suivants : ....[7]

Pour répondre aux prescriptions légales, le bailleur fournit, en annexe, au preneur :

- le diagnostique de performance énergétique (annexe 4),
- l'état des risques naturels et technologiques en application de l'article L. 125-5 du Code de l'environnement et du décret n° 2005-134 du 15 février 2005 relatif à l'information des acquéreurs et des locataires de biens immobiliers sur les risques naturels et technologiques majeurs, établi sur la base des informations mises à disposition par l'arrêté préfectoral cité ci-dessus (annexe 5),
- les extraits de documents ou cartes graphiques permettant la localisation de l'immeuble au regard des risques pris en compte (annexe 6),

- le dossier technique amiante dressé par ...., le .... (annexe 7),
- le constat de risque d'exposition au plomb réalisé par .... le .... (annexe 8),
- l'état parasitaire ou le certificat de recherche de termites établi par .... le .... (annexe 9).

S'il s'agit de locaux professionnels à usage de bureaux ou de commerces d'une surface supérieure à 2 000 m², ajouter :

- un descriptif des caractéristiques énergétiques des équipements et des systèmes des locaux loués (traitement des déchets, chauffage, refroidissement, ventilation, éclairage), leur consommation réelle d'eau et d'énergie, la quantité de déchets générée par le bâtiment (annexe 10)[8].

Article 18 - Frais et enregistrement

Les droits d'enregistrement, frais et honoraires des présentes et de leurs avenants seront supportés par le preneur, qui s'y oblige.

Les soussignés déclarent requérir l'enregistrement du présent bail pour la première période triennale, et le preneur s'oblige à faire lui-même les déclarations et paiements ultérieurs afin que le bailleur ne soit jamais inquiété ni recherché à ce sujet.

Toutes les amendes ou doubles droits resteront à la charge du preneur.

Article 19 - Élection de domicile

Pour l'exécution des présentes, et notamment la signification de tous actes, le preneur fait élection de domicile dans les lieux loués. Le bailleur fait élection de domicile ....

Fait à .... le .... en .... exemplaires originaux

Signatures des parties mentionnées à l'intitulé, précédées de la mention manuscrite « Lu et approuvé ».

Annexes

Annexe 1 : Inventaire précis et limitatif des catégories de charges, impôts, taxes et redevances avec l'indication de leur répartition entre le bailleur et le locataire

Annexe 2 : État des lieux

Annexe 3 : Copie du plan local d'urbanisme ou de la lettre de la mairie renonçant à l'exercice de son droit de préemption

Annexe 4 : Le diagnostique de performance énergétique

Annexe 5 : États des risques naturels et technologiques

Annexe 6 : Extraits de documents ou cartes géographiques

Annexe 7 : Dossier technique amiante
Annexe 8 : Constat de risque d'exposition au plomb
Annexe 9 : État parasitaire ou certificat de recherche de termites
Annexe 10 : Annexe environnementale dite « annexe verte »

1) Le congé peut être signifié par lettre recommandée AR ou par voie d'huissier. Lorsque le congé est donné par lettre recommandée AR, la date du congé est celle de la première présentation de la lettre.

2) Préciser le statut juridique de ce droit d'entrée : indemnité ou supplément de loyer.

3) L'indice trimestriel du coût de la construction ne peut plus être utilisé pour les baux conclus ou renouvelés depuis le 1er septembre 2014.

4) Si le loyer est payable d'avance, en général le montant du dépôt de garantie est égal à 1 trimestre de loyer. Si le loyer est payable à terme échu, en général le dépôt de garantie est égal à 2 trimestres de loyer.

5) Cet inventaire doit aussi donner lieu à un état récapitulatif adressé chaque année au locataire.

6) L'état des lieux est obligatoire à l'entrée et à la sortie.
Le bailleur doit aussi communiquer au locataire un état récapitulatif des travaux réalisés au cours des 3 ans précédents, assorti d'un état et d'un budget prévisionnels si des travaux sont envisagés au cours des 3 années suivantes.

7) Lister les risques et l'existence d'un arrêté de reconnaissance d'un état de catastrophe naturelle ou technologique.

8) Cette annexe peut prévoir des obligations qui s'imposent aux preneurs pour limiter la consommation énergétique des locaux concernés.

Nom, prénoms de l'actionnaire
Son adresse

LAR (2)

À *(lieu)*, le *(date)*

Objet : Convocation à l'assemblée générale ordinaire

Monsieur (*ou* Madame),

Nous avons l'honneur de porter à votre connaissance que la prochaine réunion des actionnaires en assemblée générale ordinaire est prévue le *(date)* à *(heure)* au siège social de notre société.

Je vous prie de bien vouloir vous y joindre.

L'ordre du jour cette assemblée sera le suivant :

— Présentation des comptes de l'exercice clos le *(date)* ;
— Lecture du rapport de gestion du conseil ;
— Lecture du rapport général et du rapport spécial du commissaire aux comptes ;
— Approbation des comptes et quitus des administrateurs ;
— Affectation des résultats de l'exercice ;
— Renouvellement du mandat d'un administrateur ;
— Renouvellement du mandat des commissaires aux comptes ;
— Pouvoir pour formalités.

En application des dispositions légales et réglementaires, je joins à la présente :

— Le rapport de la gérance sur la situation et l'activité de la société au cours de l'exercice ;
— Le compte de résultats, l'annexe et le bilan relatifs à cet exercice ;
— Le texte des résolutions proposées à l'assemblée.

Si vous ne pouvez pas assister personnellement à cette assemblée, nous pouvons vous adresser, sur votre demande, une formule de procuration qui vous permettra de vous faire représenter par un mandataire. Dans ce cas, votre demande doit nous parvenir par lettre recommandée avec accusé de réception, dans les six jours au moins avant la date prévue pour la réunion de l'assemblée.

Dans cette attente, veuillez agréer, Monsieur (*ou* Madame), l'expression de mes salutations distinguées.

Signature du conseil d'administration

MODÈLE B-16 : Convocation des actionnaires (SA) (1).

(1) À rédiger sur une feuille à en-tête de la société.

(2) Le courrier doit être adressé aux actionnaires quinze jours au moins avant la date de l'assemblée générale.

Je soussigné(e) *(nom, prénom)*, demeurant *(adresse)*, agissant en qualité de *(associé fondateur, gérant, etc.)* de la société dénommée *(nom de la société)* au capital de *(montant du capital)* euros et dont le siège social est fixé *(adresse du siège)*, déclare avoir passé pour le compte de la société en cours de constitution les actes et engagements détaillés dans l'état qui suit :

(liste des actes avec leur date d'accomplissement).

Conformément à l'article 5 de la loi du 24 juillet 1966 et de l'article 26 du décret du 23 mars 1967, cet état a été présenté aux associés préalablement à la signature des statuts.

Il est annexé aux statuts, dont la signature par les associés fondateurs emportera reprise de ces actes au compte de la société au moment de son immatriculation au registre du commerce et des sociétés.

Fait à *(lieu)*, le *(date)*.

Signature de tous les associés

MODÈLE B-17 : État des actes accomplis pour le compte d'une société en formation.

Nom du fournisseur
Adresse

À *(lieu)*, le *(date)*

Monsieur (*ou* Madame),

Je vous serais reconnaissant(e) de bien vouloir m'adresser un devis pour *(objet de la commande éventuelle, avec tous les détails permettant d'établir le devis : nombre, dimension, couleur...).*

Je vous remercie de m'indiquer les prix hors taxes et toutes taxes comprises, ainsi que les possibilités de remise pour une commande en grand nombre.

Dans cette attente, veuillez agréer, Monsieur (*ou* Madame), l'expression de mes salutations distinguées.

Signature

MODÈLE B-18 : Demande de devis (1).

(1) À rédiger sur papier à en-tête de l'entreprise.

Nom du client
Adresse

À *(lieu)*, le *(date)*

Monsieur (*ou* Madame),

Nous accusons réception de votre courrier du *(date)* courant, et nous vous remercions de l'intérêt que vous portez à nos produits.

Après étude précise de votre demande, nous vous adressons le devis ci-joint, pour *(objet de la commande éventuelle).*

(Si besoin) Nous attirons votre attention sur *(un bon rapport qualité/prix, une promotion...).*

Vous pourrez prendre connaissance de nos conditions générales de vente au verso du devis.

Espérant que notre offre retiendra votre attention, nous vous prions de croire, Monsieur (*ou* Madame), à l'assurance de notre sincère considération.

Signature

MODÈLE B-19 : Envoi d'un devis (1).

(1) À rédiger sur papier à en-tête de l'entreprise.

Nom du client
Adresse

À *(lieu)*, le *(date)*

Monsieur (*ou* Madame),

Le *(date)*, nous vous avons commandé *(objet de la commande)* pour *(motif de la commande).*

Or, notre client, pour lequel nous devions travailler, vient de nous faire défaut, pour raison de *(par exemple redressement ou liquidation judiciaire).*

N'ayant pu obtenir aucune assurance quant à une reprise de son activité, nous vous demandons de bien vouloir accepter d'annuler cette commande.

Dans l'espoir qu'il vous sera possible de nous donner satisfaction, nous vous prions de croire, Monsieur (*ou* Madame), à l'assurance de notre sincère considération.

Signature

MODÈLE B-20 : Demande d'annulation de la commande par l'acheteur (1).

(1) À rédiger sur papier à en-tête de l'entreprise.

.... *(dénomination sociale)*

.... *(adresse)*

N° de facture .... *(nom ou raison sociale du client)*

Date .... *(son adresse)*

Nature du produit (ou *du service*)...

Quantité livrée (ou *durée du service*) ....

Prix unitaire HT ....

Réductions ou rabais éventuels (*s'ils ne sont pas compris dans le prix unitaire*) ....

Prix total HT ....

Taux de TVA applicable ....

Ou

Exonération de TVA (*citer l'article du Code général des impôts correspondant*)

Prix total TTC ....

Date d'échéance du paiement ....

Nous n'accordons pas d'escompte en cas de paiement anticipé.

Pénalités en cas de retard de paiement ....

Tout retard de paiement donne droit à une indemnité pour frais de recouvrement s'élevant à 40 € (loi n°2012-387 du 22/032012).

N° de TVA intracommunautaire ....

Forme juridique de la société .... N° de RCS ....

Adresse du siège social ....

MODÈLE B-21 : Facture (1).

(1) À rédiger sur papier à en-tête de l'entreprise.

Nom du client
Adresse

À *(lieu)*, le *(date)*

Objet : lettre de rappel

Monsieur (*ou* Madame),

Sauf erreur de notre part, le règlement de notre facture *(numéro)* établie le *(date)* à la suite de votre dernière commande ne nous est pas encore parvenu. Pourtant, cette facture était payable au *(date).*

Nous vous saurions gré de bien vouloir nous l'adresser sans délai.

Dans le cas où nos courriers se seraient croisés, veuillez ne pas tenir compte de ce rappel.

Veuillez agréer, Monsieur (*ou* Madame), l'expression de nos salutations distinguées.

Signature

MODÈLE B-22 : Lettre de rappel (1).

(1) À rédiger sur papier à en-tête de l'entreprise.

Nom du client
Adresse

LAR

À *(lieu)*, le *(date)*

Monsieur (*ou* Madame),

Malgré nos différents rappels, votre paiement en règlement de la facture *(numéro)* du *(date)* ne nous est toujours pas parvenu.

Ce retard nous est gravement préjudiciable. C'est la raison pour laquelle, par la présente, nous vous mettons ce jour en demeure de nous adresser sans délai la somme de *(montant en euros)*, à défaut de quoi nous serions contraints de saisir la justice.

Veuillez agréer, Monsieur (*ou* Madame), l'expression de nos salutations distinguées.

Signature

MODÈLE B-23 : Mise en demeure de payer (1).

(1) À rédiger sur papier à en-tête de l'entreprise.

Nom du fournisseur
Adresse

LAR

À *(lieu)*, le *(date)*

Monsieur (*ou* Madame),

D'après le bon de commande établi par vos soins le *(date)*, la livraison de *(désignation de la commande)* devait intervenir au plus tard le *(date)*.

Or, à ce jour, aucune marchandise ne nous a encore été livrée.

Ce retard nous cause un grave préjudice. C'est la raison pour laquelle, par la présente, nous vous mettons ce jour en demeure de nous livrer sous huit jours, à défaut de quoi nous serions obligés de saisir la justice (2).

Veuillez agréer, Monsieur (*ou* Madame), l'expression de nos salutations distinguées.

Signature

MODÈLE B-24 : Mise en demeure de livrer (1).

(1) À rédiger sur papier à en-tête de l'entreprise.

(2) Lorsque le bon de commande ou le contrat de vente prévoit une clause résolutoire, un manquement tel que le défaut de livraison permet d'annuler le contrat sans recourir à la justice.

MODÈLE B-25 : Annulation de la commande pour défaut de livraison (1).

Nom du fournisseur
Adresse

LAR

À *(lieu)*, le *(date)*

Monsieur (*ou* Madame),

En référence au contrat de vente du *(date)* concernant *(description de la commande)*, nous vous rappelons que notre commande devait être livrée au plus tard le *(date)*.

Or cette livraison n'a toujours pas eu lieu, y compris après nos différents rappels *(date des courriers de rappel)* et notre mise en demeure du *(date)*.

Conformément à l'article *(référence)* dudit contrat, nous vous informons par la présente que nous souhaitons la mise en application de plein droit de la clause résolutoire *(numéro)*.

En conséquence, notre commande est annulée.

Par ailleurs, nous vous mettons en demeure de rembourser l'acompte versé le *(date)*, augmenté de la pénalité de *(montant en pourcentage ou en euros)* prévue par la même clause.

À défaut de règlement, nous nous verrons contraints de saisir la justice.

Veuillez agréer, Monsieur (*ou* Madame), l'expression de nos salutations distinguées.

Signature

(1) À rédiger sur papier à en-tête de l'entreprise.

Nom du client
Adresse

À *(lieu)*, le *(date)*

Monsieur (*ou* Madame),

Nous remarquons que vous ne nous avez plus passé commande depuis plusieurs *(semaines, mois, années...)*. Nous nous permettons donc de vous adresser notre nouveau catalogue, où nous sommes certains que vous découvrirez de nouveaux produits (*ou* services) susceptibles de vous intéresser.

Vous constaterez sûrement la qualité toujours constante de nos offres et la stabilité de nos prix.

De plus, si vous commandez dans les *(délai en jours)*, nous aurons le plaisir de vous faire une remise de *(pourcentage)* sur le montant de votre commande.

Espérant que notre offre retiendra votre attention, nous vous prions de croire, Monsieur (*ou* Madame), à l'assurance de notre sincère considération.

Signature

MODÈLE B-26 : Relance d'un ancien client (1).

(1) À rédiger sur papier à en-tête de l'entreprise.

Index

B

C

D

E

F

O

P

R

S

T

U

V

Z